市域地铁盾构隧道

晏启祥　李彬嘉　孟庆明　高鹏兴　著

科学出版社

北　京

内 容 简 介

本书针对典型复杂地质环境下的特定市域地铁盾构隧道，系统阐述了大断面市域地铁盾构的衬砌管片优化方法、管片施工力学行为以及大直径盾构长距离掘进控制参数与关键技术。全书共分为6章，包括绪论，市域地铁盾构隧道衬砌结构选型与优化，施工荷载下盾构隧道管片衬砌力学行为，复合地层盾构掘进动态控制，盾构刀具受力机理及布置优化，盾构连续掘进皮带机出渣技术。本书突出关键技术，重视基础理论，力求展示市域地铁盾构隧道建设的新进展，以便读者更好地熟悉和掌握市域地铁盾构隧道建设的主要技术体系。

本书适合隧道工程、城市轨道交通、市政工程等领域的高校教师和研究生阅读，也可供从事隧道工程相关研究、设计、施工和管理的技术人员参考。

图书在版编目(CIP)数据

市域地铁盾构隧道 / 晏启祥等著. — 北京：科学出版社，2021.7
ISBN 978-7-03-065616-2

Ⅰ.①市… Ⅱ.①晏… Ⅲ.①地铁隧道–隧道施工–盾构法 Ⅳ.①U231.3

中国版本图书馆 CIP 数据核字（2020）第 115092 号

责任编辑：刘莉莉 / 责任校对：彭 映
责任印制：罗 科 / 封面设计：墨创文化

科学出版社出版
北京东黄城根北街16号
邮政编码：100717
http://www.sciencep.com

四川煤田地质制图印刷厂印刷
科学出版社发行 各地新华书店经销
*
2021年7月第 一 版 开本：787×1092 1/16
2021年7月第一次印刷 印张：18 1/2
字数：420 000

定价：169.00 元
（如有印装质量问题，我社负责调换）

前　言

随着我国经济社会的不断发展，国内各大城市都在大力打造地铁交通网，且大多采用盾构方式进行建设。与此同时，我国新型城镇化战略在不断推进，为了满足城市管辖地域间协同发展的需要，地铁建设从中心城区向周边郊县逐渐延伸，一批市域地铁快线相继立项或者开通。与市内地铁线路有所不同，市域地铁设计时速普遍较高，隧道开挖直径较大，盾构机连续掘进距离较长，致使其在建设时面临着管片受力复杂、衬砌拼装质量不易保证、盾构掘进对周围环境影响大、刀具磨耗严重等诸多问题。特别是在复杂地质与敏感环境下，传统的建设技术难以适应市域地铁线路对施工进度、工程成本和质量安全的要求。因此，以典型复杂地质环境下特定市域地铁盾构隧道为对象，研究市域地铁盾构隧道在设计、施工中所遇到的普适性问题具有重要意义。同时，随着城市群的崛起，连通不同城市的地下轨道交通工程建设方兴未艾，研究成果亦可为此类工程建设提供参考。

本书共分为6章。第1章绪论，介绍市域地铁盾构隧道的基本概念以及盾构隧道建设关键技术问题的国内外研究现状；第2章阐述市域地铁盾构隧道衬砌结构选型与优化设计方法；第3章分析施工荷载下盾构隧道管片衬砌的力学行为；第4章介绍复合地层中盾构掘进动态控制方法；第5章研究盾构刀具的受力机理与磨损规律；第6章介绍连续皮带机出渣在市域地铁盾构隧道中的应用。

本书主要由晏启祥、李彬嘉、孟庆明、高鹏兴著，参加本书撰写工作的还有文彦鑫、霍永鹏、王二力等。由于作者学术水平有限，书中疏漏之处难以避免，欢迎读者批评指正。本书在编写中参阅了大量论文和资料，在此谨向相关专家和学者表示感谢。本书研究成果受到国家自然科学基金“盾构隧道管片衬砌裂损机理及其防裂与修复技术研究”（项目号：51878573）以及四川省科技计划重点研发项目“川藏铁路建设重大关键技术难题创新研究”（项目号：2019YFG0001）资助，在此一并表示感谢。

目　　录

1 绪　论

随着我国经济建设的高速发展，城市所面临的空气污染、噪声污染和交通拥堵等问题越来越突出，而发展大规模的轨道交通是改善我国城市环境和实现城市可持续发展战略的首要选择。据统计，截至 2020 年底，中国大陆地区有 45 个城市开通城市轨道交通，可见城市轨道交通已成为大中型城市发展必不可缺的交通基础设施。随着我国城市规模急剧扩张，一些大中型城市发展重心由中心城区扩展到周边市域，由单一中心转向多中心发展，区域之间、各中心之间市民通勤距离不断扩大。作为城市公共交通，普通地铁线路主要在中心城区内通行，导致人民长距离快速通勤需要与公共交通运力之间的矛盾日益突出。鉴于此，为了满足大区域范围的快速通勤需要，市域轨道快线得到了各大城市的高度重视和快速发展。

市域轨道快线是都市圈轨道运营组织的一种模式，其最主要的技术特征是相对快速和强大的运输能力。市域轨道快线主要指设计速度 100km/h 以上、运营速度 45km/h 以上、服务范围 30km 以上的带有通勤性、公交化特征的轨道交通线路。在国外，市域轨道快线的起步较早，如巴黎 RER-B 系统、东京中央快速线、东京筑波快速线等，这些线路为国内市域快轨建设提供了有益经验。目前，北京、上海、南京、成都、兰州等城市均开通了里程不等的市域快轨，截至 2020 年底，全国市域快轨运营里程已达 805.7km，并呈现快速发展势头。

目前市域快轨的设计理念主要可分为两种，一种是按照地铁模式进行设计，另一种是参照市域客运专线进行设计。其线路敷设方式包括地面、高架和地下，在条件允许的情况下，采用地面和高架方式无疑可以降低造价，但由于受城市地表空间所限，在市区内往往还是以地下线为主，通过与城市地铁合并运营，形成了独特的市域地铁，如北京地铁大兴线、成都地铁十八号线等，如此不仅可以方便换乘，还可以最大限度减小对地面交通的干扰。

相比传统施工方法，盾构法具有防渗漏水性强、工期短、施工安全性高、对周围环境影响小的特点，因而盾构法目前已成为许多城市市域地铁建设的首选施工方法。盾构隧道是由一环又一环的管片连接而成的拼装结构，而每环管片又是由多块管片、纵、环向螺栓和管片间纵、环向止水材料组成，涉及的结构参数和材料力学性质十分多样，使得管片环的受力状态受到拼装方式、接头数量和接头构造等因素的影响，力学行为复杂。再者，部分城市存在诸如软土、砂卵石以及软硬不均的复杂地质环境，致使盾构隧道在掘进过程中面临刀具磨耗严重、地表不均匀沉降、管片裂损等诸多问题，给盾构隧道的施工和后续运营带来了一系列隐患。

1.1 市域地铁建设面临的问题

相比于普通地铁，市域地铁快线站间距更大，运营时速更高，如连接成都市区与成都天府国际机场的地铁十八号线设计运行速度 140km/h，北京地铁大兴机场线最高运行速度可达 160km/h。为了保证列车安全运行，盾构开挖直径也需要相应扩大，如大兴机场线所使用的盾构机直径为 8.8m。

市域地铁快线更长的站间距、较大的直径给盾构隧道建设带来的挑战是多方面的。首先，由于隧道直径增大，普通地铁所采用的管片分块方式和尺寸在市域地铁中将难以适用，并且管片衬砌结构在地层荷载作用下的受力较普通地铁更加复杂。再者，盾构施工时为了克服更大的地层阻力，盾构机掘进时的推力、扭矩随着开挖直径增大而增大，使得市域地铁盾构隧道管片衬砌结构施工荷载更大，在盾构转弯和姿态调整时容易发生损伤和开裂。

盾构机通过刀盘旋转带动刀具对岩土体进行掘削，由于市域地铁盾构隧道开挖直径较大，刀具切削岩土的行程增长，其磨耗较普通地铁时更加严重，同时，市域地铁更长的站间距需要盾构机进行连续长距离掘进，使得刀具磨耗问题愈发突出。与此同时，大直径市域地铁盾构隧道从市区延伸到周边郊县，线路距离长，地层变化、特别是穿越软硬不均复合地层的概率更高，需要选择合理的盾构掘进参数以减轻盾构掘进对地表环境的影响。另外，市域地铁盾构较大的直径使得每环开挖渣土量大增，并且盾构区间长度较大，渣土需要在已建成的隧道内进行长距离运输，如果采用传统的出渣方式，一旦出渣速度与盾构掘进速度无法匹配，将会对整个工程的工期产生不利影响。

目前，国内各个城市对于市域地铁快线的认识定义尚不十分明确，对于市域地铁盾构隧道的专项研究不多，且多针对线路选线、技术指标、构造型式等问题进行分析，对于市域地铁快线结构设计、施工力学等方面研究不够，难以有效指导市域地铁盾构隧道的设计与施工。鉴于此，针对上述问题，需要系统开展市域地铁盾构隧道管片结构设计理论、盾构管片施工力学、盾构施工动态控制、刀具减磨等方面的研究，以完善市域地铁盾构隧道建设技术体系。

1.2 市域地铁盾构隧道研究现状

1.2.1 盾构隧道衬砌结构选型

伴随着地下空间工程的迅猛发展，盾构法成为隧道建设的主流方法，其在建筑物密集、管线众多和施工影响限制严苛的城市中具有明显的优势。目前，盾构隧道衬砌结构通常由预制管片拼装而成，为保证结构安全、准确拟合线路、提高施工效率，需要选定合适的管片类型、排版方式和设计参数，主要包括管片种类、接头型式、拼装方式、结构尺寸、分块方式等。管片结构选型需要考虑众多因素，包括地质情况、覆土厚度、隧道线形、结构受力性能、设备运输能力等，对于普通地铁盾构隧道，根据已经积累的丰富工程经验，可以相对快速地拟定选型方案的主要参数，但对于市域地铁盾构隧道，相关选型经验则较为匮乏，需要根据工程实际进行分析。

针对管片的拼装选型与排版问题，已有学者开展了相关研究。刘凤华[1]通过对管片的几何关系进行分析，推导了通用环管片的排版公式，并探讨了盾尾间隙及油缸行程差对盾构管片拼装的影响。潘国荣等[2]通过分析设计轴线、盾构推进既成轴线和管片成型轴线之间的关系，提出了一种通用环管片的纠偏方法。储柯钧[3]根据设计线路的曲线要素特点及管片楔形量计算出在不同半径的曲线上所需标准环与楔形环的配比，虽然提到了标准环与楔形环的组合拼装，但并未对管片选型及拼装姿态进行具体分析。张志华等[4]在每环管片内建立局部坐标系，以局部坐标系描述管片拼装信息，并以通用管片为例进行了验证。张文萃等[5]以宁波地铁 2 号线为例，计算了通用管片在不同点位拼装时各方向的超差和轴线偏差，分析了通用管片排版设计时应当考虑的影响因素。张忠桢等[6]根据双面楔形管片是等腰楔形环这一几何特性，利用齐次变换方法计算出每环管片的位置和方位，进而确定盾构线路所需左、右转弯环的数量。刘欣等[7]提出了一种错缝拼装形式的管片预排版方法，并采用几何迭代法求出了与目标线路偏差最小的一种盾构管片拼装姿态。

在盾构隧道管片设计方面，已有研究表明，随着管片厚度、接头种类和分块方式变化，地层与衬砌结构的相对刚度也随之改变，从而影响衬砌结构的内力分布，因此可以通过对管片结构设计参数的优化来改善其受力性能[8-9]。然而，传统方法一般在有限的设计方案中通过比较、计算及分析，得到较优的方案。由于方案数量的限制，所作的优化也受到了限制，往往难以获得最优的结果，并且优化效率低。利用现代优化设计理论，通过计算机技术的利用，可以进行大范围、多变量最优解搜索。这种方法覆盖面广、效率高，但现代优化设计在地下工程中的应用较为少见，尤其是在盾构设计中更为少见，是值得深入研究的一个领域。

1.2.2 管片衬砌施工力学行为

随着盾构法在地铁施工中的普遍应用，目前针对其运营状态的力学分析模型已相对完善和成熟，目前常用的有惯用法、修正惯用法、梁-铰模型、梁-弹簧模型、壳-弹簧模型、实体-弹簧模型、实体-螺栓模型等[10-14]。以上分析方法基本上未考虑施工荷载的影响，无法对施工阶段的管片衬砌进行力学分析。长期以来，由于施工荷载的偶然性、复杂性和临时性，因而对于施工期的管片衬砌受力很难抽象出统一的计算模型。但是，近年来众多的盾构隧道工程实践表明，施工荷载及其对管片造成的影响和破坏，越来越不可忽视，因为这往往是管片破损、裂缝、错台、渗漏水的原因所在[15]。如，对上海地铁管片的调研发现，拼装阶段造成的管片破损占破损总量的 38%以上[16]。杭州地铁 2 号线一期工程有 168 环管片因为施工时盾构机恣态导致的偏心顶推出现严重破损；宁波轨道交通 1 号线世纪大道—海晏北路区间隧道在盾构掘进过程中产生管片结构开裂[17]；广州地铁一号线黄沙站—长寿路站区间、二号线海珠广场站—市二宫站区间部分管片由于施工工艺问题而开裂[18]。

管片在施工阶段的力学行为日益引起国内外学者的关注，目前学者们的研究大多集中于管片施工期受力变形和裂损机理方面。在施工期管片受力变形方面，Bezuijen 等[19]通过理论推导，建立了隧道衬砌荷载与隧道上浮移动和背后注浆材料性能之间的关系，并通过对 SOPHIA 隧道的现场实测，探讨了隧道上浮力和衬砌弯矩对注浆压力的影响[20]。Zhang 等[21]通过数值模拟，分析了注浆材料的性质、盾构掘进速度、注浆压力差、隧道纵向刚度、环间摩擦力和后配套重量等因素对隧道上浮的影响。Mo 等通过数值建模对盾构施工时姿态控制不佳造成的管片结构受力和错台进行了研究[22]，并分析了封顶块有无楔形量两种情况下盾构机顶推时隧道结构内力[23]。宋克志等[24]通过建立有限元模型，对不同工况下的管片受力进行了分析，认为千斤顶推力的大小、倾角及偏差是导致施工阶段管片局部破损的主要原因。叶飞等[15]总结归纳了施工期管片荷载及其特性，并提出了减少管片破损的建议。廖少明等[25]对盾构拼装管片的全过程及拼装后管片结构的受力特征进行了现场实测。焦齐柱等[26]采用有限元方法，对盾构施工中封顶块挤入、壁后注浆缺陷、环面不平整等不利工况下的隧道受力和变形进行了分析。陈俊生等[27]通过有限元分析，认为千斤顶推力对施工阶段管片的位移、应力有明显的影响。梁禹等[28]基于弹性力学原理对管片上浮量进行了计算。叶飞等[29-30]认为注浆压力产生的动态上浮力是盾构隧道施工中产生上浮的主要原因。魏纲等[31]对比分析了盾构隧道衬砌环在正常设计状态与上浮状态下的受力特点。肖明清等[32]基于有限元法分析了地层材料、注浆材料对盾构衬砌环上浮的影响。

在管片施工期裂损机理方面，Shayanfar 等[33]、Sugimoto[34]、Gruebl[35]等学者基于现场调查结果，统计分析了盾构施工阶段管片结构的破损类型以及对应的原因，并提出了减少管片破损的合理建议。Zhou 等[36]建立了盾构隧道三维模型，分析了施工过程中管片的受力特点与破坏原因，研究了凹凸榫挤压、千斤顶推力不均情况下管片的破坏过程。Cavalaro 等[37]研究了管片拼装不平整和千斤顶顶推作用对衬砌结构性能的影响以及由此产生的损伤。陈俊生等[38]通过进行管片足尺正、负弯曲试验和三维有限元模拟，研究了盾构隧道施工期造成管片结构裂损的因素。董明钢等[39]基于随机有限元技术和可靠度理论分析了管片结构裂损现象。黄仁东等[40]利用层次分析法和理想点法建立了盾构隧道管片上浮损伤诊断模型。卢岱岳等[41]运用扩展有限元法，分析了管片结构在受力不均、千斤顶加压不同步和千斤顶偏心荷载 3 种不良施工荷载情况下，带榫管片上裂纹的产生、扩展分布规律。

综上所述，目前对管片衬砌施工期的力学行为已有部分研究成果，但总体上仍处于起步阶段，对于造成管片施工期裂损的荷载作用机理、多种不利因素耦合诱发的衬砌裂损特征与规律尚待明晰。为此，需要综合考虑管片受到的地层荷载、注浆压力、千斤顶顶推力等荷载作用，以期揭示施工期管片衬砌在盾尾挤压下的损伤机制。

1.2.3 盾构机合理掘进参数

市域地铁施工过程中对地层环境保护的标准非常严格，因此，如何严格控制盾构掘进参数，在减小地层扰动的同时提高盾构施工效率是目前盾构工法面临的最大难题。在地表沉降预测方面，美国 Peck[42]通过对隧道地表沉降的实测数据分析，提出了地表沉降曲线近似呈概率正态分布曲线的概念，认为施工引起的地表沉降是在不排水的条件下由地层损失所引起的，地表沉降槽的体积应等于地层损失的体积。Loganathan 等[43]、缪林昌等[44]认为地层损失应该由两部分构成，一部分为盾构掘进通过时引发，此部分为不排水的损失，二是由于土层固结和蠕变产生的地层损失。王建秀等[45]将由于超挖(蛇形)、间隙与注浆共同作用下所产生的、不考虑土体变形的实际开挖土体积与理论开挖土体积之差称为地层损失。因此，研究盾构开挖对环境的影响，很大程度上就是研究地层损失与掘进参数之间的相互影响关系。

在掘进参数对地层变形影响方面，研究主要集中在土仓压力和注浆参数。盾构在掘进中要想保持掌子面稳定，减少地层产生扰动变形，便需设定合理的土仓压力以平衡掌子面土压力。在土仓压力设定及其对地层变形影响方面，Anagnostou 等[46]将土仓压力分为水压和有效压力，并定量研究了给定岩土条件下有效支护压力与淤泥中水头的关系。Kim 等[47]利用盾构隧道掌子面实测压力对盾构隧道掌子面稳定性进行定量计算，并对隧道施工过程中掌子面稳定性进行了评价。Vermeer 等[48]从三维角度假设前方滑动区并考虑拱顶的摩擦力，从作用于滑动面上的剪应力出发，利用极限平衡分析研究开挖面的最小支护压力。金大龙等[49]借鉴黏性流体理论，通过建立土仓压力计算公式定量分析了刀盘开口率、隧道洞径、土体参数等对土仓内外压力的影响。胡新朋等[50]利用 ANSYS 建立了三维有限元模型，得出了地表隆沉与土仓压力大小的关系，提出了在富水软土地层土仓压力设置的原则。李向红等[51]分析了土压平衡盾构刀盘开口率及掘进参数对地层的适应性，通过采集盾构每 5 秒钟的各种工作参数进行分析，发现了土仓内的土体压力小于掌子面的土压力值，并且刀盘开口率越大，其差值相差越小。上官子昌等[52]基于经典土压力理论，推导了掌子面土压力的数学表达式，并采用有限元数值模拟的方法，建立了掌子面与土仓隔板间土压力的关系，为盾构土仓设计提供了指导。

盾构掘进过程中，为防止盾构机被周围地层抱死，盾构机切削直径略大于隧道外径，当管片拼装完成后，管片和地层之间会形成一个环向的盾尾空隙[53-54]。该空隙易受到施工影响，进而导致地层变形，控制该变形通常采用同步注浆来实现。同步注浆既可以填充空隙，又可以利用注浆压力来控制地层变形，保证施工安全，因此，同步注浆参数的合理选择成为控制土层变形以及地表沉降的关键参数之一[55-56]。吴圣智等[57]认为浆液回填层作为管片与围岩之间的传力层对管片受力有着重要的影响，而现行护盾式 TBM 隧道设计方法均忽略了回填层的影响，与工程实际存在一定的差异，为此，其考虑了回填层的实际分布，推导了回填层-围岩等效抗力系数计算公式，并以此建立了 TBM 隧道管片结构设计模型，这种方法也可推广到盾构隧道的设计当中。Kasper 等[58-59]在盾构施工过程的系列数值模拟中考虑了注浆压力的影响，但注浆过程涉及流固耦合，数值模拟结果的可靠性有待验证。近年来，一些学者开始尝试对盾构隧道壁后注浆的扩散过程及对管片产生的注浆压力进行理论分析。叶飞等[60-62]对盾构隧道壁后注浆浆液的扩散过程及注浆对管片产生的压力荷载等进行了持续研究。李志明等[63]建立了土压平衡盾构在黏土地层中壁后注浆环向、纵向填充的分析模型，并提出了计算方法。

盾构在掘进过程中，除了要控制土仓压力、盾构机推力、刀盘扭矩等掘进参数以减小地层变形，各参数之间还需满足一定的匹配关系，以提高掘进效率，降低刀具磨耗。在掘进参数匹配关系方面，杨果林等[64]基于采集到的盾构施工记录数据，研究了贯入度、推进速度、推进力、刀盘扭矩等之间的关系。赵海雷等[65]通过理论推导建立了 TBM 掘进参数、地质参数、刀具设计参数之间的关系。王洪新等[66]基于模型试验结果推导了土压平衡盾构施工总推力、土仓压力、螺旋机转速与掘进速度间的关系表达式。朱合华等[67]以上海地铁某软土地层区间隧道为参照原型，采用模型试验方法开展了不同埋深、不同刀盘开口率、不同推进速度和不同刀盘转速工况下土压平衡盾构掘进模型试验研究，得出了土仓压力与排土效率、单位时间排土量与推进速度、推力和扭矩之间的内在关系。张莹等[68]以天津地铁某标段隧道工程的地层条件为背景，基于施工现场盾构掘进参数采样数据，对盾构掘进参数和地质参数进行了关联分析，提出了基于掘进参数定性识别地质特征的方法。

从以上国内外研究成果来看，虽然盾构法在城市地铁隧道施工中已较为普遍地应用，但盾构在不同地层中的掘进参数合理取值还没有统一标准，掘进参数对地层的匹配性研究仍然不够。特别对于市域地铁盾构隧道，地层变化大，应根据地质参数提出合理的掘进参数并进行施工过程动态控制，以减小对地层的扰动和提高掘进效率。

1.2.4 盾构刀具受力与磨耗

盾构刀具作为掘进系统的重要组成部分，其性能直接影响着盾构机的掘削效果和施工速度。当盾构在复杂地层中掘进时，刀具的受力十分复杂，并不断产生磨耗，导致其破岩效率逐渐降低，最终迫使盾构机停机换刀，并为此付出大量的经济和时间成本。因此，研究盾构刀具受力机理和磨损规律，对于掌握刀具工作状态、延长换刀距离、缩短工期和降低施工成本具有重要意义。

国内外众多学者对盾构刀具受力以及磨损规律进行了研究。在盾构滚刀破岩机理和受力状态方面，1963 年，Teale[69]通过对不同刃角的滚刀进行试验，发现了刀刃角的大小对破岩能力的影响较大。1965 年，Teale 在研究破岩能耗的过程中，提出了比能的概念，这为盘形滚刀选取最优的刀间距和贯入量提供了理论基础。同年，Paul 等[70]引入了莫尔-库仑破坏准则，研究了楔形体对脆性材料的破坏作用，揭示了脆性材料的碎片形成过程。1982 年，Howarth 和 Roxborough[71]研究了岩石节理对滚刀破岩的影响。在此基础之上，国内外学者开始深入地研究滚刀的破岩过程、滚刀的受力状态以及磨损情况，通过考虑掘进参数和地质参数，最终建立了多种滚刀受力模型。在 Teale 提出比能的概念后，科罗拉多矿业大学的 Ozdemir 等[72]基于楔形截面滚刀，提出了滚刀破岩力的计算模型，即 CSM（Colorado School of Mines）模型，该模型在工程中得到了应用，并取得了比较好的效果。Rostami[73]在 CSM 模型的基础之上，对常截面滚刀建立了破岩力计算模型，即改进的 CSM 模型。1980 年，东北工学院的徐小荷等[74]提出了计算滚刀破岩力的粉核-劈裂模型。1981 年，上海交通大学的孙鸿范等[75]提出了基于线接触理论的滚刀破岩力模型。华北电力大学的茅承觉等[76]研究了岩石在挤压作用、拉伸作用和剪切作用下，盘形滚刀的综合受力情况。张照煌[77]对滚刀的受力进行了多方面的研究，推导出一系列滚刀受力公式。

在盾构切刀破岩机理和受力状态方面，俄罗斯学者卡尔达维提出按照静力学分解计算切刀受力。日本学者西松则按照莫尔-库仑理论计算切刀切削力[78-79]，伊万斯提出按照最大拉应力理论计算切削力[80-81]，并定量地表述了切削力与岩石参数和切深的关系。黑龙江省农业科学院佳木斯分院[82]通过分析犁耕田的过程，建立了犁刀受力预测模型。国内学者宋克志等[83]、管会生等[84]、赵学彬[85]通过运动学、静力学等方法分析了盾构刀盘上切刀的切削过程，并根据二维平面内刀具受力平衡关系建立了相应的刀具切削力计算模型。张旭辉等[86]采用颗粒离散元法模拟了切刀切削软岩过程，表明切刀切削软岩是一个先挤压后张拉的过程。暨智勇[87]建立了刀具的一种切削受力模型，为刀具的优化设计和寿命预测提供了理论依据。

在数值仿真方面，目前国内外主要采用有限元法、有限差分法和离散元法研究刀具破岩过程。Gong 等[88-89]使用二维离散元仿真软件 UDEC 研究了岩石节理的方向、间距对滚刀破岩的影响。Ma 等[90]使用二维岩石断裂仿真软件 RFPA 研究了盘形滚刀侵入岩石后的岩石断裂机理，并比较了不同侧限应力下滚刀对岩石的破坏程度。孙金山等[91]采用颗粒流数值模拟技术，分别计算了单刃滚刀和双刃滚刀在岩石强度由低到高条件下的破岩过程。Cho 等[92]使用有限元软件 AUTODYN，研究了不同刀间距下盘形滚刀的破岩效果，确定了最优刀间距。Wang 等[93]采用 LS-DYNA 软件，研究了盘形滚刀刃角与破岩力的关系，得到了最佳的滚刀刃角大小。夏毅敏等[94]使用 ANSYS/LS-DYNA 对滚刀破岩过程进行了有限元仿真研究，得到了软岩的等效应力应变以及刀具切削力的变化规律。谭青、徐孜军等[95-96]利用离散元软件 PFC 研究了盾构切刀作用下岩石的动态响应机制，研究了两把盾构切刀顺次作用下的破岩机制和影响因素。申会宇等[97]利用 ABAQUS 研究了不同切削参数条件下刀具切削土体过程中土屑的流动状态，以及刀具切削力的变化规律。蔡宝等[98]从切刀群切削效果角度研究了刀盘刀具布置的合理性。

在刀具磨损方面，美国科罗拉多矿业大学提出了基于磨蚀性指数的滚刀寿命预测 CSM 模型[73]。挪威科技大学建立了基于挪威磨蚀值的滚刀寿命预测 NTNU 模型[99]。张厚美[100]和李笑等[101]分别建立了掘进速度与其他掘进参数的多元非线性回归模型，通过对比掘进速度实际值来预报滚刀磨损状况。李刚等[102]和王立辉[103]通过滚刀磨损引起的比能变化来预测滚刀的磨损量。张照煌[104]通过对比分析滚刀刀刃破岩点弧长与刀具磨损量，揭示了滚刀刀刃破岩点弧长与磨损量之间的比例关系。赵海鸣等[105]基于滚刀磨粒磨损机制建立了滚刀磨损量模型，并通过试验进行了验证。张明富[106]对北京地铁四号线刀具磨损量进行了测量，对砂卵石地质条件下的盾构刀具磨损规律进行了分析。张凤祥等[107]提出了盾构刀盘外圈刀具的磨损量预测模型，探讨了刀具磨损同切削半径、刀盘转速、掘进速度等的关系。

现有滚刀破岩的仿真分析大多为线性破岩，少有研究回转破岩，而对于刀具磨损规律，大多研究是基于磨粒磨损、摩擦磨损等材料磨损理论，对于磨损系数与掘进参数之间的关系大多是回归模型，缺乏相互之间的数理模型。

1.2.5 连续皮带机出渣技术

盾构施工传统的间歇式出渣运输方式(有轨运输和无轨运输)因自身运输方式的限制，已经很难进一步缩短出渣时间以提高效率。同时，传统的出渣运输方式还存在能源利用率低、环境污染严重等问题，与国家的节能减排、绿色环保的政策要求不符[108]。

连续皮带机具有运距长、运量大、速度快、污染小等特点[109]，因此在TBM和盾构隧道出渣系统中得到了应用。在我国，皮带运输机最早运用于采矿业当中，在2002年的辽宁大伙房水库输水工程中，隧洞和隧道才首次使用了连续皮带机出渣系统，因此对其研究起步较晚，相较于国外设备和技术都相对落后[110]。

国外对皮带出渣机的研究分析始于20世纪中叶[110]，虽然国内起步较晚，但近年来随着连续皮带机在隧道施工中的逐步应用，大量学者也开始对连续皮带机做研究。吴惠明等[111]在2004年就对水平与垂直运输系统作了较详细的介绍，并对水平皮带运输机的操作、特殊道岔的应用、垂直皮带运输机的结构作了阐述。徐道亮[112]介绍了盾构法施工及其出渣方式，并针对连续皮带机渣土流动性过大的问题进行了研究。王可强[110]分析了连续皮带机的皮带特性，研究了皮带的张力分布形式并使用RecurDyn软件进行了仿真模拟。中国矿业大学的张振兴等[113]介绍了煤矿井用长距离、大运量带式输送机的设计方法、制动力矩、张紧力的计算和输送带的选择。曾文宇[109]以神华新街煤矿斜井工程为背景，研究了盾构法斜井施工配套连续皮带机的关键技术，分析了驱动方案和纠偏方案，并给出了连续皮带机设计参数。

近年来国内有不少隧道成功使用连续皮带机出渣，这些工程为以后皮带出渣系统的推广使用积累了大量经验，同时也提出了许多关于皮带出渣系统的关键技术问题。上海交通大学的戴仕敏[114]针对上海外滩通道超大直径土压平衡盾构机的水平运输系统，详细阐述了跟随盾构推进的同步延伸技术、多次垂直和水平方向弯曲技术、高效储带技术、黏性物料卸料和清扫技术等4个关键技术。对于连续皮带机最重要的跑偏问题，辽宁工程技术大学的张雪峰等[115]提出了若干方法，以解决落煤不均匀、承载托辊组运行不正常、运行过程中传动滚筒和改向滚筒积煤等引起的皮带跑偏问题。周振等[116]针对超大直径土压平衡盾构同步出渣系统中的皮带跑偏问题，提出了一种可以实现自动纠偏的共轭液压纠偏装置，用于对出渣皮带实现同步纠偏。

目前连续皮带机出渣系统在隧道工程中的应用仅限于大断面、长距离隧道，若隧道断面过小，则不利于布置皮带支架，出渣距离短时使用传统出渣方式更为经济。陈永辉等[117]就全长32645m的青藏铁路西格二线关角隧道，对传统出渣方式与皮带运输机出渣方式进行比较，研究了关角隧道使用皮带运输机出渣方式的可行性。杨庆辉[118]对青岛地铁2号线双护盾TBM不同出渣运输方式进行了分析和对比，发现采用连续皮带机+垂直皮带机出渣，掘进效率较龙门吊出渣可提高75%以上。齐梦学等[119]结合兰渝铁路西秦岭隧道TBM工程，对比分析了TBM施工连续皮带机和有轨运输矿车两种出渣方式的不同，从设备配置、采购成本、运行成本、维修保养成本以及对施工进度影响等方面研究了二者的经济性。

从以上研究可以发现，目前对皮带机结构力学和设计参数校核的研究尚不多见，在大断面长距离的市域地铁盾构隧道开挖过程中引入连续皮带机进行出渣，值得深入探讨。

1.3 本 书 内 容

本书基于国内外研究现状，采用资料调研、理论推导、数值模拟和工程验证等综合研究方法，开展了市域快线地铁盾构隧道衬砌结构选型与优化、施工荷载下盾构隧道管片衬砌力学行为、复合地层盾构动态施工控制、复合地层刀具受力机理及布置优化、盾构连续掘进皮带机出渣技术等方面的研究工作。

2　市域地铁盾构隧道衬砌结构选型与优化

目前，国内城市地铁盾构隧道外径一般在 6m 左右，采用 3 标准块+2 邻接块+1 封顶块的分块形式，管片厚度一般为 0.3～0.35m。而市域快线地铁盾构隧道外径一般在 8m 以上，其管片衬砌结构在地层荷载作用下所受的轴力、弯矩和剪力更大。鉴于此，需要在原有盾构隧道衬砌结构的基础上，对市域快线地铁管片衬砌进行力学特性分析，并开展优化设计。本章对管片结构形式、拼装选型、衬砌组合形式等进行了详细论述，并基于优化设计理论对特定地层和断面条件下管片设计参数进行了优化。

2.1　管片衬砌结构形式

管片结构形式的研究包含管片类型、管片形状及尺寸、管片连接方式和拼装方式等。

2.1.1　盾构管片类型

管片通常可以按制作材料、外形构造来划分不同的类型。按制作材料的不同，衬砌管片主要分为钢管片、球墨铸铁管片和钢筋混凝土管片。①钢管片：主要由钢板或型钢焊接加工而成，具有强度高、延性好、加工和维修方便、重量轻、易于运输安装等优点，并且能够做成薄壁结构。但是，其制作精度比铸铁管片稍差，在千斤顶推压下，管片边缘易变形损坏以致产生漏水现象，从而导致管片锈蚀，因此采用全钢管片的盾构隧道，一般情况下还需在内部做混凝土二次衬砌，若不做二次衬砌，则必须有抗锈、抗腐措施。②球墨铸铁管片：具有强度高、延性好、防水和防锈蚀性能好、重量轻、便于运装等优点，与钢管片相比，球墨铸铁管片刚度较大，且易于铸造成薄壁结构。但是铸铁管片对加工设备的要求高且造价高，因此目前多用于地下水多、土质条件差及车站、弯道等部位。③钢筋混凝土管片：其耐久性和耐压性都比较好，目前通常采用的管片抗压强度达到 C50，且渗透系数小于 10^{-11}m/s，钢筋混凝土管片具有刚度大、防水性能好、造价低的优点，但是比较笨重，在运输和安装施工过程中容易造成管片边缘碰损，尤其是在千斤顶推力作用下楔形管片容易出现应力集中现象，造成管片的挤压破坏。

按照螺栓手孔成形大小，可将盾构隧道管片分为不带肋的平板形管片和带肋的箱形管片。平板形管片一般由钢筋混凝土材料制成，具有实心断面，因无螺栓手孔或手孔较小而呈曲板形结构。无手孔的管片也被称作砌块，现代钢筋混凝土管片多采用平板形结构形式。箱形管片是由接头板和主肋或纵向肋构成的呈凹形的管片总称，其螺栓手孔较大且呈肋板形结构。由于手孔较大，因此便于接头螺栓的拧紧和穿入，同时也节省了材料，减轻了单块管片的重量，便于运输和拼装，但其截面削弱较多，在千斤顶推力作用下管片容易开裂，因此只有强度很大的金属管片才会采用箱形结构。

2.1.2 盾构管片构造

管片形状及尺寸主要由使用目的、施工便利性和成本等因素确定，其主要构造尺寸如下。①管片环外径：管片环的外径由隧道净空和衬砌厚度所决定，且管片环外径尺寸是隧道衬砌设计时需要考虑的最基本因素。②管片幅宽：管片幅宽应该结合实际施工经验和隧道断面，选择在经济性和施工性方面相对合理的尺寸。根据国内已建成盾构区间隧道的情况和国内成熟经验，衬砌环管片幅度不应该小于1000mm，但也不宜太大，需控制在一定范围内，既便于施工，又不影响衬砌拼装质量。③管片环分块：管片环一般由数块标准块、两块邻接块和一块封顶块构成。从国内外工程经验和实际运用情况来看，衬砌管片一般为6～11 块，其中 6～8 块较多。④管片厚度：管片的厚度与隧道断面大小成比例，且主要由隧道埋深、直径、结构的设计使用寿命、地质条件、施工环境等因素所决定。直径为6m 左右的盾构隧道，管片厚度大都为 350mm 或 300mm，在软土地层中，厚度一般为350mm；而在地基底部承载力较好的砂卵石地层中，厚度一般为300mm。

2.1.3 管片连接方式

目前，盾构隧道管片衬砌常用连接方式有如下几种形式：

(1) 单排螺栓连接：按照螺栓形状可以将其分为斜螺栓连接、弯螺栓连接和直螺栓连接。目前钢筋混凝土管片的平面形接缝主要采用弯螺栓连接，因为弯螺栓手孔较小，对截面削弱少，所以理论上接缝刚度可能会增加，并能承受较大的正负弯矩，但是实践证明，弯螺栓容易发生变形，并且拼装麻烦，用料比较多，近年来有逐渐被其他形式螺栓取代的趋向。

(2) 销钉连接：其不仅能用于纵向接缝，还可用于环向接缝。销钉可在管片预制时埋入，也可在管片拼装时安装。除了临时稳定管片以保证防水密封垫压力外，销钉还能在安装管片时起到导向作用，将相邻衬砌管片环连接在一起。由于采用销钉连接的管片形状相对比较简单，同时截面并未出现削弱现象，因此，建成的隧道内壁比较光滑、平整，有利于隧道内部的清理。与螺栓连接相比，销钉连接更省力和省时，并且价格低廉，连接效果好。

(3) 无连接件：对于稳定且不透水地层，圆形衬砌的纵向接缝也可不使用任何连接件，例如榫槽式接头。由于管片沿隧道径向呈楔形体，即外缘宽内缘窄，因此在外部压力作用下，衬砌管片间相互挤紧，使得衬砌结构变成一个稳定的结构。

2.1.4 管片拼装方式

管片拼装方式主要有通缝式拼装、错缝式拼装(图 2-1)和通用楔形管片拼装三种，通缝拼装即各环管片的纵缝对齐，相对于错缝拼装，这种拼装方法在拼装时容易定位，纵向螺栓容易安装，拼装时施工应力小。可这种拼装方式可能造成衬砌环面不平，并易形成较大的累积，从而造成衬砌环向螺栓难以安装，纵缝压密量不够，衬砌整体刚度较小。错缝拼装即前后环管片的纵缝错开拼装，这种拼装方式能保证成形后的隧道衬砌纵缝不在同一条直线上，相对于通缝拼装，错缝拼装能够使衬砌刚度分布均匀，形成的结构刚度较大，接缝变形较小，对防水更加有利。通用楔形管片在拼装时通过加入一块左右环宽不等的楔形块管片，能够实现任意旋转拼装角度拼装，由于楔形块的存在且前后拼装角度的不同，从而包含了通缝和错缝拼装的各种优点。相对于前两种拼装方式，这种拼装方式对施工工艺要求很高，尤其是楔形环的设计需要考虑的因素很多，如隧道施工曲线、管片的外径和宽度等。

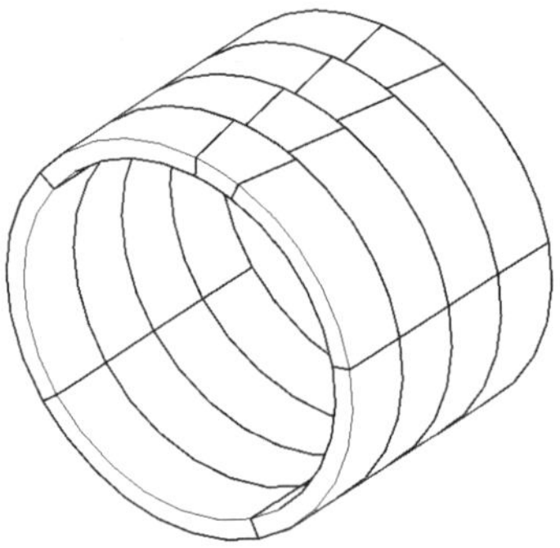

(a)通缝拼装

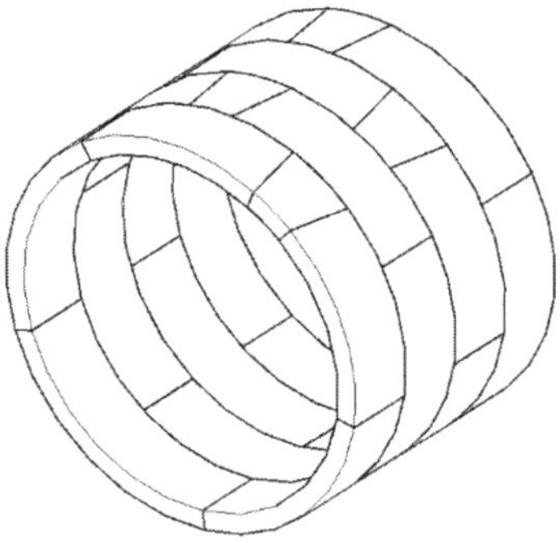

(b)错缝拼装

图 2-1　管片拼装方式

2.2　管片衬砌拼装选型

盾构隧道是由不同拼装姿态的管片按照一定的规律排列组合而成的，因而需要选择合理的管片形式和管片拼装组合来拟合满足设计要求的隧道轴线。管片衬砌作为盾构推进的后座支点，管片形式和拼装方式是否合理，将直接关系到盾构机实际推进线路和设计线路之间的偏差控制和盾构机的前进趋势。

2.2.1 管片选型影响因素

1. 管片幅宽

目前国内外已建盾构隧道的管片幅宽选择情况详见表 2-1。

表 2-1 管片幅宽比较表

管片幅宽	1.0m	1.2m	1.5m	2.0m
国内应用情况	上海地铁一、二号线；南京地铁试验段	广州地铁一号线；南京地铁一号线；深圳地铁；北京地铁五号线	广州地铁二号线	上海市西藏南路隧道、上中路隧道、长江隧道、广深港铁路狮子洋隧道
国外应用情况	日本、欧洲常用	日本、欧洲常用	近年来欧洲较常用	尚未普遍应用

从上表可以看出，随着设计、施工经验的成熟，管片幅宽有逐渐增大的趋势。与幅宽 1.0m 或 1.2m 的管片相比，采用宽度 2.0m 的管片具有以下优势：可减少管片环数，减少管片模具的生产循环数，延长模具的使用寿命；提高管片生产制作效率，减少整条隧道的管片拼装时间，提高隧道施工速度；减少隧道拼装接缝，提高隧道的防水质量；减少整条隧道的管片环数，从而减少连接螺栓、止水条、衬垫的使用量，降低成本。

然而，管片幅宽的增大也受客观条件和施工水平的限制。管片幅宽越大，要求盾构机千斤顶的行程也越大。在小半径曲线上，2.0m 宽的管片比 1.2m、1.5m 宽管片的线路拟合误差大，施工难度亦有一定的提高。因此，需对采用超宽管片的可行性进行分析，包括管片幅宽是否满足线路最小曲率半径的要求以及是否满足盾尾间隙的要求等。

2. 管片楔形量

一般来说，管片楔形量须根据施工单位的技术水平、盾构机长度、刀盘直径、隧道转弯半径、后配套台车等因素综合考虑。楔形量要能够适应隧道最小转弯半径，隧道最小转弯半径越小，环宽就必须越小，楔形量就必须越大。但如果楔形量设计得过大，施工中容易造成管片错台、管片环成圆度差等问题，不但给管片拼装带来很大困难，还影响隧道的防水和美观。当盾构机较短，刀盘比较大或者装了超挖刀，施工单位技术又较好时，楔形量可以适当增大。

管片的楔形量还要为施工留出余裕。图 2-2 中的阴影部分是管片的平面投影图，圆弧是隧道设计中心线，圆弧中心点 O_1 是隧道的转弯半径所在的中心点，O_2P 是理论上能拼出的最小转弯半径，O_1P 是隧道设计轴线的转弯半径，P 点在圆弧上，且为隧道设计轴线上一点，由图中可以看出，α 必须大于 β。

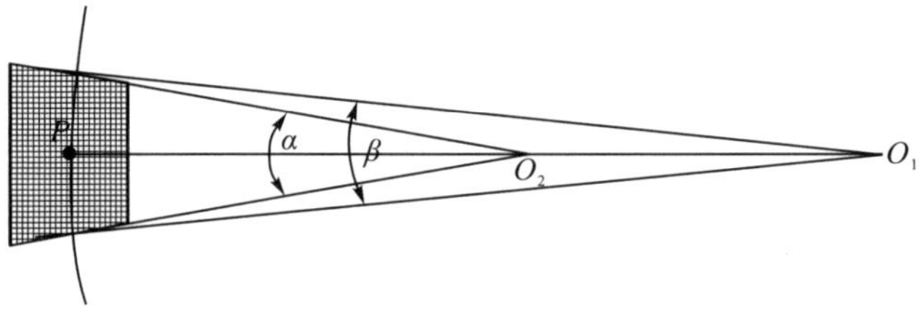

图 2-2 楔形量与转弯半径关系示意图

3. 管片最小旋转角度

由于后续管片与已拼管片需通过纵向螺栓、销钉等连接，因而纵向连接是环与环之间相对旋转角度的控制因素。为满足错缝拼装要求，纵向连接螺栓必须沿圆周均匀布置，若采用双螺栓形式，则各螺栓组的中心必须沿圆周均匀布置。由于纵向连接件的限制，所以管片并不能任意旋转，在拼装方式确定的情况下，可以取相邻螺栓夹角的最小公倍数作为管片最小旋转角度，管片旋转角度应为最小角度的整数倍。

管片衬砌可供旋转的方向直接与最小旋转角度相关。当纵向连接间距越小、最小旋转角度越小时，衬砌拼装就越精确，越能实现与理论隧道轴线的最小偏差。

4. 管片的拼装点位

实际拼装过程中，根据不同的拼装点位，通过旋转管片可以控制不同方向上的超前量，从而控制盾构隧道的轴线走向，实现隧道的转弯。当需要调向时，管片与上一环相邻管片之间采用短短相连、长长相连的方法，这样不断向前延伸，则隧道就能按照预计方向进行调向，并符合设计曲率半径。

5. 盾构机趋向的影响

所谓盾构机的趋向，就是主机前后参考点的坐标差与前后参考点距离之间的比值。在选择管片类型时，必须要考虑盾构机在竖直方向和水平方向上偏移中线的程度、盾构机的趋向，以及计划几环后把偏移的盾构机调整到设计轴线上。盾构机在操作时，经常会出现蛇形现象，尤其是在进行纠偏时，选择的管片形式应该与盾构机趋向一致，才能减少管片错台现象。

6. 盾尾间隙

盾构机在推进过程中总是有一定的偏移量，这就要求盾壳和管片外表面之间要保持一定的空隙，这个空隙称为“盾尾间隙”，见图 2-3。

管片选型要兼顾盾尾间隙，如果盾尾间隙过小，在推进过程中盾尾钢丝刷便会与管片发生干扰，轻则加重盾构机向前推进的阻力，减缓掘进速度；重则将造成管片错台甚至损坏，引起隧道渗漏水或地表沉降。施工中应该保证盾尾间隙不小于允许的最小间隙。调整盾尾间隙的基本原则是：哪边的盾尾间隙过小，就选择其相反方向的拼装点位(针对封顶块处楔形量最小的情况)。

盾尾间隙的计算需考虑以下因素：盾尾结构变形、盾尾制造误差、盾尾密封的结构要求、理论最小间隙以及管片允许拼装误差等。理论最小间隙计算如图 2-4 所示，管片外径为 D，管片厚度为 h，管片幅宽为 d，盾尾端至第一环管片前端的距离为 L，隧道曲线半径为 R_0，管片在盾尾内的最小极限间隙为 b。

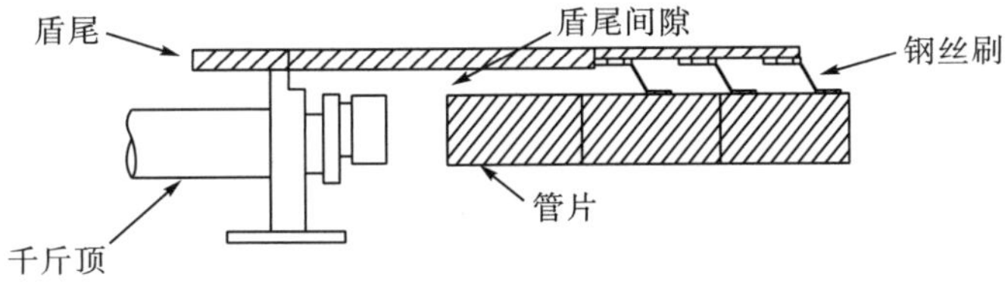

图 2-3 盾尾间隙示意图

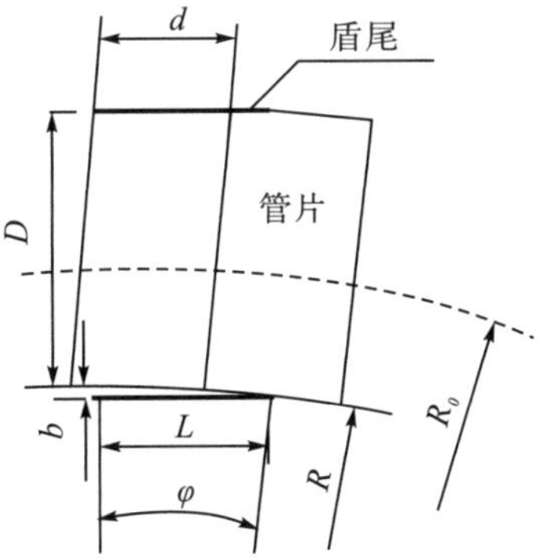

图 2-4 盾尾理论间隙计算示意图

根据图 2-4 得到隧道管片内侧曲线半径：

$$R=R_0-0.5D$$

盾尾端部至第一环管片前端对应的圆心角：

$$\phi=\arcsin\left(L/R\right)$$

理论间隙为

$$b_1=R\left(1-\cos\phi\right)$$

同时，取管片精度及管片拼装误差 b_2，盾尾制造误差 b_3，盾尾变形量 b_4，其他因素 b_5，盾尾间隙最小值为 $b=b_1+b_2+b_3+b_4+b_5$。考虑到盾尾的偏移、管片本身的拼装精度以及尺寸误差等因素，以及安装同步注浆管道与盾尾密封的需要，盾尾间隙一般应控制在 50～100mm。

7. 油缸行程差

安装在主机上的推进油缸提供盾构掘进所需的总推力。推进油缸分布在主机壳体内部四周，在盾构机掘进过程中通过调节推进油缸中液压油的压力来控制油缸的伸出速度与长度，以此控制盾构主机的推进速度和掘进方向。当盾构机在曲线段前进，或是地质软硬不均、分区油缸推进压力控制不当时，都可能使得不同分区的推进油缸出现行程差。油缸行程差过大会导致直接承受油缸压力的管片破损，或使得盾构机姿态逐渐失去平衡而偏离隧道设计轴线。因此，当油缸行程差大于或等于某个警戒值时，就必须选择合适的转弯环，调整楔形块的安装点位，把最大楔形量的管片放在油缸行程最大的位置，从而减小油缸行程差，以实现盾构机姿态的控制。

1) 油缸行程差的计算

在直线段，主机不会产生油缸行程差，然而在隧道的曲线段，不同的曲线半径、同一曲线不同部位产生的油缸行程差均不同。下面将分别讨论不同半径圆曲线和缓和曲线上油缸行程差的计算。

圆曲线上每掘进一环曲线内外侧油缸行程差的计算相对较简单，其计算公式如下：

$$X = \frac{L \times \left(R + \frac{r}{2}\right)}{R} - \frac{L \times \left(R - \frac{r}{2}\right)}{R}$$

式中，X 为油缸行程差；R 是曲线半径；L 是每环掘进长度；r 表示油缸安装直径。

地铁隧道沿用了我国铁路广泛使用的放射螺旋线作为缓和曲线的线形。缓和曲线段每掘进一环，油缸行程差为

$$X = \int_{\varphi_2}^{\varphi_1} \left[\left(R + \frac{r}{2}\right) - \left(R - \frac{r}{2}\right)\right] \mathrm{d}\varphi = r(\varphi_1 - \varphi_2)$$

式中，φ_1, φ_2 分别为曲线外侧掘进始点、终点的切线与曲线始切线的夹角。

由缓和曲线的线形公式可得

$$\varphi_1 = \frac{l_1^2}{2Rl_0}, \quad \varphi_2 = \frac{l_2^2}{2Rl_0}$$

式中，l_1 为掘进起点到直缓点的长度；l_2 为掘进终点到直缓点的长度；l_0 为缓和曲线的总长度。

将 φ_1, φ_2 表达式代入油缸行程差的计算公式，得到缓和曲线上油缸行程差为

$$X = \frac{r}{2Rl_0}\left(l_2^2 - l_1^2\right)$$

2）行程差引起盾尾间隙变化量

线路转弯产生油缸行程差，进而使得盾尾间隙也随之变化，两者之间的关系如图 2-5 所示，以油缸安装直径为 7900mm，管片幅宽为 1500mm 为例。

根据图 2-5 所示，假设盾尾间隙变化量为 Y，左右油缸行程差为 X，则得如下关系：

$$Y \approx 1.5X/7.9 \approx 0.19X$$

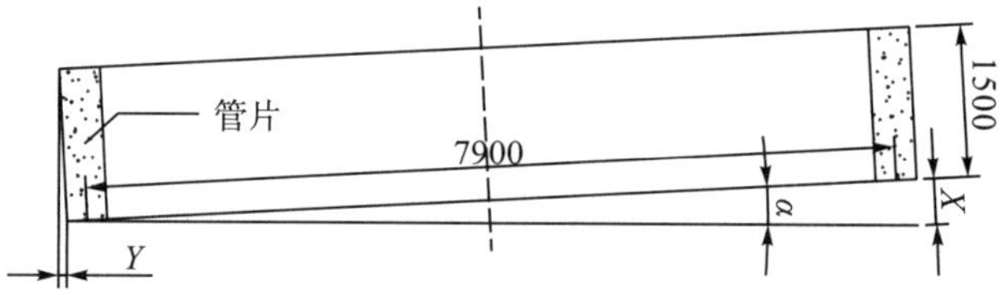

图 2-5　油缸行程差引起的盾尾间隙变化量示意图

在进行管片选型时，必须同时考虑盾尾间隙均衡和推进油缸行程差值，并且应尽量减小油缸行程差。同时，可得到盾构机趋势与油缸行程差的关系为

$$\text{趋势变化值} = \frac{\text{油缸行程差}}{\text{油缸安装直径}}$$

2.2.2 楔形管片环构造

管片选型与排版主要针对转弯楔形环，由于封顶块拼装点位不同，管片环不同点位的楔形量大小发生变化。因此，有必要在施工前计算好封顶块拼装在各个点位时管片环在水平、竖直方向上的楔形量。

假定在半径为 R 的圆曲线上，楔形管片的中心弧长为 L_0，外弧长为 L_1，内弧长为 L_2，圆心角为 α，圆曲线的偏转角为 θ，管片衬砌外直径为 D，如图 2-6 所示。假设衬砌环由 m 环楔形环及 n 环标准环组成，其比例 u=m ∶ n，楔形环的楔形量为 δ(楔形量平分为两部分，对称设置于楔形环的两侧环面)，楔形角为 η，标准环宽为 S_k，则楔形环长边和短边分别为 $S_{max}=S_k+\delta/2$ 和 $S_{min}=S_k-\delta/2$，如图 2-7 所示。

由图 2-6、图 2-7 中几何关系可知：

$$\alpha=\frac{L_0}{R}=\frac{L_1}{R+\dfrac{D}{2}}=\frac{L_2}{R-\dfrac{D}{2}}$$

式中，外弧长 $L_1=n\times S_k+m\times S_{\max}$；中心弧长 $L_0=(m+n)\times S_k$；内弧长 $L_2=n\times S_k+m\times S_{\min}$。

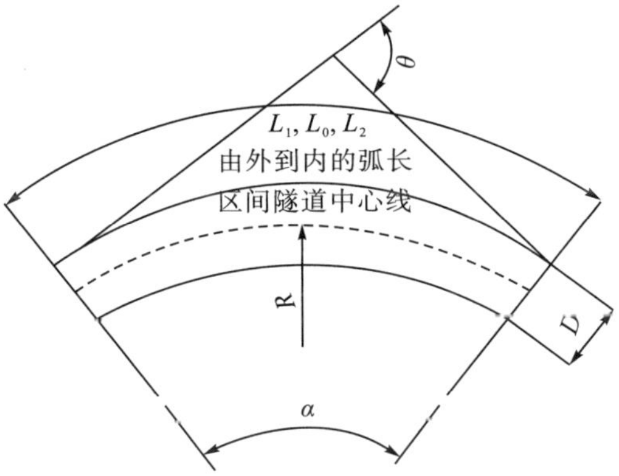

图 2-6　曲线示意图

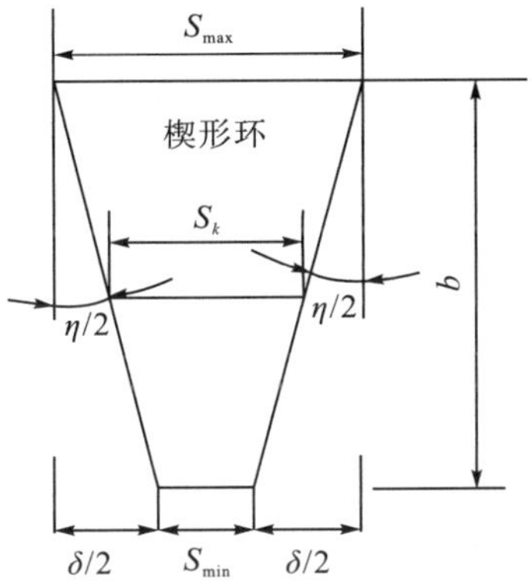

图 2-7　楔形环示意图

对上式进行整理可以得到管片楔形量 δ、管片标准宽度 S_k、管片外直径 D、曲线半径 R 和楔形环与标准环组成比例 u 之间的关系：

$$\frac{(1+u)S_k}{R}=\frac{S_k+u\left(S_k+\dfrac{\delta}{2}\right)}{R+\dfrac{D}{2}}$$

化简得

$$\delta=\frac{D\times S_k(1+u)}{R\times u}\quad(u\neq 0)$$

再根据图 2-7 得到楔形角的计算公式为

$$\tan\left(\frac{\eta}{2}\right) \approx \frac{\eta}{2} = \frac{\delta}{2D}$$

根据此式得到楔形角、楔形量和管片外直径之间的关系：

$$\eta = \frac{\delta}{D} \text{ (rad)}$$

管片环能实现的最小转弯半径 $R_{\min}$ 为

$$R_{\min} = \frac{S_k / 2}{\tan(\eta / 2)} \approx \frac{D \times S_k}{\delta}$$

总结以往盾构隧道工程的实践经验和数据，得出管片外径与楔形量、楔形角之间的关系如表 2-2 所示。由于受到管片配筋的制约，大多混凝土管片的楔形量都控制在 75mm 以内。

表 2-2 楔形量和楔形角

管片外径 D/m	楔形量 δ/mm	楔形角 η/(°)
D<4	15～45	0.15～0.6
4≤D<6	20～50	0.15～0.45
6≤D<8	25～60	0.10～0.35
8≤D	10～70	0.10～0.30

以成都某市域地铁盾构区间为例，管片外直径为 8300mm，管片厚度为 400mm，楔形量为 40mm。代入数据求出楔形角为

$$\eta = \frac{\delta}{D} = \frac{0.083}{8.3} \times \frac{180}{\pi} = 0.573^{\circ}$$

管片环能实现的最小转弯半径 $R_{\min}$ 为

$$R_{\min} = \frac{D \times S_k}{\delta} = \frac{8.3 \times 1.5}{0.04} = 311.25\text{m}$$

在圆曲线上所用楔形环与标准环的比例为 $u=m:n$。当圆曲线半径 R 为 2000m 时，代入数值经过计算可以求出楔形环与标准环的比例 u 为

$$u = \frac{D \times S_k}{R \times \delta - D \times S_k} = 0.184 \approx 5:27$$

根据上述公式，可以推导出其他圆曲线半径上所需的楔形环与标准环的比例 u，本工程圆曲线配比结果见表 2-3。

表 2-3 圆曲线上楔形环与标准环的配比

曲线半径 R/m	800	1000	1200	1500	1800	2000	3000	4000
楔形环与标准环的比例 u	7∶11	9∶20	7∶20	5∶19	4∶19	5∶27	2∶17	1∶12

2.2.3 管片衬砌拼装点位

管片的拼装点位需要根据管片环相对于隧道设计轴线的偏差情况来决定，从而拟合隧道设计轴线。不同的拼装点位选择能减小一侧的盾尾间隙，也能增大另一侧的盾尾间隙，因此可以起到调节盾尾间隙的作用。但是，拼装点位对盾尾间隙的影响具有滞后性，可能本环管片拼装后盾尾间隙并没有比拼装前有明显的改善，可是却会影响到下一环管片的走向，从而影响到下一环管片拼装完成后的盾尾间隙。

以上述成都某市域地铁盾构区间为例，管片幅度为 1.5m，采用直线、左转、右转三种类型来拟合隧道曲线，每环管片均由 4 块标准块、2 块相邻块和 1 块封顶块组成，封顶块共有 19 个设计安装位置，每个安装位置即称为管片的一个拼装点位，如图 2-8 所示。

根据图 2-8 所示的管片的拼装点位，对于左右转弯环，封顶块可拼装在点 1、2、3、4、17、18、19 处。在进行管片选型时，只需知道封顶块在不同拼装点位时管片环上、下、左、右楔形量就能够控制管片的走向和盾尾间隙的大小。也就是说，在管片安装时要根据封顶块不同拼装点位下管片环上、下、左、右方向的楔形量来选择安装点位。图 2-9、图 2-10 为根据楔形环的设计，得出本工程转弯环封顶块在不同拼装点位时管片环水平和竖直方向的楔形差(1.5m 幅宽的左右转弯环最大楔形量为 40mm)。

为满足错缝拼装要求，当前环为某一拼装点位时，下一环的拼装点位只能为 19 个拼装点位中部分点位，若错缝拼装要求任意两接缝的角度位置相差必须大于 10°，则相邻两环管片的拼装点位选择方式需满足如图 2-11 所示的关系。

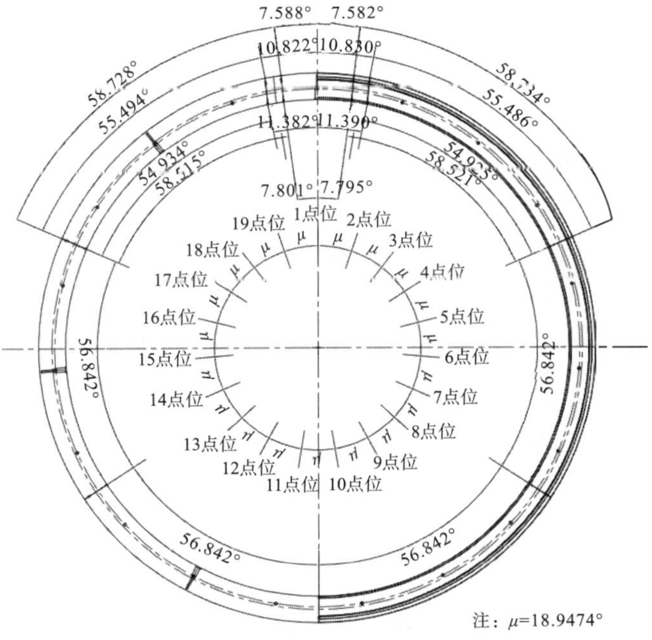

图 2-8 管片拼装点位示意图

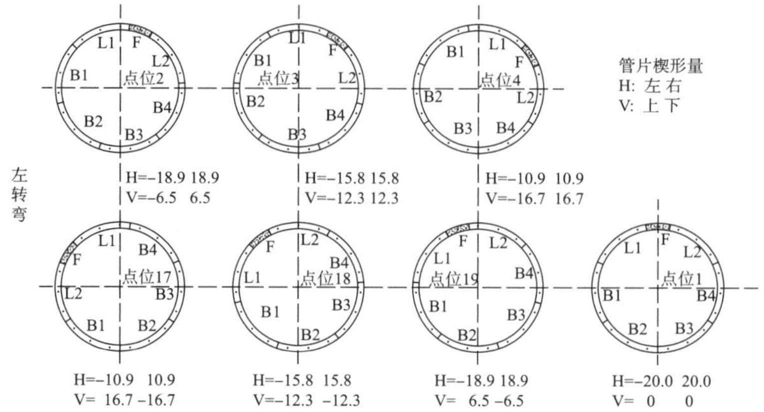

图 2-9 左转弯管片拼装位置及楔形差示意图(单位：mm)

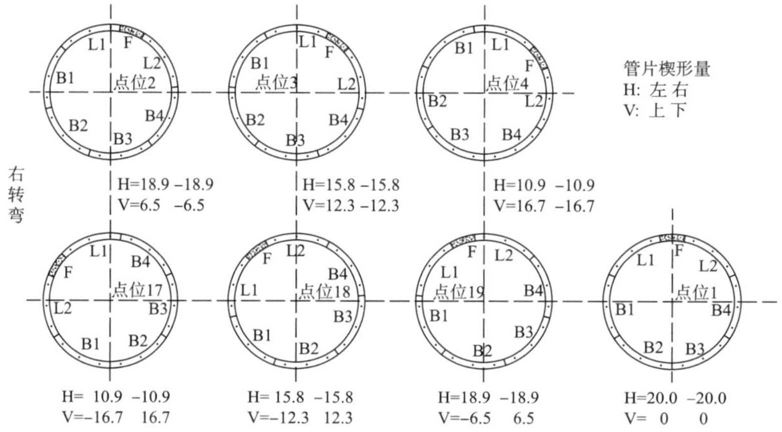

图 2-10 右转弯管片拼装位置及楔形差示意图(单位：mm)

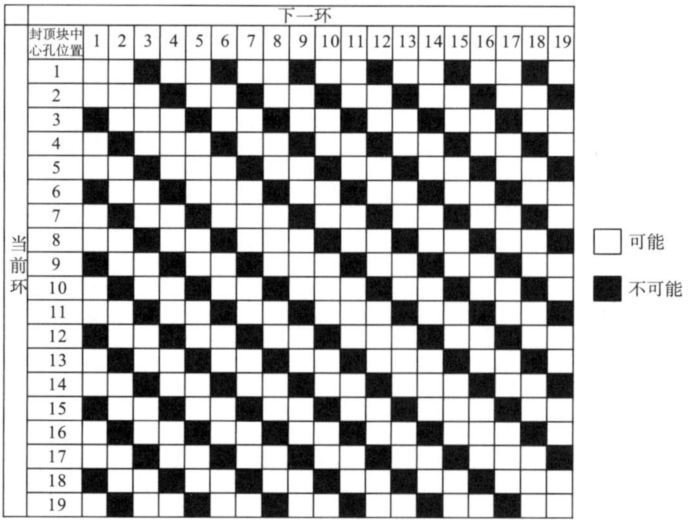

图 2-11 转弯环管片拼装点位选择图

2.2.4 管片选型步骤

根据前面介绍的管片选型的影响因素、相关参数的计算方法以及管片的拼装点位相关知识，可以得到一种管片选型的技术方法，此方法计算步骤如下：从盾构机掘进导向系统上记录盾构机主机位置、油缸行程差以及盾尾间隙的相关数据，进行盾构机的姿态测量；计算当前环掘进完成后的盾构机趋势和油缸行程差；根据前一环管片的安装点位，推测下一环管片的类型和拼装点位；计算下一环安装完成后的油缸行程差和盾尾间隙值；把上面所计算出的初始条件列入下一个计算循环，以此类推；根据计算出的油缸行程差和盾尾间隙选择最合适的管片类型。

2.3 衬砌组合形式

2.3.1 不同管片环特点

目前，我国的地铁工程中主要采取以下两种形式的管片。

1. 普通管片环

普通管片环的组合形式有两种：①标准环+左转弯环+右转弯环；②左转弯环+右转弯环。直线段采用等宽的标准环(图 2-12)，在平曲线段和竖曲线段则采用转弯环(有一定锥度的楔形环)。一般情况下，普通管片环拼装方式较灵活，可以选择错缝拼装或通缝拼装，并且在直线段会大量使用制作难度和拼装难度较低的标准环，较少使用转弯环，相比起需要不断旋转拼装角度以实现线路拟合的通用管片环，采用普通管片环可以减少拼装难度。但是为了满足圆曲线、缓和曲线以及施工纠偏的需要，转弯环是必需的。采用普通管片环的隧道就需要同时设计和加工直线、左转、右转以及特殊形式的环块，同时由于转弯环的拼装点位是固定的，不能实现任意角度的旋转，在隧道施工中对隧道轴线的精确控制不利。

2. 通用管片环

所谓“通用”是指在整条隧道施工中只使用一种具有一定楔形量的衬砌圆环，见图2-13，通过楔形圆环的有序旋转和有序组合，使得仅采用这一种管片形式就能适合于直线、左转曲线、右转曲线、空间曲线、进洞区、出洞区等各种工况条件，从而拟合出设计所需的线路。因而，理论上只需要一种管片(一套钢模)即可实现任何线形的拟合，做到“以不变应万变”。

在管片设计中，通用管片更适用于设计轴线中存在较多曲线段的隧道。盾构掘进时，根据盾构机内环向千斤顶传感器信息、线形要求、通用管片环预先设定的楔形量、已拼管片的位置和旋转角等信息，确定下一环衬砌绕管片中心线转动的角度。通过改变邻近管片环的旋转角度，不断调整隧道中线以使其尽可能逼近线路中线，达到线路拟合和纠偏的目的。由于其通用性强、拼装效率高、线路控制精准且易于纠偏等优点，通用楔形管片越来越多地运用于城市地铁和大断面水下盾构隧道的建设中。

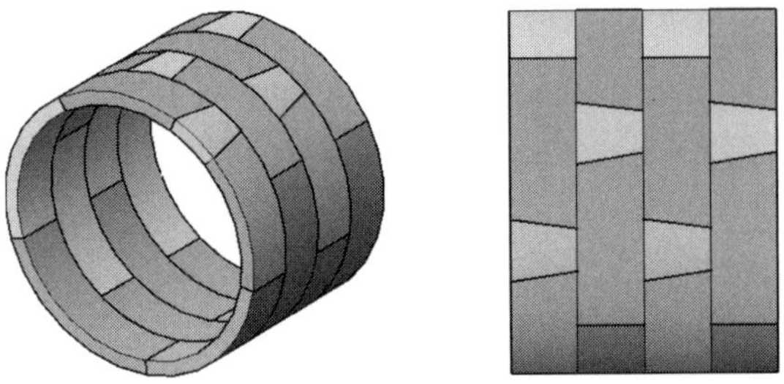

图 2-12　普通管片环示意图

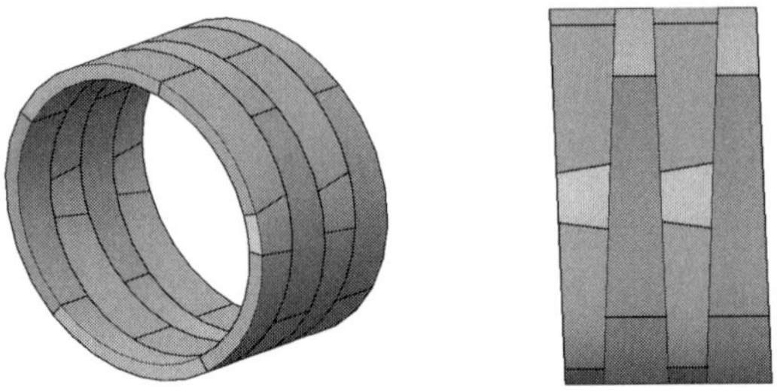

图 2-13　通用管片环示意图

无论采用哪种管片环，施工完成后的隧道均是由一系列管片排列而成，可以看成一组短折线(折线长度为一环衬砌的宽度)的集合，从而近似地拟合成实际线路。由于采用短折线来替代光滑曲线，实际线形和设计线形不能完全吻合，两者之间存在一定的偏差。管片实际拼装路线与隧道设计轴线之间的偏差控制是一个非常重要的环节，它是检验隧道完成质量的关键指标。

2.3.2　普通管片环排版

1. 排版思路

假设管片外径为 D，中心环宽为 B，楔形量为 Δ，相邻拼装点位的管片旋转角 $\gamma=360°/N$(N 为环间螺栓组数量)。

在盾构掘进过程中，设计目标线路为三维曲线，计算时需要选择合适的管片类型和旋转角度，得到最接近目标线路的一种拼装姿态。通过分析可知，3 类管片共存在 $3N$ 种拼装模式。首先，对分析过程做以下 3 点限制，尽可能排除不需要计算的管片姿态以减少运算量，设封顶块与管片沿掘进方向水平面左向(管片圆心 9 点方向)的夹角为 θ，封顶块在管片上半圆范围内，即以水平面与管片左半圆交点为起点的 0°～180°内，$\theta\in[0°,180°]$；避免通缝拼装，拼装环与当前环管片的拼装点位不可相同；若拼装环为标准环，当 $\theta<180°$ 时，令标准环旋转角度为$(\theta+\gamma)$，当 $\theta\geqslant 180°$ 时，则令旋转角度为$(\theta-\gamma)$。

综合以上分析，通过计算可得管片拼装模式为(N−2)种。2 环盾构管片的拼装姿态如图 2-14 所示。由管片的几何参数可知：$\tan\alpha=\Delta/2D$。

根据已拼装情况，可知以下参量：当前环管片类型(标准环或左右转弯环)；当前环终点面中心点 O 坐标(x_0,y_0,z_0)，连接当前环起点面与终点面中心点的向量 $\vec{n}_1(u_1,v_1,w_1)$ 以及当前环终点面法向量 $\vec{n}_2(u_2,v_2,w_2)$；当前环封顶块与管片圆心 9 点方向的夹角 θ_0；当前线路方程 $f(L)$ 及里程 L_0。计算比较拼装环在管片类型和旋转角度不同时与目标线路的误差，即图 2-14 中点 p 与点 O_1 的距离 e，选出误差最小的拼装姿态作为最优解。

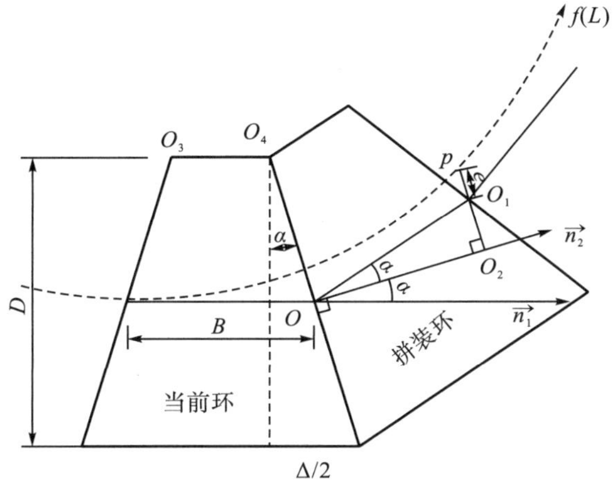

图 2-14 管片拼装姿态几何分析图

2. 求解拼接点位

由图 2-14 可以看出，$\left|\overrightarrow{OO_1}\right|$为管片标准环宽 B，O_1 坐标为(x_{01},y_{01},z_{01})，则

$$B=\sqrt{(x_{01}-x_0)^2+(y_{01}-y_0)^2+(z_{01}-z_0)^2}$$

计算位于当前环终点面法线上的点 O_2 坐标(x_{02},y_{02},z_{02})。根据平行向量关系$\overrightarrow{OO_2}\,//\,\overrightarrow{n_2}$，可得

$$\frac{x_{02}-x_0}{u_2}=\frac{y_{02}-y_0}{v_2}=\frac{z_{02}-z_0}{w_2}$$

在ΔOO_1O_2中，有$\left|\overrightarrow{OO_2}\right|=\left|\overrightarrow{OO_1}\right|\cdot\cos\alpha$ 和$\left|\overrightarrow{O_1O_2}\right|=\left|\overrightarrow{OO_1}\right|\cdot\sin\alpha$，设当前环终点面最大楔形量剖面短边角点为 O_4，则有如下关系：

$$\begin{cases}\left|\overrightarrow{OO_4}\right|=\dfrac{\Delta}{4\sin\alpha}\\ \overrightarrow{O_4O}\cdot\overrightarrow{n_2}=0\\ \cos\left(\dfrac{\pi}{2}-\alpha\right)=\sin\alpha=\dfrac{\overrightarrow{n_1}\cdot\overrightarrow{O_4O}}{\left|\overrightarrow{n_1}\right|\cdot\left|\overrightarrow{O_4O}\right|}\end{cases}$$

由上述公式可以求得 O_4 的坐标(x_{04},y_{04},z_{04})。由三角关系得

$$\left|\overrightarrow{O_4O_1}\right|=\sqrt{(x_{01}-x_{04})^2+(y_{01}-y_{04})^2+(z_{01}-z_{04})^2}=\sqrt{\left(B-\frac{\Delta}{4}\right)^2+\left(\frac{D}{2}\right)^2}$$

设管片计算轴转角顺时针旋转为正，拼装环相对当前环的转动角度β，管片点位旋转示意如图 2-15 所示，则有

$$\cos\beta=\frac{\overrightarrow{OO_4}\cdot\overrightarrow{O_2O_1}}{\left|\overrightarrow{OO_4}\right|\cdot\left|\overrightarrow{O_2O_1}\right|}=\frac{4\left[(x_{04}-x_0)(x_{01}-x_{02})+(y_{04}-y_0)(y_{01}-y_{02})+(z_{04}-z_0)(z_{01}-z_{02})\right]}{\Delta\cdot B}$$

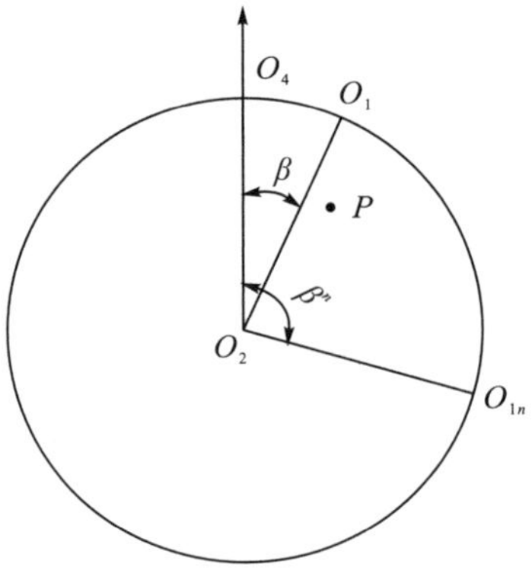

图 2-15 管片点位旋转示意图

通过分析可知，未知数为 O_1 坐标 $\left(x_{01}, y_{01}, z_{01}\right)$ 和 O_2 坐标 $\left(x_{02}, y_{02}, z_{02}\right)$，结合上述公式可求得(N−2)种拼装环的管片姿态。下一步需要选出方程的最优解，即与线路的误差距离最小的一种管片拼装姿态。现采用迭代法求解线路 $f(L)$。$f(L)$ 与以 $\vec{n}_2$ 为轴、$\overrightarrow{O_2O_1}$ 为半径旋转而成的面(即图 2-15 所示圆所在的平面)交于点 P，坐标为 $\left(x_p, y_p, z_p\right)$，设点 P 到旋转平面的距离为 d，则

$$d=\frac{u_2 x_p+v_2 y_p+w_2 z_p-\left(u_2 x_{01}+v_2 y_{01}+w_2 z_{01}\right)}{\sqrt{u_2^2+v_2^2+w_2^2}}$$

初始迭代点 P_0 坐标取 $f\left(L_1=L_0+B\right)$，若 d<限值，取此时 P 点的坐标；反之，取 P_n 坐标为 $f\left(L_{n-1}-d\right)$ 继续计算，直到 d<限值，以所求 P_n 坐标作为交点 P 的坐标 $\left(x_p, y_p, z_p\right)$。

分别求出点 O_{1n} 与点 P 的距离，见下式，取得最小值时便是拼装环管片姿态的最优解。

$$PO_{1n}=\sqrt{\left(x_p-x_{01n}\right)^2+\left(y_p-y_{01n}\right)^2+\left(z_p-z_{01n}\right)^2}$$

$$O_1\left(x_{01}, y_{01}, z_{01}\right)=\min\left(\left|\overrightarrow{PO_{1n}}\right|\right)$$

此时，θ_1 为拼装环封顶块与管片圆心 9 点方向夹角，$\theta_1=\theta_0+\beta$ $\left(\theta_1>360°\text{时}, \theta_1=\theta_1-360°\right)$。根据线路确定了拼装环的姿态后，拼装环便成为当前环，继续计算下一拼装环管片的姿态。

2.3.3 通用管片环排版

1. 通用管片类型

目前所使用的通用管片形状大致有三种：等腰梯形、平行四边形和蜂窝形，如图 2-16 所示。

在巴黎某地铁项目施工中，采用了梯形管片和平行四边形管片的组合模式，见图 2-17。而蜂窝形管片基本上只能适用于直线隧道中，如图 2-18 所示。

图 2-16 通用管片环形状

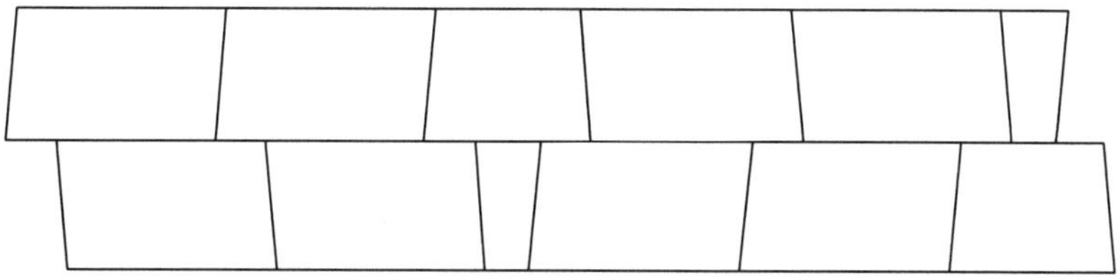

图 2-17 梯形和平行四边形的组合形式

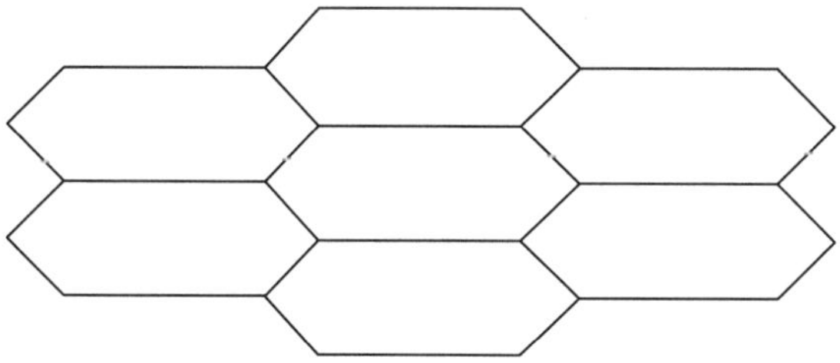

图 2-18 蜂窝形管片拼装图

比较常用的通用管片多为梯形。梯形管片根据所成环的形状又可分为等腰梯形和直角梯形。两者都可以通过自身的旋转来改变拼装轴线的前进方向，区别在于：直线段拼装时，等腰梯形的管片环只需通过绕其中心轴的自转就可以实现直线拼装；而对于直角梯形的管片环来说，首先要绕其竖向对称轴转动 180°，再进行自转才可实现，如图 2-19 所示。

2. 管片位置属性

管片的位置属性，即管片的排版参数信息，是在排版过程中确定的，由三个重要的属性参数来描述：管片环的起始端面中心、管片环法向量、拼装点位。

起始端面中心决定了管片环在隧道轴线上的里程位置，正常排版时，起始端面中心点位于隧道设计轴线附近，它到隧道设计轴线的距离即为该环的偏差；管片环法向量是由管片起始端面中心指向末端面中心的空间矢量(图 2-20)，它描述了管片的走向，应尽量和隧道设计轴线的走向一致，以便于后续管片的拼装；拼装点位确定了管片环的自身旋转角度，决定了管片的偏转方向、末端面中心(即下一环的起始端面中心)和末端面法向。

根据指定的隧道轴线和管片设计参数，通过编制有效的算法，使由楔形管片连接而成的折线有效地拟合原设计曲线。

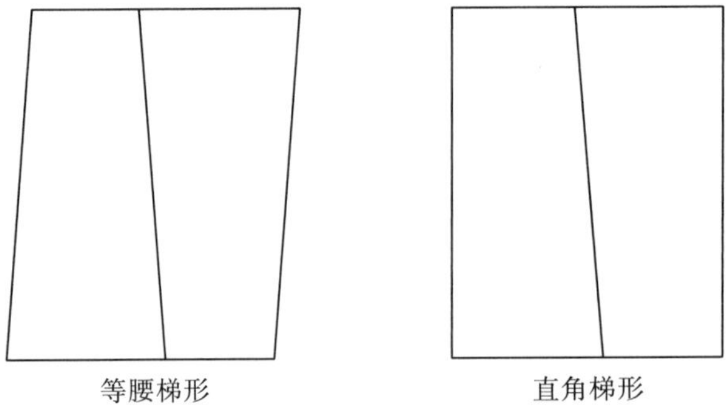

图 2-19　梯形管片拼装图

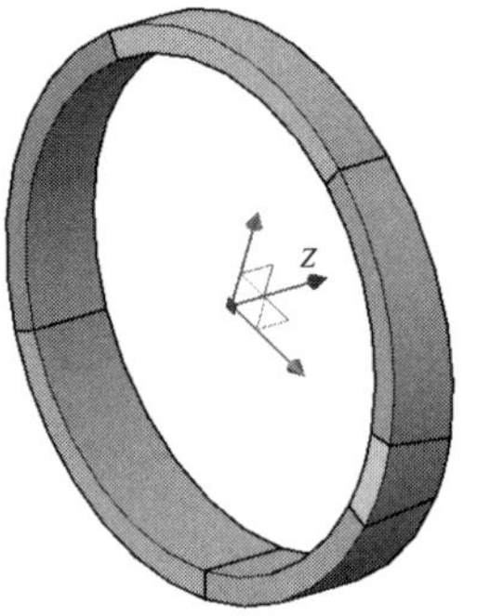

图 2-20　通用管片环法向量

3. 排版控制因素

排版控制因素主要包括以下几个方面：①偏差控制。拟合偏差即模拟排版得到的管片中心与隧道设计轴线的距离，要求该距离不能大于施工允许的最大偏差。②错缝控制。根据拼装方式为通缝拼装还是错缝拼装，若采用错缝拼装，允许用户指定相邻两环的纵缝在管片内壁上的最小距离，小于此距离即被认为两缝相通，用户也可以设定这种相近缝的最大允许条数，超过此限制的拼装点位将被排除。③封顶块位置。管片拼装时，封顶块通常是最后拼装的。当封顶块位于衬砌环的下方时将给封顶块的插入带来困难，甚至使封顶块被挤碎。④最小转弯半径。当管片和隧道轴线已设计完成，正式排版前还需要进行一系列准备工作以保证排版顺利进行，这其中包括对最小转弯半径的校核。首先，根据管片设计参数来计算管片理论上能实现的最小转弯半径 R_{min}。设管片每环宽度为 B，管片外径为 D，单面楔形量为 Δ。

通缝拼装时按下式计算最小转弯半径：

$$R_{min}=\frac{B\cdot D}{2\Delta}$$

错缝拼装时按下式计算最小理论半径：

$$R_{min}=\frac{B\cdot D}{2\Delta\left[1-2\sin\left(\pi/n\right)\right]}$$

式中，n 为纵向螺栓的分组数，即拼装点位总数。

4. 求解线路拟合目标点

排版起始环是进行拟合排版的起始位置，它可以是隧道施工拼装的首环管片，也可以是施工过程中的任意一环管片。排版起始环已定，然后则是根据当前环来选择合适的下一拼装环。如图 2-21 所示，根据实际线路要求，下一环通过绕 AD 轴（AD 线为面 ABC 的过 A 点法线）旋转一定角度，来控制管片中线产生一定的偏转。当该处的隧道轴线为直线时，在没有其他限制条件下，管片环旋转 180°，其管片的方向与直线段路线中线一致。当该处轴线为曲线时，旋转一定角度后可使管片环的末端中心 O_3 与设计轴线偏差最小，见图 2-21 中曲线段的第 n+1 环。

下一环的点位选择受到当前环的制约，表现在以下几个方面：下一环的起始端面中心是固定的，即与当前环的末端面中心重合；所有可能的轴线都位于同一个圆锥面上，该圆锥以 A 点为顶点，以当前环的末端面法线 AD 为轴；所有可能的中心位置位于同一平面上，该平面与当前环的末端面平行，如图 2-22 所示。

现在，问题就转化为如何确定下一环的拼装点位，不同的拼装点位（旋转角度）使得下一环的中心轴线有不同的转向。在所有可能的中心位置中找到离隧道设计轴线（designed tunnel axis，DTA）最近，即与隧道轴线的偏差最小的一点作为下一环的中心位置，衡量管片中心与隧道轴线的偏差大小，首先要找到一个目标点。该目标点位于与当前环的末端面平行的平面上，且是该平面与隧道设计轴线的交点，见图 2-22 中的 P 点。

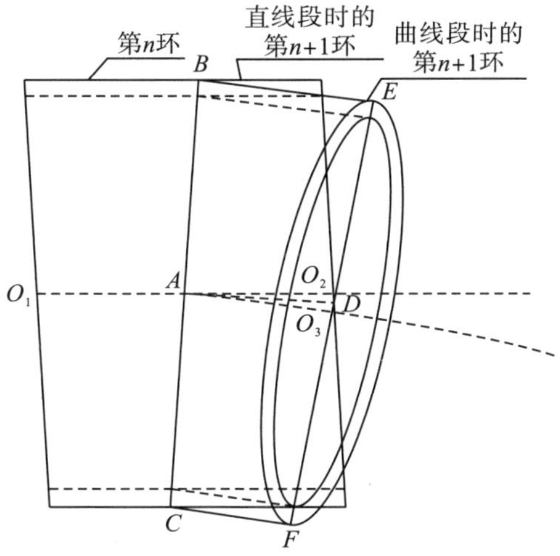

图 2-21 第 n+1 环的轴向拟合示意图

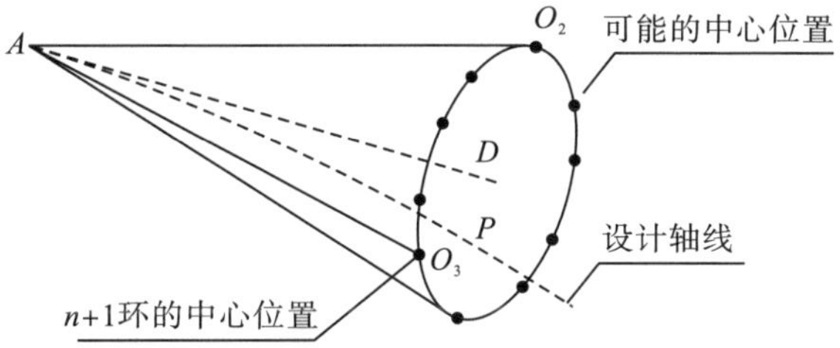

图 2-22 点位选择示意图

由于空间曲线与某一平面的交点的方程求解算法复杂，而且求解该目标点的结果往往不唯一，这里采用迭代法求解，该过程与 2.3.2 节相似，步骤如下：

(1) 找到所有可能的中心点所共在的平面 ψ，可以通过平移当前环的末端面得到，下式的 S 为平移距离：

$$S = B \times \cos\left(\arctan\left(\frac{\Delta}{D}\right)\right)$$

(2) 将当前环的末端里程向前推进环宽 B，选择隧道设计轴线上里程为 L 的点 P_0 作为初始迭代点（位于交点附近），即 $L=L_0+B$。

(3) 利用 L 和隧道设计轴线方向求解 P_0 的三维坐标 (x_p, y_p, z_p)。

(4) 利用空间几何向量算法求解点 P_0 到平面 ψ 的距离。平面 ψ 在空间中的法向量为 (l,m,n)，任意点 P_0 的坐标为 $(x_p,\ y_p,\ z_p)$，下式为 P_0 点到平面 ψ 的距离公式：

$$d = \frac{lx_p + my_p + nz_p - (lx_0 + my_0 + nz_0)}{\sqrt{l^2 + m^2 + n^2}}$$

其中，$(x_0,\ y_0,\ z_0)$ 为平面上任意一点，在这里取平移后的末端面的中心点的坐标。

(5)验证 P_0 点是否为所求点。当 $|d| \leqslant 10^{-6}$m 时，认为该点在平面上，即为所求的拟合目标点，因为它既在隧道轴线上，又在平面 ψ 上。当 $|d| > 10^{-6}$m 时，以 $L+d$ 代替 L，返回第三步，求解新的 P_0 点的坐标，直至满足 $|d| \leqslant 10^{-6}$m，即得到交点。这里的 d 具有矢量性，当 d 的值大于 0 时，P_0 位于平面 ψ 前方；当 d 的值小于 0 时，P_0 位于平面 ψ 后方，求解流程见图 2-23。

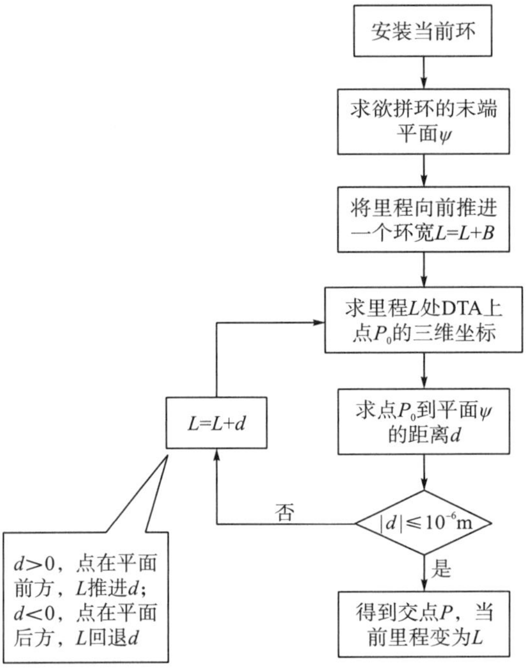

图 2-23　求管片平面与轴线交点的流程图

5. 确定拼装点位

这里介绍管片设计排版时确定拼装点位的方法。求解思路如前所述，找到线路拟合的目标点以后，只要在下一环的所有满足错缝拼装的点位中，找到末端面中心点离目标点最近的点位，即为所求拼装点位。

求末端面中心的计算方法如下：已知当前环的起始端面 OHV 的法向量为 $\overrightarrow{OP}$ (X_{op}, Y_{op}, Z_{op})，平面 OHV 与铅垂面和水平面的交线分别为 $\overrightarrow{OV}$ 和 $\overrightarrow{OH}$，如图 2-24 所示，则

$$\overrightarrow{OV} = \begin{pmatrix} -X_{op} \times Z_{op} \\ -Y_{op} \times Z_{op} \\ X_{op}^2 + Z_{op}^2 \end{pmatrix}, \quad \overrightarrow{OH} = \begin{pmatrix} -Y_{op} \\ -X_{op} \\ 0 \end{pmatrix}$$

假设封顶块中心所在位置即为管片最窄处，管片自由竖立时，第 i 拼装点位与 z 轴（竖直向上方向）的夹角为 $i \cdot 360/N$，N 为纵向螺栓个数或螺栓组数，但管片累积拼装若干环后，管片自身的扭转使得该点位与 z 轴的夹角不再严格等于 $i \cdot 360/N$，需经计算求取。设当前环的拼装点位矢量 $\overrightarrow{OM}$ 与 $\overrightarrow{OV}$ 的夹角为 α_1 已知，则

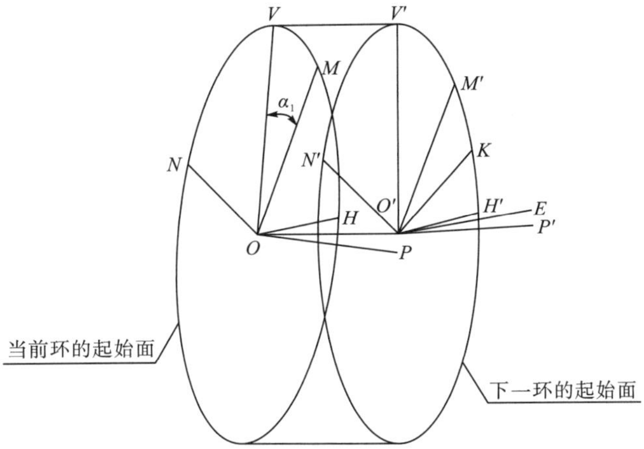

图 2-24 当前环中心向量示意图

$$\overrightarrow{OM}=\overrightarrow{OV}\cdot\cos\alpha_1+\overrightarrow{OH}\cdot\sin\alpha_1$$

在 MOP 平面内，将 $\overrightarrow{OP}$ 向着 $\overrightarrow{OM}$ 方向旋转 β 角，即可得到当前环环向量 $\overrightarrow{OO'}$。其中，β 是由管片楔形量产生的旋转角，若管片中心环宽为 B，单面楔形量为 Δ，则 β 的大小按下式计算：

$$\beta=\tan^{-1}\left(\frac{\Delta}{B}\right)$$

$\overrightarrow{OO'}$ 可表示为

$$\overrightarrow{OO'}=\frac{B\cdot\overrightarrow{OP}\cdot\cos\beta}{\left|\overrightarrow{OP}\right|}+\frac{B\cdot\overrightarrow{OM}\cdot\sin\beta}{\left|\overrightarrow{OM}\right|}$$

因为 O 点坐标已知，自此就得到了当前环的末端面中心 O' 点的坐标，将 $\overrightarrow{OP}$ 向着 $\overrightarrow{OM}$ 方向旋转 2β，就得到了当前环末端面的法向量 $\overrightarrow{O'P'}$：

$$\overrightarrow{O'P'}-\frac{B\cdot\overrightarrow{OP}\cdot\cos2\beta}{\left|\overrightarrow{OP}\right|}+\frac{B\cdot\overrightarrow{OM}\cdot\sin2\beta}{\left|\overrightarrow{OM}\right|}$$

若 $\overrightarrow{ON}$ 为 MOP 平面的法向量，则

$$\overrightarrow{ON}=\overrightarrow{OP}\times\overrightarrow{OM}$$

考虑到 $\overrightarrow{O'M'}$ 与 $\overrightarrow{OP}$、$\overrightarrow{OM}$ 在同一平面内，故 $\overrightarrow{ON}$ 垂直于 $\overrightarrow{O'M'}$，可得

$$\overrightarrow{O'M'}=\overrightarrow{ON}\times\overrightarrow{O'P'}$$

平面 $O'M'P'$ 与铅垂面的交线为 $\overrightarrow{O'V'}$，则 $\overrightarrow{O'M'}$ 与 $\overrightarrow{O'V'}$ 的角度 α_2^0 为

$$\alpha_2^0=\cos^{-1}\left(\frac{\overrightarrow{O'V'}\cdot\overrightarrow{O'M'}}{\left|\overrightarrow{O'V'}\right|\left|\overrightarrow{O'M'}\right|}\right)$$

因为平面 $O'M'P'$ 同时又是下一环的起始端面，且其法向量 $\overrightarrow{O'P'}$ 已求出，若一环的点位矢量 $\overrightarrow{O'K}$ 相对当前环旋转 n 个点位，则下一环的点位角度 α_2^1 为

$$\alpha_2^1=\alpha_2^0+n\cdot360/N$$

接下来可按与求 O' 点坐标相同的方法，求出下一环末端中心 E 点的坐标，将求得的结果用于计算与拟合目标点的偏差，并根据轴线偏差选择最优的旋转点位，从而确定下一环的位置和拼装点位信息。

按此方法逐环求解，直至到达隧道的终点里程，便完成了整条隧道的轴线拟合设计排版，排版流程见图 2-25。最后，将排版结果整理下来形成交底，结果包括每一环管片的里程、拼装点位、空间坐标以及拟合偏差等，可用于管片设计合理性的分析和指导隧道施工。

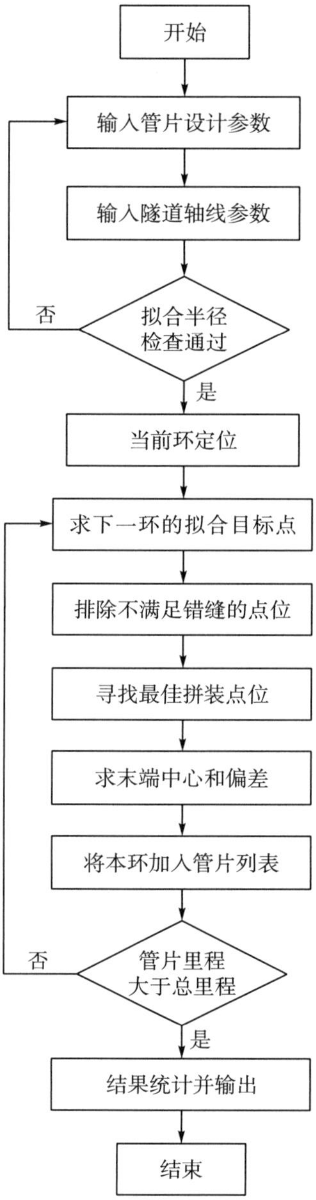

图 2-25　拟合排版流程图

2.4 管片衬砌设计参数优化

盾构隧道管片衬砌设计是城市地铁盾构隧道工程建设中的重要内容。在设计中需将设计模型和地区设计习惯、工程实际情况相结合，对管片厚度、管片幅宽、配筋率、混凝土强度等设计参数进行合理研究，才能实现对盾构隧道管片设计的优化，使工程设计更加符合工程建设需求。

2.4.1 优化理论

在盾构隧道管片衬砌设计中，影响管片衬砌受力的相关参数有很多：管片接头位置、管片分块数、管片幅宽、管片厚度、管片接头刚度、管片弹性模量、封顶块的大小、封顶块的拼装点位及拼装方式等。管片的优化设计，需要综合考虑许多因素。然而，在优化设计中，因为有大量数据需要处理，人力难以实施充分的优化。而随着计算机技术的发展，利用计算机进行大范围、多变量、高效率最优解搜索成为管片衬砌优化设计的可能手段。

基于三维壳-弹簧模型，选取影响管片衬砌受力相关参数：封顶块角度、邻接块角度、标准块角度、管片厚度、拼装点位，建立错缝拼装模型，并计算管片环在不同情况下的受力，得到每环管片衬砌的安全系数。利用正交试验得到用于神经网络算法的大量样本，再利用神经网络算法训练得到管片相关参数与目标函数之间的映射关系。

建立遗传算法，利用神经网络算法的映射关系对目标函数进行优化，找到使目标函数最佳的管片设计参数，即最优解。用遗传算法获得符合终止条件的最优解后，将所得的优化解反代入三维壳-弹簧有限元结构模型进行检算，将分析结果与优化前的管片衬砌进行对比。

2.4.2 地层参数

以成都某市域地铁盾构区间为研究对象，该隧道所处的地层以杂填土、粉质黏土、粉土、粉细砂、砂卵石、中风化泥岩为主，穿越岩土类型多，且物理力学性能差别大，工程地层条件复杂。取该盾构区间左线某处隧道断面为例进行计算，盾构隧道所处位置见图 2-26，该断面地层参数如表 2-4 所示。

表 2-4 各材料物理力学性质参数表

材料	厚度/m	密度/(kg/m³)	弹性模量/MPa	泊松比	摩擦角/(°)	黏聚力/MPa
杂填土	1.39	1900	1.0	0.35	10	0.01
粉质黏土	4.29	2000	4.0	0.28	11	0.026
粉土	2.43	1940	4.8	0.3	19.7	0.018
粉细砂	1.32	1950	11	0.29	23	—
砂卵石	5.96	2300	50	0.22	45	—
中风化泥岩	—	2350	180	0.18	33	0.3
管片衬砌	—	2500	34500	0.2	—	—
螺栓	—	7850	206000	0.167	—	—

太沙基公式中松动土高度计算公式如下：

$$B_1 = R_0 \cot\left(\frac{\pi/4+\varphi/2}{2}\right)$$

$$h_0 = \frac{B_1\left(1-\dfrac{c}{B_1\gamma}\right)}{K_0\tan\varphi}\left(1-\mathrm{e}^{-K_0\frac{H}{B_1}\tan\varphi}\right)+\frac{p_0}{\gamma}\mathrm{e}^{-K_0\frac{H}{B_1}\tan\varphi}$$

式中，K_0为水平土压力和竖直土压力之比；φ为土内摩擦角；c为土的黏聚力；γ为土的重度；H为上覆土厚度；p_0为上部荷载；R_0为衬砌的外半径。

对各土层进行加权平均处理为均一地层，然后根据以上公式可得

$$B_1=9.242\text{m}，\quad h_0=7.423\text{m}$$

当松动高度 h_0 小于两倍的隧道直径时，取两倍的隧道直径，但若覆土厚度小于两倍隧道直径时，则取覆土厚度计算。该断面覆土厚度只有 9.3m，因此 h_0=9.3m，即取全覆土厚度进行计算。在荷载-结构模型中，荷载的施加方式如图 2-27 所示。

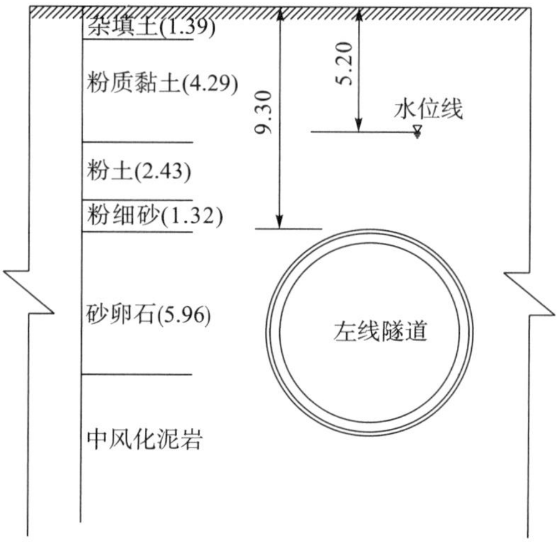

图 2-26 盾构隧道断面位置示意(单位：m)

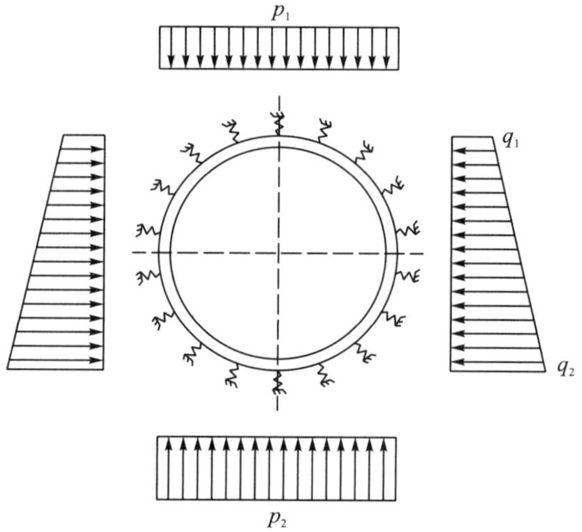

图 2-27 荷载施加示意图

2.4.3 壳-弹簧模型

该工程盾构管片衬砌外表面直径为 8.3m，内表面直径为 7.5m，管片厚度为 0.4m。每个管片环由 1 块封顶块、2 块邻接块、4 块标准块组成，为建模方便，计算中封顶块、邻接块、标准块角度分别取 16°、57°、57°。衬砌纵缝和环缝均采用 M30 弯螺栓连接，直径 30mm，螺栓长 400mm。全环共计 14 根环向螺栓，19 根纵向螺栓。衬砌采用错缝拼装，相邻两环管片的封顶块位置沿隧道竖向中心线左右对称，共建立四环管片。图 2-28 为所建立的三维壳-弹簧模型。

衬砌采用线弹性壳单元 Shell63 进行模拟，厚度为 0.4m。弹性模量取 34.5GPa，重度取 25kN/m^3，泊松比取 0.2。相邻管片边缘部位节点的空间位置重合但相互独立，不传递

应力和位移。管片接触面只受压不受拉，因此用 Link10 杆单元模拟管片衬砌之间相互作用。使用 ANSYS 有限元软件中的 Combin14、Combin39 单元对管片接头进行模拟，建立如图 2-29 所示的四种弹簧单元。

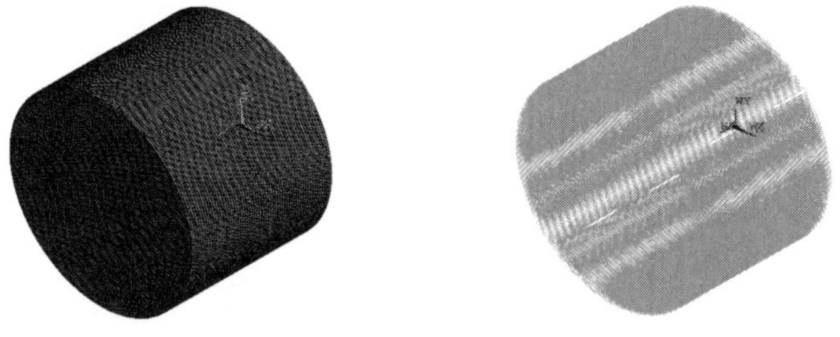

(a)衬砌　　(b)地层弹簧

图 2-28　三维壳-弹簧模型

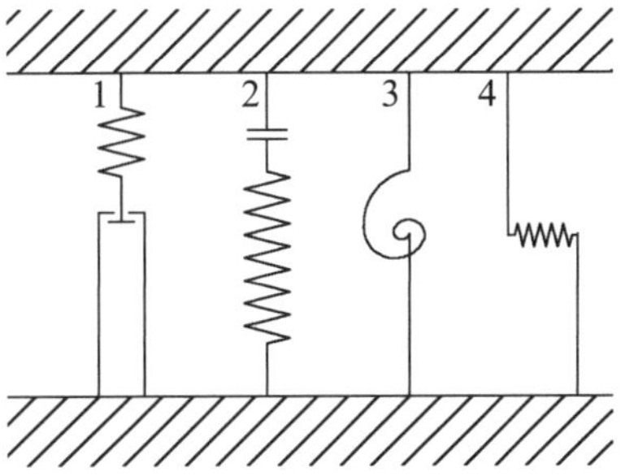

图 2-29　弹簧单元类型示意图

1-抗拉弹簧；2-抗压弹簧；

3-抗弯弹簧；4-抗剪弹簧

其中，管片环向和纵向螺栓接头的抗拉效应用 Combin39 单元模拟，抗剪效应用 Combin14 单元模拟，抗弯效应用 Combin39 单元模拟。

抗拉弹簧的刚度可按照下式近似计算：

$$K_n = \frac{E_l A_0}{L_0}$$

式中，E_l 为螺栓弹性模量；A_0 为螺栓截面积；L_0 为螺栓长度。

抗剪弹簧的刚度可按照下式近似计算：

$$K_s = \frac{12\xi E_l IGA}{12EIL_2 + \xi GAL_2^3}$$

式中，ξ 为铁摩辛柯(Timoshenko)梁截面剪切修正系数，对于圆柱体其值为 $6(1+\nu)/(7+6\nu)$，ν 为螺栓材料泊松比；I 为螺栓截面的惯性矩；G 为螺栓的剪切模量；A 为螺栓剪切截面积；L_2 为螺栓有效剪切长度，取 $L_2=3L_1$，L_1 为螺栓装配手孔的纵向长度。

抗弯弹簧刚度可按照下式近似计算：

$$K_M = \frac{n_1 h^2 E_l A_0}{n_2 8 L_0}$$

式中，n_1 为幅宽范围内螺栓接头数目；n_2 为幅宽范围内抗弯弹簧数目；h 为管片厚度。本模型中，在纵缝上建立与管片边缘处壳单元节点数目相同的抗弯弹簧。

该模型采用的文克尔地基模型，是一种最简单的线弹性地基模型。文克尔假定中，地基抗力是由于衬砌向围岩方向位移而产生的地层抗力，其基本假设是土介质表面某一点所受到的压力 $p(x,y)$ 与该点的位移 $s(x,y)$ 成正比，而与土和结构接触面上的其他点完全无关，数学表达式为

$$p(x,y) = k \cdot s(x,y)$$

式中，k 为基床系数。

采用地层弹簧单元来模拟作用在隧道衬砌上的地层抗力，并且认为地层抗力与地层位移成正比，且该比例因子定义为地基抗力系数，对于隧道衬砌而言，地层抗力包括径向和切向两个方向，将径向抗力系数定义为 K_r：

$$K_r = \frac{E}{(1+\nu)R_1}$$

式中，E 为地层弹性模量；ν 为地层泊松比；R_1 为隧道衬砌的计算半径。各种土层的 $K_r \times R_1$ 的值如表 2-5 所示。

表 2-5 各种土层的 $K_r \times R_1$ 值

土的种类		注浆固结中	注浆固结后	标贯值 N
砂土	非常密实	35～47	55～90	$30<N<50$
	密实	21.5～35	28～55	$15<N<30$
	中等密实、松散	≤21.5	≤28	$N<15$
	坚硬	≥31.5	≥46	$N \geqslant 25$
	硬	13～31.5	15～46	$8 \leqslant N<25$
黏土	中等硬	7～13	7.5～15	$4 \leqslant N<8$
	软	3.5～7	3.8～7.5	$2 \leqslant N<4$
	极软	≤3.5	≤3.8	$N<2$

模型采用 link10 单元模拟地层弹簧，设置为只受压不受拉。地层弹簧的弹性模量为

$$E_{地层弹簧} = \frac{lA_1K_r}{A_2}$$

式中，l 为地层弹簧长度；A_1 为地层弹簧对应管片面积；A_2 为地层弹簧横截面面积。

2.4.4 安全系数

正交试验是一种高效、经济的试验方法，它的主要研究对象为多因素多水平参数。依据大量参数的正交性，从试验数据中挑选出少量有代表性的点，而这些点具有“分散均匀，齐整可比”的特点，将这些特征点进行试验，可以最大程度地减少试验样本数量。

取管片幅度、管片厚度、封顶块角度、邻接块角度和封顶块点位为设计参数变量。每种设计参数取 4 种不同数值，采用 L16 正交表设计 16 种工况，并利用 ANSYS 对每一种工况分别计算得到表 2-6 中各管片环最小安全系数。根据《铁路隧道设计规范》(TB 10003—2016)，管片任一截面的安全系数计算公式可表示为

$$K = \begin{cases} \dfrac{\varphi\alpha R_c bh}{N} & (e_0 > 0.20h) \\ \dfrac{\varphi 1.75 R_t bh}{6e_0/h - 1} & (e_0 \leqslant 0.20h) \end{cases}$$

$$\alpha = 1 + 0.648\left(\frac{e_0}{h}\right) - 12.569\left(\frac{e_0}{h}\right)^2 + 15.144\left(\frac{e_0}{h}\right)^3$$

式中，e_0为偏心距，$e_0=M/N$，M为截面弯矩，N为截面轴力；φ为构件纵向抗弯系数，可取 1.0；α为轴向力偏心影响系数；R_c为混凝土的抗压极限强度；b为截面宽度；h为截面厚度；R_t为混凝土的抗拉极限强度。

表 2-6 正交表及每环最小安全系数

工况	管片幅宽/m	管片厚度/m	封顶块角度/(°)	邻接块角度/(°)	封顶块点位	1 号环最小安全系数	2 号环最小安全系数	3 号环最小安全系数	4 号环最小安全系数	安全系数平均值
1	1.2	0.2	8	50	19	1.238	1.241	1.241	1.253	1.243
2	1.2	0.3	12	56	17	1.469	1.506	1.465	1.507	1.487
3	1.2	0.4	16	62	15	1.473	1.469	1.473	1.473	1.472
4	1.2	0.5	20	68	13	1.609	1.611	1.598	1.614	1.608
5	1.5	0.2	12	62	13	1.184	1.209	1.191	1.209	1.198
6	1.5	0.3	8	68	15	1.375	1.375	1.378	1.381	1.377
7	1.5	0.4	20	50	17	1.580	1.597	1.572	1.595	1.586
8	1.5	0.5	16	56	19	1.675	1.658	1.662	1.667	1.666
9	1.8	0.2	16	68	17	1.054	1.074	1.050	1.076	1.064
10	1.8	0.3	20	62	19	1.507	1.512	1.512	1.511	1.511
11	1.8	0.4	8	56	13	1.498	1.504	1.490	1.504	1.499
12	1.8	0.5	12	50	15	1.557	1.551	1.550	1.551	1.552
13	2.1	0.2	20	56	15	1.071	1.073	1.073	1.074	1.073
14	2.1	0.3	16	50	13	1.374	1.392	1.370	1.386	1.381
15	2.1	0.4	12	68	19	1.600	1.599	1.594	1.595	1.597
16	2.1	0.5	8	62	17	1.606	1.612	1.584	1.610	1.603

2.4.5 映射关系

神经网络由于其强大的非线性映射能力而在智能优化领域被广泛应用，当应用于结构分析时，神经网络采用如下构造：输入层、隐含层、输出层。基于神经网络的管片优化包括：选取正确的参数，确定适当的网络结构和学习样本规格化，选取初始权值及确定控制条件。基于正交试验表中的设计参数，通过建立有限元模型计算需要的目标值，然后将管片设计参数和与之相对应的目标值作为学习样本，通过神经网络训练得到设计参数与目标值的非线性映射关系，从而进行下一步的管片优化。

人工神经网络是由大量计算单元构成的非线性系统，它模仿人脑神经系统对外界信号进行接收、处理和存储，具有强大的信息智能处理功能。BP 神经网络作为人工神经网络中应用最广的算法模型，具有完备的理论体系和学习机制。它模仿人脑神经元对外部激励信号的反应过程，通过建立多层感知器模型，利用信号正向传播和误差反向调节的学习机制，经过多次迭代学习，从而搭建出非线性信息处理的智能化网络模型。BP 神经网络通常由输入层、隐含层和输出层组成，层与层之间全互连，每层节点之间不相连。它的输入层节点的个数通常取输入向量的维数，输出层节点的个数通常取输出向量的维数，隐含层节点个数目前尚无确定的标准，需通过反复试算得到较合理的隐含层节点个数。根据柯尔莫哥洛夫(Kolmogorov)定理，具有一个隐含层(隐含层节点足够多)的三层BP神经网络能在闭集上以任意精度逼近任意非线性连续函数。所以，本节选择单隐含层的BP神经网络进行说明，其拓扑结构如图2-30所示。

BP算法主要用于BP神经网络权值和阈值的学习，其学习过程由信号的正向传播与误差的反向传播两个过程组成。正向传播时，输入信号从输入层经隐单元，传向输出层，在输出端产生输出信号，如果在输出层不能得到期望的输出，则转入误差信号反向传播过程；在误差信号反向传播过程中，误差信号由输出端开始逐层向前传播，网络的权值由误差反馈进行调节，通过权值的不断修正使网络的实际输出更接近期望输出。

BP算法的步骤(图2-31)为：

(1)权值初始化，$w_{sq} = \mathrm{Random}(*), sq为ij, jk$；

(2)依次输入P个学习样本。设当前输入为p个样本；

(3)依次计算各层的输出：$x_j, y_k\left(j=1,2,\cdots,n; k=1,2,\cdots,m\right)$；

(4)求各层的反向传播误差，并记下各个x_i, x_j的值：

$$\delta_{jk}^{(p)} = \left(d_k^{(p)} - y_k^{(p)}\right) y_k^{(p)} \left(1 - y_k^{(p)}\right), k=1,2,\cdots,m$$

$$\delta_{ij}^{(p)} = \sum_{k=1}^{m} \delta_{jk}^{(p)} w_{jk} x_j^{(p)} \left(1 - x_j^{(p)}\right), j=1,2,\cdots,n$$

(5)记录已学习过的样本数p。如果$p<P$，转到第二步继续计算；如果$p=P$，转到第六步；

(6)按权值修正公式修正各层的权值和阈值；

(7)按新的权值再计算$x_j^{(p)}, y_k^{(p)}和E_A$，若对每个p和k都满足$\left|d_k^{(p)} - y_k^{(p)}\right| < \varepsilon$(或$E_A < \varepsilon$)，或达到最大学习次数，则终止学习。否则转到第二步继续新一轮的学习。

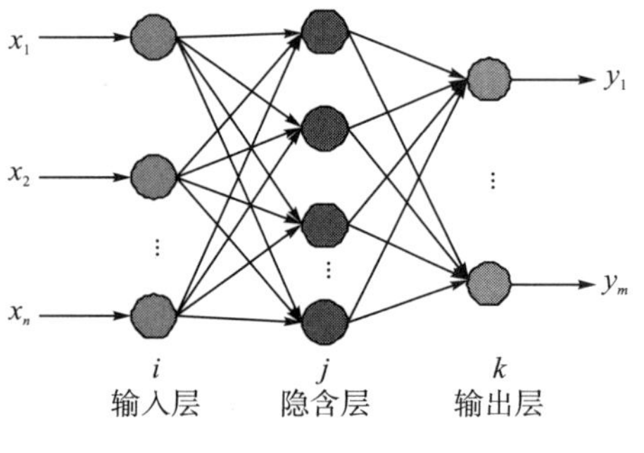

图2-30 BP神经网络的拓扑结构

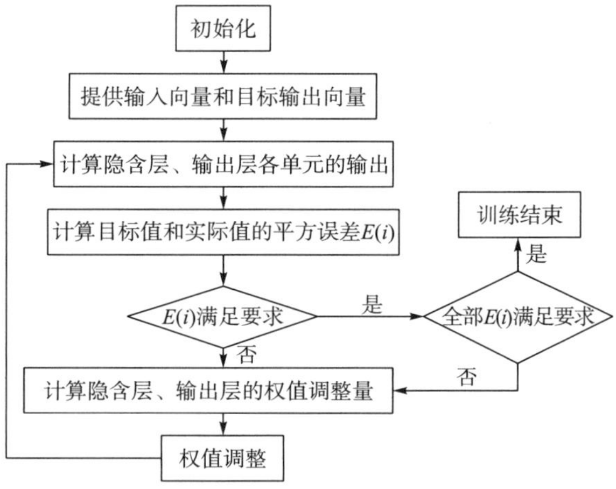

图2-31 BP算法流程图

使用MATLAB编程得到BP神经网络，对表2-6中16个工况的最小安全系数平均值进行预测，并与ANSYS实际计算结果进行对比，如图2-32所示。结果表明该网络对最小安全系数平均值的预测准确性较高，可进行下一步的计算。

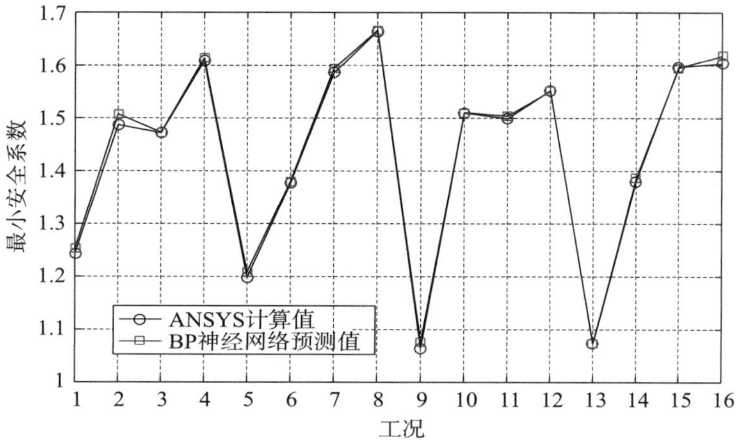

图 2-32　BP 神经网络预测值和 ANSYS 计算值

2.4.6　参数优化

遗传算法是一种借鉴生物界进化规律(适者生存，优胜劣汰遗传机制)演化而来的随机化搜索方法。其主要特点是直接对结构对象进行操作，不存在求导和函数连续性的限定；具有内在的隐并行性和更好的全局寻优能力；采用概率化的寻优方法，能自动获取和指导优化的搜索空间，自适应地调整搜索方向，不需要确定的规则。

遗传算法的运算流程包括编码、初始群体生成、适应度值评价检测、选择、交叉、变异六部分，计算流程如图 2-33 所示。

(1) 编码：解空间的解数据 x，作为遗传算法的表现型，从表现型到基因型的映射称为编码。遗传算法在进行搜索之前先将解空间的解数据表示成遗传空间的基因型串结构数据，这些串结构数据的不同组合就构成了不同的点。

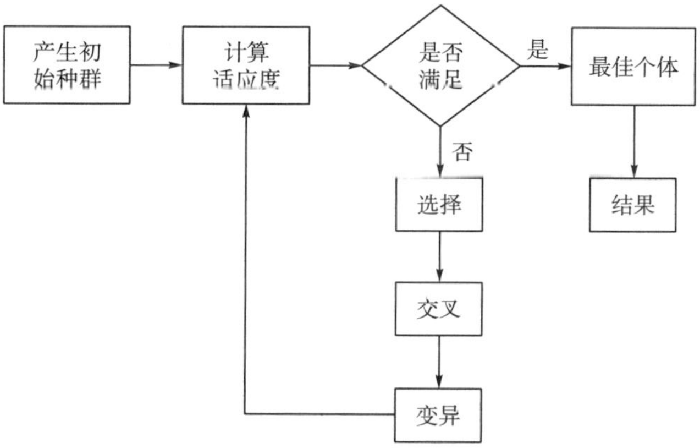

图 2-33　遗传算法子程序流程图

(2) 初始群体的生成：随机生成 N 个串结构数据，每个串结构数据称为一个个体，N 个个体构成一个群体。遗传算法以这 N 个串结构作为初始点开始迭代。设置进化代数计数器 t=0，设置最大进化代数 T，随机生成 N 个个体作为初始群体 $P(0)$，N 一般取 10～200。

(3) 适应度值评价检测：适应度函数表明个体或解的优劣性。对于不同的问题，适应度函数定义的方式不同，根据具体的问题，计算群体 $P(t)$ 中各个个体的适应度。

(4) 选择：将选择算子作用于群体，根据适应度函数值的大小，选取适应度高的个体进行下一步的操作。

(5) 交叉：将交叉算子作用于群体，以交叉概率 P_c 随机选取群体中的个体在随机生成的位置进行交叉。P_c 一般取 0.25～1.00。

(6) 变异：将变异算子作用于群体，以变异概率 P_m 随机选取个体中的基因位进行变异，得到新的个体。P_m 一般为 0.001 左右。

通过编程，将四环管片的安全系数平均值最大作为优化目标，通过遗传算法求出最佳解，计算结果见表 2-7。

表 2-7 最优解

管片幅宽/m	管片厚度/m	封顶块角度/(°)	邻接块角度/(°)	封顶块点位	目标函数值
2.01	0.50	23.75	51.94	18.96	1.685

对优化取得的参数取整，并重新建立模型计算，得到如表 2-8 所示的反解最优解。

表 2-8 反解最优解

管片幅宽/m	管片厚度/m	封顶块角度/(°)	邻接块角度/(°)	封顶块点位	1 号环最小安全系数	2 号环最小安全系数	3 号环最小安全系数	4 号环最小安全系数	安全系数平均值
2.0	0.5	24	54.31	19	1.758	1.739	1.738	1.742	1.744

依托工程盾构隧道管片的厚度为 0.4m，管片幅宽为 1.5m，封顶块角度为 16°，邻接块角度为 58°，标准块角度为 57°，第一环管片封顶块拼装点位为 19，相邻管片环封顶块沿隧道中心线呈左右对称分布。优化后，管片厚度为 0.5m，管片宽度为 2.0m，封顶块角度 24°，邻接块角度 54.31°，标准块角度 56.84°，第一环管片封顶块拼装点位仍为 19。通过比较可知，优化后和原设计所得计算结果，均满足设计要求。优化后，封顶块点位不变，但管片的幅宽、厚度以及封顶块角度都有所增加，邻接块角度变小。由表 2-9 可知优化过后每环管片的最小安全系数都有约 9%的提升。

表 2-9 原模型和优化模型计算结果

	管片幅宽/m	管片厚度/m	封顶块角度/(°)	邻接块角度/(°)	封顶块点位	1 号环最小安全系数	2 号环最小安全系数	3 号环最小安全系数	4 号环最小安全系数
原设计	1.5	0.4	16	58	19	1.604	1.597	1.602	1.600
优化后	2.0	0.5	24	54.31	19	1.758	1.739	1.738	1.742
提升比例	—	—	—	—	—	9.6%	8.9%	8.5%	8.9%

2.5 管片设计参数敏感性

本节主要分析管片安全系数对不同设计参数(管片幅宽、管片厚度、封顶块角度、邻接块角度和封顶块点位）的敏感性差异。传统的参数敏感性分析采用单因素分析方法，即选定一个指标值，并使其中一个参数变化，同时假定其他参数保持不变，通过比较基准指标值随参数变化关系曲线反映各参数的敏感性大小。此方法能够比较直观地反映各参数对基准指标值的影响，但是实际上各个参数是相互影响的，所以这种假定往往与实际情况不符。因此需要对多因素进行敏感性分析。

2.5.1 极差分析法

设 A、B 分别表示试验中的不同因素；t 为因素的水平数；A_i 表示参数 A 的第 i 个水平值，$i=1,2,\cdots,n$；X_{ij} 表示因素 j 的第 i 个水平值，$j=A,B,\cdots$。在 X_{ij} 下进行 n 次试验得到 n 个试验结果 Y_k，$k=1,2,\cdots,n$。

计算统计参数为

$$K_{ij}=\frac{1}{n}\sum_{k=1}^{n}Y_k-\overline{Y}$$

式中，K_{ij} 为因素 j 在 i 水平下各次试验结果平均值；n 为因素 j 在 i 水平下的试验次数；Y_k 为第 k 个试验指标值；$\overline{Y}$ 为所有试验结果的平均值。

极差法分析因素敏感性的评价标准是各因素的极差值 R_j，其为该因素各水平下计算的统计参数 K_{ij} 的最大值与最小值的差值。计算公式为

$$R_j=\max\left\{K_{1j},K_{2j},\cdots\right\}-\min\left\{K_{1j},K_{2j},\cdots\right\}$$

极差 R_j 越大，表明该因素的水平改变对试验指标的影响越大，即该因素的敏感性越大；相反极差 R_j 越小，因素的敏感性越小。

2.5.2 参数敏感性

在敏感性分析中，每个因素（设计参数）取 4 个试验水平（表 2-10）。

表 2-10 试验因素水平取值

因素水平	管片幅宽 B/m	管片厚度 T/m	封顶块角度 θ_F/(°)	邻接块角度 θ_L/(°)	封顶块点位 S
1	1.2	0.2	8	50	19
2	1.5	0.3	12	56	17
3	1.8	0.4	16	62	15
4	2.1	0.5	20	68	13

由于在同一种设计参数下 4 环管片的最小安全系数差异很小，因此可以分析 4 环管片的安全系数平均值对不同设计参数的敏感性。在 2.4.4 节表 2-6 中 16 种正交设计方案的基础上，另外设计 32 种不同参数设计方案，共计 48 种设计方案，分别利用 ANSYS 建模计算得到各方案的管片安全系数均值如表 2-11 所示。

表 2-11 不同参数设计方案及管片安全系数均值

工况	管片幅宽/m	管片厚度/m	封顶块角度/(°)	邻接块角度/(°)	封顶块点位	安全系数平均值
1	1.2	0.2	8	50	19	1.243
2	1.2	0.3	12	56	17	1.487
3	1.2	0.4	16	62	15	1.472
4	1.2	0.5	20	68	13	1.608
5	1.5	0.2	12	62	13	1.198
6	1.5	0.3	8	68	15	1.377
7	1.5	0.4	20	50	17	1.586
8	1.5	0.5	16	56	19	1.665
9	1.8	0.2	16	68	17	1.064
10	1.8	0.3	20	62	19	1.510
11	1.8	0.4	8	56	13	1.499
12	1.8	0.5	12	50	15	1.552
13	2.1	0.2	20	56	15	1.073
14	2.1	0.3	16	50	13	1.380
15	2.1	0.4	12	68	19	1.597
16	2.1	0.5	8	62	17	1.603
17	1.2	0.2	8	50	19	1.243
18	1.5	0.2	12	56	17	1.265
19	1.8	0.2	16	62	15	1.075
20	2.1	0.2	20	68	13	1.314
21	2.1	0.3	8	56	15	1.362
22	1.8	0.3	12	50	13	1.383
23	1.5	0.3	16	68	19	1.485
24	1.2	0.3	20	62	17	1.379
25	1.5	0.4	8	62	13	1.514
26	1.2	0.4	12	68	15	1.486
27	2.1	0.4	16	50	17	1.486
28	1.8	0.4	20	56	19	1.615
29	1.8	0.5	8	68	17	1.553
30	2.1	0.5	12	62	19	1.686
31	1.2	0.5	16	56	13	1.554
32	1.5	0.5	20	50	15	1.544
33	1.2	0.2	8	50	19	1.243
34	1.5	0.3	8	56	17	1.519
35	1.8	0.4	8	62	15	1.484
36	2.1	0.5	8	68	13	1.631
37	1.8	0.5	12	50	17	1.660
38	2.1	0.4	12	56	19	1.625
39	1.2	0.3	12	62	13	1.428
40	1.5	0.2	12	68	15	1.086
41	2.1	0.3	16	50	15	1.362
42	1.8	0.2	16	56	13	1.161
43	1.5	0.5	16	62	19	1.653
44	1.2	0.4	16	68	17	1.442
45	1.5	0.4	20	50	13	1.487
46	1.2	0.5	20	56	15	1.537
47	2.1	0.2	20	62	17	1.121
48	1.8	0.3	20	68	19	1.494

将安全系数平均值作为试验指标，根据各方案计算结果采用极差分析法分析各参数对试验指标的敏感性大小，分析结果如表 2-12 所示。

表 2-12 各因素极差分析结果

水平	因素				
	管片幅宽 B	管片厚度 T	封顶块角度 θ_F	邻接块角度 θ_L	封顶块点位 S
K_1	−0.00631	−0.25931	0.00610	−0.00240	0.07177
K_2	0.01510	−0.00265	0.02127	0.01369	−0.00273
K_3	−0.01231	0.09127	−0.03323	−0.00623	−0.06565
K_4	0.00352	0.17069	0.00585	−0.00506	−0.00340
R_j	0.02742	0.43000	0.05450	0.01992	0.13742
敏感性	$T>S>\theta_F>B>\theta_L$				

极差最大的因素为敏感性最大的因素，对试验指标的影响也最大，因此，可以根据图 2-34 中各参数的极差值大小判断其对试验指标的敏感性大小。由图 2-34 可知，对管片安全系数平均值影响最大的设计参数是管片厚度，其次是封顶块拼装点位，其他三个参数的敏感性相对较小。

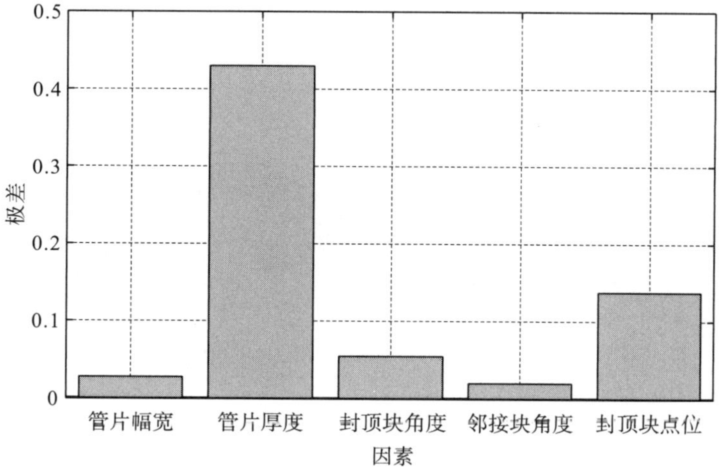

图 2-34 各设计参数敏感性对比结果

2.6 管片衬砌静力学特性

本节基于上述壳-弹簧模型和盾构区间所采用的管片设计参数，研究大断面盾构隧道管片衬砌在不同分块方式、管片厚度、管片幅宽等条件下的静力学特性。

2.6.1 不同管片分块

管片采用 1+2+N 分块方式(1 块封顶块，2 块邻接块和 N 块标准块)，针对不同数量的标准块，分别建立四环管片的数值模型进行计算。其他管片设计参数保持不变：管片的厚度为 0.4m，幅宽为 1.5m；管片环向设有 2 颗螺栓，相邻管片环之间依然用 19 颗螺栓连接，忽略邻接块和标准块的圆心角变化产生的影响，且第一环管片的封顶块拼装点位为 19(图 2-8)；假定邻接块和标准块的圆心角一样，其圆心角计算公式如下：

$$\theta_{\mathrm{L}}=\theta_{\mathrm{B}}=\frac{360-\theta_{\mathrm{F}}}{2+N}$$

式中，θ_{F} 为封顶块所对圆心角；θ_{L} 为邻接块所对圆心角；θ_{B} 为标准块所对圆心角。为方便建模，实际圆心角取整。

对表 2-13 中四种工况分别建模计算。其中工况 1 下，管片的位移、环向弯矩和环向轴力如图 2-35(彩图见附录)所示，由于管片采用 Shell63 壳单元，云图数值表示每延米衬砌的物理量。

表 2-13　不同管片分块数各工况设计参数

参数	工况 1	工况 2	工况 3	工况 4
标准块数量	2	3	4	5
封顶块圆心角 θ_F/(°)	16	15	18	17
邻接块圆心角 θ_L/(°)	86	69	57	49
标准块圆心角 θ_B/(°)	86	69	57	49

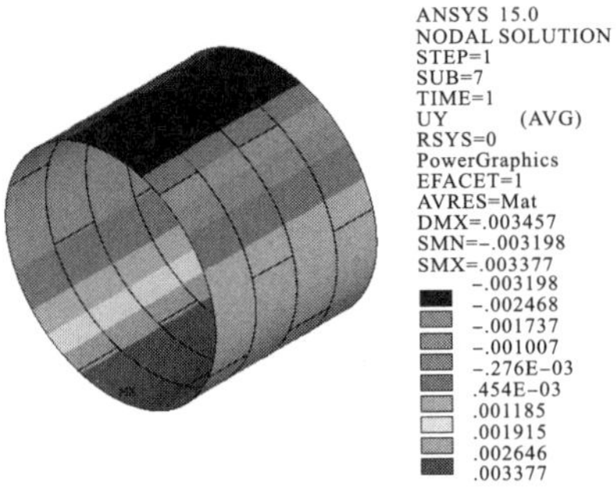

(a)管片竖向位移（单位：m/m）

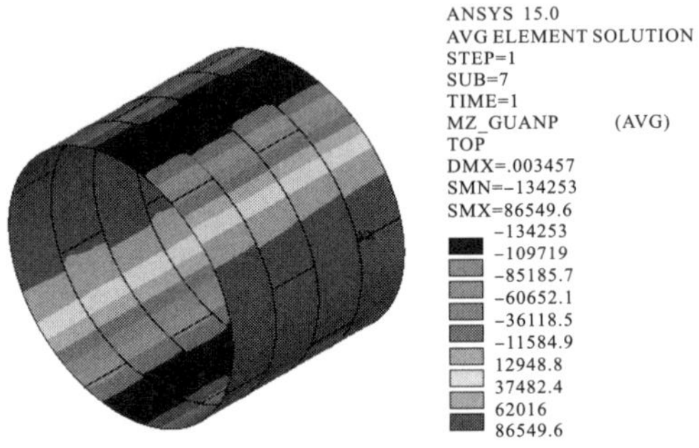

(b)管片环向弯矩（单位：N·m/m）

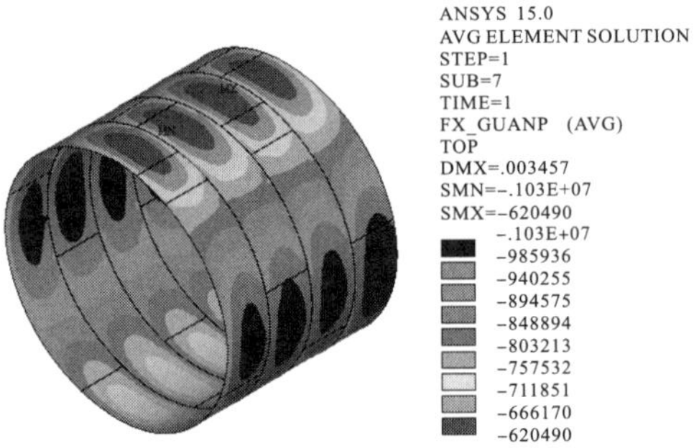

(c)管片环向轴力（单位：N/m）

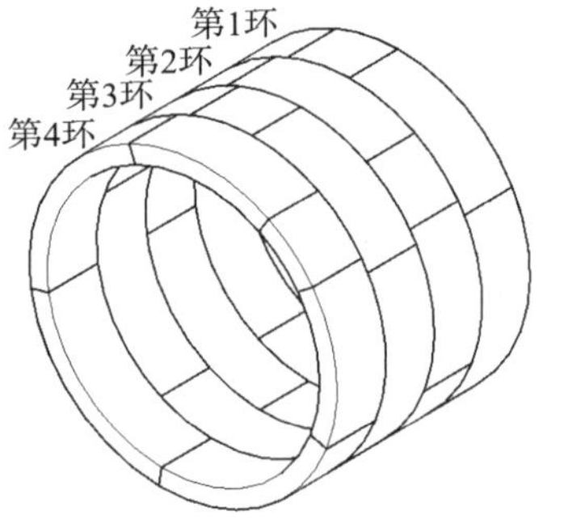

(d)管片环数示意图

图 2-35　管片内力与变形云图

四种工况下，绘制图 2-35 中第 2、3 环管片的弯矩、轴力和安全系数如图 2-36～图 2-38 所示，从图中可以看出，第 2、3 环的内力和安全系数呈轴对称分布。对于第 2 环管片，当标准块数量为 2、3 时，在 10°和 190°的接头处弯矩较大，而标准块数量为 3、4 时，弯矩分布曲线较平滑；管片轴力受标准块数量影响不大，在拱腰 0°和 180°处轴力最大；管片在拱顶和拱底的安全系数最小，这是因为此处的轴力最小，而弯矩较大，截面强度受混凝土抗拉强度控制。

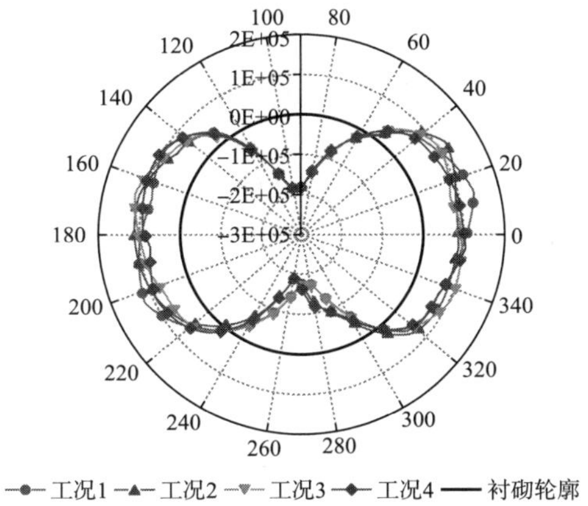

(a)第2环

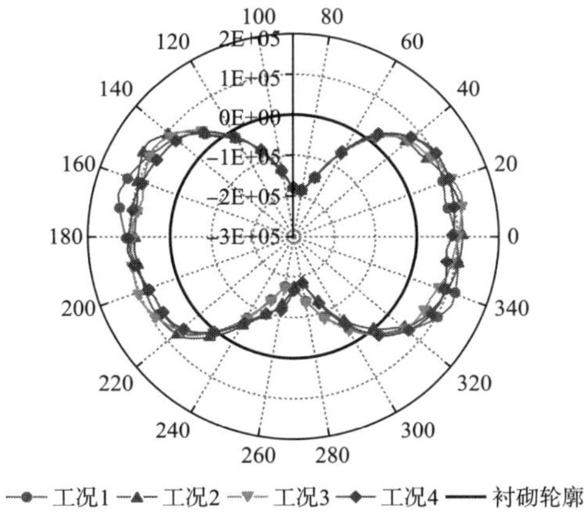

(b)第3环

图 2-36 各环在不同工况下的环向弯矩图(单位：N·m)

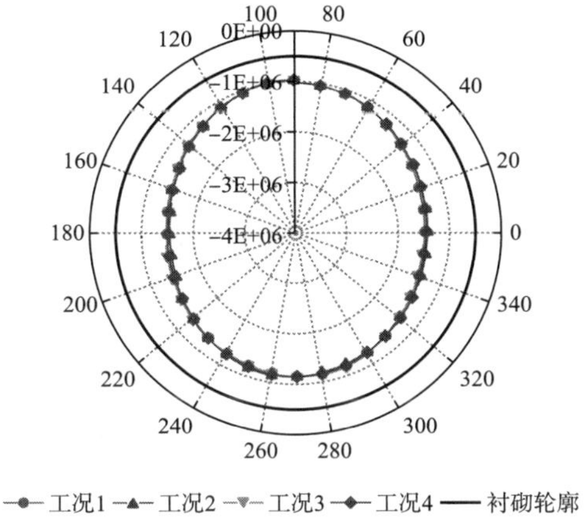

(a)第2环

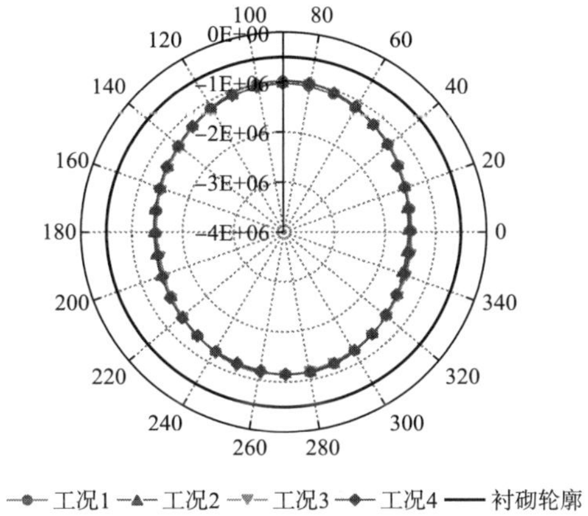

(b)第3环

图 2-37 各环在不同工况下的环向轴力图(单位：N)

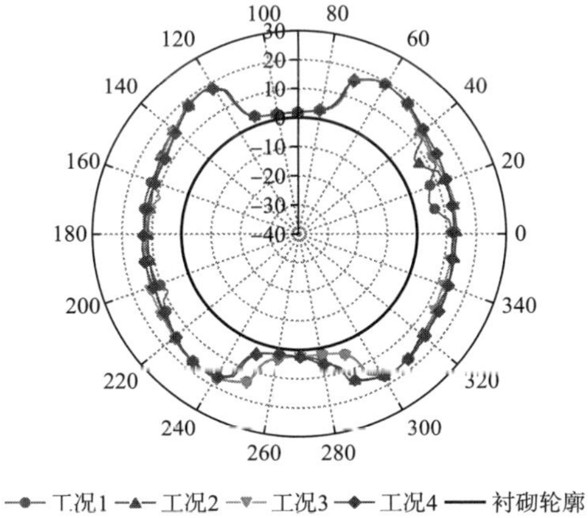

(a)第2环

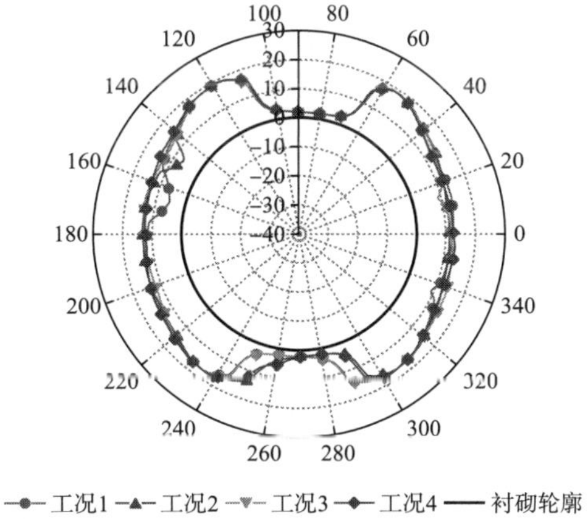

(b)第3环

图 2-38 各环在不同工况下的安全系数图

将不同标准块数下第 2 环管片的最大正负弯矩、最大轴力和最小安全系数列于表 2-14。由表 2-14 可以看出，随着 1+2+*N* 分块方式中标准块数量 *N* 的增加，管片外表面受拉的正弯矩逐渐减小，其内表面受拉的负弯矩先增大后减小，管片的最大轴力逐渐增大。管片的最小安全系数先减小后增大，这是因为最小安全系数出现在拱顶或拱底的位置，此处的负弯矩先增大后减小，因此最小安全系数先减小后增大。

表 2-14 不同标准块数量内力和安全系数差异

标准块数量	最大正弯矩/(kN·m)	最大负弯矩/(kN·m)	最大轴力/kN	最小安全系数
2	137.22	−187.44	−1490.72	1.78
3	122.95	−188.95	−1542.83	1.75
4	121.86	−190.16	−1504.39	1.73
5	105.46	−189.54	−1515.26	1.75

2.6.2 不同管片幅宽

为分析管片幅宽对受力的影响，管片幅宽分别取 1.0m、1.5m、2.0m 和 2.5m，其他参数保持不变。四种工况下，第 2、3 环管片的弯矩、轴力和安全系数如图 2-39～图 2-41 所示。由图中可以看出，第 2、3 环的内力和安全系数呈轴对称分布。对于第 2 环管片，随着管片幅宽的增加，管片任一角度的弯矩、轴力都会增加，这是因为幅宽越大，一环管片与土体接触的面积越大，承受荷载越大，因此内力越大。管片在拱顶和拱底的安全系数最小，两侧安全系数较均匀。

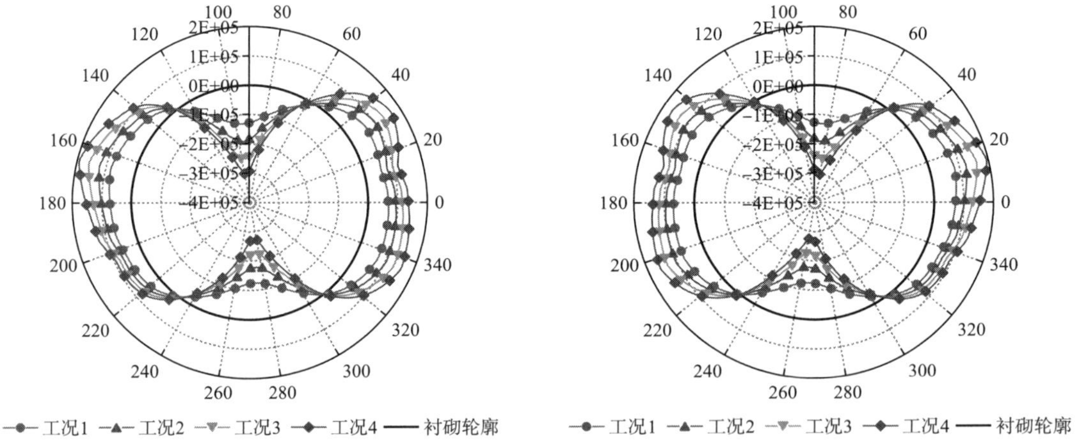

(a)第2环　(b)第3环

图 2-39 各环在不同工况下的环向弯矩图(单位：N·m)

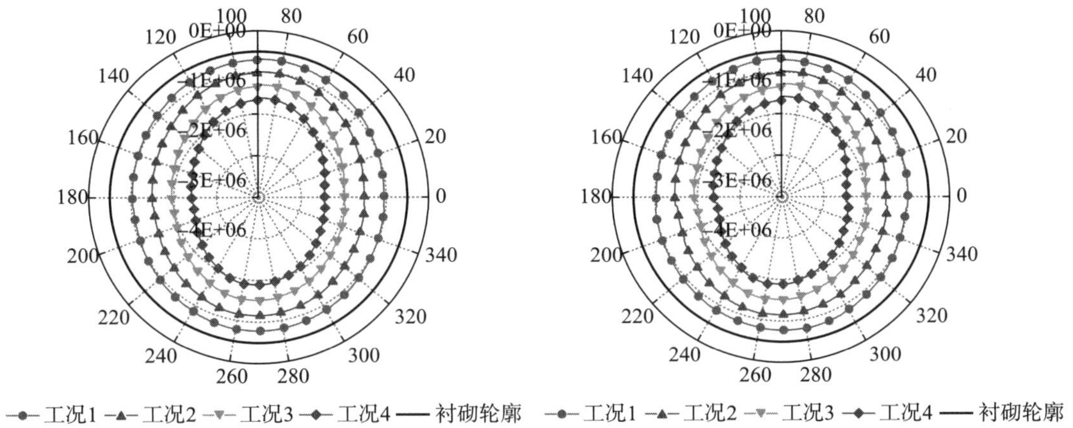

(a)第2环　(b)第3环

图 2-40　各环在不同工况下的环向轴力图(单位：N)

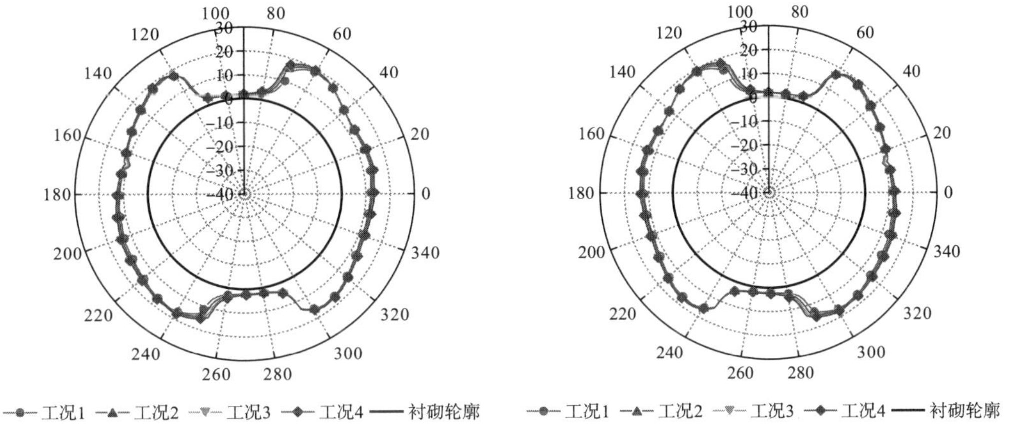

(a)第2环　(b)第3环

图 2-41　各环在不同工况下的安全系数图

将不同幅宽下第 2 环管片的最大正负弯矩、最大轴力和最小安全系数列于表 2-15。由表中可以看出，随着管片幅宽的增加，管片的最大正负弯矩和最大轴力逐渐增大，但是除以幅宽后，每延米的内力值都减小了。管片的最小安全系数随管片宽度的增加而增大，说明增大管片幅宽有利于减小管片内力，提高安全系数。

表 2-15　不同管片宽度内力和安全系数差异

幅宽/m	最大正弯矩/(kN·m)	最大正弯矩/幅宽/(kN·m/m)	最大负弯矩/(kN·m)	最大负弯矩/幅宽/(kN·m/m)	最大轴力/kN	最大轴力/幅宽/(kN/m)	最小安全系数
1.0	82.58	82.58	−131.35	−131.35	−1028.75	−1028.75	1.66
1.5	121.87	81.25	−191.37	−127.58	−1504.30	−1002.87	1.72
2.0	158.80	79.40	−249.76	−124.88	−1981.79	−990.90	1.76
2.5	192.67	77.07	−305.94	−122.38	−2460.20	−984.08	1.81

2.6.3 不同管片厚度

为分析管片厚度对受力的影响，管片厚度分别取 0.3m、0.4m、0.5m 和 0.6m，其他设计参数保持不变。管片的幅宽为 1.5m，第一环管片的拼装点位为 19，封顶块圆心角为 16°，邻接块圆心角为 58°，标准块圆心角为 57°。

四种工况下，第 2、3 环管片的弯矩、轴力和安全系数如图 2-42～图 2-44 所示。由图可知，第 2、3 环的内力和安全系数呈轴对称分布。对于第 2 环管片，管片的弯矩随着管片厚度的增加而增加，并且与邻接块相连的两块标准块的弯矩值增加最多。管片轴力在两侧拱腰位置处最大，拱顶处较小。随着管片厚度的增加，管片在 60° 和 240° 位置处的最小安全系数逐渐增大，在 170° 和 350° 的最小安全系数先增大后大幅减小，这是因为管片厚度的增加增大了截面的抗弯刚度和抗压刚度，同时也使得管片内力变得更大。

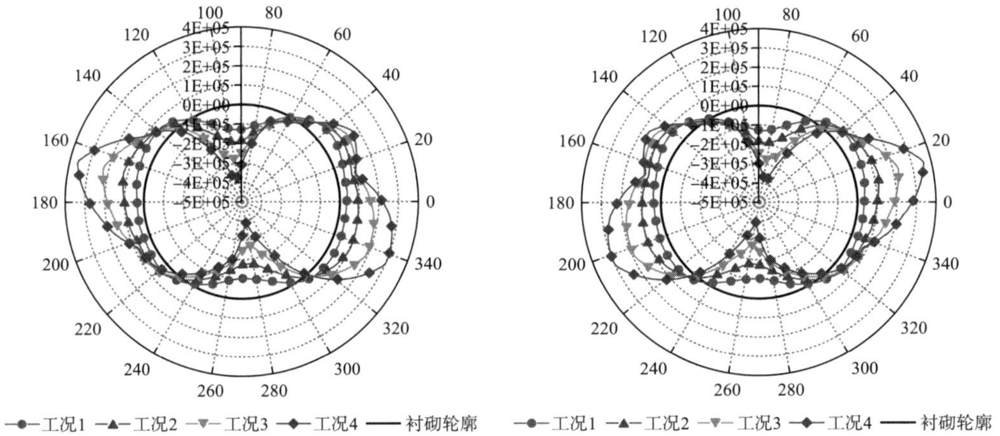

(a)第2环 (b)第3环

图 2-42 各环在不同工况下的环向弯矩图(单位：N·m)

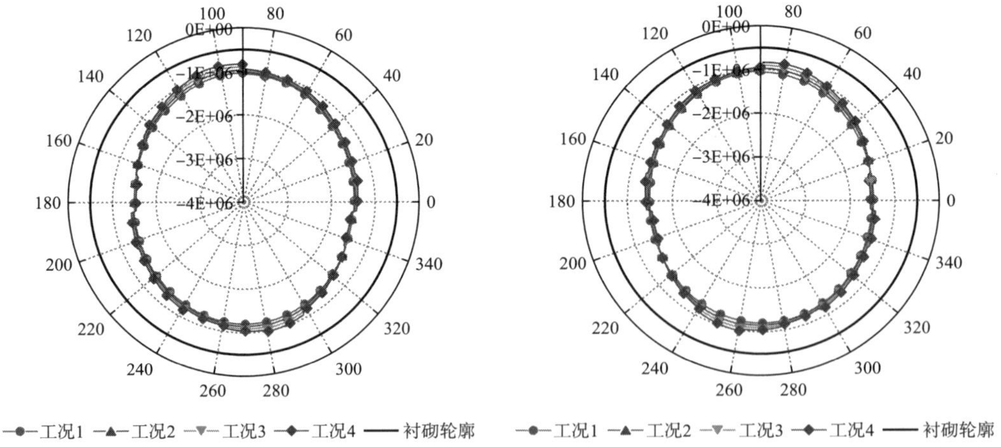

(a)第2环 (b)第3环

图 2-43 各环在不同工况下的环向轴力图(单位：N)

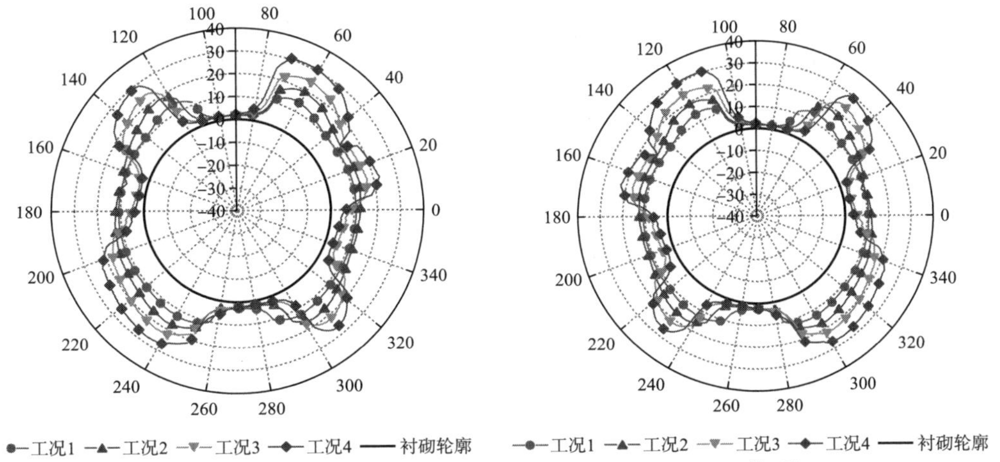

(a)第2环 (b)第3环

图 2-44 各环在不同工况下的安全系数图

将不同管片厚度下第 2 环管片的最大正负弯矩、最大轴力和最小安全系数列于表2-16。由表可知，随着管片厚度的增加，管片的最大正负弯矩和最大轴力逐渐增大。管片的最小安全系数随管片厚度的增加而先增大后减小，说明管片厚度适当增加有利于增大管片的安全系数，但是厚度过大不利于结构安全。

表 2-16 不同管片厚度内力和安全系数差异

厚度/m	最大正弯矩/(kN·m)	最大负弯矩/(kN·m)	最大轴力/kN	最小安全系数
0.3	70.80	-129.26	-1501.17	1.58
0.4	121.87	-191.37	-1504.30	1.72
0.5	227.05	-276.57	-1518.74	1.73
0.6	359.33	-393.76	-1539.27	1.65

2.6.4 不同拼装点位

为分析第一环封顶块拼装点位对衬砌受力的影响，第一环封顶块拼装点位分别取 19、18、17 和 16(图 2-8)，不同工况下各环的拼装点位见表 2-17。其他设计参数保持不变。管片幅宽为 1.5m，封顶块圆心角为 16°，邻接块圆心角为 58°，标准块圆心角为 57°。

表 2-17 不同工况各环拼装点位

参数	工况 1	工况 2	工况 3	工况 4
第 1 环封顶块拼装点位	19	18	17	16
第 2 环封顶块拼装点位	2	3	4	5
第 3 环封顶块拼装点位	19	18	17	16
第 4 环封顶块拼装点位	2	3	4	5

四种工况下，第 2、3 环管片的弯矩、轴力和安全系数如图 2-45～图 2-47 所示。由图可知，第 2、3 环的内力和安全系数呈轴对称分布。对于第 2 环管片，随着封顶块偏离隧道竖轴的角度的增加，管片的弯矩的最大值和最小值所在位置发生一定的变化，但是数值大小基本不变。封顶块拼装点位的改变对管片轴力影响不大。管片安全系数的分布规律基本保持不变。

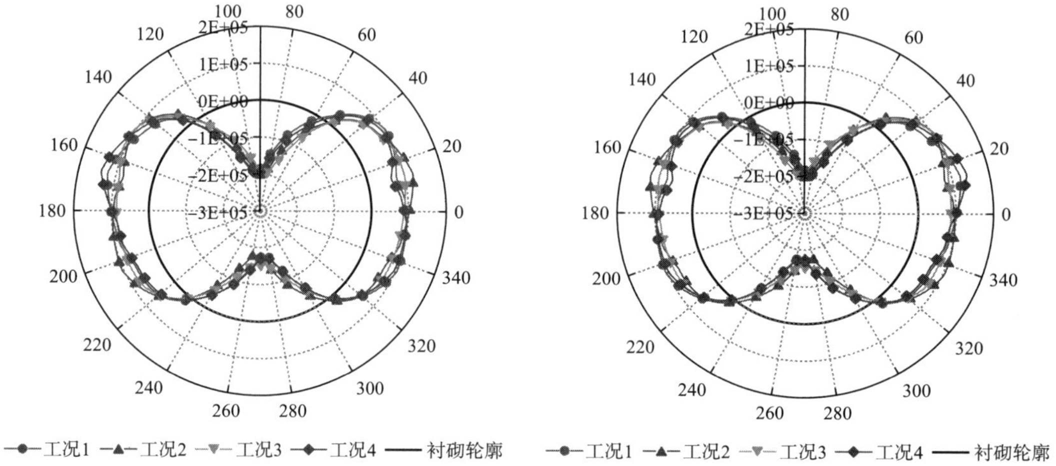

(a)第2环　(b)第3环

图 2-45　各环在不同工况下的环向弯矩图(单位：N·m)

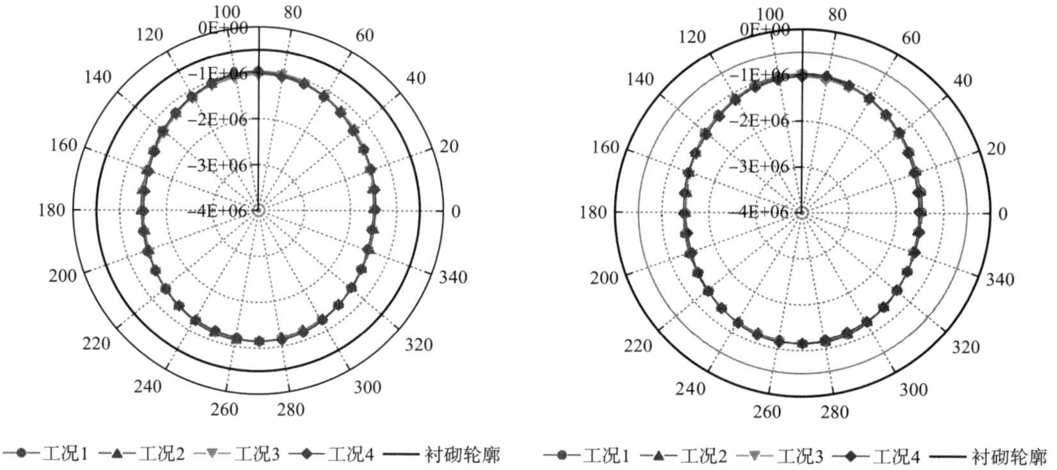

(a)第2环　(b)第3环

图 2-46　各环在不同工况下的环向轴力图(单位：N)

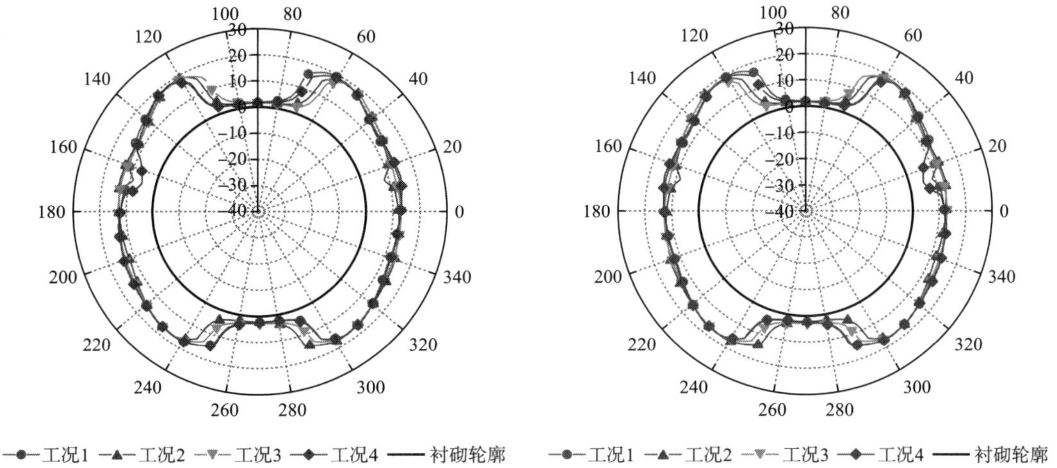

(a)第2环　　(b)第3环

图 2-47　各环在不同工况下的安全系数图

将不同封顶块拼装点位下第 2 环管片的最大正负弯矩、最大轴力和最小安全系数列于表 2-18。由表可知，随着封顶块偏离隧道竖轴角度的增加，管片的弯矩、轴力和最小安全系数变化表现出不规律的变化方式，但是总体上内力越小，最小安全系数越大，其中当第 1 环封顶块拼装点位为 19 点位时，最小安全系数最大，结构最安全。

表 2-18　不同封顶块拼装点位内力和安全系数差异

第 1 环封顶块点位	最大正弯矩/(kN·m)	最大负弯矩/(kN·m)	最大轴力/kN	最小安全系数
19	121.87	−191.37	−1504.30	1.72
18	123.28	−203.43	−1504.35	1.58
17	106.17	−198.71	−1486.81	1.62
16	139.86	−199.93	−1512.20	1.6

2.7　本 章 小 结

本章对盾构隧道管片选型和排版方法、管片结构优化和管片的静力学特性等方面进行了研究。获得如下认识：

(1)影响管片选型的主要因素有管片幅宽、楔形量、管片最小旋转角度、管片拼装点位、盾构机趋向、盾尾间隙和油缸行程差。根据依托工程管片的楔形量和楔形角得到了圆曲线上楔形环与标准环的配比，可为管片的生产和施工提供参考。针对不同的管片拼装点位，分别计算出了左右转弯环在不同拼装点位的楔形量。为了满足错缝拼装的要求，当前环为某一拼装点位时，下一环的拼装点位只能为全部拼装点位中的部分点位。在相邻管片的任意两个纵向接缝角度位置相差必须大于 10°的条件下，给出了相邻管片的拼装点位关系。

(2) 对普通管片环的排版方法进行分析。管片错缝拼装方式下，根据管片分块情况和封顶块拼装点位的施工要求，以及对标准环选择角度的限制，将计算单环管片的拼装类型由 $3N$ 种（N 为环间螺栓组数量）优化为 $N-2$ 种，大大提高了运算效率；在求得 $N-2$ 种拼装环的管片姿态后，采用迭代法获取目标线路与拼装环旋转面的交点，进而筛选出最优的拼装点位，增强了求解过程的便捷性和可行性。

(3) 对通用管片的拟合排版进行分析。按照管片对隧道轴线的拟合偏差最小为最优的原则，从起始环开始，通过求拟合目标点的方法，设计出通用管片最佳拼装姿态选择的算法流程，实现了通用管片的最佳设计排版。

(4) 建立三维壳-弹簧模型，分别给出了壳-弹簧模型中接头弹簧的抗拉、抗剪和抗弯刚度计算公式，并对抗弯弹簧的建模方式提出了建议，即在纵缝上建立与单元数目相同的抗弯弹簧，以减小在接头处的应力集中。对模拟地基抗力的地层弹簧单元的布置方式及弹性模量表达式进行了推导。

(5) 利用正交试验表，选取了管片幅宽、管片厚度、封顶块角度、邻接块角度和封顶块拼装点位等盾构隧道管片设计参数，设计了 16 种工况，利用 ANSYS 对每种工况实施计算，得到了每环管片的最小安全系数和 4 环管片的安全系数平均值。利用以上数据训练得到的 BP 神经网络建立设计参数和管片最小安全系数均值的映射关系，使用遗传算法对原设计方案进行了优化。

(6) 使用极差分析法对管片安全系数进行多因素敏感性分析。计算结果表明，各设计参数按照对管片安全系数的影响程度从大到小排序分别是：管片厚度＞封顶块点位＞封顶块角度＞管片幅宽＞邻接块角度。其中管片厚度的影响程度远大于其他四种设计参数。

(7) 基于壳-弹簧模型对大断面盾构隧道管片衬砌不同分块方式、厚度、幅宽等条件下的管片的静力学特性进行了分析。结果表明：在同一地层条件下，随着 $1+2+N$ 管片分块方式中标准块数量 N 的增加，管片外表面受拉的正弯矩逐渐减小，内表面受拉的负弯矩先增大后减小，管片的最大轴力逐渐增大，管片的最小安全系数先减小后增大；随着管片幅宽的增加，每延米管片的最大正负弯矩和最大轴力逐渐减小，管片的最小安全系数随管片幅宽的增加而增大，说明增大管片幅宽有利于提高安全系数；随着管片厚度的增加，管片的最大正负弯矩和最大轴力逐渐增大，管片的最小安全系数先增大后减小，说明管片厚度适当增加有利于增大管片的安全系数，但是厚度过大则不利于结构安全；当四环管片的封顶块拼装点位依次为 19 点位、2 点位、19 点位、2 点位时，管片的最小安全系数最大，结构最安全。

3　施工荷载下盾构隧道管片衬砌力学行为

盾构掘进过程中，管片会受到千斤顶推力、注浆压力、盾尾挤压力等多种施工荷载作用，应力状态较为复杂，容易造成管片衬砌的错台、裂损和渗漏水。相比普通地铁盾构隧道，市域地铁开挖断面较大，因而盾构机在掘进时千斤顶对管片的作用力更大，同时，长距离掘进时的地层变化也给盾构姿态控制带来了困难，容易对管片造成损伤。因此，针对特定施工荷载工况，开展市域地铁盾构掘进过程管片衬砌的施工力学行为研究，采取相关措施改善管片的受力状态，对保证隧道结构的安全及耐久性是十分必要的。

3.1　盾构施工荷载类别

盾构隧道在施工过程中管片衬砌受到的主要荷载有千斤顶推力、注浆压力、上浮力、盾壳作用力、拼装荷载等。

(1) 千斤顶推力。千斤顶推力是盾构机向前掘进的驱动力，它反过来作用在管片上，是施工过程中管片衬砌在轴线方向受到的最大外力。在目前国内地铁盾构隧道施工中，淤泥质黏土层中盾构总推力一般为 8～12MN，细砂土地层中总推力为 12～15MN，全断面砂土地层推力则为 15～20MN，复合地层推力有时候达到 20MN 以上，而大型跨江海盾构千斤顶推力通常都在 30MN 以上。

(2) 注浆压力。盾构施工中，对盾尾间隙的处理，即壁后注浆是施工的关键。壁后注浆在填充盾尾间隙、加固土体的同时，对管片也产生了一定压力，该压力达到一定程度时，可能引起管片局部或整体上浮、错台、开裂、压碎或其他形式的破坏。目前盾构施工基本使用同步注浆技术，当地层阻力较大时，注浆压力为 0.4～0.5MPa，地层阻力较小时，注浆压力为 0.2～0.4MPa。

(3) 上浮力。盾构隧道壁后同步注入的浆液一般需要 5～7h 的初凝时间，其间盾构不断向前掘进，如果周围地层满足一定条件，一定范围内的土体未能及时握裹住管片，那么在这几个小时内有一段管片是悬浮在浆液中的(图 3-1)，这就产生了管片上浮力(浆液浮力扣除管片自重)。

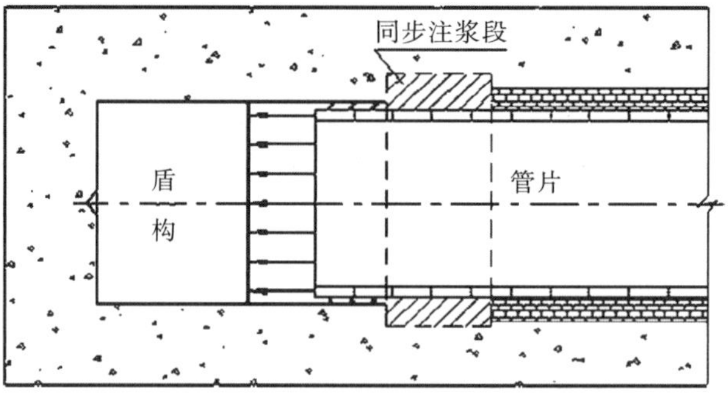

图 3-1 上浮力的形成

(4)盾壳作用力。管片与盾壳之间存在着一定摩擦力，盾尾密封刷对管片环也存在较为均匀的环向压力，一般情况下这些荷载不会对管片结构造成影响。但是，当盾构在曲线段掘进、纠偏，或者因其他原因造成盾构长时间停止掘进，盾构机发生“磕头”时，盾壳对管片造成的荷载尤其是挤压荷载就变得不可忽视，如图 3-2 所示。

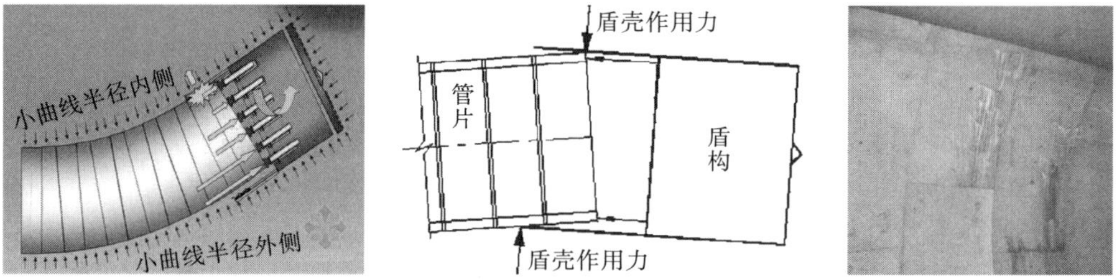

图 3-2 盾壳作用力

(5)拼装荷载。拼装荷载主要是管片拼装过程中作用在管片上的装配器荷载。总体上看，随着盾构隧道直径的不断增大，管片的幅宽、厚度都有较大程度的增长，常用地铁管片幅宽从 1.0m、1.2m 到 1.5m，厚度一般为 30cm 或 35cm，单块管片最大质量一般在 5t 以内，而大直径跨江海盾构隧道管片幅宽达 2m，厚度达到 60cm 以上，单块管片最大质量超过 10t，如上海上中路隧道管片的最大质量达 15t 左右，这使得管片拼装器的装备能力大为增长，在一定程度上也增加了拼装荷载。同时，管片拼装器在拼装管片的过程中需要来回调整拼装位置以安装纵、环向螺栓，若上一环管片断面不平整，管片位置不精确，会导致下环管片的受力不均匀，造成螺栓安装困难的同时，亦在管片内部产生了不均匀次生应力。

除此以外，盾构隧道管片在施工期受到的其他施工荷载还有后配套设备自重、管片运输车自重以及真圆保持器千斤顶荷载等。

3.2 注浆压力下管片衬砌受力机理

1864 年，P.W.Barlow 利用水泥浆液在伦敦和巴黎地铁隧洞衬砌背后充填注浆，并获得了第一个用于盾构的注浆专利。此后一百多年间，注浆技术不断发展，成为盾构工法的重要组成部分。壁后注浆可以缓解地层变形，提高盾构隧道的抗渗性，固定管片衬砌的位置，确保管片衬砌受力均匀并承受盾构后配套设施产生的荷载。

管片是盾构隧道最基本的结构单元，与正常使用阶段相比，管片在施工阶段承受的荷载及相应的力学行为均有较大差异。从工程经验可知，管片开裂错台等损伤多发生在施工阶段。因此，对管片在施工阶段力学行为的研究尤为重要。壁后注浆作为盾构隧道施工期间一道重要的工序，对管片衬砌结构受荷性能有重要影响。

3.2.1 壁后注浆类别

壁后注浆按照注入位置可分为盾尾注浆(通过安装在盾构盾壳上的注浆管注浆)和管片注浆(通过管片上的注浆孔注浆)，两种注浆方式的优缺点比较如表 3-1 所示。

表 3-1 盾尾注浆及管片注浆的优缺点比较

注浆方式	优点	缺点
盾尾注浆	能够及时、均匀注浆；降低了渗漏水的可能性；自动化程度高，施工控制相对容易；浆液在盾尾间隙的分布相对均匀	在盾尾布置注浆管会增加盾构直径或钢板厚度，堵管时清洗困难；一般只适用于单液注浆，若选双液浆，需配置专门清洗装置
管片注浆	操作灵活，容易清理；既可选单液浆，也可选双液浆；可对局部地段进行二次补浆(如出洞及联络通道位置)，适合隧道偏移、地表建筑物变形控制等特殊情况的处理；不增加盾构直径和钢板厚度	易造成注浆不均匀；注浆孔是潜在的渗漏点；管片表面易受浆液污染；易产生时差，很难做到真正的同步注浆

盾构隧道壁后注浆从注入时期上可分为一次注浆和二次注浆。一次注浆按照注入时期的不同又可分为同步注浆、即时注浆和后方注浆；二次注浆是为补充一次注浆未填充到的部位和浆液体积缩减部分，或提高注浆层抗渗性等施工效果而进行的。

同步注浆是通过同步注浆系统及盾尾或管片上的注浆孔，在盾构向前推进、盾尾间隙形成的同时进行，浆液在盾尾间隙形成的瞬间及时填充，从而使周围土体及时获得支撑，可有效地防止土体坍塌，控制地表沉降。从壁后注浆的目的考虑，这是比较理想的注浆方式，因为它是在盾尾间隙产生和注浆充填处理没有时滞的状态下实施的。即时注浆是指每当一环推进完毕后就立即实施注浆的方式。后方注浆是指当盾构推进数环后才从注浆孔进行壁后注浆。

盾构隧道管片壁后注浆都为静压注浆，依据地质条件、注浆压力、浆液对土体的作用机理、浆液的运动形式和替代方式又可将静压注浆分为以下几种：

充填或裂隙注浆：浆液注入岩(土)体的空穴、裂隙内，通过浆液由液相转变为固相，以达到填实加固和止水的目的。岩体裂隙、节理和断层的防渗注浆，或者洞穴、构造断裂带、隧道衬砌壁后空洞，以及采空区注浆、回填土的孔隙填充注浆等都属此类。

渗透注浆：在不破坏地层颗粒排列的条件下，浆液充填于颗粒间隙中，将颗粒胶接成整体。渗透注浆的必要条件是浆液的粒径远小于颗粒的粒径。

压密注浆：压密注浆是注入较稠的浆液，形成球形或圆柱体浆泡，压密周围土体，使土体产生塑性变形，但不使土体产生劈裂破坏。

劈裂注浆：劈裂注浆是浆液在孔内随着注浆压力的增加，先压密周围土体，当压力增大到一定程度时，浆液流动使地层产生劈裂，劈裂的方向一般是以出浆口为中心向四周扩展的，浆液的劈裂流动最终在土体形成网状浆脉结石体或者条带状的胶接体，从而加固土体。

3.2.2 壁后浆液压力

在盾构隧道壁后注浆施工实践过程中，施工人员发现壁后注浆压力是管片衬砌损坏的一个重要原因。叶飞[60]对这一领域进行了深入的研究，其基于前人理论，提出了盾构管片“局部抗浮计算模式”（即研究 1 块或 1 环管片在上浮力的作用下，管片、螺栓和上覆土对其上浮的影响）。本节采用该方法对成都某市域地铁盾构区间的壁后注浆压力进行验算，其管片设计参数如 2.4 节所述。

在渗透阶段，分别应用球面扩散理论和柱面扩散理论，将渗透扩散方式分为半球面扩散和弧面扩散方式。半球面扩散方式主要存在于土质较弱，盾尾间隙影响范围较大的土层中；弧面扩散方式则发生于土质较好，盾尾间隙影响范围有限的地层中。

半球面扩散的模型如图 3-3 所示。假设浆液不可压缩，在盾尾间隙影响厚度范围内，以注浆孔为球心，以半圆球形向四周扩散。在浆液扩散范围内，通过引入等效孔隙率替代土体本身的孔隙率，即将管片脱离盾尾后形成的盾尾间隙折算为土体本身的孔隙率，来考虑盾尾间隙的影响。

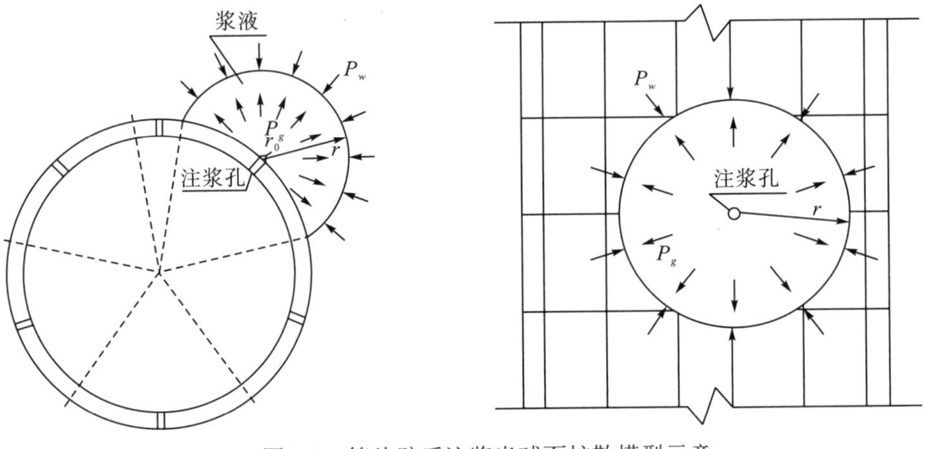

图 3-3 管片壁后注浆半球面扩散模型示意

球面扩散公式如下：

$$\Delta P=\frac{r^3\beta n'}{3Ktr_0}$$

其中，

$$\Delta P=P_g-P_w$$

$$n' = n + \frac{3d(1-n)}{2r}$$

式中，r 为浆液扩散半径；r_0 为注浆孔半径；d 为盾尾间隙厚度；β 为浆液黏度与水的黏度比(20℃时水的黏度为 1.010×10^{-3}Pa·s)，$\beta=\mu_g/\mu_w$；n' 为等效孔隙率；n 为砂土层本身的孔隙率；K 为砂性土渗透系数；t 为注浆时间；P_g 为注浆压力；P_w 为注浆点处的地下水压力。

根据以上各式可推出计算浆液扩散半径 r 的隐式方程：

$$P_g - P_w = \frac{r^3\beta\left[n + \dfrac{3d(1-n)}{2r}\right]}{3Ktr_0}$$

注浆浆液对管片产生的压力为

$$F_g = \pi r^2 P_g - \frac{2\pi\beta n}{15Ktr_0}r^5 - \frac{\pi\beta d(1-n)}{4Ktr_0}r^4 + \frac{\pi\beta n}{6Kt}r^4 + \frac{\pi\beta d(1-n)}{3Kt}r^3$$

浆液扩散范围内单位面积管片所受压强为

$$P = \frac{F_g}{\pi r^2}$$

以上公式在分析中未考虑浆液黏度随时间变化的特性和浆液初凝时间的影响，并且在计算注浆浆液对管片产生的压力时，将浆液扩散半径范围内的管片外表面的弧面近似于一平面。以成都某市域地铁盾构区间为例，分析壁后注浆对管片的作用效果，取注浆管处的注浆压力为 0.3MPa，其余计算参数如表 3-2 所示。

表 3-2　计算参数

r_0/m	d/m	β	n	K/(m/s)	t/s	P_g/Pa	P_w/Pa
0.025	0.1	6	0.3	1×10^{-7}	3000	3×10^{5}	5.9×10^{4}

采用 MATLAB 软件进行计算，得浆液扩散半径 r=2.513m，进一步计算注浆浆液对管片产生的压力为

$$F_g = 4004.837\text{kN}$$

浆液对管片的平均压强为

$$P=0.20\text{MPa}$$

故注浆管处的注浆压力为 0.3MPa 时，若浆液扩散方式为半球面扩散，则壁后浆液对管片的压强为 0.2MPa。

弧面扩散假设注浆浆液在盾尾间隙影响厚度范围内，沿与隧道管片表面平行的方向均匀扩散(图 3-4 所示)，适用于土质较好，盾尾间隙影响范围有限的地层。

弧面扩散按盾尾注浆和管片注浆分情况进行分析。

1) 盾尾注浆

盾尾注浆情况下的弧面扩散模型如图 3-5 所示。

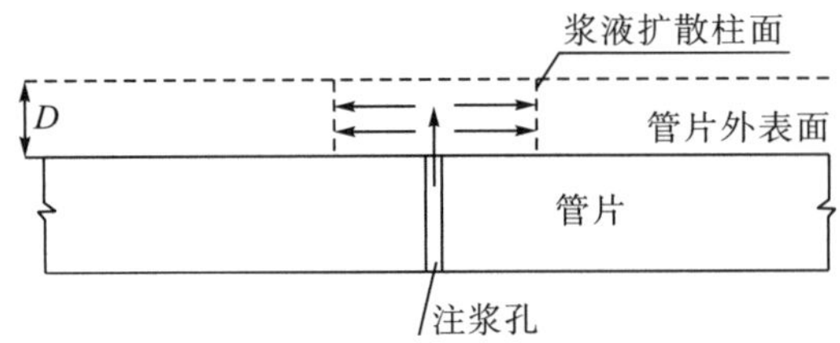

图 3-4　浆液在管片壁后呈柱面扩散示意

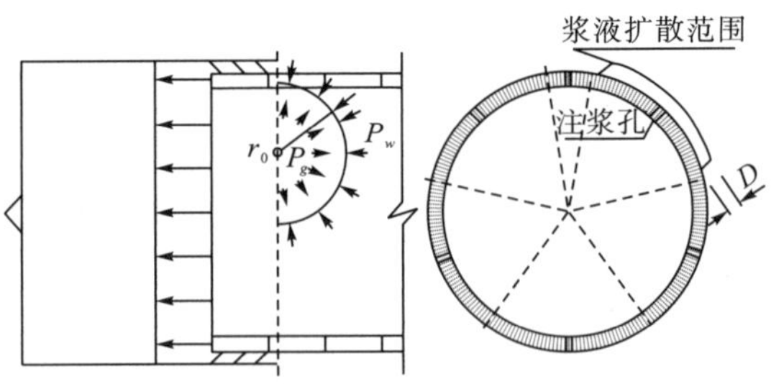

图 3-5　盾尾注浆渗透扩散模型

浆液扩散半径 r 的隐式计算方程为

$$P_g - P_w = \frac{r^2\left(n+\frac{1-n}{\lambda}\right)\beta \ln\frac{r}{r_0}}{2Kt}$$

浆液对管片的压力为

$$F_g = \frac{\pi r^2}{2}P_g - \frac{\pi\left(n+\frac{1-n}{\lambda}\right)}{8Kt}\left(\ln\frac{r}{r_0}-\frac{1}{4}\right)r^4$$

浆液扩散范围内单位面积管片所受压强为

$$P = \frac{F_g}{0.5\times\pi r^2}$$

式中，λ 为注入率。

2) 管片注浆

管片注浆情况下的弧面扩散模型如图 3-6 所示。管片注浆孔距离盾尾有一定距离，假设能进行完整的圆柱面扩散。此时计算浆液扩散半径 r 的隐式方程与盾尾注浆相同。

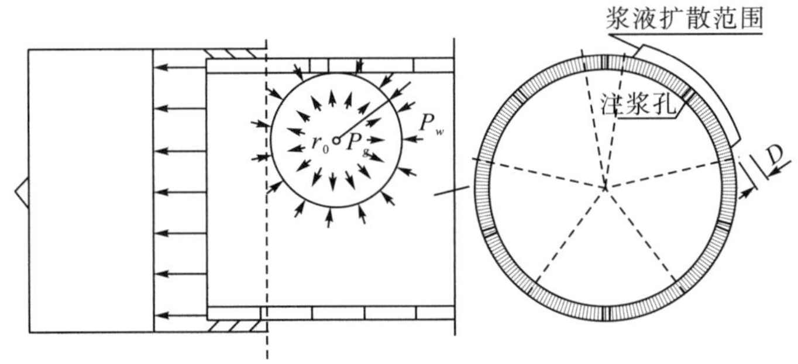

图 3-6　管片注浆渗透扩散模型

浆液对管片的压力为

$$F_g = \pi r^2 P_g - \frac{\pi\left(n+\frac{1-n}{\lambda}\right)}{4Kt}\left(\ln\frac{r}{r_0}-\frac{1}{4}\right)r^4$$

浆液扩散范围内单位面积管片所受压强为

$$P=\frac{F_g}{\pi r^2}$$

式中，各参数意义同前。

分析可知管片注浆对管片产生的注浆压力是采用盾尾注浆时的两倍，实际中会因为注浆孔与盾尾距离较近，使得扩散的柱面并不一定是完整的圆柱面，其倍数应该在 1～2 倍之间。并且由于管片注浆的浆液扩散面积是盾尾注浆的两倍，故两种情况计算出的单位面积管片所受压强 P 是相等的。

取注浆管处的注浆压力为 0.3MPa，其余计算参数如表 3-3 所示，按盾尾注浆的情况进行计算。

表 3-3 计算参数

r_0/m	β	n	K/ (m/s)	t/s	P_g/Pa	P_w/Pa	λ
0.025	6	0.3	1×10^{-7}	3000	3×10^5	5.9×10^4	1.5

采用 MATLAB 软件进行计算，得浆液扩散半径 r=5.877m，进一步计算注浆浆液对管片产生的压力为

$$F_g = 10039.269\text{kN}$$

浆液对管片的平均压强为

$$P = 0.19\text{MPa}$$

故当注浆管处的注浆压力为 0.30MPa 时，若浆液扩散方式为弧面扩散，则壁后浆液对管片的压强为 0.19MPa。

3.2.3 局部抗浮分析

注浆压力在单块管片背部集中时，会形成较大的分布荷载，进而造成该受力管片与其邻接管片之间有错动的趋势。当该压力达到一定程度时，管片间可能会出现错台，甚至剪断连接螺栓。针对单一管片错动，分析时将一块管片单独取出，当该块管片受到注浆压力时，主要通过连接螺栓和端面摩擦传递到相邻管片。

管片的环缝面摩擦力最大值为

$$f_{环}=\mu\cdot\sum_{i=1}^{N}N_i$$

式中，$f_{环}$ 为环缝面上的摩擦力最大值；μ 为相邻管片环间的摩擦系数；N_i 为单个纵向螺栓施加的预紧力；N 为单块管片与其邻接的管片间连接螺栓的总数量。

连接螺栓所能承受的剪切力最大值为

$$Q=\frac{N\pi r_b^2 l_b[\tau]}{l_b-\delta}$$

式中，Q 为连接螺栓所能承受的剪切力最大值；r_b 为螺栓半径；l_b 为螺栓的有效长度；$[\tau]$ 为螺栓的许用剪应力；δ 为螺栓两剪力接触点之间的长度。

浆液对管片的平均压强需满足：

$$P \leqslant \frac{f_{环}+Q}{l_s B_s}$$

式中，P 为浆液对管片的平均压强；B_s 为管片宽度；l_s 为管片弧长。

取注浆管处的注浆压力为 0.3MPa，其余计算参数如表 3-4 所示。

表 3-4　计算参数

N	r_b/m	l_b/m	$[\tau]$/Pa	l_s/m	B_s/m	δ/m	μ
10	0.015	0.53	1.75×10^8	4.12	1.5	0.01	0.5

管片的环缝面摩擦力最大值为

$$f_{环}=\mu\cdot\sum_{i=1}^{N}N_i=15000\text{N}$$

连接螺栓所能承受的剪切力最大值为

$$Q=\frac{N\pi r_b^2 l_b[\tau]}{l_b-\delta}=1260790.61\text{N}$$

浆液对管片的平均压强 P 应满足控制计算式：

$$P\leqslant\frac{f_{环}+Q}{l_s B_s}=0.46\text{MPa}$$

故注浆管处的注浆压力为 0.30MPa 时，若浆液扩散方式为半球面扩散，则壁后浆液对管片的压强为 0.20MPa；若浆液扩散方式为弧面扩散，则壁后浆液对管片的压强为 0.19MPa。均满足 $P\leqslant0.46$MPa，可以通过单一管片错动模式的验算，符合安全要求。

当浆液布满管片环周围的间隙时，浆液对管片环的动态上浮力为 F_P，如图 3-7 所示，与之相抗的荷载包括：环缝面上的摩擦力 $f_{环}$、管片重力 G_s 和上覆土重力 W 以及单环管片受到的螺栓剪力 Q_{ring}。当管片环不产生上浮时，上浮力需满足：

$$F_P\leqslant f_{环}+W+G_s+Q_{\text{ring}}$$

动态上浮力主要产生于渗透阶段及压密阶段。针对不同的土质情况，盾尾间隙的影响范围也相应不同。动态上浮力为

$$F_P=\int_{-\theta}^{\theta}BPR_0\cos\alpha\,\text{d}\alpha=2BPR_0\sin\theta$$

式中，F_P 为管片环受到的动态上浮力；B 为动态上浮力的作用宽度(可根据注浆量、盾尾间隙厚度等分析后确定)；P 为浆液对管片的平均压强；R_0 为管片环外半径；θ 为注浆浆液泡分布区域边界与竖向的夹角。

环缝面上的摩擦力最大值可按下式计算：

$$f_{环}=\mu\cdot(\sum_{i=1}^{n}N_i+N_j)$$

式中，μ 为相邻管片环间的摩擦系数；N_i 为单个纵向螺栓施加的预紧力；N_j 为千斤顶的顶进推力在计算环缝面上产生的压力。

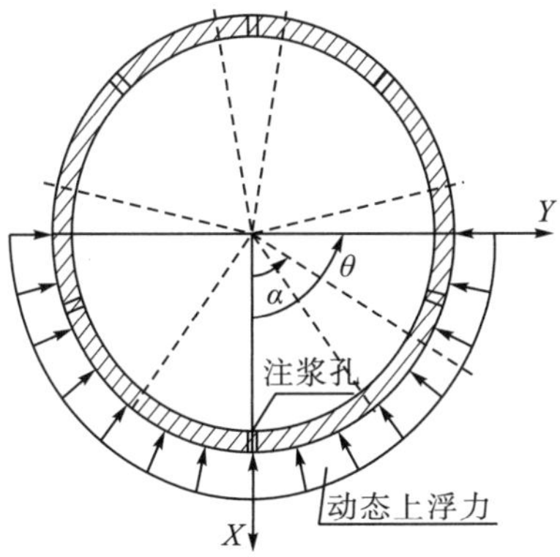

图 3-7 最大动态上浮力计算简图

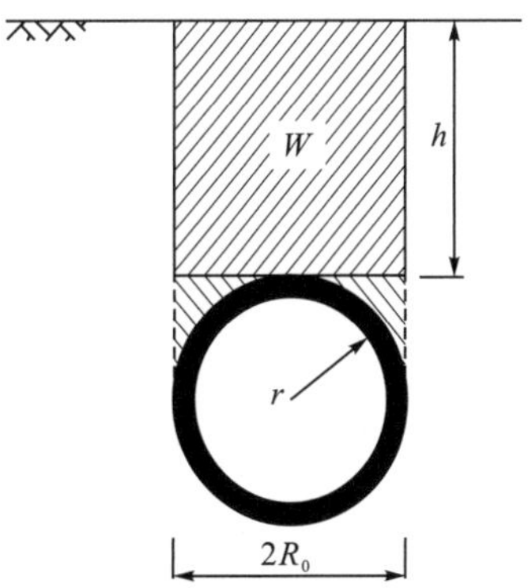

图 3-8 上覆土重力

采用最简便的上覆土重力模型(图 3-8)，计算时单纯将隧道宽度范围内的土体自重作为竖向荷载施加在隧道管片上，不考虑土柱周围的摩擦力，不考虑坍落拱效应。上覆土重力的计算式为

$$W=\gamma'\left[2R_0h+(2-\frac{\pi}{2})R_0^2\right]$$

式中，W 为上覆土重力；γ'为上覆土的有效重度(取饱和重度减水的重度)；h 为管片之上土体高度。

管片环重力：

$$G_s=\pi(R_0^2-R_i^2)B\gamma_c$$

式中，G_s为管片环重力；R_i为管片环内半径；γ_c为钢筋混凝土的容重。

进行抗浮计算时，上浮管片环(取一环)纵向螺栓受到的向上的剪力为

$$Q_{\text{ring}}=n\pi r_b^2\tau_b\leqslant n\pi r_b^2[\tau]$$

式中，Q_{ring}为管片环(一环)受到的剪力；τ_b为单个螺栓的剪应力；$[\tau]$为螺栓许用剪应力；r_b为螺栓半径；n 为环缝处纵向螺栓的根数。

根据上述各式可推得浆液对管片的平均压强应满足：

$$P<\frac{n\pi r_b^2[\tau]+\mu\cdot(\sum_{i=1}^{n}N_i+N_j)+\gamma' B\left[2R_0h+(2-\frac{\pi}{2})R_0^2\right]+\pi B(R_0^2-R_i^2)\gamma_c}{2BR_0\sin\theta}$$

取注浆管处的注浆压力为 0.3MPa，其余计算参数如表 3-5 所示。

表 3-5 计算参数

B/m	R_0/m	R_i/m	$[\tau]$/Pa	θ/(°)	n	h/m	μ
1.5	4.15	3.75	1.75×10^8	45	19	20	0.5

环缝面上的摩擦力为

$$f_{环}=\mu\cdot(\sum_{i=1}^{n}N_i+N_j)=978\,500\text{N}$$

根据

$$\gamma'=\frac{\sum_{i=1}^{5}\gamma_i h_i}{\sum_{i=1}^{5}h_i}=2\,213\text{N/m}^3$$

上覆土重力为

$$W=\gamma'\left[2R_0h+(2-\frac{\pi}{2})R_0^2\right]=3\,837\,164\text{N}$$

管片环重力为

$$G_s=\pi(R_0^2-R_i^2)B\gamma_c=248\,186\text{N}$$

螺栓抗剪力为

$$Q_{\text{ring}}=n\pi r_b^2\tau_b\leqslant n\pi r_b^2[\tau]=2\,350\,304\text{N}$$

浆液对管片的平均压强应满足控制计算式：

$$P<\frac{f_{环}+W+G_s+Q_{\text{ring}}}{2BR_0\sin\theta}=0.84\text{MPa}$$

故注浆管处的注浆压力为 0.30MPa 时，若浆液扩散方式为半球面扩散，则壁后浆液对管片的压强为 0.20MPa；若浆液扩散方式为弧面扩散，则壁后浆液对管片的压强为 0.19MPa。满足 $P\leqslant 0.84$MPa，均可以通过整环管片错动模式的验算，符合安全要求。

3.3 混凝土管片衬砌损伤理论

3.3.1 损伤概念及假定

损伤理论最早用于金属徐变的研究。损伤是指在各种加载状态下，材料由于微裂缝、微孔洞的产生及发展而导致材料逐渐劣化以致破坏的现象，损伤作为一种劣化因子结合到弹性、塑性和黏塑性介质中。

1. 损伤变量

由于损伤是一种不可逆的变量，一般可按使用的标准分为微观基准量和宏观基准量。微观基准量包括空隙的数目、面积、体积、长度、形状、排列及有效面积等，微观基准量不能直接与宏观力学变量建立力学关系，所以在使用时须将它做平均、求和等一定的统计处理；宏观基准量包括弹性模量、屈服应力、拉伸强度、密度、电阻等，这些基准量对损伤过程均比较敏感，且可方便地测量数值。此处通过有效面积的减小来定义损伤变量。

选取材料中一代表性体积单元，假定其在垂直于 n 方向的横截面面积为 A，因微裂纹的存在，其实际有效承载面积 $\tilde{A}$ 比 A 小，即

$$\tilde{A}=A-A_P$$

式中，A_P 为缺陷面积。假定材料各向同性，损伤变量不随截面方向而变化，可定义缺陷

面积与总面积的比为损伤变量，即

$$d=\frac{A_P}{A}=\frac{A-\tilde{A}}{A}$$

当 d=0 时，材料处于无损状态；d=1 时，材料处于完全断裂状态。

2. 有效应力

定义柯西(Cauchy)有效应力张量 $\tilde{\boldsymbol{\sigma}}$：

$$\tilde{\boldsymbol{\sigma}}=\boldsymbol{\sigma}A/\tilde{A}=\boldsymbol{\sigma}/(1-d)$$

考虑三维正交异性，上式的矩阵形式为

$$\tilde{\boldsymbol{\sigma}}=\boldsymbol{M}(d)\boldsymbol{\sigma}$$

因损伤的各向异性，$\boldsymbol{M}$ 矩阵并不对称。

3. 等效假设

一般运用两种等效假设来推导损伤的演化方程，即应变等效性假设和能量等效性假设。

1) 应变等效性假设

Lemaitre 提出的应变等效性假设是指无损单元在有效应力 $\tilde{\sigma}$ 作用下的应变等于损伤单元在应力 σ 作用下的应变。也就是说损伤材料在外力作用下的本构关系与无损时有相同的形式，只需将 Cauchy 应力替换为有效应力。比如在一维线弹性情况下，应变 ε 为损伤弹性应变，则有

$$\varepsilon=\frac{\tilde{\sigma}}{E_0}=\frac{\sigma}{E_0(1-d)}=\frac{\sigma}{\tilde{E}}$$

也有 $\sigma=E_0(1-d)\varepsilon$ 。

2) 能量等效性假设

Sidoroff 提出的能量等价原理是指应力作用在无损单元上的弹性余能与作用在损伤单元上的弹性余能共有相同的形式。

损伤单元弹性余能：

$$W_d^e=\frac{1}{2}\boldsymbol{\sigma}^{\mathrm{T}}\boldsymbol{E}_d^{-1}\boldsymbol{\sigma}$$

等效无损材料弹性余能：

$$\begin{aligned}W_0^e&=\frac{1}{2}\tilde{\boldsymbol{\sigma}}^{\mathrm{T}}\boldsymbol{E}_0^{-1}\tilde{\boldsymbol{\sigma}}=\frac{1}{2}\left(\boldsymbol{M}(d)\boldsymbol{\sigma}\right)^{\mathrm{T}}\boldsymbol{E}_0^{-1}\left(\boldsymbol{M}(d)\boldsymbol{\sigma}\right)\\&=\frac{1}{2}\boldsymbol{\sigma}^{\mathrm{T}}\boldsymbol{M}^{\mathrm{T}}(d)\boldsymbol{E}_0^{-1}\boldsymbol{M}(d)\boldsymbol{\sigma}=\frac{1}{2}\boldsymbol{\sigma}^{\mathrm{T}}\boldsymbol{E}_d^{-1}\boldsymbol{\sigma}\end{aligned}$$

于是得

$$\boldsymbol{E}_d^{-1}=\boldsymbol{M}^{\mathrm{T}}(d)\boldsymbol{E}_0^{-1}\boldsymbol{M}(d)$$

$$\boldsymbol{E}_d=\boldsymbol{M}^{-1}(d)\boldsymbol{E}_0\boldsymbol{M}^{\mathrm{T},-1}(d)$$

其中，$\boldsymbol{E}_d$ 为损伤材料强度；$\boldsymbol{E}_0$ 为无损材料强度，在一维问题中有 $\sigma=E_0(1-d)^2\varepsilon$ 。

3.3.2 混凝土损伤模型

从 1980 年开始各国学者分析混凝土受载力学状态，提出了很多损伤模型，下面介绍一下典型的混凝土损伤模型。

1. Loland 损伤模型

Loland 模型假定混凝土材料具有初始损伤，该模型混凝土材料的损伤可分为两个阶段：第一阶段即当应变小于应力峰值对应应变 ε_f 时，整个试件会生成分布的微裂纹损伤；第二阶段即当应变大于 ε_f 时，主要在破坏区内开裂。

假定有效应力-应变关系为

$$\begin{cases}\tilde{\sigma}=E_n\varepsilon, & 0\leqslant\varepsilon\leqslant\varepsilon_f\\ \tilde{\sigma}=\tilde{\sigma}_y=E_n\varepsilon_f, & \varepsilon_f<\varepsilon\leqslant\varepsilon_u\end{cases}$$

式中，ε_u 为极限应变；E_n 为净弹性模量，定义为 $E_n=E/(1-d_0)$；d_0 为初始损伤；E 为弹性模量。

利用应力-应变曲线，拟合得到的材料损伤方程为

$$\begin{cases}\mathrm{d}(\varepsilon)=d_0+C_1\varepsilon^{\beta}, & 0\leqslant\varepsilon\leqslant\varepsilon_f\\ \mathrm{d}(\varepsilon)=d_f+C_2(\varepsilon-\varepsilon_f), & \varepsilon_f<\varepsilon\leqslant\varepsilon_u\end{cases}$$

式中，d_f 为应变为 ε_f 时的损伤；C_1、C_2 和 β 为常数，可由边界条件确定。

由 $\sigma\big|_{\varepsilon=\varepsilon_f}=f_1$，$\dfrac{\mathrm{d}\sigma}{\mathrm{d}\varepsilon}\bigg|_{\varepsilon=\varepsilon_f}=0$，并考虑到 $\varepsilon=\varepsilon_u$ 时，d=1，可得到：

$$\beta=\lambda/(1-d_0-\lambda)$$

$$C_1=\left[(1-d_0)/(1+\beta)\right]\varepsilon_f^{-\beta}$$

$$C_2=(1-d_0)/(\varepsilon_u-\varepsilon_f)$$

其中，$\lambda=f_1/(E_n\varepsilon_f)$。

Loland 损伤模型的应力-应变关系与试验吻合较好，但是该模型假定峰值应力后的有效应力为常数，这样导致了峰值应力后应力-应变关系近似为线性。

2. Mazars 损伤模型

1）单轴拉伸情况

该模型假定材料在峰值应力前为线弹性，即没有初始损伤，或初始损伤不扩展；峰值应力后材料的损伤-应变呈指数关系，所以 Mazars 模型的拉伸应力-应变关系可分两段来描述，设 ε_{ft} 为出现拉伸损伤时对应的应变，也是峰值拉应力对应的应变，第一阶段当 $\varepsilon<\varepsilon_{ft}$ 时，混凝土材料没有损伤，即 $d=0$；第二阶段当 $\varepsilon\geqslant\varepsilon_{ft}$ 时，混凝土材料出现损伤，即 $d>0$。Mazars 模型拉伸情况下应力-应变表达式如下：

$$\begin{cases}\sigma=\varepsilon\cdot E_0\ , & 0\leqslant\varepsilon<\varepsilon_{ft}\\ \sigma=\varepsilon\cdot E_0(1-d_t)\ , & \varepsilon\geqslant\varepsilon_{ft}\end{cases}$$

式中，E_0 为线弹性阶段弹性模量。

于是得到单轴拉伸 Mazars 模型的受拉损伤演化方程为

$$\begin{cases}d_t=0\ , & 0\leqslant\varepsilon<\varepsilon_{ft}\\ d_t=1-\dfrac{\varepsilon_f(1-A_T)}{\varepsilon}-\dfrac{A_T}{\exp[B_T(\varepsilon-\varepsilon_{ft})]}\ , & \varepsilon\geqslant\varepsilon_{ft}\end{cases}$$

对于常用混凝土材料，材料常数的建议取值范围为 $0.7\leqslant A_T\leqslant1$，$10^4\leqslant B_T\leqslant10^5$，$0.5\times10^{-4}\leqslant\varepsilon_f\leqslant1.5\times10^{-4}$。

2) 单轴压缩情况

设 ε_{fc} 为出现压缩损伤时对应的应变，也是峰值压应力对应的应变，Mazars 模型的受压损伤本构关系如下：

$$\begin{cases}d_c=0, & 0\leqslant\varepsilon<\varepsilon_{fc}\\ d_c=1-\dfrac{\varepsilon_f(1-A_C)}{\varepsilon^*}-\dfrac{A_C}{\exp[B_C(\varepsilon^*-\varepsilon_{fc})]}, & \varepsilon\geqslant\varepsilon_{fc}\end{cases}$$

式中，A_C、B_C 为单轴压缩时的材料参数，变化范围一般取 $1<A_C<1.5$，$1000<B_C<2000$；$\varepsilon^*=\sqrt{\langle\varepsilon_1\rangle^2+\langle\varepsilon_2\rangle^2+\langle\varepsilon_3\rangle^2}$，其中 ε_1、ε_2、ε_3 是主应变。

Mazars 损伤模型虽考虑了混凝土材料的损伤特性，但材料的初始损伤并没有引入，这样导致其在单轴受拉压情况下与试验比较相符，但多轴受力情况下会有较大的误差。

3. 分段线性损伤模型

该模型认为当应变小于 ε_f 时，混凝土只有初始损伤，应力-应变关系为线弹性；当应变大于 ε_f 后损伤才发展，但应力-应变的关系仍保持线性关系，应力-应变关系为分段的线性折线。当应变大于 ε_f 后，应力-应变关系可表示为

$$\sigma=E\left[\varepsilon_f-C_1\left\langle\varepsilon\big|_M^F-\varepsilon_f\right\rangle-C_2\left\langle\varepsilon\big|_M^R-\varepsilon_f\right\rangle\right]$$

式中，$\varepsilon\big|_M^F$ 为峰值应力后小于 ε_f 的应变值，对应宏观裂缝形成过程中的应变值；$\varepsilon\big|_M^R$ 为大于 ε_f 小于 ε_r 的应变值，对应宏观裂缝出现后直至破坏过程中的应变值；ε_r 为混凝土完全破坏时对应的应变。

损伤演化方程可表示为

$$d=1-\frac{1-d_0}{\varepsilon}\left[\varepsilon_f-C_1\left\langle\varepsilon\big|_M^F-\varepsilon_f\right\rangle-C_2\left\langle\varepsilon\big|_M^R-\varepsilon_f\right\rangle\right]$$

式中，C_1、C_2 为材料常数，对于一般的混凝土材料，C_1=0.8～1.2，C_2=0.2～0.5；d_0 为初始损伤。

4. 分段曲线损伤模型

因为普通混凝土只在受力的最初阶段应力-应变才有线性关系，所以该模型认为应力在峰值应力前后其应力-应变关系均为曲线关系。利用单轴拉伸试验数据可以拟合损伤方程为

$$\begin{cases} d = A_1\left(\dfrac{\varepsilon}{\varepsilon_f}\right)^{B_1}, & 0\leqslant\varepsilon\leqslant\varepsilon_f \\ d = 1-\dfrac{A_2}{C_2\left(\dfrac{\varepsilon}{\varepsilon_f}-1\right)^{B_2}+\dfrac{\varepsilon}{\varepsilon_f}}, & \varepsilon>\varepsilon_f \end{cases}$$

式中，B_2、C_2为曲线参数，取B_2=1.7，C_2=0.003σ_f^2；由试验数据得A_1=1/6，B_1=5，A_2=5/6。

计算可知该模型的损伤-应变规律：当$\varepsilon/\varepsilon_f<0.4$时，损伤值几乎为0，表示材料内部裂缝还没扩展；当$0.4<\varepsilon/\varepsilon_f<0.8$时，损伤较小(不大于5.55%)，表示材料内部裂缝开始扩展；当$0.8<\varepsilon/\varepsilon_f<1.0$时，损伤较大，表明材料内部裂缝贯通直至破坏。该模型和Marzas模型的应力-应变曲线比较接近。

5. 基于规范推荐应力-应变曲线的单轴损伤演化方程

基于规范推荐的应力-应变曲线，分别应用应变等效性假设和能量等效性假设推导损伤演化方程。

1)基于应变等效性假设的损伤演化方程

单轴受拉损伤演化方程：

$$\begin{cases} d_t = 1-\rho_t(1.2-0.2x^5), & x\leqslant 1 \\ d_t = 1-\dfrac{\rho_t}{\alpha_t(x-1)^{1.7}+x}, & x>1 \end{cases}$$

式中，$x=\dfrac{\varepsilon}{\varepsilon_{t,r}}$，$\varepsilon_{t,r}=65f_{t,r}^{0.54}\times10^{-6}$；$\rho_t=\dfrac{f_{t,r}}{E_c\varepsilon_{t,r}}$；$\alpha_t=0.312f_{t,r}^2$；$d_t$为拉损伤因子；$\varepsilon$为应变；$f_{t,r}$为峰值拉应力；$\varepsilon_{t,r}$为与峰值拉应力对应的峰值拉应变；$E_c$为混凝土弹性模量。

单轴受压损伤演化方程：

$$\begin{cases} d_c = 1-\dfrac{\rho_c n}{n-1+x^n}, & x\leqslant 1 \\ d_c = 1-\dfrac{\rho_c}{\alpha_c(x-1)^2+x}, & x>1 \end{cases}$$

式中，$x=\dfrac{\varepsilon}{\varepsilon_{c,r}}$；$\varepsilon_{c,r}=(700+172\sqrt{f_{c,r}})\times10^{-6}$；$\rho_c=\dfrac{f_{c,r}}{E_c\varepsilon_{c,r}}$；$n=\dfrac{E_c\varepsilon_{c,r}}{E_c\varepsilon_{c,r}-f_{c,r}}$，$\alpha_c=0.157f_{c,r}^{0.785}-0.905$；$d_c$为压损伤因子；$f_{c,r}$为峰值压应力；$\varepsilon_{c,r}$为与峰值压应力对应的峰值压应变。

曲线参数反映了混凝土的一些重要性能，如变形模量的变化规律，因而可以用来比较或衡量不同标号混凝土的受力性能。

2）基于能量等效性假设的损伤演化方程

单轴受拉损伤演化方程：

$$\begin{cases} d_t = 1-\sqrt{\rho_t(1.2-0.2x^5)}, & x\leqslant 1 \\ d_t = 1-\sqrt{\dfrac{\rho_t}{\alpha_t(x-1)^{1.7}+x}}, & x>1 \end{cases}$$

单轴受压损伤演化方程：

$$\begin{cases} d_c = 1-\sqrt{\dfrac{\rho_c n}{n-1+x^n}}, & x\leqslant 1 \\ d_c = 1-\sqrt{\dfrac{\rho_c}{\alpha_c(x-1)^2+x}}, & x>1 \end{cases}$$

式中各参数同上。

3.3.3 混凝土损伤本构

ABAQUS 软件中的混凝土塑性损伤模型是基于塑性的连续介质损伤模型。它采用各向同性弹性损伤结合各向同性拉伸和压缩塑性理论来表征混凝土的非弹性行为。该模型可以模拟混凝土受到单向加载、循环加载或动态加载作用下的力学响应。各向同性损伤可用来表征混凝土断裂过程中的不可逆损伤，另外在循环荷载作用下，混凝土材料的刚度是可以恢复的。本节分别给出单向加载和循环加载下的混凝土塑性损伤本构关系。

1）单轴拉伸压缩

在不考虑损伤前提下，应力-应变关系如下：

$$\begin{cases} \sigma_t = \sigma_t(\tilde{\varepsilon}_t^{pl}, \dot{\tilde{\varepsilon}}_t^{pl}) \\ \sigma_c = \sigma_c(\tilde{\varepsilon}_c^{pl}, \dot{\tilde{\varepsilon}}_c^{pl}) \end{cases}, \quad \begin{cases} \tilde{\varepsilon}_t^{pl} = \int_0^t \dot{\tilde{\varepsilon}}_t^{pl} \\ \tilde{\varepsilon}_c^{pl} = \int_0^t \dot{\tilde{\varepsilon}}_c^{pl} \end{cases}$$

式中，σ_t、σ_c 分别为拉、压应力；$\tilde{\varepsilon}_t^{pl}$、$\tilde{\varepsilon}_o^{pl}$、$\dot{\tilde{\varepsilon}}_t^{pl}$、$\dot{\tilde{\varepsilon}}_c^{pl}$ 分别为等效塑性拉、压应变和等效塑性拉、压应变率。

本节文中如无特殊说明，下标 t 和 c 分别对应拉和压应力状态。

引入损伤因子描述混凝土单轴单调荷载条件下的刚度退化损伤机制，则有

$$\begin{cases} d_t = d_t\left(\tilde{\varepsilon}_t^{pl}\right), & 0\leqslant d_t\leqslant 1 \\ d_c = d_c\left(\tilde{\varepsilon}_c^{pl}\right), & 0\leqslant d_c\leqslant 1 \end{cases}$$

式中，d_t、d_c 为拉、压损伤因子。

考虑损伤的混凝土应力-应变关系为

$$\begin{cases} \sigma_t = (1-d_t)E_0\left(\varepsilon_t - \tilde{\varepsilon}_t^{pl}\right) = E\left(\varepsilon_t - \tilde{\varepsilon}_t^{pl}\right) \\ \sigma_c = (1-d_c)E_0\left(\varepsilon_c - \tilde{\varepsilon}_c^{pl}\right) = E\left(\varepsilon_c - \tilde{\varepsilon}_c^{pl}\right) \end{cases}$$

式中，E_0 为初始无损伤状态下的混凝土弹性模量；E 为考虑损伤后的混凝土弹性模量，$E=(1-d)E_0$；ε_t、ε_c 为混凝土拉、压应力状态下的总应变。单轴拉压作用下考虑损伤后的混凝土应力-应变关系如图 3-9、图 3-10 所示。

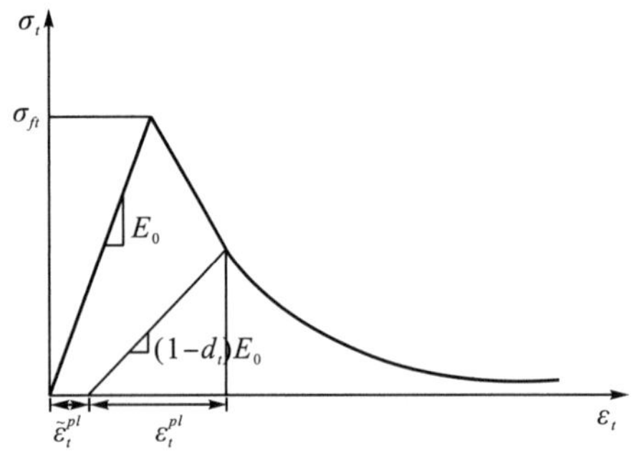

图 3-9 单轴拉伸应力-应变关系

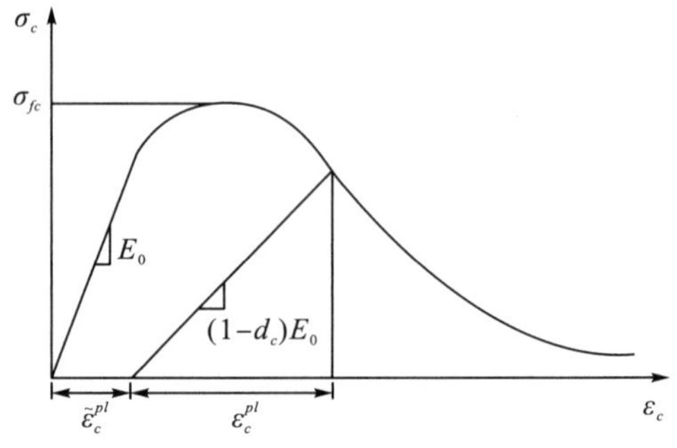

图 3-10 单轴压缩应力-应变关系

2) 循环荷载作用下

在单轴循环加载条件下，刚度退化机制比较复杂，它涉及预先存在裂纹的开闭和裂纹间的相互作用问题。在循环加载的过程中，应力符号变号反向加载，此时刚度有所恢复，这种刚度恢复的现象称为“单边效应”，它是混凝土循环加载的一个显著特点，特别是当应力由拉变为压时，效应很明显，这时压应力使受拉形成的裂纹闭合从而受压刚度得到恢复。

假定损伤后弹性模量可表示为

$$E=(1-d)E_0$$

其中，E_0 为初始弹性模量；d 为损伤因子。

损伤因子 d 为应力状态和单轴拉压损伤变量 d_t 和 d_c 的函数，在单轴循环荷载状态下，ABAQUS 假定：

$$1-d=(1-d_c)(1-d_t)$$

在循环荷载作用下，拉伸后出现微裂纹，重新受压后，原微裂纹会再次闭合，弹性模量没有变，不存在损伤。但另一方面，一旦出现压碎微裂纹，当荷载从压缩作用变为拉伸作用时，拉伸刚度将出现不可恢复的降低。为了体现这一因交替作用而出现的损伤弱化，引入 s_t,s_c 两个系数，可得损伤为

$$1-d=(1-s_t d_c)(1-s_c d_t)$$

式中，s_t,s_c 为与应力方向有关的刚度恢复应力状态的函数，用以下两个方程定义：

$$\begin{cases} s_t=1-w_t r(\sigma_{11}) \\ s_c=1-w_c(1-r(\sigma_{11})) \end{cases}$$

$$r(\sigma_{11})=\begin{cases} 1, & \sigma_{11}>0 \\ 0, & \sigma_{11}<0 \end{cases}$$

w_t 和 w_c 为刚度恢复权重因子，与材料属性有关，控制着反向荷载下拉、压刚度的恢复。图 3-11 给出了单轴循环荷载(拉-压-拉)作用下，拉压权重因子 $w_t=0$（由压到拉）、$w_c=1$

(由拉到压)时 ABAQUS 中混凝土应力-应变关系曲线。

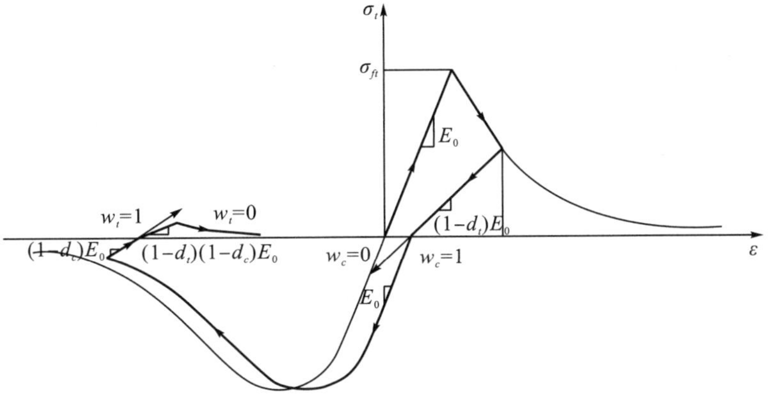

图 3-11　单轴应力循环应力-应变关系

3.4　盾尾挤压下管片衬砌损伤力学行为

在盾构隧道施工阶段，尤其是当盾构机转向或调整其姿态时，盾构机轴线和隧道设计轴线之间存在着不可避免的误差。如果盾尾空间不够，盾构机在向前推进时便会挤压管片，盾尾挤压会导致管片错位甚至开裂，因此研究管片在千斤顶力、注浆压力、盾尾挤压多种荷载作用下的力学性能有着重要意义，将有助于理解管片施工期应力分布、裂损和错台，并且为优化施工参数提供依据。

3.4.1　盾尾挤压机理

为了防止同步注浆浆液、地下水、泥浆、砂石等通过盾构机尾盾与管片之间的间隙渗漏至盾构机内，在盾构机尾部均安装有盾尾刷，盾尾刷结构如图 3-12(a)所示，包括前保护板、中保护板、后保护板、钢丝组等。为了保证密封效果，在盾构机尾部，通常安装有多层盾尾刷，如图 3-12(b)所示。相邻盾尾刷之间为油脂仓，通过注入油脂加强密封，同时也起到保护润滑作用。

当盾构机转向、调整姿态时，或者通过软硬不均复合地层造成“栽头”“爬坡”时，盾构机轴线会与已拼装完成的盾构隧道轴线产生偏差，当偏差超过一定程度时，盾尾便会对管片造成挤压。盾构机姿态与隧道轴线的偏差包括以下两种情况：在盾构机推进前已经出现偏离或者盾构机边推进边偏离。在第一种情况下，盾构机的姿态不当有以下两种极端情况[120]，如图 3-13 所示：当盾构机向前推进时，由盾构机造成的管片受力包括 *A* 点的接触力(由于管片是刚刚拼装好，所以该接触力非常小，可以忽略不计)、尾刷挤压力和千斤顶推力。当一个施工循环完成后，千斤顶回缩，由盾构机造成的管片受力包括 *C* 点的接触力和盾尾刷挤压力。

(a)盾尾刷构造

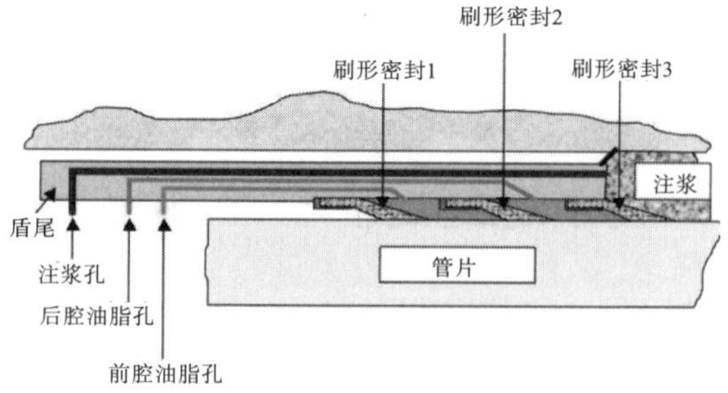

(b)盾尾刷布置形式

图 3-12　盾尾刷构造与布置形式

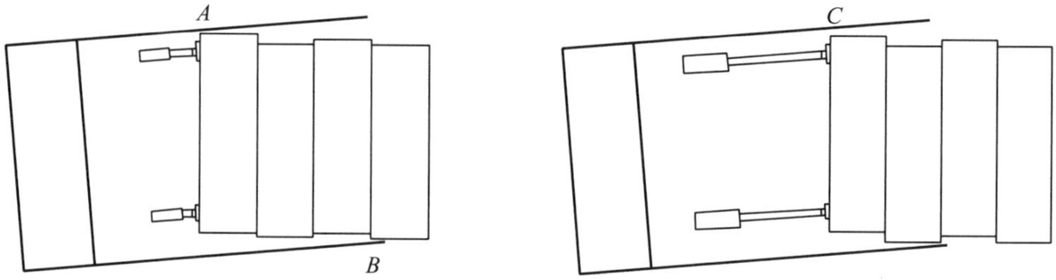

图 3-13　盾构掘进过程中的挤压情况

由于盾构机在三维地层中掘进，因而在纠偏和掘进过程中其姿态变化是十分复杂的，可以总结为以下三种：①小摆头、大摆尾。盾构机的姿态变化轨迹是以前点后侧为基准点，后点进行扇形展开，这种情况多出现在方向回调的阶段，因此要注意回调的力度。同时这种情况会对掘进速度有一定影响，对下一环的掘进也将产生不利的影响，如果盾尾处的间隙很小，管片在掘进时受力不均便会产生扭动，不仅将降低推进油缸的有效推力，还会加大管片间的内力，使得管片损坏或错台。②大摆头、小摆尾。前点变化明显，使得一侧的掌子面土体严重超挖，并使掌子面土体的内聚力增加，另一侧出现很大空隙，而这个空隙暂时是无法填充的，当盾构机停止掘进时，由于一侧的内力释放，就会使得前点向另一侧偏离。这种情况多出现在急纠的第二阶段，由前点向轴线方向移动较快，而后点由于管片等卡住调向缓慢而引起，因此要及时地回调油缸压力。③大摆头、大摆尾。前点变化明显，后点也变化明显，这种情况多出现在大方向纠偏的开始阶段，当前点向轴线移动，后点会继续向轴线相反方向移动。无论以上哪种情况，如果盾构姿态变化过急，均会造成盾尾间隙的缩小，并进一步造成盾尾刷挤压和管片错台裂损。

3.4.2　有限元模型

选取成都某市域地铁盾构区间隧道为工程背景，计算断面隧道拱顶上覆土 20m，地下水位位于地下 5.9m 处，采用 ABAQUS/Standard 建立考虑管片塑性损伤的有限元模型，对管片在注浆压力、盾构顶推力和盾尾挤压下的力学行为进行分析。建立管片衬砌盾构隧道模型，管片衬砌内径为 7.5m，外径为 8.3m，衬砌厚度为 0.4m，该区间所使用的管片幅宽 1.5m，管片衬砌环由 4 块标准块 B1～B4，2 块邻接块 L1、L2 和 1 块封顶块 F 组成(图 3-14)。当盾构机向前推进时，顶推力取平均值 16.25MN。所有千斤顶力均简化为面力均匀施加在刚拼装好的管片上，同步注浆压力为 0.3MPa，且随着浆液凝固，注浆压力逐渐消散。一般来说，同步注浆浆液凝固时间在 3～10h，大部分为 6～10h[121]。结合现场施工速度，注浆压力施加在脱出盾尾后四环，其中第 4 环为均匀压力，第 5～7 环为线性递减注浆压力，之后减小为 0，其后部管片仅受到地层荷载。管片施工期所受到的各种荷载如图 3-15 所示。

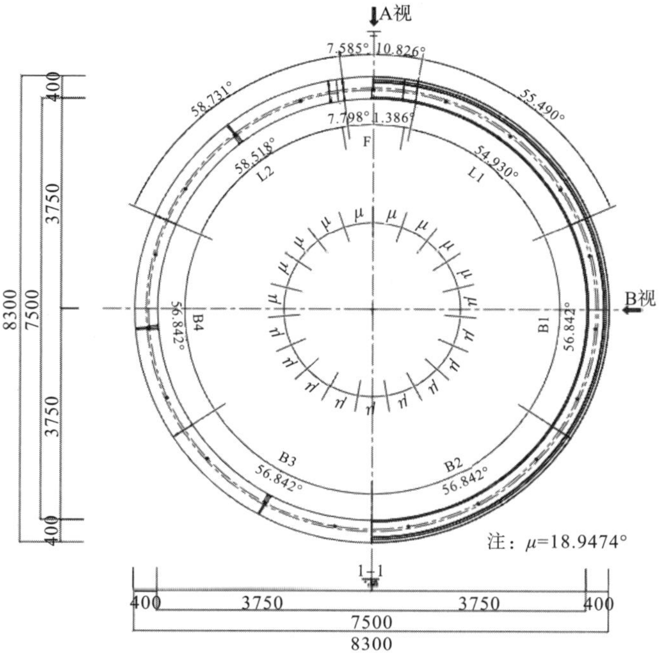

图 3-14 盾构隧道衬砌断面(单位：mm)

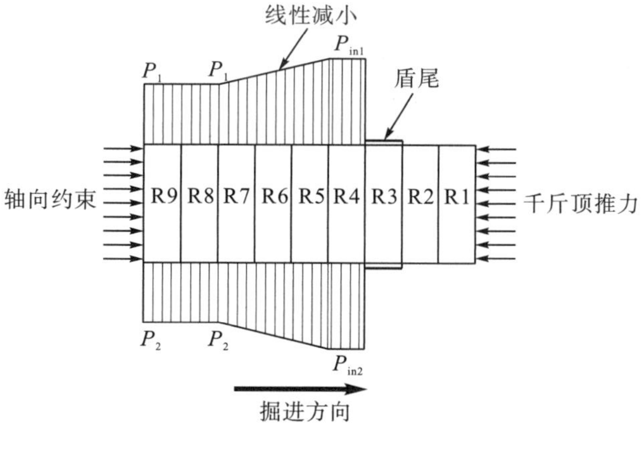

图 3-15 盾构管片施工荷载示意图

模型的长×宽×高为68.3m×19.5m×58.3m，见图3-16。考虑管片的错缝拼装效应，根据设计资料，直线段衬砌环按两环一组错缝式拼装，其中第一环的封顶块管片从正上方左偏一个螺栓孔位，第二环的封顶块管片从正上方右偏一个螺栓孔位，建立10环拼装式管片衬砌，管片衬砌网格见图3-17(a)，单环管片衬砌见图3-17(b)，盾壳与尾刷网格见图3-18。为提高计算速度和收敛性，将管片接头适当简化，以便成功划分网格。忽略螺栓手孔对管片的削弱作用，忽略接头间橡胶衬垫等次要部件。隧道围岩、衬砌均采用三维六面体八节点缩减积分单元(C3D8R)。该单元具有更高的分析精度，划分较少数量的单元便能达到与大量四面体单元相同的效果。

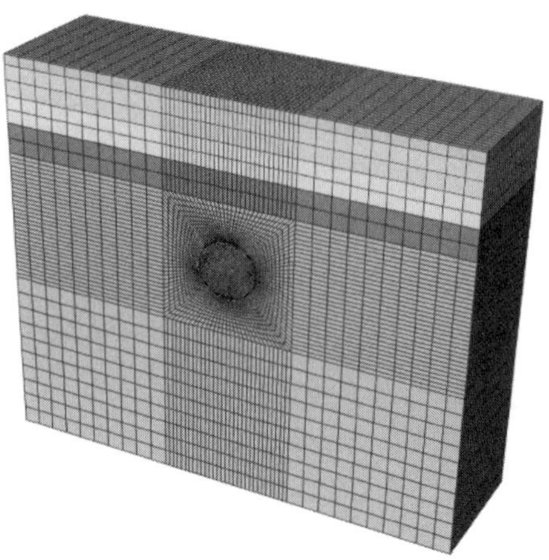

图3-16 有限元三维模型网格图

(a)管片衬砌有限元网格 (b)单环的管片衬砌

图3-17 错缝拼装式衬砌管片

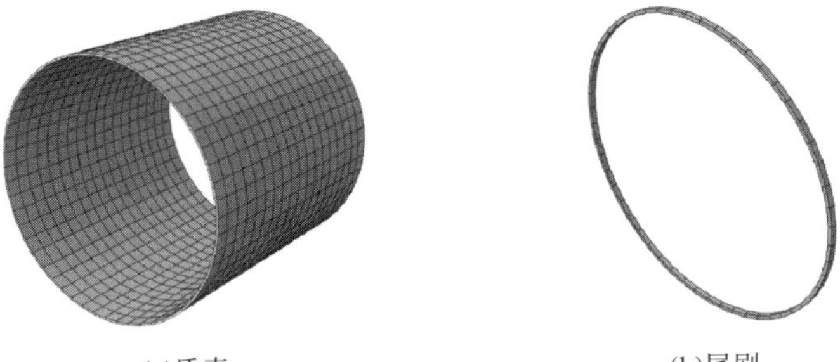

(a)盾壳 (b)尾刷

图3-18 盾壳与尾刷网格

图3-19为管片环编号与管片块编号，为便于后续分析，将所建立的管片依次编号为R1～R10环，在盾尾部设置4道尾刷，尾刷宽15cm，间距30cm，高10cm，盾壳厚4cm。管片块依次编为F、L1、B1～B4、L2。

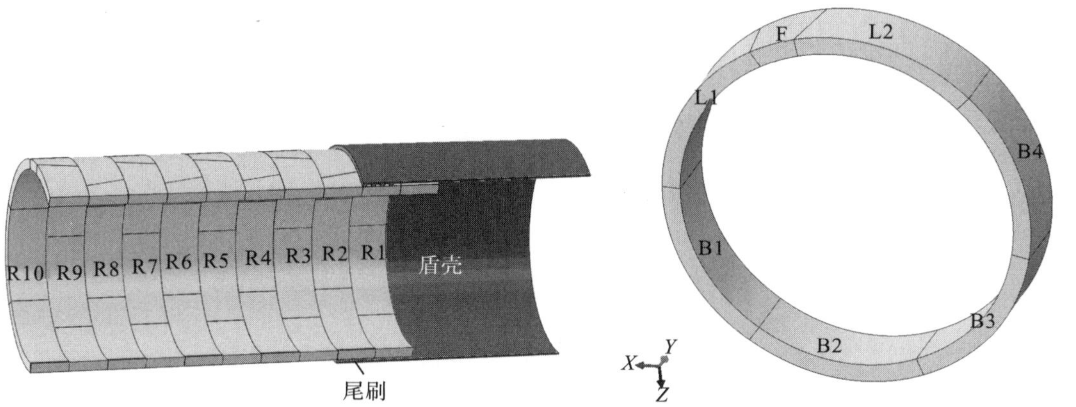

图 3-19 管片环编号与管片块编号

围岩采用 Mohr-Coulomb 弹塑性本构关系，根据工程资料，该计算断面从上到下依次为杂填土、粉质黏土、粉土、砂卵石和泥岩。管片衬砌混凝土强度为 C50。围岩、衬砌、盾壳、盾尾刷、接头螺栓等材料的基本参数如表 3-6 所示；在施工过程中，注浆浆液会逐渐硬化，因而其材料参数会不断变化，同时其黏稠度较高，可以采用固体单元近似模拟，但需要设置合理的材料参数。众多学者曾对施工模拟中注浆层的材料参数进行取值，但未有定论，因此本研究结合以往研究成果综合比选[32,122-125]，将浆液材料参数分为刚脱环背后浆液(第 4 环)、脱环后尚未凝固浆液(第 5～7 环)、凝固后浆液段(第 8～10 环)，其取值如表 3-6 所示。

表 3-6 材料参数

材料	密度/(kg/m³)	弹性模量/MPa	泊松比	摩擦角/(°)	黏聚力/MPa	层厚/m
杂填土	1900	1.0	0.35	10	0.01	1.5
粉质黏土	2000	3.9	0.28	11	0.026	4.5
粉土	1940	4.8	0.3	19.7	0.018	4
砂卵石	2300	50	0.22	45	—	4.45
泥岩	2350	800	0.18	33	0.3	—
管片衬砌	2500	34500	0.2	—	—	—
盾尾刷	1000	40	0.2	—	—	—
盾壳	7850	206000	0.167	—	—	—
刚脱环背后浆液	1510	0.048	0.48	—	—	—
脱环后尚未凝固浆液	1510	4.8	0.35	—	—	—
凝固后浆液	1510	10.8	0.2	—	—	—

管片衬砌采用混凝土塑性损伤本构关系，其拉、压损伤演化参数由基于《混凝土结构设计规范》(GB 50010—2010)的损伤演化方程计算得出[126-127]。以结构力学的视角来看，接缝面混凝土和接头螺栓可视为管片衬砌接头部位的两个主要组成构件，如图 3-20 所示。

现实工程中，管片衬砌接头的抗拉由接头螺栓承担，抗压和抗剪由接缝面混凝土承担，螺栓不承受压力；当接缝面切向力超过混凝土自身摩擦力时，未失效的螺栓也将承受部分剪切力；接头抗弯能力由接缝面混凝土和螺栓共同决定，螺栓对抗弯刚度的贡献主要是通过改变中性轴的位置来体现。因此，正确选择能够体现接缝面混凝土和接头螺栓两个构件力学效应的模拟单元非常关键。

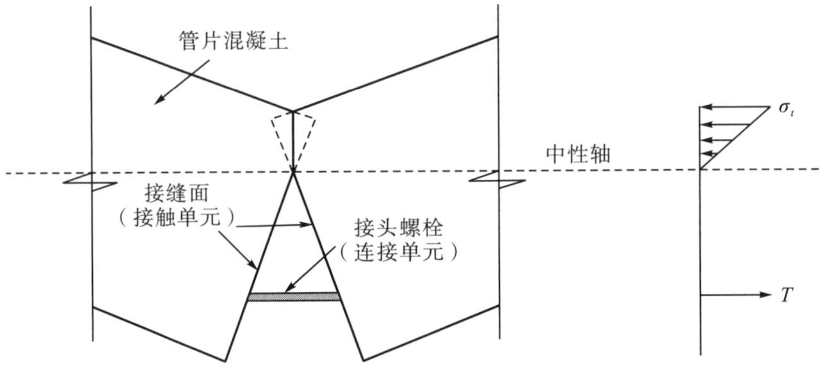

图 3-20 接头的组成构件及其模拟单元

ABAQUS 提供的连接单元可用来描述变形体的物理运动。连接单元具有局部坐标下的相对位移和相对转角。三维连接单元运用了 12 个节点自由度来定义单元在局部坐标下的 6 个相对运动：3 个相对平移和 3 个相对旋转。ABAQUS 为可用的相对运动提供了一个复杂的连接单元类型库，包括基本连接、组合连接、复杂连接类型。基本连接中一个连接单元包括了一个平移自由度和一个旋转自由度，而组合连接和复杂连接是由多个基本连接所构成的。

盾构隧道衬砌系统主要由混凝土管片和螺栓组成，相邻管片之间由于螺栓的连接作用而具有一定的约束关系和相对运动关系。通过设置具有抗拉、抗剪、抗弯三种刚度组合，并能表征螺栓的连接单元，近似模拟螺栓连接效应。根据螺栓的力学属性定义连接单元刚度，并将连接单元的两个节点分别与对应管片耦合，两节点连接单元可以用来描述两个管片间的物理连接作用和约束作用。连接单元具有两个节点，其中第二个节点的位置和运动方式依据第一个节点得出，当连接单元两节点发生相对运动时，连接单元中将产生相应的力或者弯矩。“衬套”连接方式中的连接单元可实现两节点在任意方向的相对平移和相对旋转，“衬套”连接方式如图 3-21 所示。“衬套”连接方式用 12 节点自由度来定义 $u_1,u_2,u_3,u_{r1},u_{r2},u_{r3}$ 六个方向的相对运动：三个平移运动和三个旋转运动。当连接单元两节点间发生沿管片张开方向的相对运动时，连接单元产生拉力；当连接单元两节点间发生沿管片错动方向的相对运动时，连接单元产生剪力；当两节点间产生各方向相对转动运动时，连接单元产生相应的弯矩。

本节采用连接单元对接头螺栓力学效应进行模拟，同时采用“点面耦合”的方式建立连接单元与管片接缝面的约束关系，以此来实现相互作用力在螺栓与管片间的传递。为反映螺栓的抗拉、抗剪、抗弯刚度，连接单元采用可模拟上述三种刚度的“衬套”连接方式。根据设计资料，每环纵向接头由两个弯螺栓连接，环与环之间由 19 个弯螺栓进行连接，螺栓机械等级为 6.8 级，直径为 M30。将其等效为连接单元后，抗拉刚度 $K_1=EA/l$，由于实际采用为弯螺栓，采用此公式计算得到的等效弹簧刚度偏大，需要对抗拉刚度进行折减[22,27,122,128]，计算得到螺栓结构参数如表 3-7 所示。

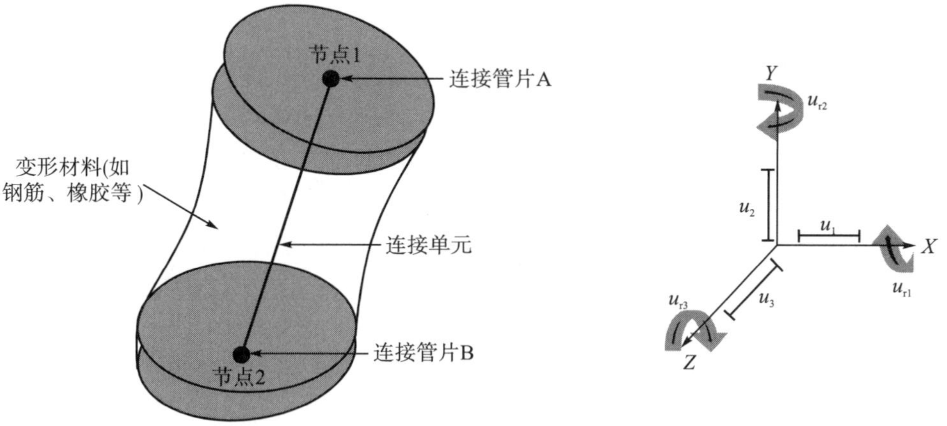

图 3-21 连接单元示意图及连接点相对运动方式

表 3-7 螺栓结构参数

级别	直径	有效截面积/mm^2	长度/mm	抗拉刚度/(N/m)	抗剪刚度/(N/m)
6.8	M30	560	530	1.31×10^8	2.772×10^{10}

管片纵向与环向接头之间、盾尾刷和管片衬砌之间法向为“硬接触”(hard contact)：接触面与接触面之间传递接触压力的大小不受限制，一旦接触压力变为零或负值时，两个接触面分离，此时去掉相对应节点的接触约束，在切向方向，采用库仑摩擦：

$$\tau_{\text{crit}} = \mu P$$

式中，τ_{crit} 是临界切应力；μ 是摩擦系数；P 是法向接触压强。管片与管片间的摩擦系数 μ 取 0.83[129]，盾尾刷和管片之间的摩擦系数取 0.3[22]，在切向应力达到临界切应力之后，摩擦面之间发生相对滑移。

管片与围岩之间的接触，在法向采用惩罚刚度模型：

$$\begin{cases} p=0 & (\Delta l<0) \\ p>0 & (\Delta l=0) \\ p=f(k,\Delta l) & (\Delta l>0) \end{cases}$$

式中，p 为接触法向力；l 为嵌入量；k 为接触面嵌入惩罚刚度；f 为惩罚函数。在切向仍采用库仑摩擦，摩擦系数取 0.8[130]。

3.4.3 分析步设置

分析盾构隧道施工过程可知，当盾构机向前掘进一环后，在盾壳内进行管片拼装，当新的一环拼装完成后，千斤顶增大推力，向前推进，开始下一环掘进，同时，处于盾壳尾部的一环管片在推进过程中逐渐脱出，并在尾部同步注浆，掘进完成之后开始下一环拼装，完成一个掘进循环工序。

从上可知，施工中作用在管片上的荷载变化十分复杂，需要设置多个分析步以尽可能准确地模拟不同荷载的组合情况，各分析步设置如下：

分析步 1：地应力分析步。杀死管片单元和盾壳单元，平衡地应力。

分析步 2：静力分析步。隧道开挖，激活管片单元和盾壳单元，施加注浆压力，改变注浆层参数为浆液。

分析步 3：近似静力分析步，即只考虑荷载位置和大小的变化，不计结构惯性力，分析时间 1s。在管片上施加千斤顶推力 16.25MN，盾壳向前推进，同时开始逐步偏离，尾环逐步脱出，在其外表面施加注浆压力，并在该分析步随时间由 0 逐步递增到 0.3MPa。

分析步 4：近似静力分析步，分析时间为 1s，尾环完全脱出，保持盾壳位置不变，千斤顶推力减小，推进完成。

通过设置以上各分析步，可以近似模拟管片拼装完成→盾构机掘进(尾环脱出，同步注浆)→千斤顶回缩的循环过程。下面以掘进一环同时盾壳向右偏离隧道轴线 1.0°工况为例研究管片在施工过程中的受力和变形特性。

3.4.4 盾尾刷接触压力

图 3-22(彩图见附录)为不同分析步结束时尾刷接触压力，由图可知，不同分析步下尾刷接触压力随之产生变化。在分析步 2 下，尾刷接触压力呈现从拱顶到拱底逐渐增大的变化趋势；在分析步 3，即盾壳向前移动一环同时向右偏离 1.0°，盾尾刷部分区域接触压力明显增大，如第一道尾刷左侧最大接触压力达到 4.54MPa，与之相对，部分区域接触压力减小，如第四道尾刷左侧；在分析步 4，由于顶推力撤去，管片环与环之间的摩擦黏结力降低，管片变形增大，卸去了一部分尾刷接触压力，因此尾刷接触压力较分析步 3 普遍减小，最大接触压力减小为 3.49MPa。

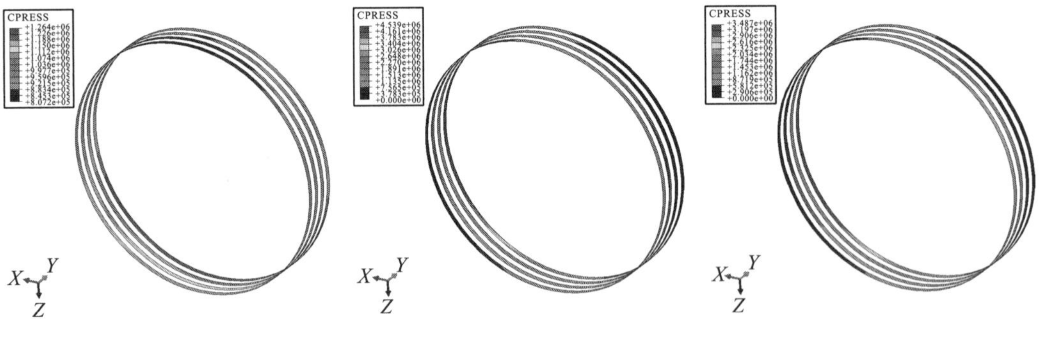

(a)分析步2　　(b)分析步3　　(c)分析步4

图 3-22　不同分析步结束时尾刷接触压力

图 3-23 为各道尾刷接触压力随盾壳移动距离变化曲线，取各道尾刷中间部位为数据提取点。由图可知，在分析步 3 中，随盾壳移动，不同部位尾刷的接触压力随之发生变化，其中，第一、二道尾刷接触压力随盾壳移动的变化趋势较为类似，在初始时接触压力较小，且沿管片外表面分布较均匀，拱底接触压力大于拱顶；随着盾壳移动，并逐渐向右偏离，尾刷左侧的接触压力逐渐增大，接触压力增幅最大的区域为左侧拱腰；盾壳移动结束时，第一道尾刷左侧拱腰的接触压力为 4.22MPa，第二道尾刷为 2.58MPa，与尾刷左侧相反，尾刷右侧的接触压力逐渐减小。第三道尾刷处于中间部位，随着盾壳移动，该道尾刷拱顶和拱底附近接触压力逐渐增大，且拱底处接触压力的增幅大于拱顶，左右拱腰的接触压力逐渐减小，盾壳移动结束时，最大接触压力出现在拱底偏右侧区域，为 1.53MPa。第四道尾刷处于盾壳尾部，随着盾壳移动，该道尾刷右侧的接触压力逐渐增大，最大为 2.46MPa，左侧的接触压力逐渐减小。

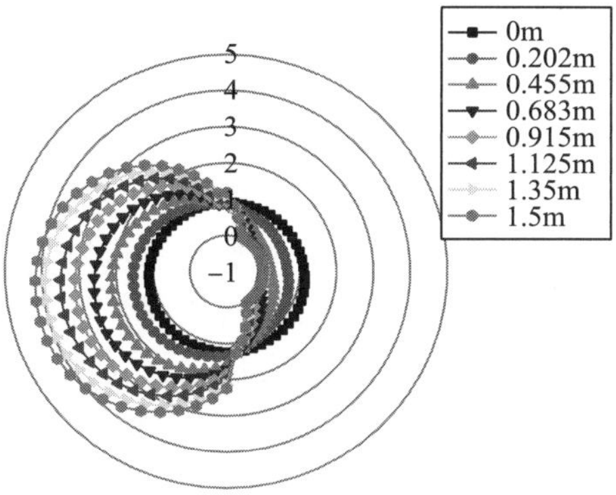

(a)第一道尾刷

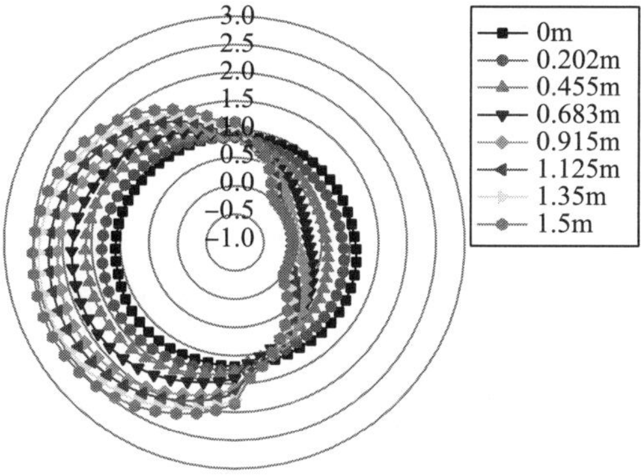

(b)第二道尾刷

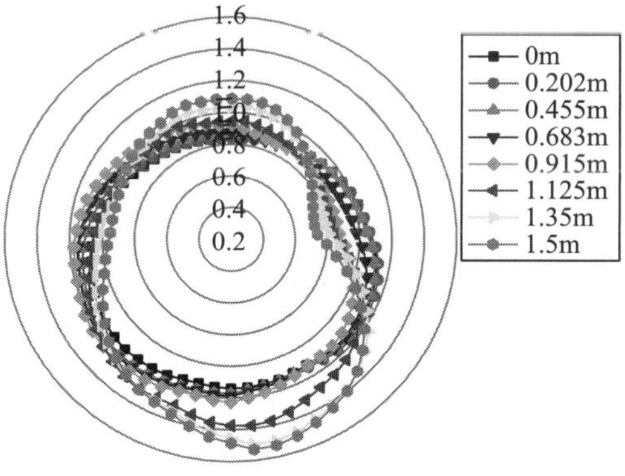

(c)第三道尾刷

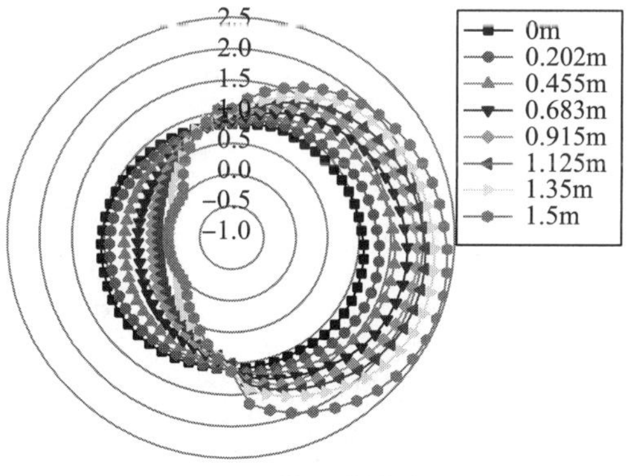

(d)第四道尾刷

图 3-23　各道尾刷接触压力随盾壳移动距离变化(MPa)

3.4.5 衬砌结构变形特征

图 3-24(彩图见附录)为各分析步结束时管片位移云图。由图 3-24(a)、(b)可知，在分析步 2 施工循环开始前，位于盾壳外的 R4～10 环管片位移为拱顶下沉、拱底隆起、两侧向外扩张；尚处于盾壳保护下管片环变形较小，除 R1 环管片有微量整体下沉外，其余两环位移为 0；由于管片接缝的存在以及错缝拼装效应，管片位移等值线并非光滑曲线，并且越接近盾尾处的已脱环管片位移越小，原因为盾壳内管片靠接缝面摩擦和纵向螺栓对已脱环管片变形有一定的约束作用；已脱环管片拱顶最大下沉为 2.32mm，拱底最大隆起为 1.97mm；左拱腰和右拱腰最大水平位移分别为 1.66mm、1.65mm。

由图 3-24(c)、(d)可知，当盾构机向前掘进一环，同时偏离隧道轴线 1°后，之前已脱环的 R4～10 环管片竖向变形与分析步 2 相似，但是数值略有增大，拱顶最大下沉 2.71mm，拱底最大隆起 2.10mm，考虑为管片脱环后，盾壳内管片对后部管片变形的约束作用减弱所致；管片的水平位移在该分析步结束时有较大变化，由于盾构偏心推进，在该分析步结束时盾构机轴线已向右偏离隧道轴线 1.0°，因而 R2 环管片受到盾尾刷的挤压作用，连同 R1 环管片发生较大且不均匀的水平位移，左侧位移较大，右侧位移较小，最大位移达到 7.65mm，并使后部管片水平位移产生不均匀改变，进而产生错台。

由图 3-24(e)、(f)可知，当盾构推进完毕，由于此时盾构机位置不变，尾刷依然对管片形成挤压，随着顶推力撤去，管片间的接缝进一步被拉开，接缝面摩擦力减小，导致拱顶进一步下沉，此时拱顶最大下沉 2.98mm，而拱底隆起略有减小，拱底最大隆起 2.08mm，盾壳内管片的最大水平位移为 9.90mm，已脱壳管片向左侧的最大水平位移增大到 1.90mm。

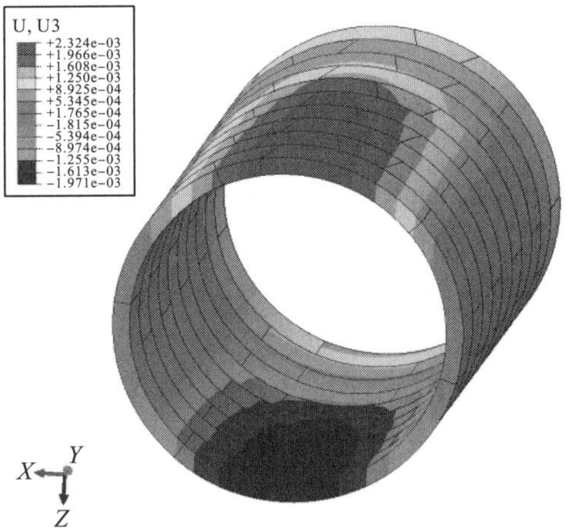

(a)分析步2管片竖向位移

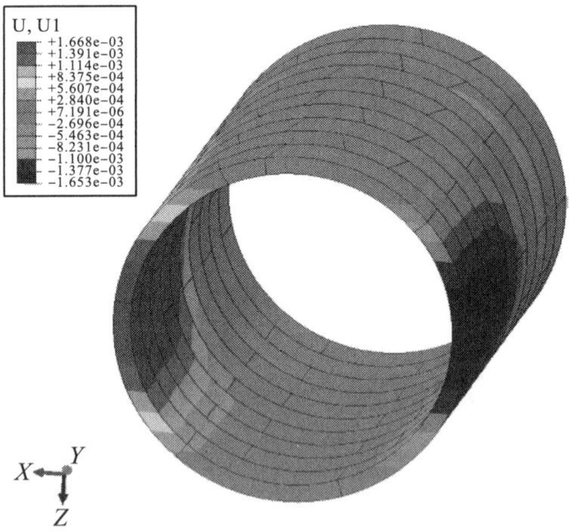

(b)分析步2管片水平位移

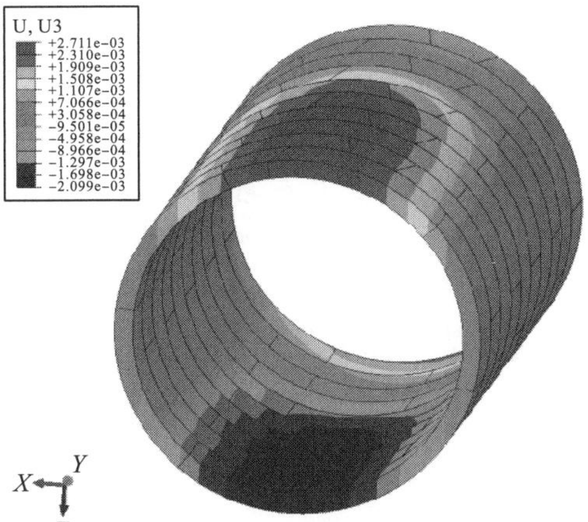

(c)分析步3管片竖向位移

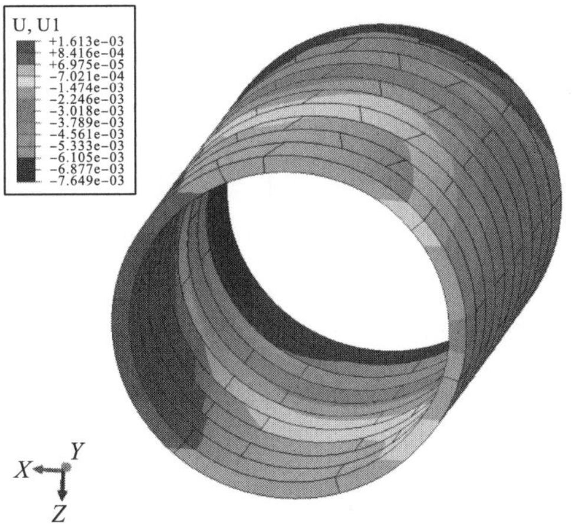

(d)分析步3管片水平位移

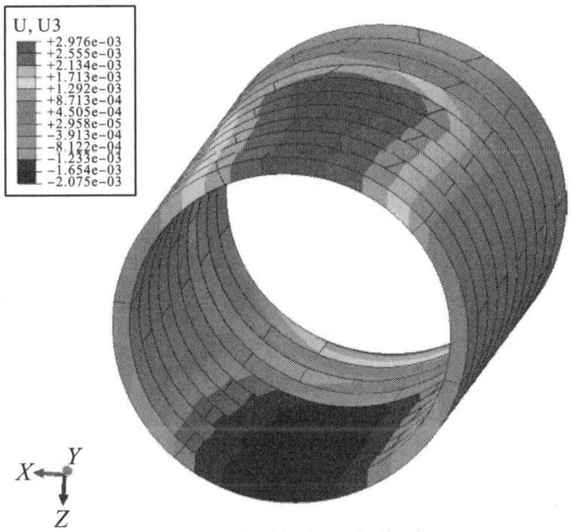

(e)分析步4管片竖向位移

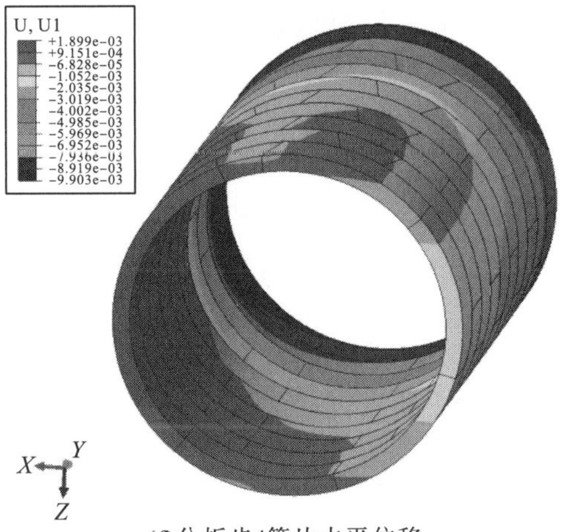

(f)分析步4管片水平位移

图 3-24 不同分析步结束时管片位移云图

图 3-25 为不同分析步结束时衬砌不同位置处竖向位移，正值为下沉，负值为隆起。由图可知，由于管片接缝面的存在、浆液固化程度不同、盾构机的约束作用以及偏心推进时的尾刷挤压作用，距盾尾不同距离的管片衬砌竖向位移呈阶梯形变化。

由图 3-25(a)、(b)可知，不同分析步结束时衬砌拱顶和拱底的竖向位移随距盾尾距离的不同而改变，且变化趋势相似。在分析步 2，即盾构尚未开始下一环掘进时，距离盾尾越近处，拱顶下沉量和拱底隆起量越小，且 0～6m 处(即 R7～10 环)下沉量变化较小，而在 6～15m(即 R1～6 环)下沉量变化较为剧烈，R1～2 环管片仅靠螺栓和接缝面摩擦抵抗重力作用，处于悬臂状态，因而衬砌在 12～15m(R1～2 环)为整环移动，但移动距离较小，R1 环衬砌拱顶、拱底在该分析步最大下沉分别为 1.17mm、1.34mm。在分析步 3 中，0～9m 处拱顶下沉和拱底隆起较分析步 2 时有所增大，拱顶下沉量增大了 15%左右，拱底隆起量增大了 6%左右，9～13m 处拱顶下沉量较分析步 2 时有所减小，13～15m 处衬砌拱顶由分析步 2 时的下沉变为向上隆起，同时，9～11m 处拱底隆起较分析步 2 时有所减小，在 13.5～15m 处拱底下沉较分析步 2 时扩大。在分析步 4 中，由于顶推力撤去，因而在 3～13m 范围内拱顶下沉较分析步 3 增大，而拱底隆起在 6～9m 范围内较分析步 3 增大。

由图 3-25(c)、(d)可知，在分析步 2 中，衬砌左右拱腰的竖向位移较小，只是由于衬砌环的整体滑动造成 R1～2 环拱腰部位产生下沉，其中 R1 环管片左右拱腰在该分析步最大下沉分别为 1.01mm、1.10mm，与拱顶、拱底下沉量接近；分析步 3 中 0～12m 左右拱腰沉降量较分析步 2 大，在分析步 4 顶推力撤去后下沉量进一步增大；12～15m 分析步 3 左右拱腰下沉量较分析步 2 小，在分析步 4 顶推力撤去后下沉量进一步减小。

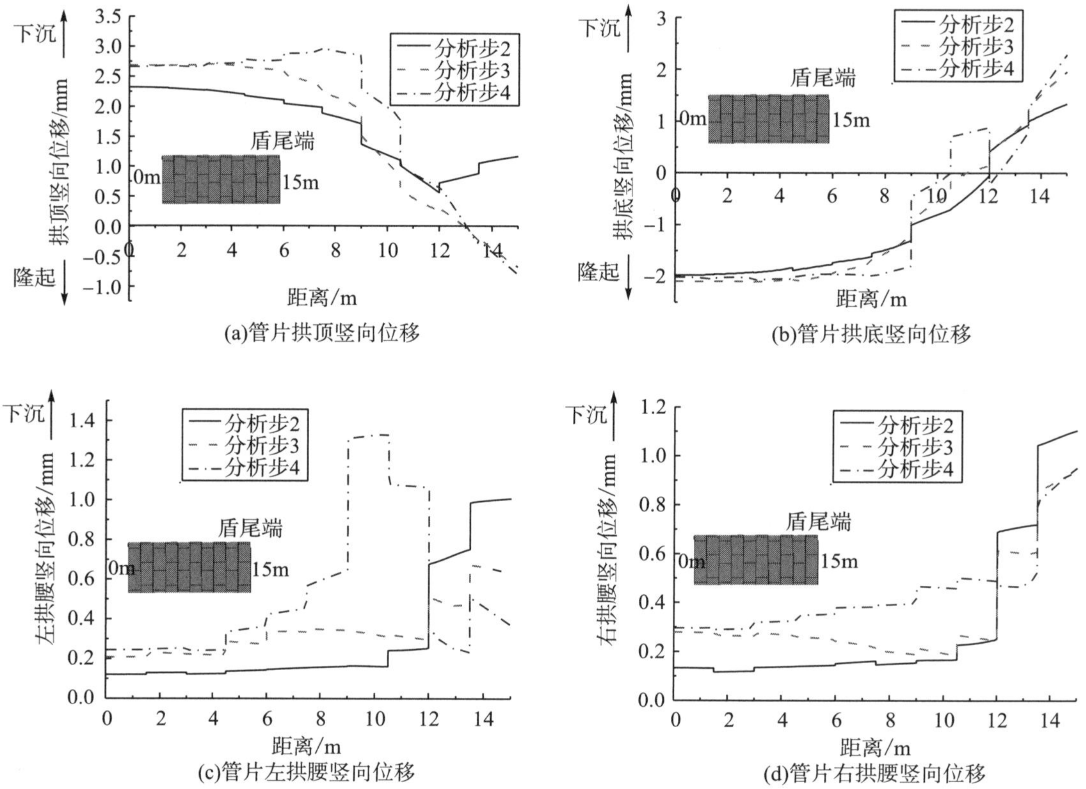

图 3-25　不同分析步结束时管片不同位置处竖向位移

由于盾构隧道衬砌结构由管片拼装而成，在盾尾刷挤压、地层荷载等因素作用下，结构将产生位移，而位移在接缝面处往往不连续，造成管片错台，使得应力在接头部位集中，同时影响结构防水性能。图 3-26 为不同分析步结束时管片错台变形情况，从图中可以发现，在分析步 2 时，R4～10 环管片在注浆压力以及地层荷载的作用下发生椭变，而 R1～2 仍为圆形，造成盾尾附近出现少许错台；在分析步 3 结束时，由于盾壳的偏心推进，对管片的挤压作用使之产生错台，可以看出，错台主要发生在左侧拱腰和拱底区域，且距盾尾越远，错台越小；在分析步 4 结束时，由于顶推力撤去，管片环与环的摩擦力减小，结构整体性大大降低，导致管片的错台现象更为明显，此时错台主要发生在拱腰和拱底区域。

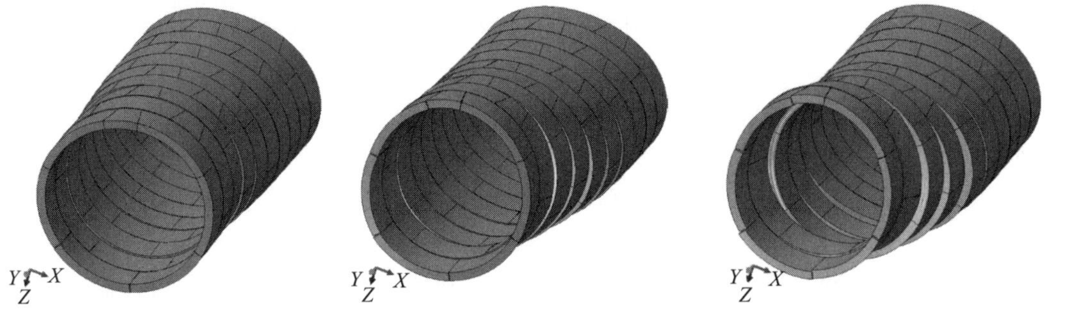

(a)分析步2　(b)分析步3　(c)分析步4

图 3-26　不同分析步结束时管片错台变形情况(放大系数：200)

表 3-8 为分析步 4 结束时不同管片环最大错台量对比。由表可知，环向接缝之间的错台量大于纵向接缝，纵向接缝的最大错台量为 0.62cm，出现在 R1 环右拱脚，环向接缝的最大错台量为 2.07cm，出现在 R4 与 R5 环接缝左拱腰处；R1～3 环的纵向接缝错台量最大的部位为右拱腰、拱脚处，R4～5 环纵向接缝的最大错台量则出现在拱顶处，R1 环与 R2 环之间环向接缝的最大错台量出现在拱脚处，R2～4 环向接缝的最大错台量均出现在拱腰处。

表 3-8　不同管片环最大错台量对比

管片环	纵向接缝		环向接缝	
	出现位置	错台量/cm	出现位置	错台量/cm
R1	R1 环 B3、B4 块交界（右拱脚）	0.62	R1 环 B2、B3 与 R2 环 B2 交界（左拱脚）	0.75
R2	R2 环 B3、B4 块交界（右拱腰）	0.26	R2 环 B4 与 R3 环 B3、B4 交界（右拱腰）	1.91
R3	R3 环 B3、B4 块交界（右拱脚）	0.068	R3 环 B1 与 R4 环 L1、B1 交界（左拱腰）	1.71
R4	R4 环 F、L1 块交界（拱顶）	0.22	R4 环 L1、B1 与 R5 环 B1 交界（左拱腰）	2.07
R5	R5 环 F、L1 块交界（拱顶）	0.29	R5 环 B1 与 R6 环 L1、B1 交界（左拱腰）	0.62

3.4.6　衬砌结构受力特性

图 3-27(彩图见附录)为不同分析步结束时管片最大主应力云图。从图中可以看出，不同分析步结束时管片的最大主应力变化较大，在地层荷载、千斤顶推力、注浆压力、盾尾挤压的综合作用下，最大主应力的分布形态十分复杂，且随着施工阶段的变化而发生改变。在分析步 2，管片主要受到地层荷载、注浆压力作用，由图 3-27(a)可知，最大主应力的范围为-0.95～1.10MPa，最大主应力的最大值出现在 R2 环管片拱底位置，最大主应力的最小值出现在 R3 环管片拱顶位置；R4～10 环管片拱顶和拱底外侧大部分区域最大主应力为负值，即处于三轴压缩状态，左右拱腰外侧大部分区域最大主应力为正值。

在分析步 3，管片主要受到地层荷载、注浆压力、千斤顶推力、盾尾侧向挤压作用，由图 3-27(b)可知，最大主应力的范围为-4.90～2.45MPa，最大主应力的最大值出现在 R2

环管片拱顶位置，最大主应力的最小值出现在 R2 环管片左拱腰位置；R3～10 环管片拱顶、拱底外侧最大主应力为负值，内侧为正值，且应力集中部位大多为接缝位置，右拱腰管片内外侧最大主应力均为负值，即处于三轴压缩状态，左拱腰管片外侧最大主应力为正值，内侧为负值，外侧应力集中部位也大多出现在接头部位。

在分析步 4，管片主要受到地层荷载、注浆压力、盾尾侧向挤压作用，由图 3-27(c)可知，最大主应力的范围为-1.62～2.78MPa，最大主应力的最大值出现在 R2 环管片右拱脚位置，最大主应力的最小值出现在 R2 环管片左拱脚位置；由于此时顶推力撤去，因而螺栓承受的拉力增大，导致管片最大主应力在纵向螺栓所处位置大增。

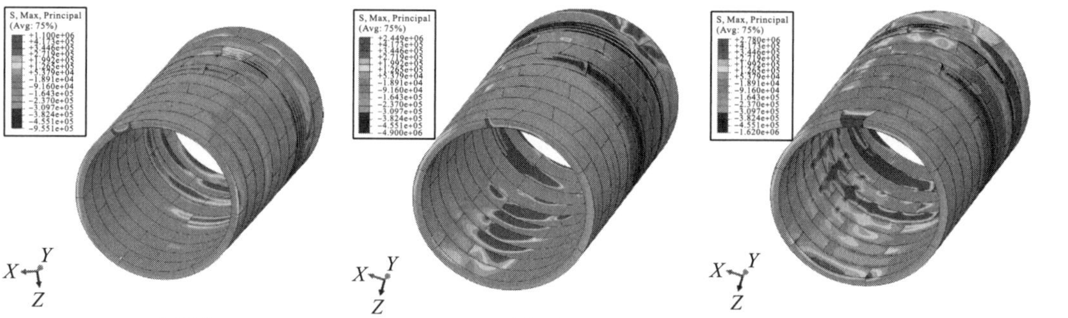

(a)分析步2 (b)分析步3 (c)分析步4

图 3-27 不同分析步结束时管片最大主应力

图 3-28(彩图见附录)为不同分析步结束时管片最小主应力云图。从图中可以看出，不同分析步结束时管片的最小主应力变化较大。在分析步 2，管片主要受到地层荷载、注浆压力作用。由图 3-28(a)可知，最小主应力的范围为-6.61～0.04MPa，最小主应力的最大值出现在 R1 环管片左拱脚位置，最小主应力的最小值出现在 R3 环管片拱底位置；R4～R10 环管片最小主应力均为负值，拱顶和拱底管片内侧、左右拱腰管片外侧的最小主应力接近于 0，倾向于三轴受拉状态，但越接近盾尾部位，最小主应力越小。

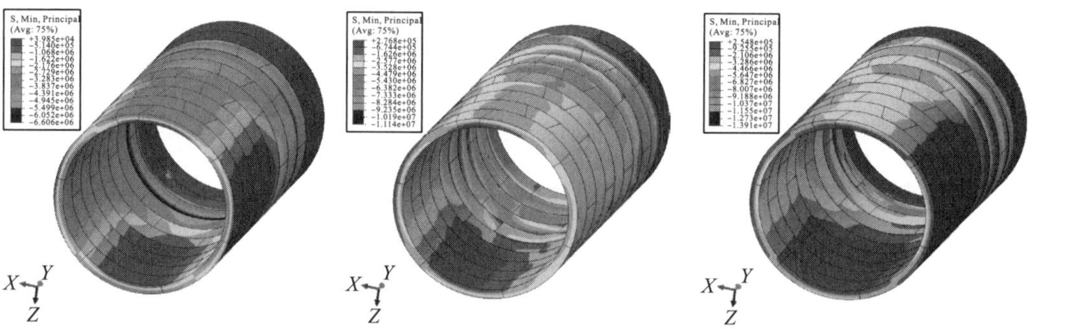

(a)分析步2 (b)分析步3 (c)分析步4

图 3-28 不同分析步结束时管片最小主应力

在分析步 3，管片主要受到地层荷载、注浆压力、千斤顶推力、盾尾侧向挤压作用，由图 3-28(b)可知，最小主应力的范围为-11.14～0.28MPa，最小主应力的最大值出现在R2 环管片左拱脚位置，最小主应力的最小值出现在 R2 环管片左拱腰位置。

在分析步 4，管片主要受到地层压力、注浆压力、尾刷侧向挤压作用，由图 3-28(c)可知，最小主应力的范围为-13.91～0.25MPa，最小主应力的最小值出现在 R2 环管片右拱腰位置。

通过以上分析，可以发现盾尾对管片的挤压虽然会对其后已脱壳的管片造成影响，但是被挤压管片的变形和应力集中更为强烈，因而单独分析 R2、R3 环管片在施工过程中的应力变化。图 3-29(彩图见附录)为分析步 3 盾壳移动不同距离时管片最大主应力。随着盾壳偏心移动，R2、R3 环的最大主应力在此过程中不断变化，在盾壳尚未移动时，即 0m 时，最大主应力的最大值为 1.1MPa，出现在 R2 环拱底接缝位置；在盾壳移动 0.202m 时，最大主应力的最大值减小到 0.77MPa，出现在 R2 环右拱脚接缝面处；在盾壳移动 0.45m 时，最大主应力的最大值增大到 0.79MPa，出现在 R3 环管片左拱腰内表面接缝附近。从 0.45m 直到 0.915m，最大主应力的最大值均出现在管片左拱腰内表面，由于盾壳为偏心推进，尾刷对管片的挤压作用越来越强，导致混凝土出现损伤，因此当盾壳移动 1.125m 时，原管片左侧拱腰内表面最大主应力较大的区域，最大主应力反而出现下降，最大主应力的最大值出现在左侧拱脚内表面处，之后随着损伤区域的不断发展，不断有管片单元因为损伤而失去承载能力，导致应力重分布，最大主应力的最大值在盾壳移动结束时已降低为 2.45MPa，出现在 R2 环左拱肩位置。

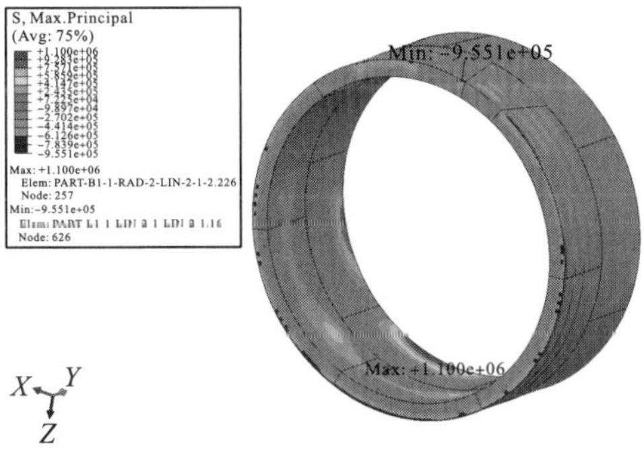

(a)0m

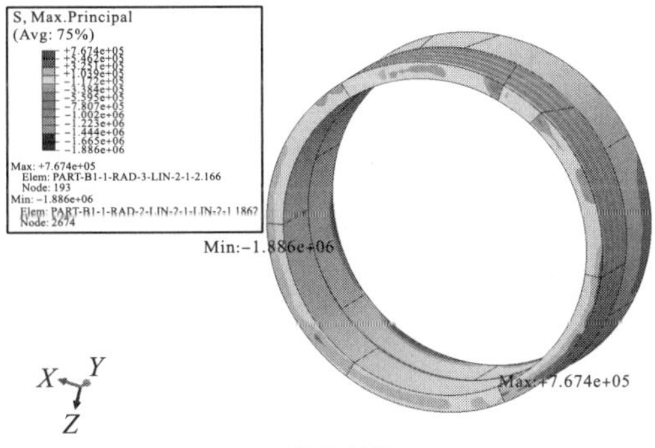

(b)0.202m

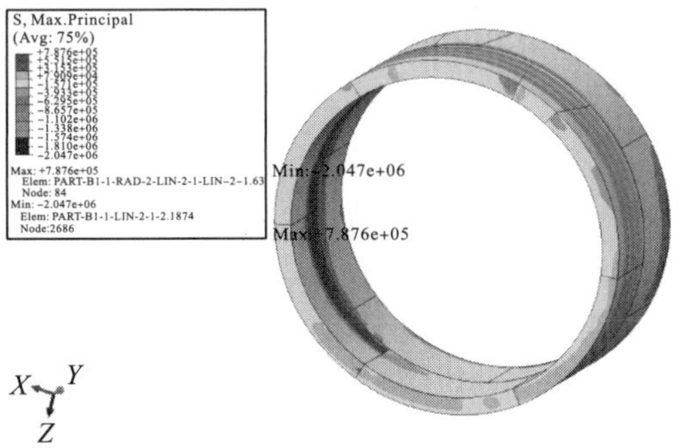

(c)0.455m

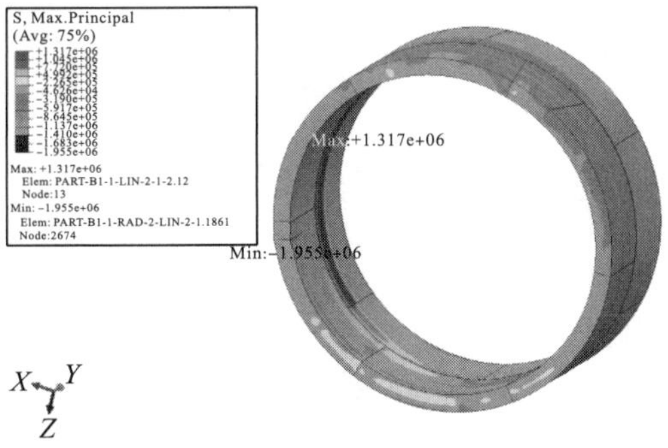

(d)0.683m

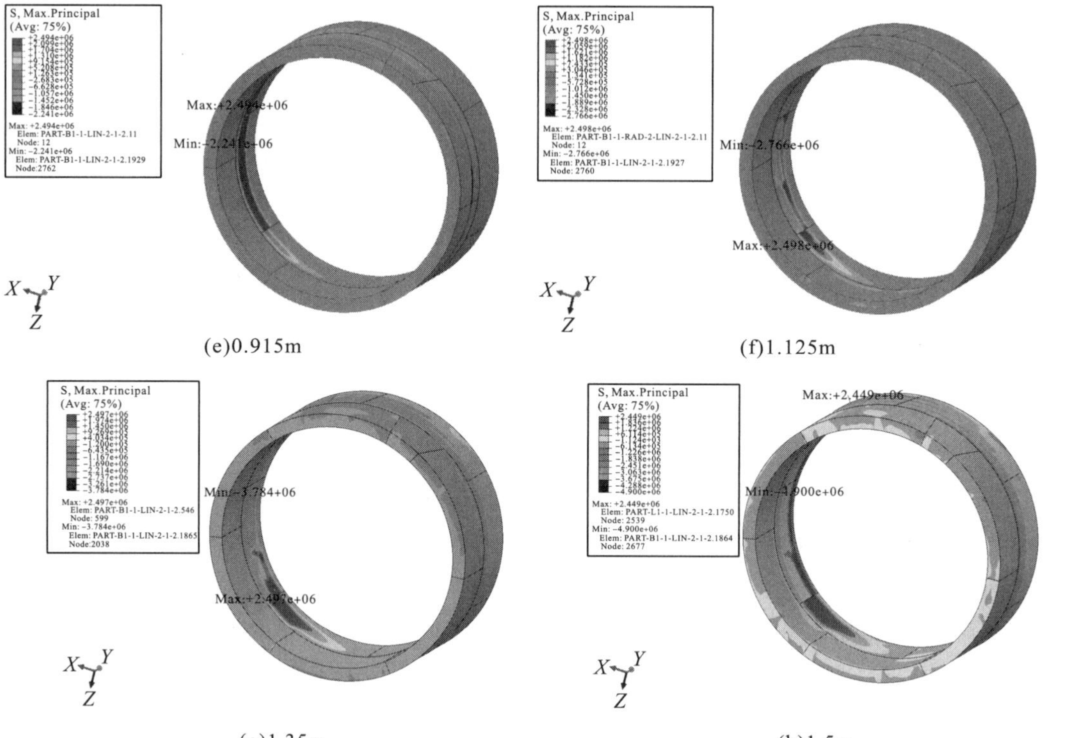

(e)0.915m　(f)1.125m

(g)1.35m　(h)1.5m

图 3-29　分析步 3 盾壳移动不同距离时管片最大主应力

以上对混凝土管片的受力与变形进行了分析，盾构隧道管片由螺栓相连接，在衬砌受挤压变形过程中，接头部位发生错动，螺栓的受力也会变化，当超过一定限度时，甚至会导致螺栓由于内力过大而发生失效，因而下面对 R2、R3 环管片接头螺栓内力进行分析。由于螺栓众多，为了便于分析，需要将螺栓按照一定规则进行编号，如图 3-30 所示，将管片块依次编号为 F、L1、B1～B4、L2；对于环向螺栓，根据环向螺栓所处位置进行编号，首位数字代表所处管片环号，如 2 代表 R2 环，第 2、3 位代表螺栓连接的管片块，如 L2-F 代表连接 L2、F 的环向螺栓，最后一位代表同一接头处螺栓的位置，1 代表处于前方(相对于盾构掘进方向)，2 代表后方；对于纵向螺栓，第 1、2 位数字代表连接的管片环号，第 3 位为螺栓编号，相对于盾构掘进方向逆时针进行编号；每环管片共有 14 颗环向螺栓连接，每个环缝处共有 19 颗纵向螺栓连接。

图 3-31(彩图见附录)为 R2 环管片环向螺栓剪力在不同分析步中的变化过程，由图可知，在分析步 3 中，随着盾壳移动，R2 环管片环向螺栓的剪力值范围为 65～2657N，不同螺栓剪力变化形态不一，分析步结束时，2-F-L1-2 螺栓剪力增加最多，剪力增加量为 2314N，2-B4-L2-1 螺栓剪力减小最多，该螺栓剪力减小量为 1526N；在分析步 4 中，随着千斤顶力的减小，各环向螺栓的剪力值范围为 204～6863N，分析步结束时，2-F-L1-2 螺栓剪力增加最多，剪力增加量为 4206N，且除 2-F-L1-1、2-B1-B2-2、2-L1-B1-2 螺栓外，其余环向螺栓剪力变化不大。

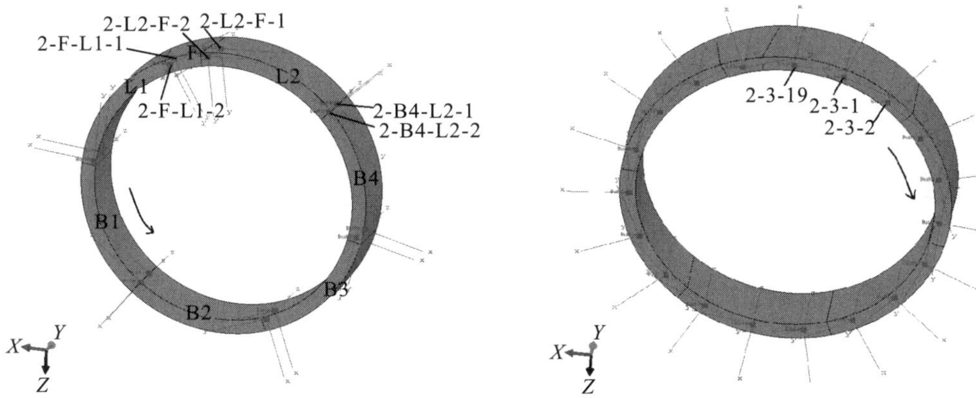

图 3-30 R2 环管片环向螺栓编号

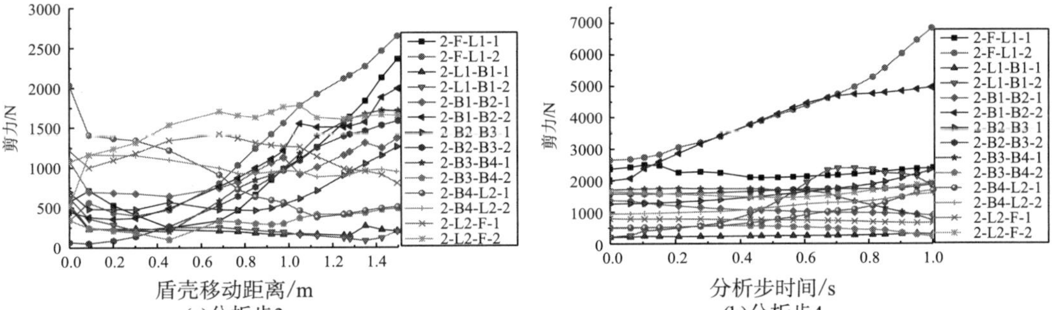

(a)分析步3 (b)分析步4

图 3-31 R2 环管片环向螺栓剪力在不同分析步中的变化过程

图 3-32(彩图见附录)为 R3 环管片环向螺栓剪力在不同分析步中的变化过程，由图可知，在分析步 3 中，随着盾壳移动，R3 环管片环向螺栓的剪力值范围为 42～2960N，且位于不同接缝处的螺栓剪力变化趋势不一，各螺栓的最大剪力值出现在盾壳移动 1.3m 时的 3-F-L1-1 处；在分析步 4 中，随着千斤顶力的减小，各环向螺栓的剪力值范围为 57～3767N，分析步结束时，3-F-L1-1 螺栓剪力增加最多，剪力增加量为 1051N，3-B2-B3-2 螺栓剪力减小最多，剪力减小了 1044N。

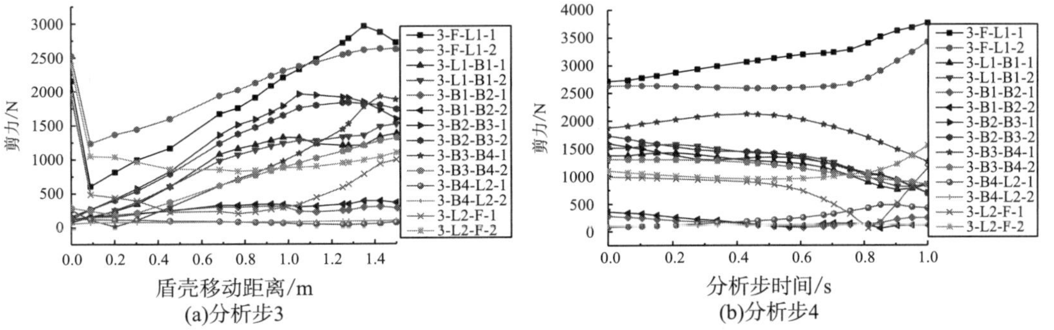

(a)分析步3 (b)分析步4

图 3-32 R3 环管片环向螺栓剪力在不同分析步中的变化过程

图 3-33(彩图见附录)为 R2 环管片环向螺栓拉力在不同分析步中的变化过程，由图可知，在分析步 3 中，随着盾壳移动，R2 环管片环向螺栓的拉力值范围为 0～13199N，2-B3-B4-1、2-B2-B3-1、2-B1-B2-1 等螺栓的拉力随着盾壳移动而逐渐减小；在分析步 4 中，随着千斤顶力的减小，各环向螺栓的拉力值范围为 0～16240N，2-L1-B1-2、2-B3-B4-1 和 2-B4-L2-1 螺栓的拉力随着千斤顶力减小而增大，其中拉力最大的为 2-B3-B4-1 螺栓。

图 3-34(彩图见附录)为 R3 环管片环向螺栓拉力在不同分析步中的变化过程，由图可知，R3 环各环向螺栓在分析步中均保持为 0，说明在盾壳移动以及千斤顶推力减小过程中，R3 接头处于全断面受压状态。

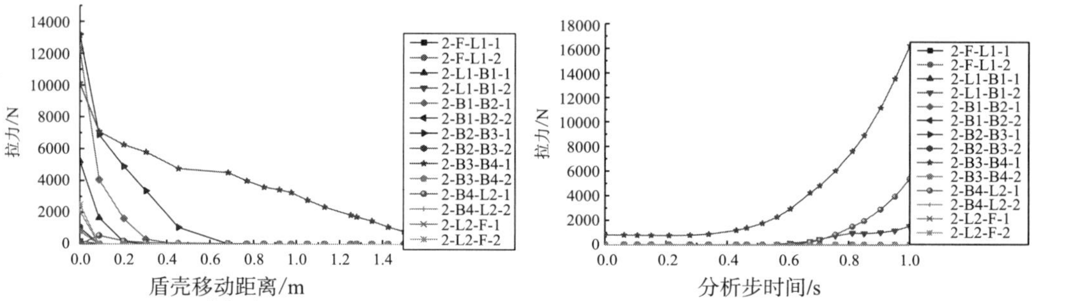

(a)分析步3　(b)分析步4

图 3-33　R2 环管片环向螺栓拉力在不同分析步中的变化过程

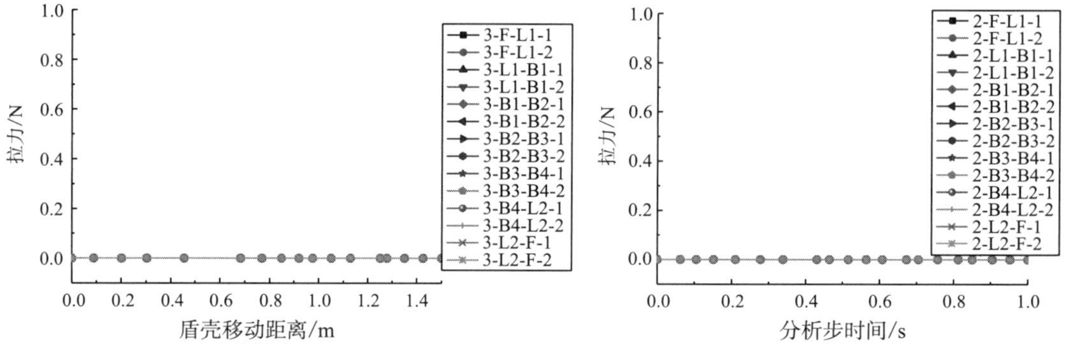

(a)分析步3　(b)分析步4

图 3-34　R3 环管片环向螺栓拉力在不同分析步中的变化过程

图 3-35(彩图见附录)为 R2～3 环接缝纵向螺栓剪力在不同分析步中的变化过程，由图可知，不同分析步中 R2～3 环接缝处各纵向螺栓的剪力变化趋势相似；各纵向螺栓剪力随着盾壳移动而波动增大，但在盾壳移动 1.3m 后，2-3-1、2-3-5 等部分螺栓剪力出现减小的趋势；在千斤顶力减小过程中，各纵向螺栓剪力随之增大；位于隧道左侧的螺栓(2-3-10～2-3-19)剪力大于右侧(2-3-1～2-3-10)，分析结束时，2-3-10 螺栓剪力最大，最大值为 68035N。

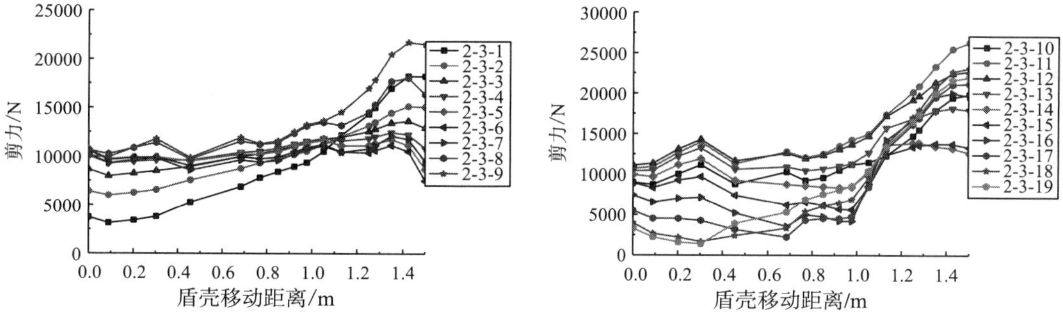

(a)分析步3

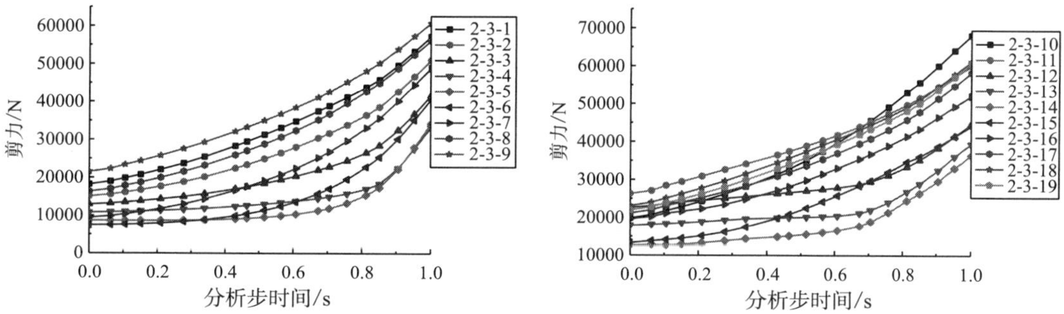

(b)分析步4

图 3-35 R2～3 环接缝纵向螺栓剪力在不同分析步中的变化过程

图 3-36(彩图见附录)为 R3～4 环接缝纵向螺栓剪力在不同分析步中的变化过程，由图可知，不同分析步中 R3～4 环接缝处各纵向螺栓的剪力变化趋势不同，在分析步 3 中，位于衬砌右侧拱腰部位的 3-4-2～3-4-8 螺栓剪力随着盾壳移动先减小再增大，其余螺栓剪力随着盾壳移动而逐渐增大；在分析步 4 千斤顶力减小过程中，位于接缝右侧拱腰部位的 3-4-3～3-4-6 螺栓剪力随之减小，其余螺栓剪力随之增大，分析结束时，3-4-14 螺栓剪力最大，最大值为 33041N。

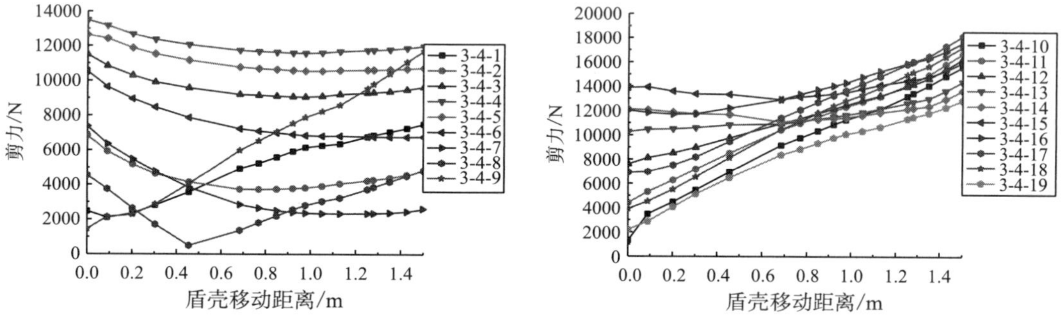

(a)分析步3

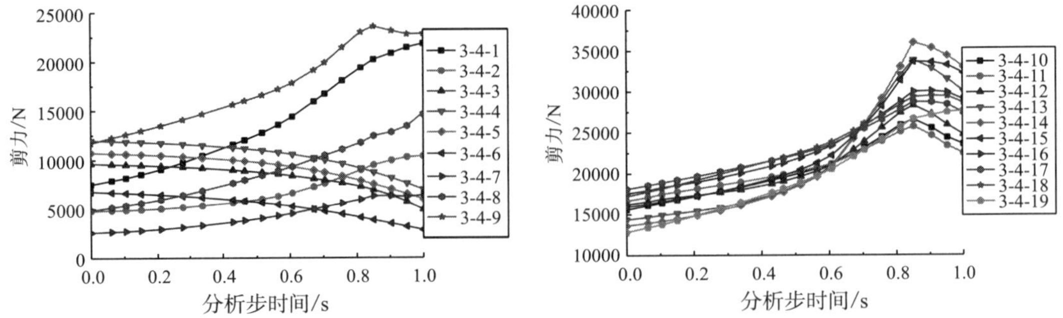

(b)分析步4

图 3-36　R3～4 环管片纵向螺栓剪力在不同分析步中的变化过程

图 3-37(彩图见附录)为 R2～3 环接缝纵向螺栓拉力在不同分析步中的变化过程，由图可知，在分析步 3 中，位于隧道右侧的 2-3-1～2-3-9 螺栓拉力在盾壳开始移动时便迅速减小为 0，之后除 2-3-8 螺栓在盾壳移动 1.0m 后拉力略有增大外，其余螺栓拉力仍保持为 0，位于隧道左侧的 2-3-10～2-3-19 螺栓拉力在盾壳开始移动时迅速减小为 0，之后 2-3-11～2-3-16 螺栓拉力在盾壳移动 0.3m 时增大，在盾壳移动 0.7m 左右时达到峰值，其余螺栓拉力则始终保持在较小数值；在分析步 4 千斤顶力减小过程中，各螺栓拉力逐渐增大，且靠近拱腰的螺栓拉力增大速度大于靠近拱顶的螺栓，位于隧道左侧的螺栓拉力大于右侧，分析结束时，2-3-14 螺栓拉力最大，最大值为 43492N。

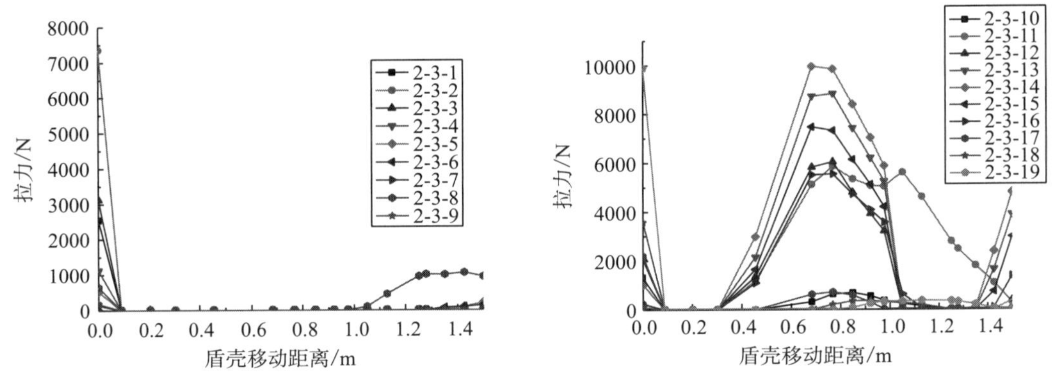

(a)分析步3

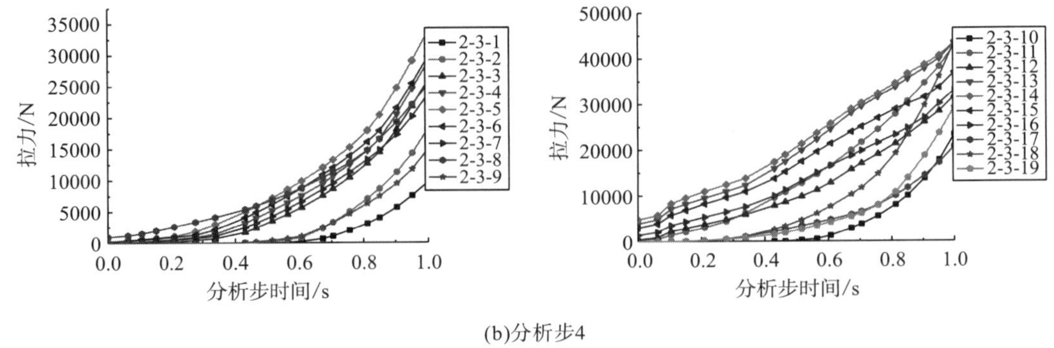

(b)分析步4

图 3-37　R2～3 环管片纵向螺栓拉力在不同分析步中的变化过程

图 3-38(彩图见附录)为 R3～4 环管片纵向螺栓拉力在不同分析步中的变化过程，由图可知，在分析步 3 中，连接 R3 和 R4 环的纵向螺栓在盾壳移动初始便减小为 0，之后在盾壳移动过程中一直保持在 0 左右，在分析步 4 中，随着千斤顶力减小，隧道左侧的螺栓 3-4-10～3-4-19 中，除位于拱顶的 3-4-10 螺栓和拱底的 3-4-19 螺栓拉力增长较小外，其余螺栓拉力均有剧烈增大，分析结束时，3-4-13 螺栓拉力最大，最大值为 47414N。

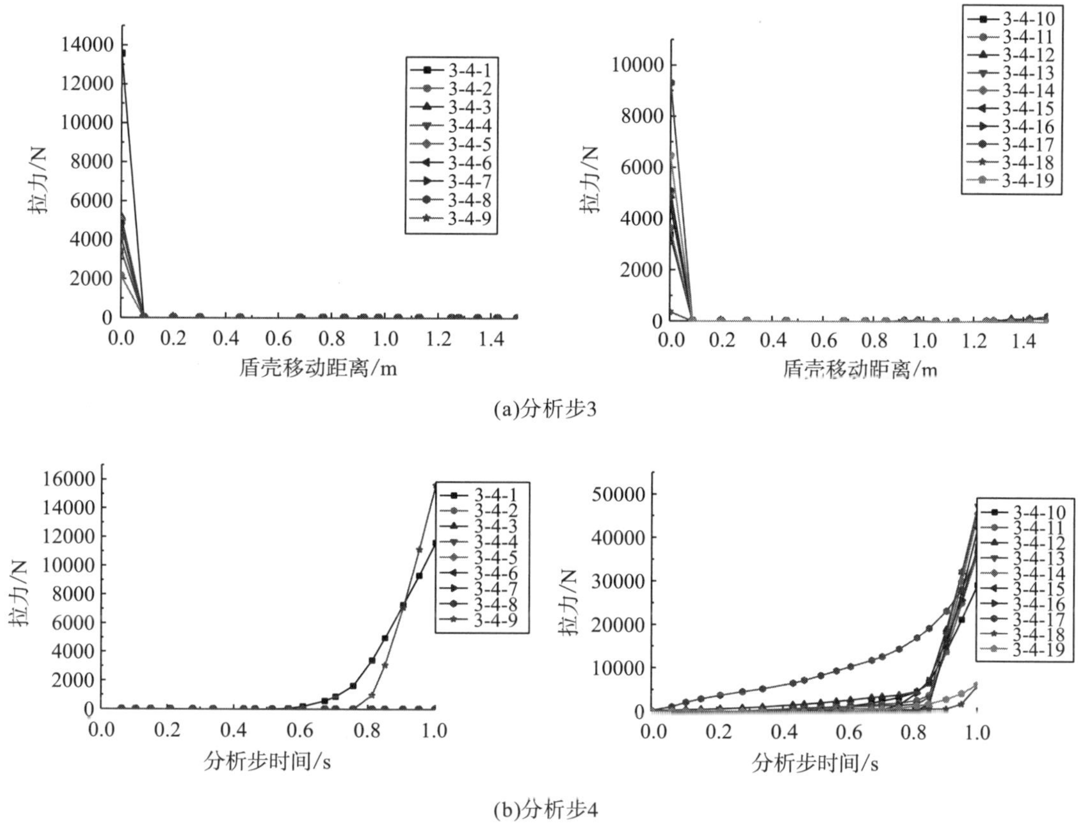

图 3-38　R3～4 环管片纵向螺栓拉力在不同分析步中的变化过程

3.4.7　管片挤压损伤特性

图 3-39(彩图见附录)为不同分析步结束时管片损伤情况，由图可知，分析步 2 结束时，即盾壳尚未移动时，管片损伤为 0，在分析步 3，盾壳向前移动一环后，管片衬砌在盾尾挤压等多种施工期荷载的综合作用下产生拉伸和压缩损伤，拉伸和压缩损伤的分布区域类似，均集中在 R2 环左侧(相对于盾构掘进方向)拱腰附近，呈条带状分布，最大拉伸损伤为 0.952，最大压缩损伤为 0.125，即管片以拉伸损伤为主，压缩损伤兼而有之；在分析步 4 顶推力撤去后，除 R2 环左侧拱腰部位的拉伸和压缩损伤向相邻管片块出现扩展外，在纵向螺栓处、管片纵缝和横缝交界处也出现新的拉伸损伤，该分析步结束后，最大拉伸损伤、压缩损伤分别增大到 0.985、0.338。

(a)分析步2拉伸损伤 (b)分析步2压缩损伤

(c)分析步3拉伸损伤 (d)分析步3压缩损伤

(e)分析步4拉伸损伤 (f)分析步4压缩损伤

图 3-39 不同分析步结束时管片损伤情况

取损伤集中区域 R2 环 L1、B1、B2 管片，分析其拉伸损伤在分析步 3 中随盾壳移动的发展过程，如图 3-40(彩图见附录)所示。由图可知，由于盾壳偏离隧道轴线程度随着盾壳移动而逐渐加大，尾刷对管片的挤压作用逐渐增强，因而管片内部的拉伸损伤也随之不断发展，在盾壳移动 0.849m 之前，管片未出现损伤，当盾壳移动 0.92m 时，R2 环管片 B1、L1 块出现损伤，且损伤的最大值出现在纵向接缝部位，之后损伤区域向 L1、

B1 块延伸，损伤程度不断加深，出现第一条损伤值达到 0.9 以上的条带；当盾壳移动 1.279m 时，在 B1 管片中部以及 B1 与 L1 接缝附近，损伤区域向前方出现扩展，由于纵向接缝的错动和 B1 块的损伤缓解了应力集中程度，损伤区域未向 B2 管片块扩展；当盾壳移动 1.35m 时，在第一条条带前方出现了第二条损伤条带，且损伤区域开始向 B2 块扩展，之后第一条条带保持相对稳定，第二条损伤条带随盾壳移动不断在 L1 块延伸，而在 B2 块的损伤扩展较为轻微。

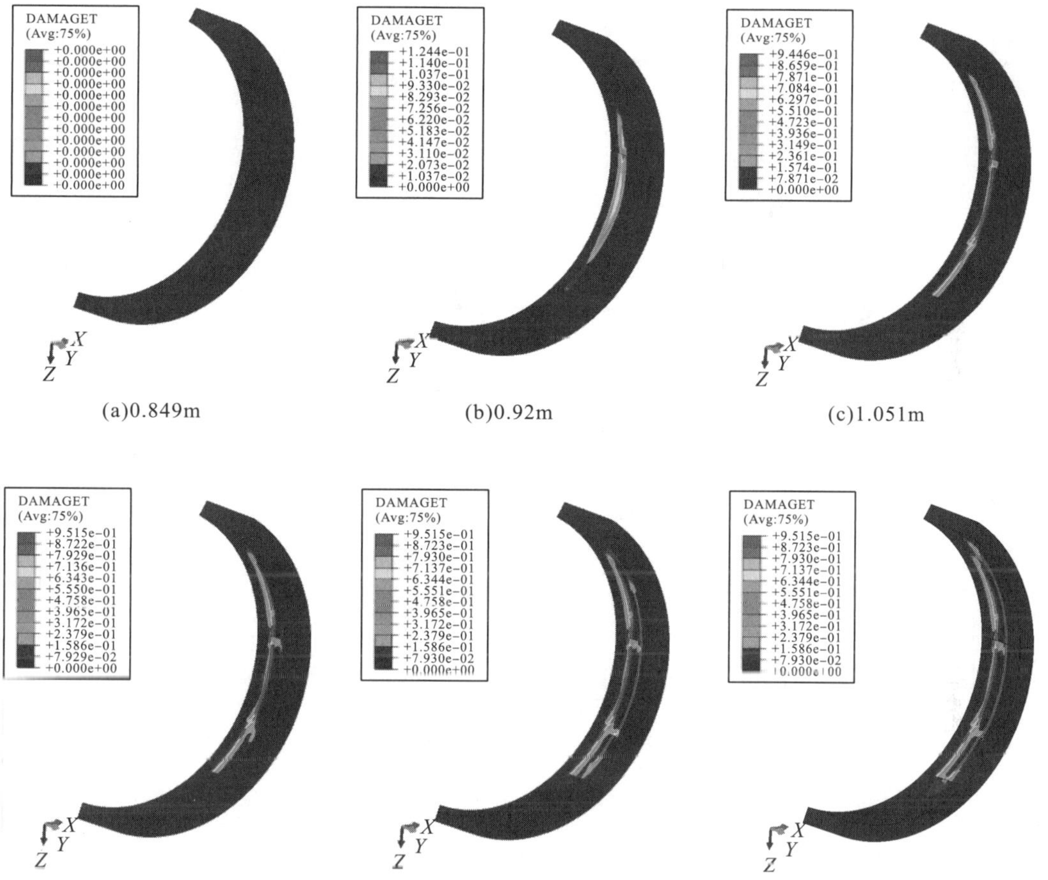

(a)0.849m (b)0.92m (c)1.051m

(d)1.279m (e)1.35m (f)1.5m

图 3-40 R2 环管片拉伸损伤随盾壳移动发展过程

图 3-41（彩图见附录）为 R2 环管片压缩损伤在分析步 3 中随盾壳移动的发展过程。由图可知，管片压缩损伤的发展过程与拉伸损伤类似，但由于混凝土的抗压强度远大于抗拉强度，因而相比于图 3-40，盾壳移动相同距离时的压缩损伤小于拉伸损伤。

图 3-42（彩图见附录）为盾壳移动不同距离时管片拉伸损伤沿幅宽分布，提取部位为 B1 管片中部内表面。由图可知，管片内表面拉伸损伤沿幅宽的分布随着盾壳移动而不断变化，当盾壳移动 0.92m 时，在沿幅宽方向 0.2～0.7m 范围内出现拉伸损伤，拉伸损伤沿幅宽方向呈现先升高后降低的变化趋势，最大损伤为 0.082，出现在 0.4m 处；盾壳移动

0.976m 时，损伤分布范围扩大到 0.2～0.8m，最大损伤增大到 0.160，出现位置向前移动到 0.5m 处；当盾壳移动 1.129m 时，拉伸损伤在 0.5m 处陡增到 0.937，并出现宽度为 0.1m 的平台段，之后随着盾壳移动，拉伸损伤逐渐在管片前方(相对于盾构掘进方向)出现；当盾壳移动 1.35m 时，在 0.9m 处损伤陡增到 0.918，并形成第二个宽度为 0.1m 的平台段，随着盾壳移动，第二平台段的损伤值略有发展，但变化不大。

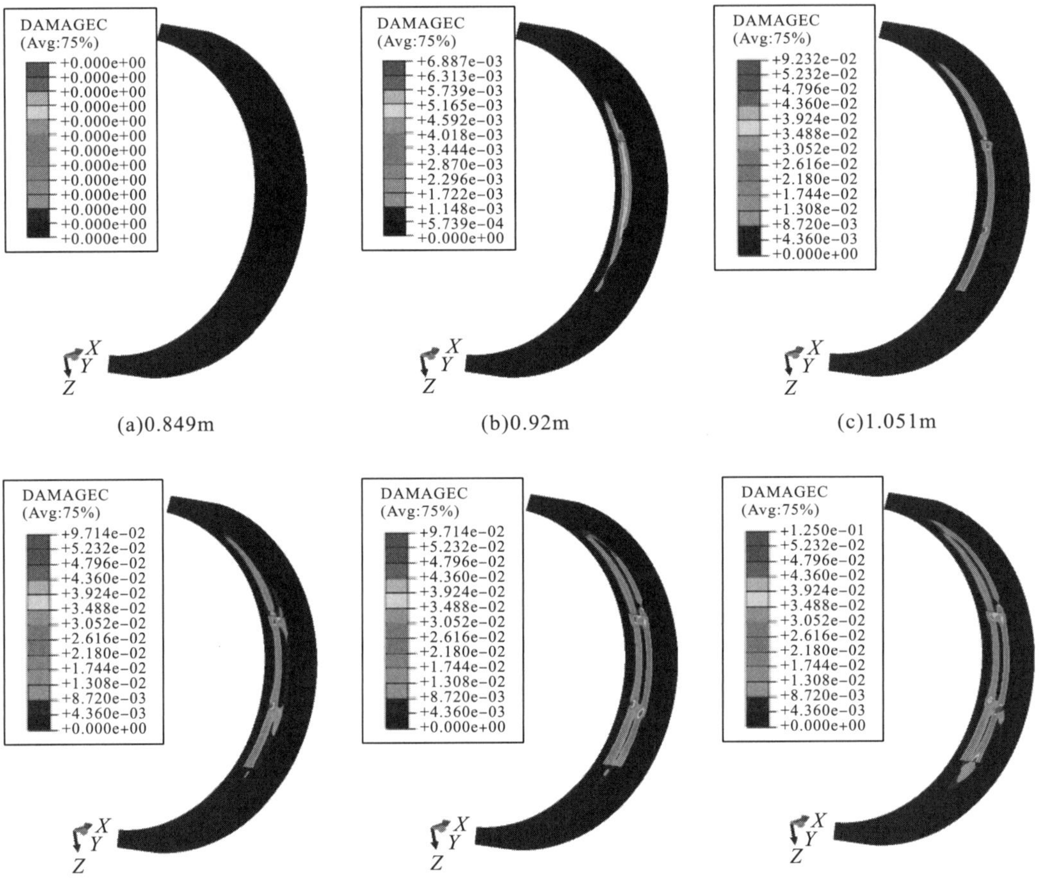

(a)0.849m (b)0.92m (c)1.051m

(d)1.279m (e)1.35m (f)1.5m

图 3-41 R2 环管片压缩损伤随盾壳移动发展过程

图 3-43(彩图见附录)为盾壳移动不同距离时管片压缩损伤沿幅宽分布，提取部位为 B1 管片中部内表面。由图可知，管片内表面压缩损伤沿幅宽的分布随着盾壳移动而不断变化，当盾壳移动 0.92m 时，在沿幅宽方向 0.2～0.7m 范围内出现压缩损伤，压缩损伤沿幅宽方向呈现先升高后降低的变化趋势，损伤峰值为 0.005，出现在 0.4m 处；盾壳移动 0.976m 时，损伤分布范围扩大到 0.2～0.8m，损伤峰值增大到 0.0096，峰值出现位置向前移动到 0.5m 处；当盾壳移动 1.129m 时，压缩损伤在 0.5m 处陡增，又降低为 0；随着盾壳移动，压缩损伤逐渐在前方出现，并出现第二峰值；当盾壳移动 1.35m 时，在 0.9m 处压缩损伤陡增到 0.021，之后随着盾壳移动，压缩损伤基本保持不变。

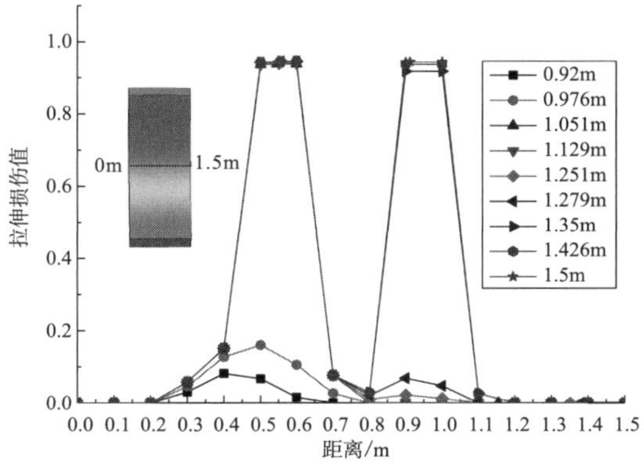

图 3-42 盾壳移动不同距离时管片拉伸损伤沿幅宽分布

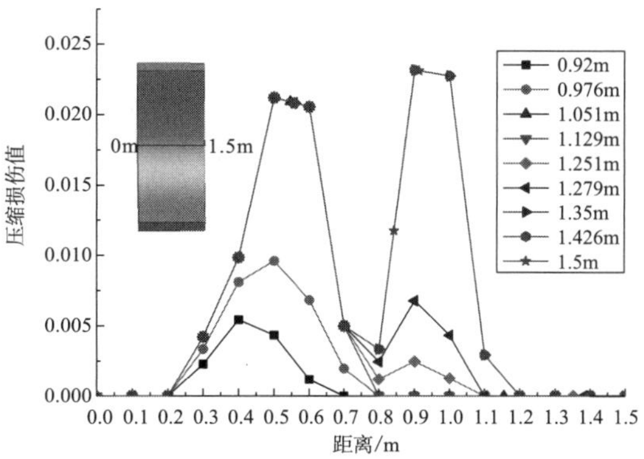

图 3-43 盾壳移动不同距离时管片压缩损伤沿幅宽分布

图 3-44 为盾壳移动不同距离时管片拉伸损伤单元体积。由图可知，随着盾壳移动，出现拉伸损伤的单元体积不断增大，近似为线性变化，移动距离每增加 0.05m，拉伸损伤单元体积便增大约 0.176m^3，当盾壳移动结束时，拉伸损伤单元总体积为 2.49m^3；管片出现拉伸损伤的单元拉伸损伤值大多在 0～0.3 范围内，其在盾壳不同移动距离时占总损伤单元体积的比例为 79.53%～100%；盾壳移动 1.05m 时，出现拉伸损伤值在 0.3 以上的单元，之后，在盾壳移动不同距离时，拉伸损伤值在 0.3～0.6 的单元体积占总损伤单元体积的比例为 5.17%～7.49%，拉伸损伤值在 0.6～1.0 的单元体积占总损伤单元体积的比例为 8.10%～12.98%，说明大多数损伤单元的拉伸损伤较为轻微，较为严重的损伤只发生在少数单元。

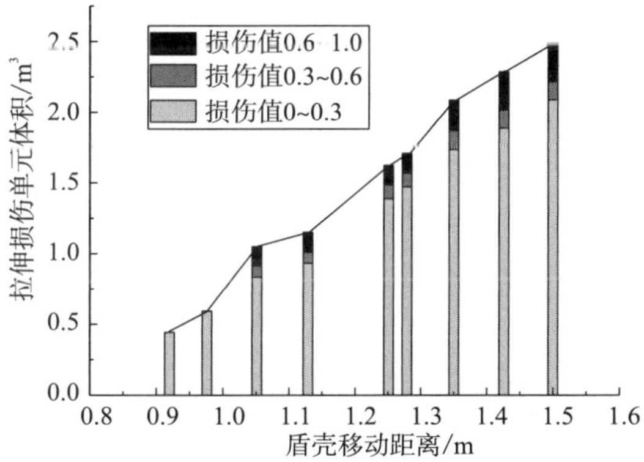

图 3-44 盾壳移动不同距离时管片拉伸损伤单元体积

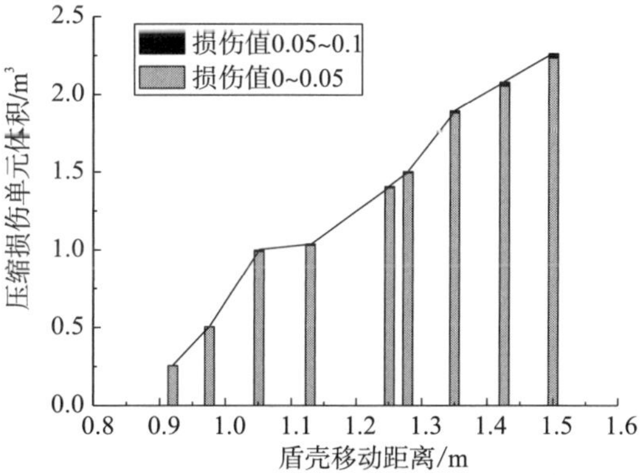

图 3-45 盾壳移动不同距离时管片压缩损伤单元体积

图 3-45 为盾壳移动不同距离时管片压缩损伤单元体积。由图可知，随着盾壳移动，出现压缩损伤的单元体积不断增大，移动距离每增加 0.05m，损伤单元体积便增大约 0.173m^3，当盾壳移动结束时，压缩损伤单元总体积为 2.26m^3；出现压缩损伤的单元损伤值大多在 0～0.05 范围内，其在盾壳不同移动距离时占总损伤单元体积的比例为 98.81%～

100%，盾壳移动 1.05m 时，出现压缩损伤值在 0.05 以上的单元，压缩损伤值在 0.05 以上的单元体积占总损伤单元体积的比例为 0.79%～1.19%；对比图 3-44 可以发现，虽然压缩损伤单元体积与拉伸损伤单元体积相差不大，但压缩损伤值绝大多数在 0.05 以下，即相比拉伸损伤，压缩损伤较为轻微。

3.5 不同挤压程度下管片衬砌力学行为

盾构机在调整姿态过程中，往往需要对盾构机轴线与隧道轴线之间的偏离角度进行控制。一般来说，角度调整越大，则盾尾对管片的挤压越严重，从而加重错台和损伤。而目前大多对于偏离角度的研究是基于经验分析，尚缺乏对不同偏离角度下管片衬砌力学行为的量化研究，因而本节选取盾构推进一环偏离隧道轴线 0.8°、1.0°、1.2°三种工况，分析管片的受力变形以及损伤特点，以期为盾构施工中选择合适的姿态调整参数提供参考。

3.5.1 盾尾刷接触压力

图 3-46 为分析步 3 盾壳移动结束时不同偏离角度下尾刷接触压力。由图可知，不同偏离角度下盾壳移动结束时尾刷与管片外壁的接触压力分布规律相似，第一、二道尾刷左

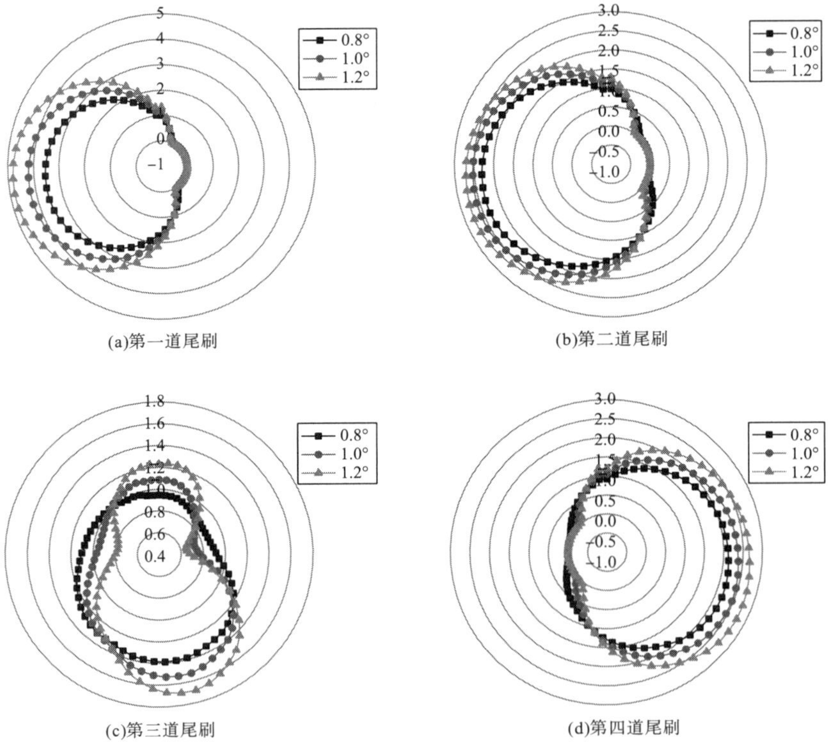

图 3-46　盾壳移动结束时不同偏离角度下尾刷接触压力(MPa)

侧接触压力大于右侧，第四道尾刷右侧接触压力大于左侧，接触压力最大值出现在拱腰部位，第三道尾刷拱底接触压力大于拱顶和拱腰，最大接触压力出现在拱底部位；对于第一、二、四道尾刷，随着偏离角度增大，接触区域的接触压力随之增大，如当偏离角度从 0.8°增大到 1.2°时，第一道尾刷的拱腰部位最大接触压力从 3.56MPa 增大到 4.82MPa，对于第三道尾刷，随着偏离角度的增大，拱顶和拱底部位的接触压力增大，左右拱腰部位的接触压力减小，当偏离角度从 0.8°增大到 1.2°时，拱顶、拱底部位的最大接触压力均增大了 0.28MPa。

图 3-47 为分析步 4 顶推力撤去后不同偏离角度下尾刷接触压力。由图可知，不同偏离角度下尾刷与管片外壁的接触压力分布规律相似，即第一、二、三道尾刷左侧接触压力较盾壳移动结束时减小，而尾刷右侧的接触压力略有增大；第四道尾刷右侧的接触压力较盾壳移动结束时增大，左侧接触压力略有减小。随着偏离角度增大，第一、二、四道尾刷接触区域的接触压力随之增大，第三道尾刷除左侧拱腰处接触压力随之减小外，其余部位接触压力随之增大。

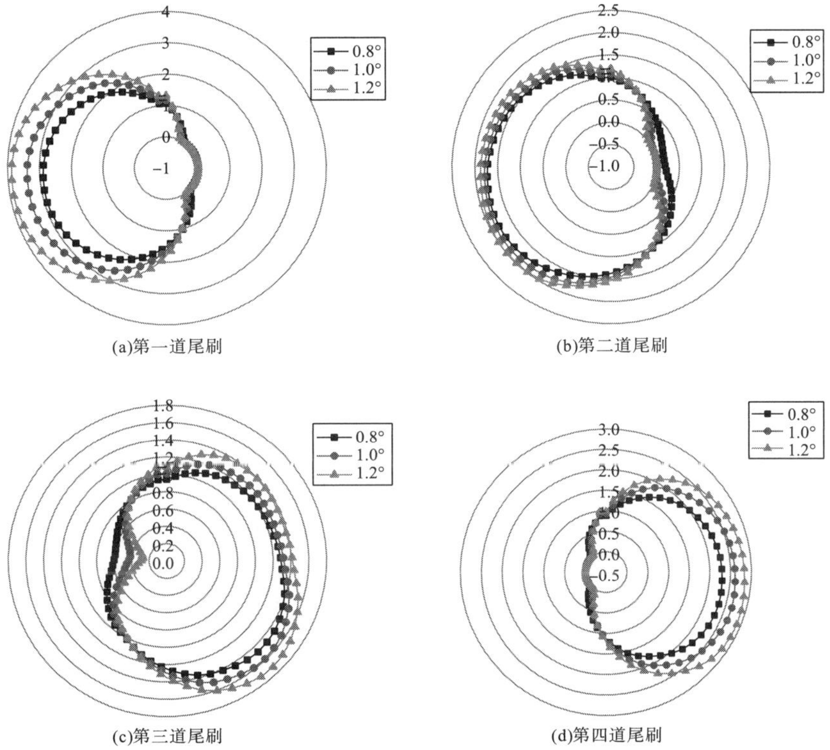

图 3-47　顶推力撤去后不同偏离角度下尾刷接触压力(MPa)

3.5.2　衬砌结构变形特征

图 3-48(彩图见附录)为不同偏离角度下分析步 4 顶推力撤去后管片位移云图。由图 3-48(a)～(c)可知，随着盾壳偏离隧道轴线角度的增大，顶推力撤去后已脱壳管片的竖向

位移略有增大，如偏离角度由 0.8°增大到 1.2°时，拱顶最大下沉由 2.96mm 增大到 3.03mm，拱底最大隆起由 2.07mm 增大到 2.08mm，说明偏离角度的增大对管片竖向变形的影响较微弱。由图 3-48(d)～(f)可知，随着盾壳偏离隧道轴线角度的增大，后部已脱壳管片的水平位移变化不大，而内部尚未脱壳的管片水平位移显著增大，偏离角度由 0.8°增大到 1.2°时，未脱壳管片的最大水平位移由 7.56mm 增大到 12.87mm，提高了 70.24%。

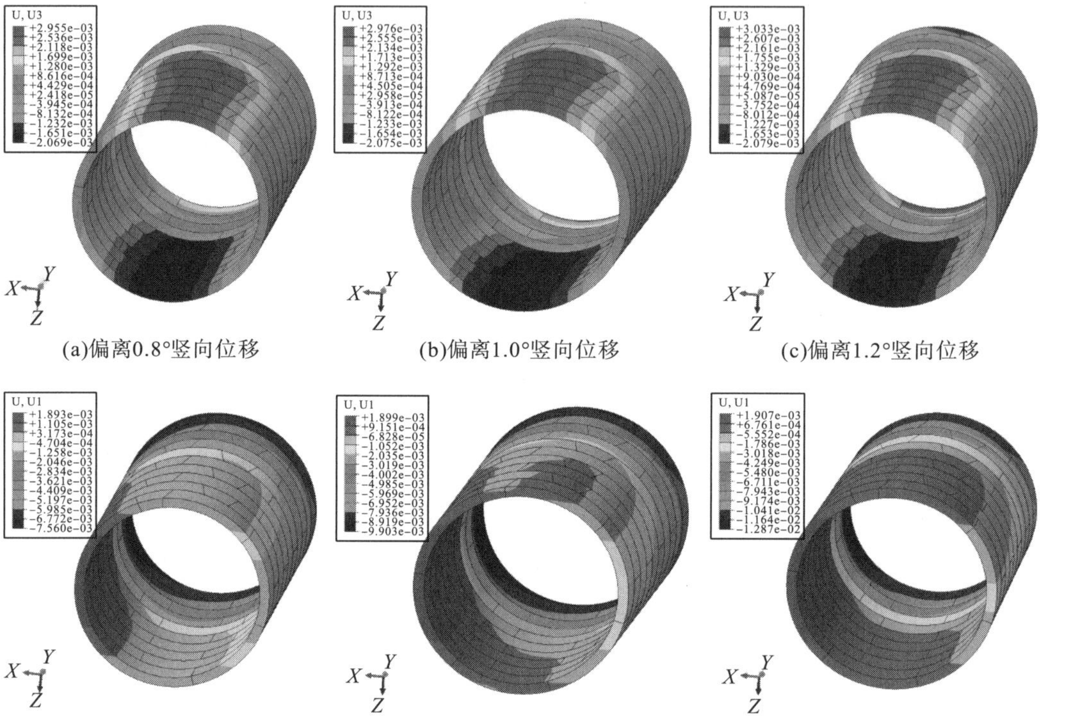

(a)偏离0.8°竖向位移 (b)偏离1.0°竖向位移 (c)偏离1.2°竖向位移

(d)偏离0.8°水平位移 (e)偏离1.0°水平位移 (f)偏离1.2°水平位移

图 3-48 不同偏离角度下顶推力撤去后管片位移云图

图 3-49 为不同偏离角度下顶推力撤去后管片变形。从图中可以看出，不同偏离角度下管片的错台变形形态相似，均由于盾尾的挤压作用，在环缝和纵缝处出现不同程度的错台现象，主要为受挤压部位的管片向右偏离，且偏离程度越大，变形和错台量越大。

图 3-50 为不同偏离角度下不同管片环最大错台量对比。从图中可以看出，不同管片环的错台量随着偏离角度的改变而变化。由图 3-50(a)可知，不同管片环的纵缝错台量随着偏离角度的增大而增大，其中 R1 环变化幅度最大，R4 环变化幅度最小，当偏离角度由 0.8°增大到 1.2°时，R1 环纵缝最大错台量由 0.46cm 增大到 0.89cm，增大了 93.48%。由图 3-50(b)可知，随着偏离角度的增大，R1 环与 R2 环之间环缝的最大错台量逐渐减小，其余环与环之间的接缝最大错台量随着偏离角度的增大而增大；偏离角度为 0.8°和 1.2°时，管片环缝错台的最大值出现在 R2 与 R3 环接缝处，偏离角度为 1.0°时，则出现在 R4 与 R5 环接缝处。

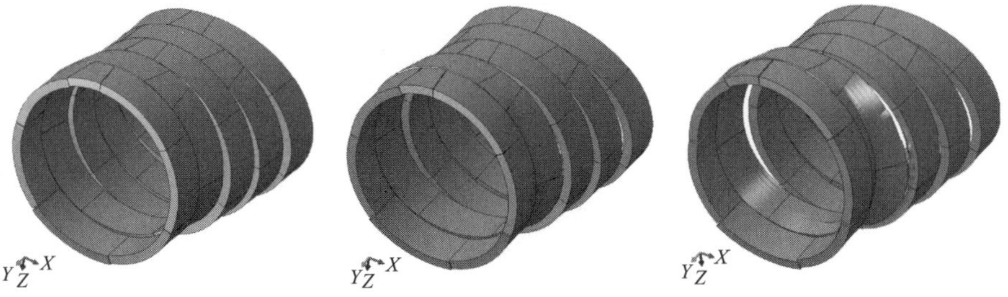

(a)偏离0.8°　　(b)偏离1.0°　　(c)偏离1.2°

图 3-49　不同偏离角度下顶推力撤去后管片变形(放大系数:200)

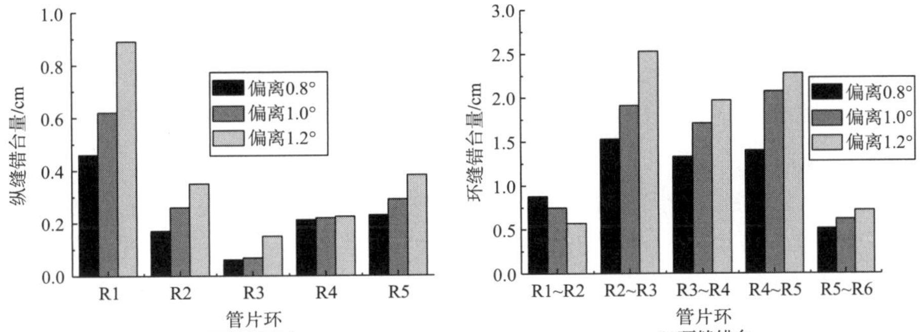

(a)纵缝错台　　(b)环缝错台

图 3-50　不同偏离角度下不同管片环最大错台量对比

3.5.3　衬砌结构受力特征

选取 R2～3 环管片，分析其在不同偏离角度下的受力特性。图 3-51(彩图见附录)为不同偏离角度下顶推力撤去后管片最大主应力云图。从图中可以看出，随着偏离角度的增大，顶推力撤去后管片最大主应力的分布不同。当偏离角度从 0.8°增大到 1.0°时，最大主应力的最大值从 2.70MPa 增大到 2.78MPa；由于管片损伤导致的卸载和应力重分布，当偏离角度增大到 1.2°时，最大主应力的最大值减小到 2.66MPa，同时出现位置由 R2 环右拱肩环向接缝处转移到右拱脚环向接缝处，再到 R2 环右拱脚纵向接缝处。

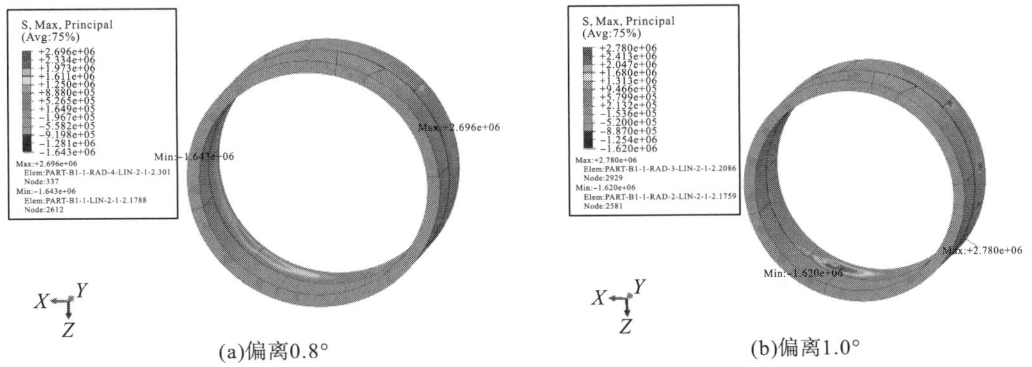

(a)偏离0.8°　　(b)偏离1.0°

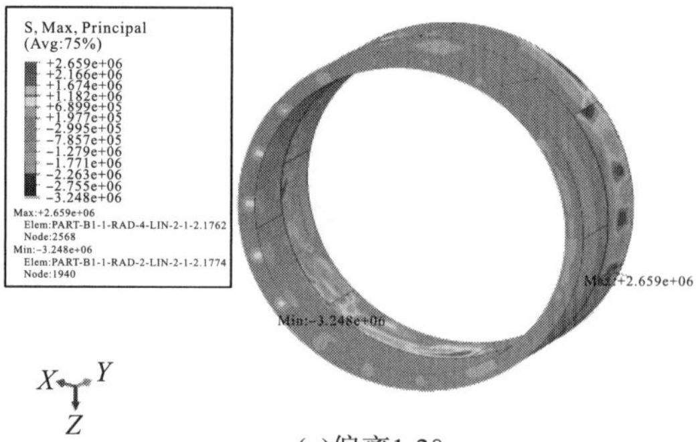

(c)偏离1.2°

图 3-51　不同偏离角度下顶推力撤去后管片最大主应力云图

图 3-52(彩图见附录)为不同偏离角度下顶推力撤去后管片最小主应力云图。从图中可以看出，不同偏离角度下，顶推力撤去后管片最小主应力的分布规律有所不同。最小主应力的最小值随着偏离角度的增大而逐渐减小，当偏离角度从 1.0°增大到 1.2°时，最小主应力的最小值由-13.91MPa 减小到-15.58MPa；偏离 0.8°～1.0°时，最小主应力的最小值出现在右拱腰外表面 R2 与 R3 环接缝处，偏离 1.2°时，最小主应力的最小值出现在隧道左拱腰外表面受盾尾刷挤压部位；最小主应力的最大值随着偏离角度的增大而增大。

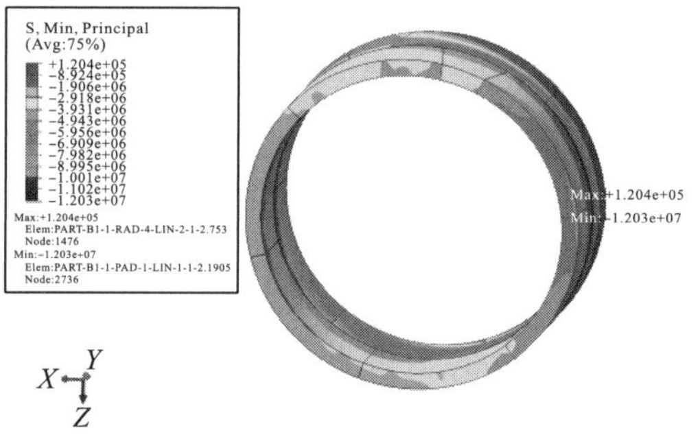

(a)偏离0.8°

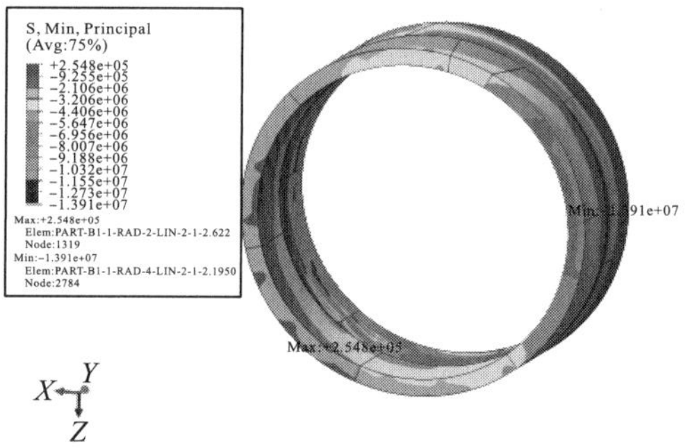

(b)偏离1.0°

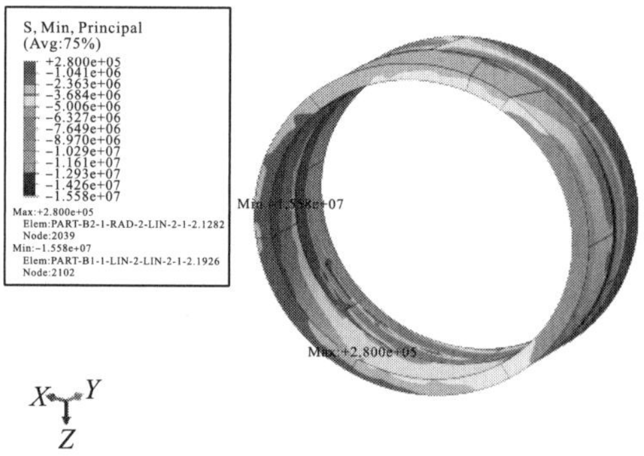

(c)偏离1.2°

图 3-52　不同偏离角度下顶推力撤去后管片最小主应力云图

由 3.4.6 节分析可知，螺栓受力在分析步 3 中随盾壳移动距离而变化，在分析步 4 中随千斤顶力的减小而变化。为探究螺栓受力与偏离角度的关系，以 R2、R3 环中的环向螺栓以及连接 R2～3、R3～4 环的纵向螺栓为研究对象，提取不同分析步下环向、纵向螺栓中出现的最大受力值进行分析。图 3-53 为不同偏离角度下环向螺栓剪力最大值。由图可知，在分析步 3、4 中，R2、R3 环中环向螺栓出现的最大剪力随偏离角度的增大而增大，分析步 3 中，R2、R3 中环向螺栓的最大剪力值随偏离角度的变化规律相似，偏离角度从 0.8°依次增大到 1.0°、1.2°时，环向螺栓的最大剪力值分别增大了约 18%、30%，增速逐渐加大；在分析步 4 中，R2 中环向螺栓的最大剪力值随偏离角度的增大速度远大于 R3 中环向螺栓。

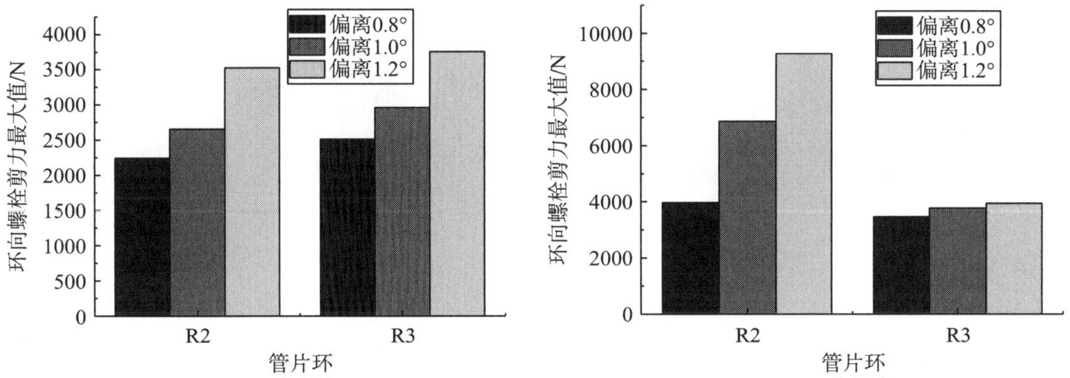

(a)分析步3　(b)分析步4

图 3-53　不同偏离角度下环向螺栓剪力最大值

图 3-54 为不同偏离角度下环向螺栓拉力最大值。由图可知，在分析步 3 中，随着偏离角度的增大，R2、R3 中环向螺栓的最大拉力值保持不变，R2 中环向螺栓的最大拉力值均为 13200N，R3 中环向螺栓的最大拉力值均为 0；在分析步 4 中，R2 中环向螺栓的最大拉力值随偏离角度的增大而增大，R3 中环向螺栓的最大拉力仍保持为 0。

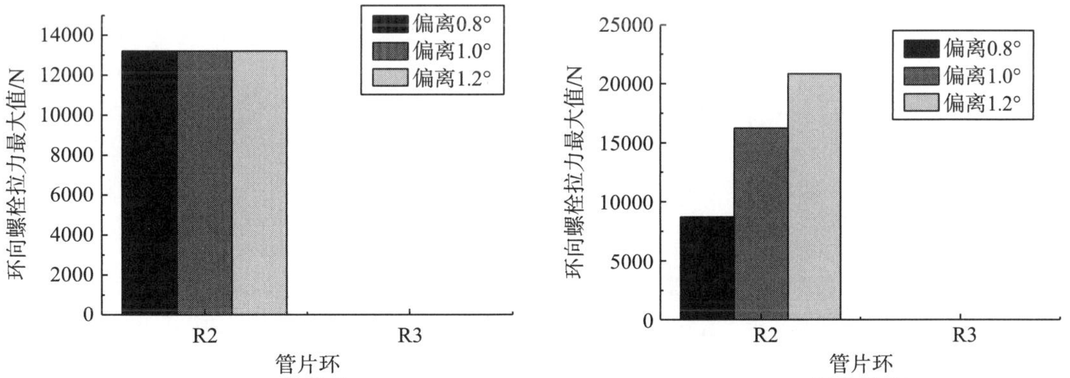

(a)分析步3　(b)分析步4

图 3-54　不同偏离角度下环向螺栓拉力最大值

图 3-55 为不同偏离角度下纵向螺栓剪力最大值。由图可知，在分析步 3 盾壳移动过程中以及分析步 4 千斤顶力减小过程中，连接 R2 与 R3 环、R3 与 R4 环的纵向螺栓中出现的最大剪力值随着偏离角度的增大而增大，且连接 R2 与 R3 环的纵向螺栓中出现的最大剪力值随偏离角度增大而增大的速度大于连接 R3 与 R4 环的纵向螺栓。如在分析步 3 中，当偏离角度从 0.8°增大到 1.2°时，连接 R2 与 R3 环的纵向螺栓剪力最大值从 16878N 增大到 41683N，增幅为 24805N；连接 R3 与 R4 环的纵向螺栓剪力最大值从 15297N 增大到 22288N，增幅为 6991N。

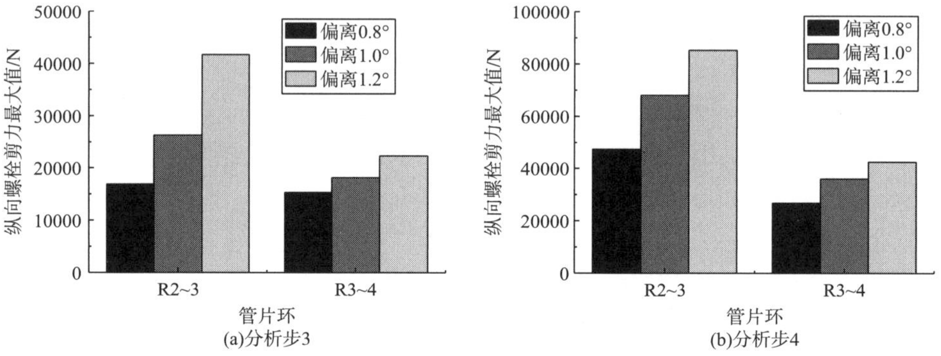

图 3-55 不同偏离角度下纵向螺栓剪力最大值

图 3-56 为不同偏离角度下纵向螺栓拉力最大值。由图 3-56(a)可知，当偏离角度从 0.8°增大到 1.0°时，分析步 3 盾壳移动过程中纵向螺栓出现的最大拉力值几乎无变化，而当偏离角度从 1.0°增大到 1.2°时，连接 R2 与 R3 环的纵向螺栓中出现的最大拉力值发生陡增，增幅为 4478N，连接 R3 与 R4 环的纵向螺栓中出现的最大拉力值则保持不变。由图 3-56(b)可知，随着偏离角度的增大，分析步 4 千斤顶力减小过程中纵向螺栓的拉力最大值随着偏离角度的增大而增大，且连接 R2 与 R3 环的纵向螺栓中出现的最大拉力值随偏离角度增大而增大的速度大于连接 R3 与 R4 环的纵向螺栓。综合以上分析可知，R2 环中的环向螺栓受偏离角度的影响大于 R3 中的环向螺栓，连接 R2 与 R3 环的纵向螺栓受偏离角度的影响大于连接 R3 与 R4 环的纵向螺栓。

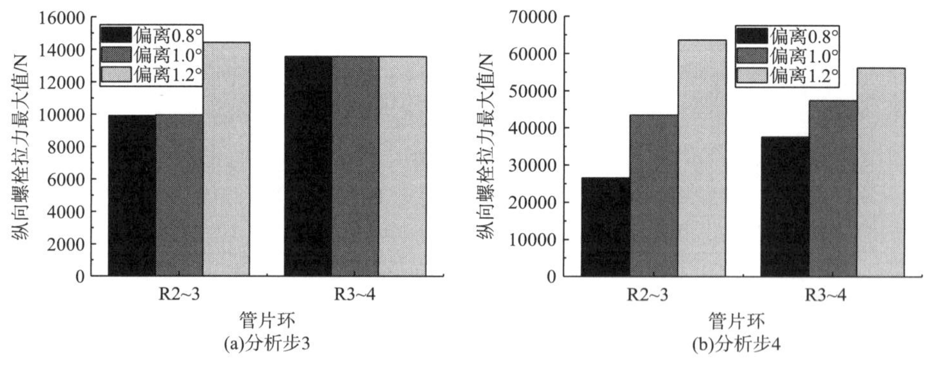

图 3-56 不同偏离角度下纵向螺栓拉力最大值

3.5.4　衬砌结构损伤特性

本节分析在不同偏离角度下衬砌结构的损伤特性。在3.4.7节分析中可以发现，R2环由盾尾挤压所造成的损伤最为严重，因而以R2环为主要研究对象。图3-57(彩图见附录)为不同偏离角度下盾壳移动一环后管片拉伸损伤云图。从图中可以发现，不同偏离角度下管片发生损伤的主要区域均为隧道左侧拱腰，管片拉伸损伤随着偏移角度的增大而增大。偏移0.8°时，管片损伤发生在B1块和L1块，且损伤较为轻微，最大拉伸损伤值为0.244，未形成损伤十分严重的条带区域；管片偏移1.0°时，衬砌上已形成两条严重损伤的条带区域，最大拉伸损伤达到0.952；管片偏移1.2°时，严重损伤条带进一步延伸，最大拉伸损伤增大到0.973。

(a)偏离0.8°　(b)偏离1.0°　(c)偏离1.2°

图3-57　不同偏离角度下盾壳移动一环后管片拉伸损伤

图3-58(彩图见附录)为不同偏离角度下顶推力撤去后管片拉伸损伤云图。从图中可以发现，不同偏离角度下顶推力撤去后管片损伤均有所扩大，随着偏离角度的增大，在顶推力撤去后管片上出现的最大拉伸损伤值随之增大；偏离0.8°时，管片左拱腰内表面主要损伤区域较盾壳移动结束后并无十分明显的发展，但在R2环右侧B4管片块与R1环B4、L2三管片的拼装缝交界处出现新的严重损伤；偏离1.0°时，千斤顶力减小后，左侧内表

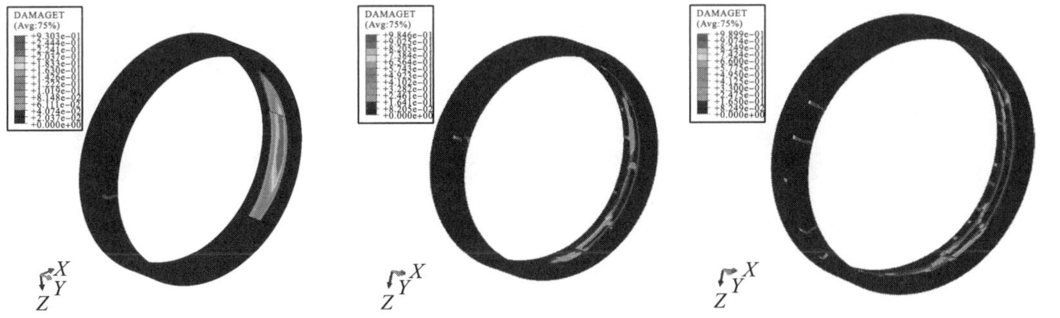

(a)偏离0.8°　(b)偏离1.0°　(c)偏离1.2°

图3-58　不同偏离角度下顶推力撤去后管片拉伸损伤

面损伤向拱顶和拱底出现一定延伸，并在纵向螺栓以及纵、环缝交界处出现新的损伤；偏离 1.2°时，管片左侧内表面的损伤区域已布满管片左侧自拱顶到拱底的所有区域，并在纵向螺栓以及纵、环缝交界处出现多处损伤。

图 3-59(彩图见附录)为不同偏离角度下盾壳移动一环后管片压缩损伤云图。从图中可以发现，不同偏离角度下盾壳移动一环后管片压缩损伤出现区域与拉伸损伤区域类似，均在管片左侧拱腰，随着偏离角度增大，管片压缩损伤不断加大。偏离 0.8°时，管片损伤发生在 B1 块和 L1 块，且损伤较为轻微，最大压缩损伤值为 0.02；盾壳偏离 1.0°时，最大压缩损伤达到 0.13；盾壳偏离 1.2°时，最大压缩损伤增大到 0.19。

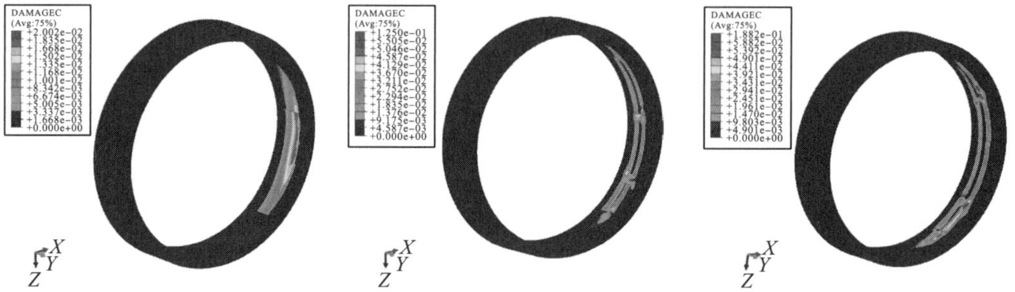

(a)偏离0.8°　(b)偏离1.0°　(c)偏离1.2°

图 3-59　不同偏离角度下盾壳移动一环后管片压缩损伤

图 3-60(彩图见附录)为不同偏离角度下顶推力撤去后管片压缩损伤云图。对比图 3-59 可以发现，当偏离角度为 0.8°时，顶推力撤去后管片压缩损伤并未有明显变化，而当偏离角度为 1.0°、1.2°时，顶推力撤去后管片压缩损伤均有所扩大，且随着偏离角度的增大，在顶推力撤去后管片上出现的最大压缩损伤值随之增大。综合以上分析可以发现，顶推力撤去时，对于偏离角度为 1.0°、1.2°的工况，压缩和拉伸损伤均会有进一步的发展，而对于偏离角度 0.8°的工况，压缩和拉伸损伤未产生明显发展。

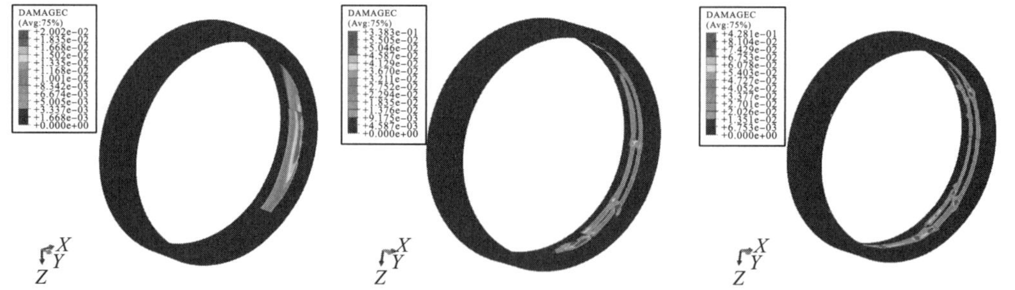

(a)偏离0.8°　(b)偏离1.0°　(c)偏离1.2°

图 3-60　不同偏离角度下顶推力撤去后管片压缩损伤

图 3-61 为不同偏离角度下管片拉伸损伤单元体积，由图可知，随着偏离角度的增大，不同分析步结束时产生拉伸损伤的单元体积呈线性增大。偏离角度每增大 0.2°，在分析步

3 盾壳移动结束时拉伸损伤单元体积便增大 1.38m^3，分析步 4 顶推力撤去时拉伸损伤单元体积便增大 2.08m^3。对比不同偏离角度下，损伤值处于不同范围的单元体积可以发现，损伤值处于 0～0.3、0.6～1.0 范围的单元体积随偏离角度的增大而增大较多，而除偏离 0.8°情况外，损伤值处于 0.3～0.6 范围的单元体积受偏离角度增大的影响不甚明显，且拉伸损伤处于 0.6～1.0 范围的单元体积占总拉伸损伤单元的比例随偏离角度增大而有所提高，如偏离角度由 1.0°增大到 1.2°时，分析步 3 结束时拉伸损伤处于 0.6～1.0 范围的单元体积占比从 10.93%增大到 12.92%，分析步 4 结束时从 14.73%增大到 17.76%。

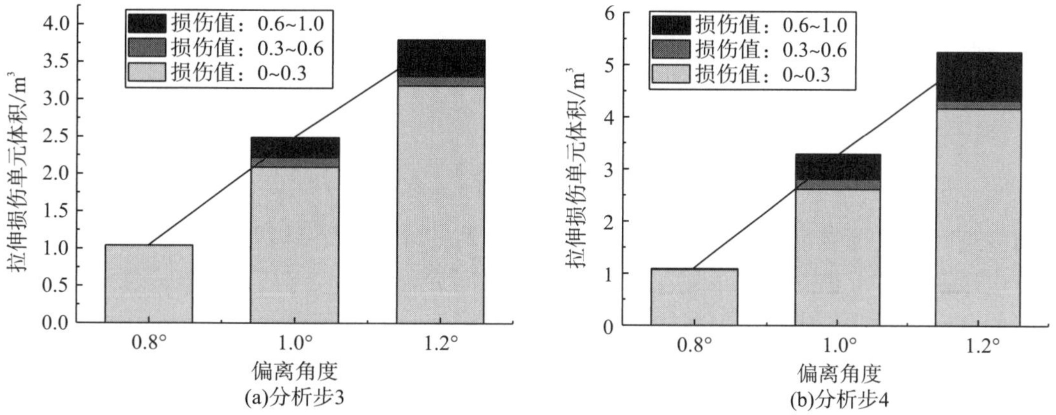

图 3-61　不同偏离角度下管片拉伸损伤单元体积

图 3-62 为不同偏离角度下管片压缩损伤单元体积。由图可知，随着偏离角度的增大，不同分析步结束时产生压缩损伤的单元体积呈线性增大。偏离角度每增大 0.2°，在分析步 3 盾壳移动结束时压缩损伤单元体积便增大 1.44m^3，分析步 4 顶推力撤去时压缩损伤单元体积便增大 2.46m^3。对比不同偏离角度下，损伤值处于不同范围的单元体积可以发现，不同偏离角度下，发生压缩损伤的单元损伤值大多在 0.05 以下，而压缩损伤在 0.05 以上的

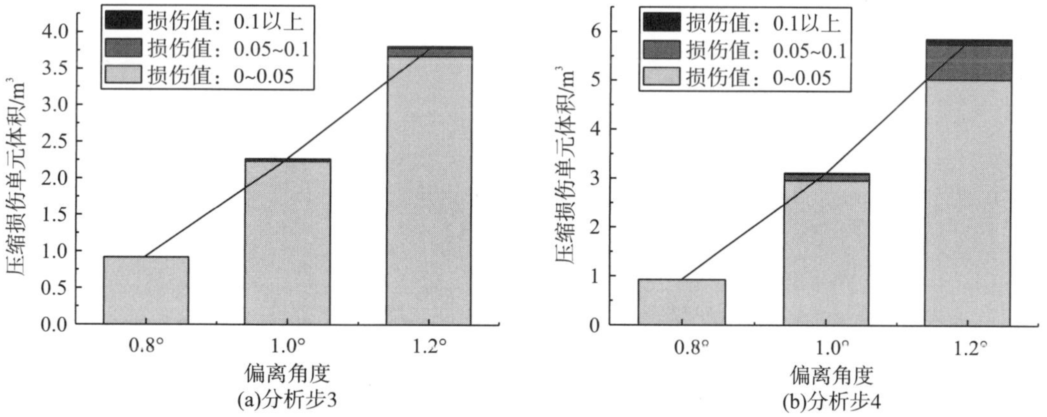

图 3-62　不同偏离角度下管片压缩损伤单元体积

单元体积占总压缩损伤单元的体积随着偏离角度的增大而逐渐提高，如偏离角度由 1.0°增大到 1.2°时，分析步 3 结束时压缩损伤的单元体积占比从 1.41%增大到 3.56%，分析步 4 结束时压缩损伤的单元体积占比从 4.89%增大到 14.22%。

3.6 不同挤压方向下管片衬砌力学行为

为研究盾壳不同偏离方向下衬砌的变形、受力以及损伤特性，通过设置盾壳分别向上、向下、向左、向右偏离 1.0°，分析管片的力学响应。

3.6.1 盾尾刷接触压力

图 3-63 为盾壳移动结束时不同偏离方向下尾刷接触压力，由图可知，当盾壳向不同方向偏离时，尾刷接触压力也随之变化。不同偏离方向下，尾刷中最大接触压力均出现在第一道尾刷。对于第一、二道尾刷，盾壳向上、向下、向左、向右偏离时，接触压力较大的部位分别为拱底、拱顶、右拱腰、左拱腰；当盾壳向上偏离时，接触压力最大值较向其他方向偏离时大，此时第一、二道尾刷接触压力最大值分别为 4.45MPa、2.72MPa；当盾壳向下偏离时，接触压力最大值较向其他偏离方向时小，此时第一、二道尾刷接触压力最大值分别为 3.95MPa、2.27MPa。

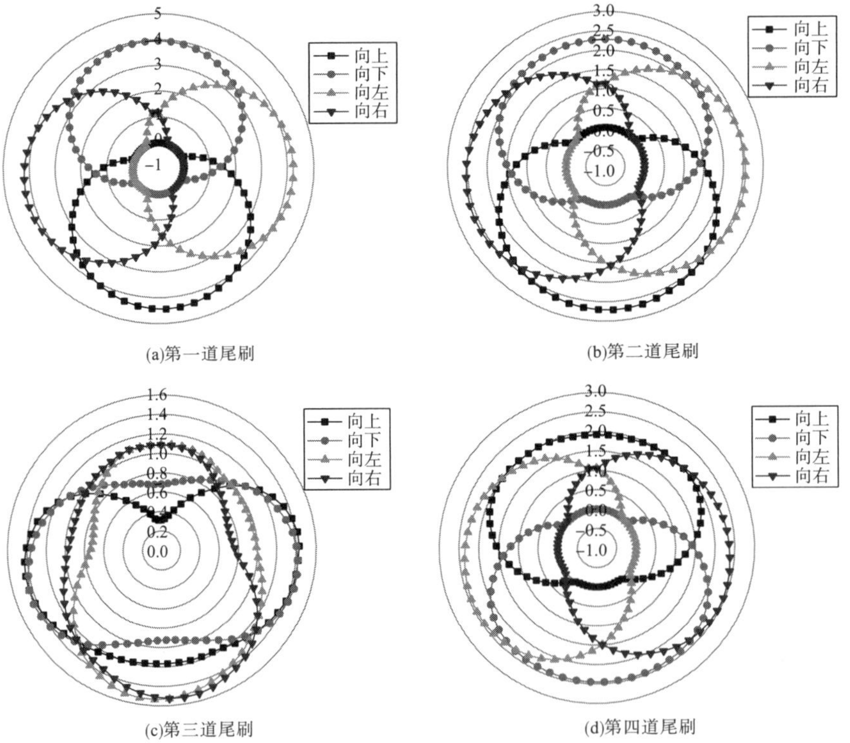

图 3-63 盾壳移动结束时不同偏离方向下尾刷接触压力（MPa）

对于第三道尾刷，当盾壳向上、向下偏离时，第三道尾刷接触压力左右基本对称分布，接触压力较大的部位为拱腰，较小的部位为拱顶；当盾壳向左、向右偏离时，第三道尾刷接触压力较大的部位均为拱底。对于第四道尾刷，盾壳向上、向下、向左、向右偏离时，接触压力最大的部位分别为拱顶、拱底、左拱腰、右拱腰；当盾壳向上偏离时，接触压力最大值较向其他偏离方向时小，此时第四道尾刷接触压力最大值为2.00MPa；而当盾壳向其他方向偏离时，接触压力最大值相差不大，均为2.5MPa左右。

图3-64为顶推力撤去时不同偏离方向下尾刷接触压力，对比图3-63可知，对于第一、二道尾刷，当顶推力撤去时，不同偏离方向下尾刷最大接触压力较盾壳移动结束时均有所减小，其分布规律则与盾壳移动结束时相同；对于第三道尾刷，当盾壳向下偏离时，尾刷最大接触压力较盾壳移动结束时增大，盾壳向上偏离时，尾刷最大接触压力较盾壳移动结束时减小，盾壳向左、向右偏离时，尾刷的最大接触压力较盾壳移动结束时变化不大；对于第四道尾刷，顶推力撤去时，不同偏离方向下尾刷的最大接触压力均有所增大。

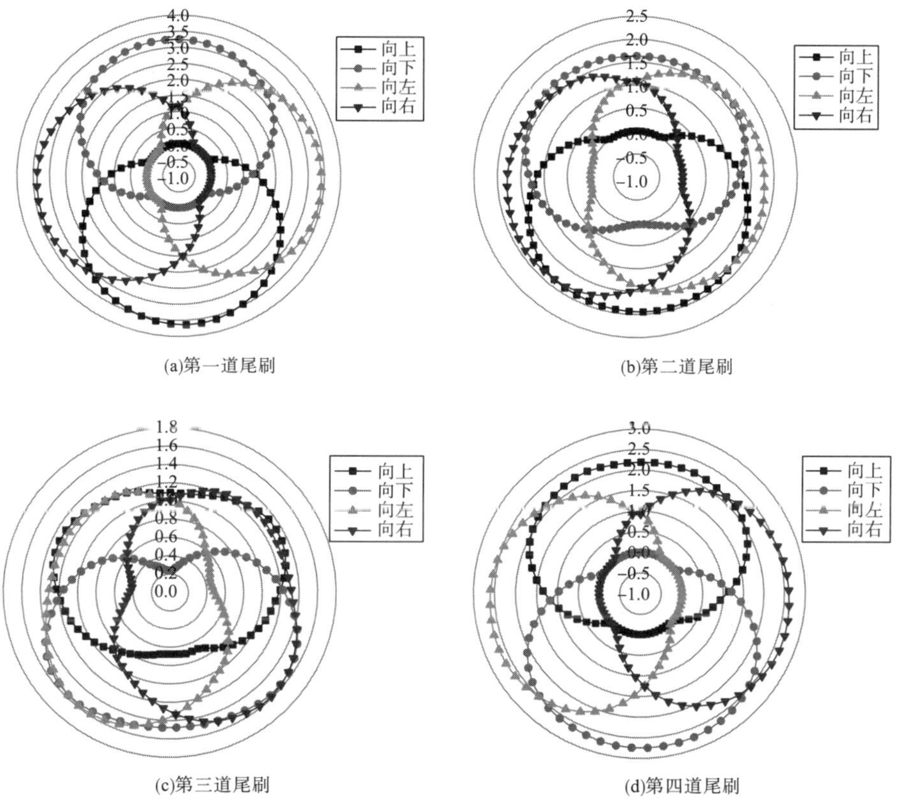

(a)第一道尾刷　(b)第二道尾刷

(c)第三道尾刷　(d)第四道尾刷

图3-64　顶推力撤去时不同偏离方向下尾刷接触压力

3.6.2　衬砌结构变形特征

图3-65(彩图见附录)为不同偏离方向下盾壳移动一环时管片竖向位移云图。由图可知，偏离方向不同，管片的位移也随之发生变化，当盾壳向上、下偏离时，R1、R2环管片产生

相同方向的竖向位移，后部管片竖向位移也受到连带影响；当盾壳向左、右方向偏离时，管片竖直方向位移大致相同；盾壳移动一环后，其向下偏离时，管片的拱顶下沉量最大，管片最大下沉量为 8.15mm；其向上偏离时，管片拱底隆起量最大，最大隆起量为 7.35mm。

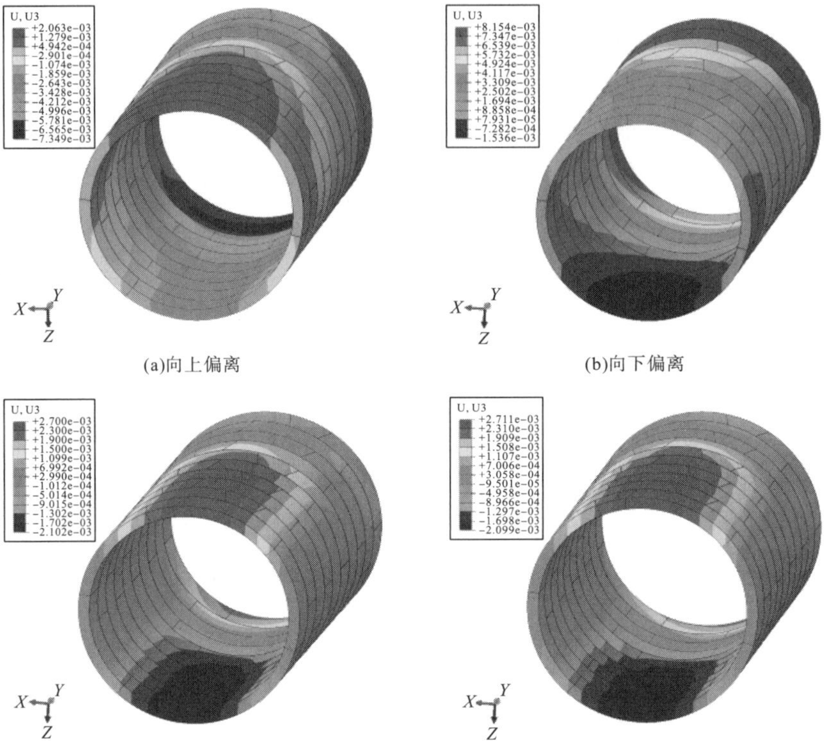

(a)向上偏离 (b)向下偏离

(c)向左偏离 (d)向右偏离

图 3-65 不同偏离方向下盾壳移动一环后管片竖向位移云图

图 3-66(彩图见附录)为不同偏离方向下盾壳移动一环时管片水平位移云图。由图可知，偏离方向不同，管片的位移也随之发生变化。当盾壳水平偏离时，R1、R2 环管片产生相同方向的水平位移，后部管片水平位移也受到连带影响；当盾壳竖向偏离时，管片水平方向位移大致相同。

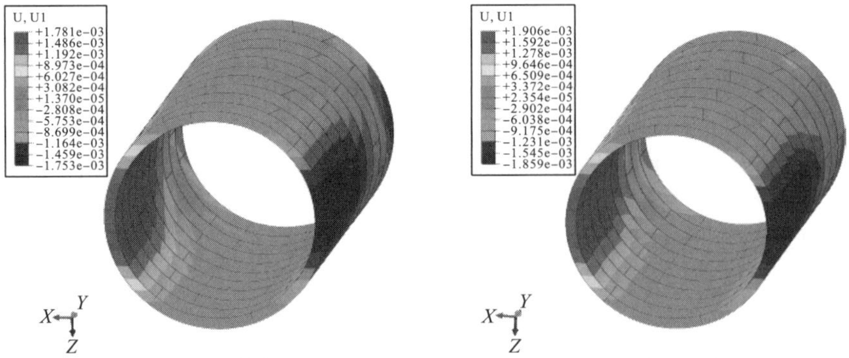

(a)向上偏离 (b)向下偏离

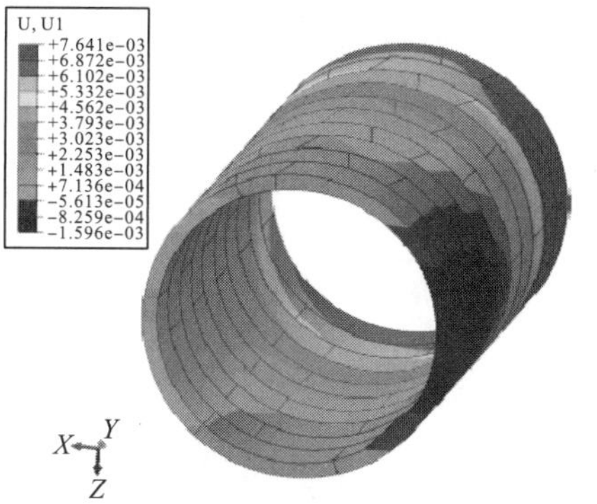

(c)向左偏离

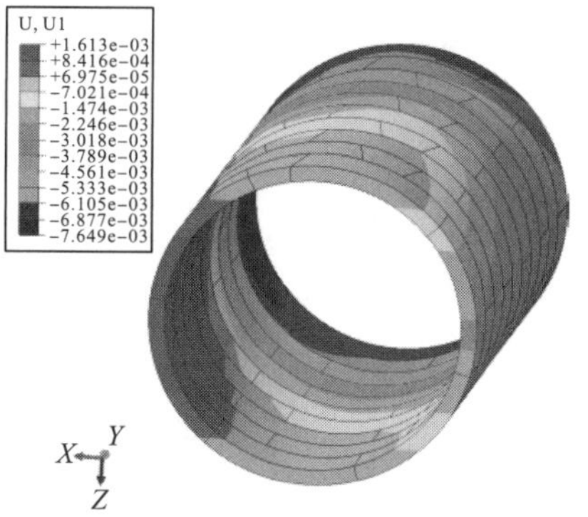

(d)向右偏离

图 3-66　不同偏离方向下盾壳移动一环后管片水平位移云图

图 3-67 为不同偏离方向下顶推力撤去后管片竖向位移云图。对比图 3-65 可知，不同偏离方向下，顶推力撤去后管片竖向位移进一步增大；盾壳在竖直方向偏离时，顶推力撤去后管片竖向位移变化幅度较水平偏离时大，盾壳向上偏离时，R1、R2 环管片的拱底最大隆起量达到 9.60mm，较盾壳移动结束时增大了 30.61%，向下偏离时，R1、R2 环拱顶的最大下沉量达到 10.37mm，较盾壳移动结束时增大了 27.24%；盾壳向下偏离时造成的管片最大竖向位移大于向上偏离时。

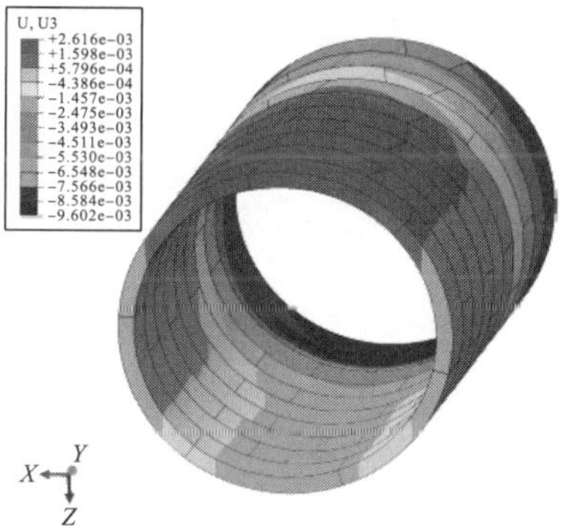

(a)向上偏离

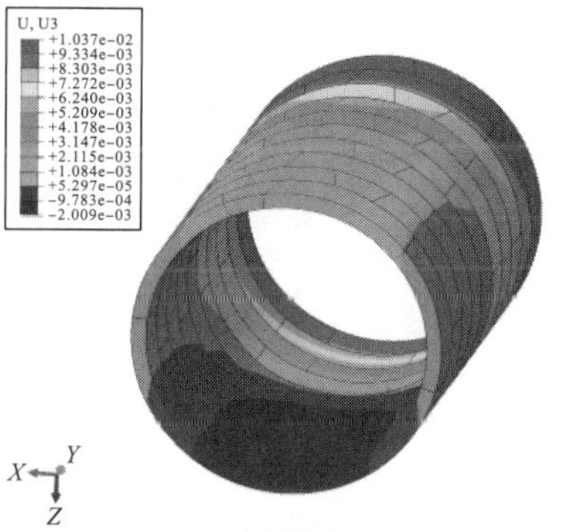

(b)向下偏离

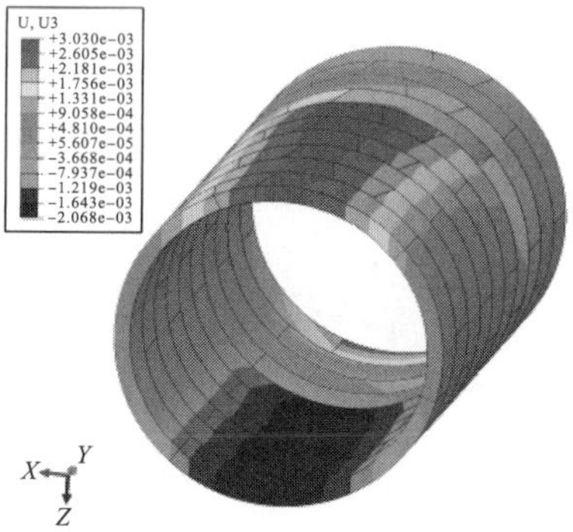

(c)向左偏离

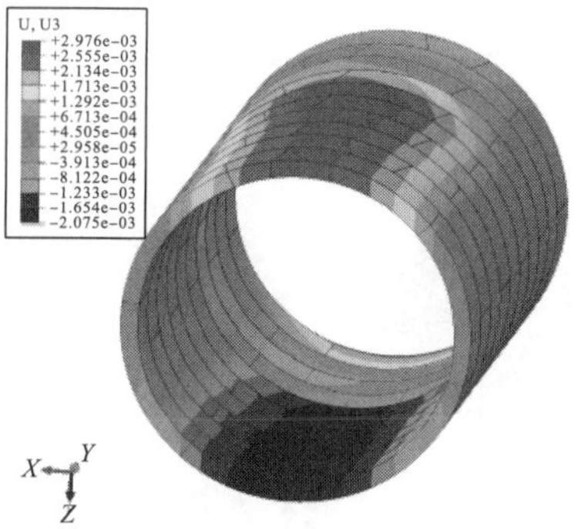

(d)向右偏离

图 3-67　不同偏离方向下顶推力撤去后管片竖向位移云图

图 3-68 为不同偏离角度下顶推力撤去后管片水平位移云图。对比图 3-66 可知，不同偏离方向下，顶推力撤去后管片水平位移进一步增大；盾壳产生水平方向偏离时，顶推力撤去后位移管片水平位移变化幅度较竖直偏离时大，盾壳向左、向右偏离时，管片最大水平位移分别达到 10.14mm、9.90mm，较盾壳移动结束时分别增大了 32.72%、29.45%；盾壳向左偏离时造成的管片最大水平位移大于向右偏离时。

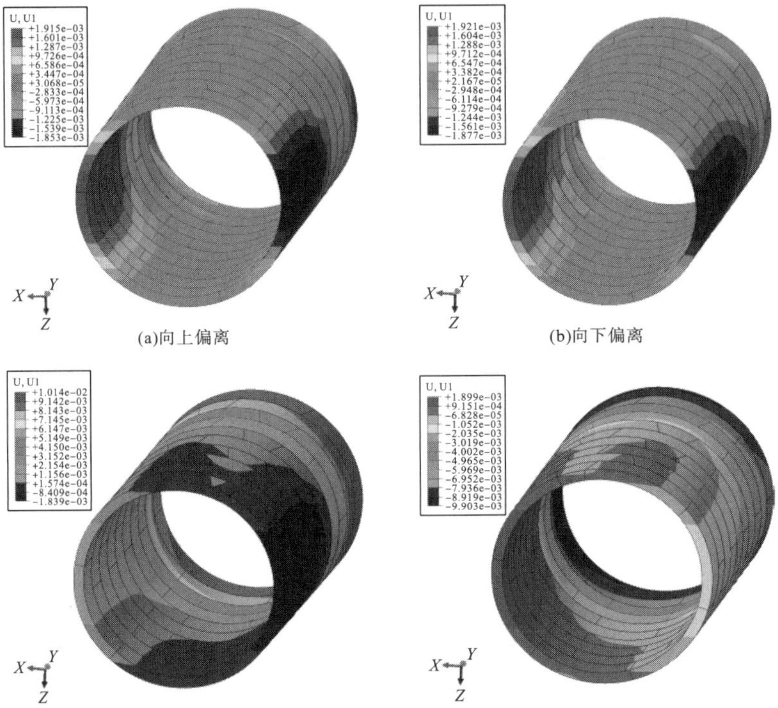

(a)向上偏离 (b)向下偏离

(c)向左偏离 (d)向右偏离

图 3-68 不同偏离方向下顶推力撤去后管片水平位移云图

图 3-69 为不同偏离方向下顶推力撤去后管片变形，从图中可以看出，不同偏离方向下管片的错台变形形态不同，但均由于盾尾的挤压作用，在环缝和纵缝处出现不同程度的错台现象；当盾壳产生竖直方向的偏离时，拱顶和拱底环缝处错台量较大，当盾壳产生水平方向的偏离时，在左右拱腰处错台较为明显。

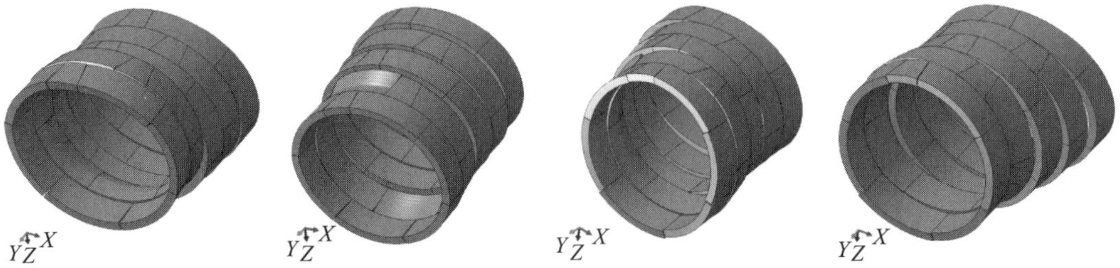

(a)向上偏离 (b)向下偏离 (c)向左偏离 (d)向右偏离

图 3-69 不同偏离方向下顶推力撤去后管片变形(放大系数:200)

表 3-9 为不同偏离方向下衬砌最大错台量与出现位置。由表可知，不同偏离方向下，衬砌结构的错台量和出现位置不同，且纵向接缝的错台量均小于环向接缝；当盾壳产生竖直方向偏离时，纵向接缝的最大错台量均出现在拱底位置，环向接缝的最大错台量均出现在拱顶位置；当盾壳产生水平方向偏离时，纵向接缝的最大错台量均出现在拱脚位置，环向接缝的最大错台量均出现在拱腰部位；当盾壳产生水平方向偏离时，其纵向接缝的最大错台量大于竖直方向偏离时，且向左与向右偏离造成的最大纵缝错台量基本相同；当盾壳产生向上偏离时，其造成的环向接缝错台量最大，最大值为 2.93cm；当盾壳产生向下偏离时，其造成的环向接缝最大错台量最小，为 1.76cm。

表 3-9 不同偏离方向下衬砌最大错台量与出现位置

偏离方向	纵向接缝		环向接缝	
	最大错台量/cm	出现位置	最大错台量/cm	出现位置
向上	0.52	R1 环拱底 B2 与 B3 接缝处(拱底)	2.93	R2 环 F、L2 块与 R3 环 L1 块交界(拱顶)
向下	0.48	R1 环拱底 B2 与 B3 接缝处(拱底)	1.76	R2 环 F、L1 块与 R3 环 L1 块交界(拱顶)
向左	0.62	R1 环 B3～B4 块交界(右拱脚)	2.06	R4 环 B4 块与 R5 环 L2、B4 块交界(右拱腰)
向右	0.62	R1 环 B3～B4 块交界(右拱脚)	2.07	R4 环 L1、B1 块与 R5 环 B1 块交界(左拱腰)

3.6.3 衬砌结构受力特征

图 3-70 为不同偏离方向下顶推力撤去后管片最大主应力云图。从图中可以看出，偏离方向不同，顶推力撤去后管片最大主应力的分布不同。当盾壳向上、向下偏离时，最大主应力的最大值分别出现在拱顶 R2 与 R1 环缝处、R2 与 R3 环缝处，最大值分别为 2.735MPa、2.741MPa；当盾壳向左、向右偏离时，最大主应力的最大值分别出现在左右拱脚 R2 与 R1 环缝处，最大值分别为 2.744MPa、2.780MPa。

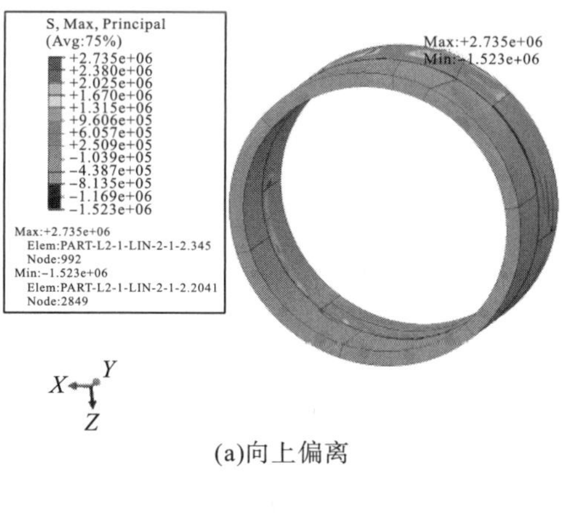

(a)向上偏离

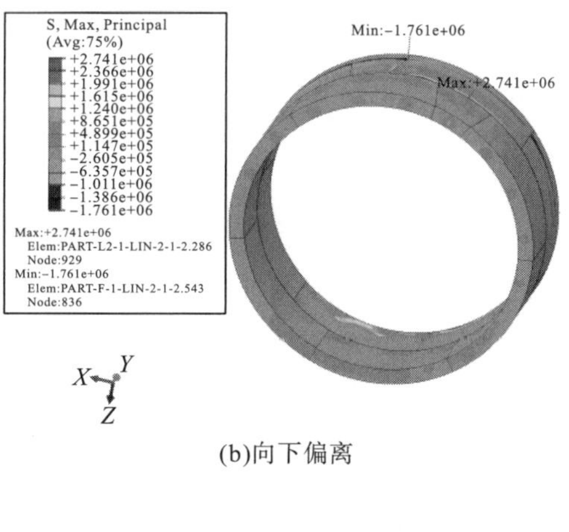

(b)向下偏离

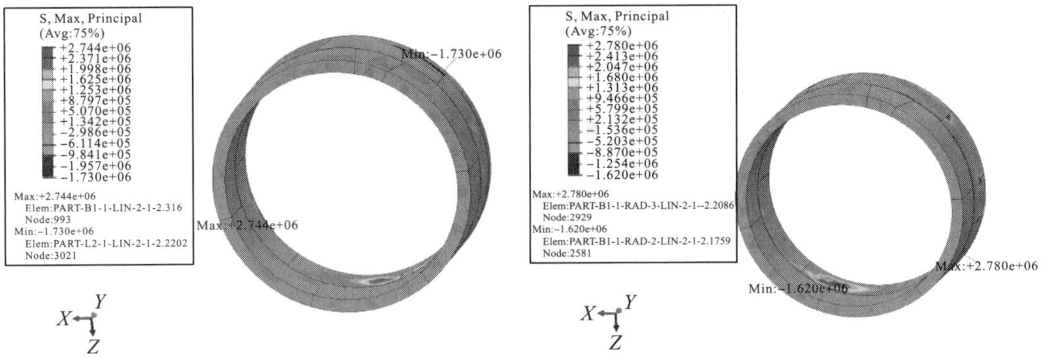

(c)向左偏离　　(d)向右偏离

图 3-70　不同偏离方向下顶推力撤去后管片最大主应力云图

由以上分析可知，螺栓受力在盾壳移动以及千斤顶力减小过程中均不断变化，以 R2、R3 环中的环向螺栓以及连接 R2、R3 环和 R3、R4 环的纵向螺栓为研究对象，研究不同偏离方向下纵、环向螺栓在整个分析过程中出现的最大受力值及其位置。表 3-10 统计了不同偏离方向下螺栓剪力最大值与出现位置，从表中可以看出，不同偏离方向下，螺栓中出现的最大剪力值及其出现位置均有所变化；同一偏离方向下，纵向螺栓中的最大剪力值远大于环向螺栓，是环向螺栓的 5 倍以上；当盾壳向上偏离时，纵向螺栓中出现的最大剪力值较其他偏离方向时大，最大剪力为 83366.68N，出现在 R2 与 R3 环缝左拱腰 2-3-14 处；当盾壳向左偏离时，环向螺栓中出现的最大剪力值较其他偏离方向时大，最大剪力为 7814.0N，出现在 R2 环 L2 块与 B4 块连接处；当盾壳向下偏离时，纵向、环向螺栓中出现最大剪力值较其他偏离方向时小，纵向螺栓中出现的最大剪力为 53439.9N，出现在 R2 与 R3 环缝左拱腰 2-3-14 处，环向螺栓中出现的最大剪力为 4331.93N，出现在 R2 环 L2 块与 F 块连接处。

表 3-10　不同偏离方向下螺栓剪力最大值与出现位置

偏离方向	部位	纵向螺栓		环向螺栓	
		最大剪力/N	螺栓编号	最大剪力/N	螺栓编号
向上	R2（R2~R3 环缝）	83366.68	2-3-14	7080.78	2-B1-B2-2
	R3（R3~R4 环缝）	27016.11	3-4-9	5071.21	3-L2-F-1
向下	R2（R2~R3 环缝）	53439.9	2-3-14	4331.93	2-L2-F-2
	R3（R3~R4 环缝）	23551.74	3-4-18	3203.96	3-F-L1-2
向左	R2（R2~R3 环缝）	65934.58	2-3-9	7814.00	2-B4-L2-2
	R3（R3~R4 环缝）	41948.15	3-4-4	4238.02	3-L2-F-1
向右	R2（R2~R3 环缝）	68035.93	2-3-10	6863.05	2-F-L1-2
	R3（R3~R4 环缝）	36008.13	3-4-14	3767.24	3-F-L1-1

同一偏离方向下，位于 R2 环的环向螺栓中出现的最大剪力值大于 R3 环，连接 R2 与 R3 环的纵向螺栓中出现的最大剪力值大于连接 R3 与 R4 环的纵向螺栓；当盾壳产生竖直方向偏离时，受剪力最大的纵向螺栓均为位于隧道左拱腰部位的 2-3-14 号螺栓，受剪力最大的环向螺栓为位于拱底、拱顶附近的 2-B1-B2-2、2-L2-F-2 号螺栓；当盾壳产生水平方向偏离时，受剪力最大的纵向螺栓为位于拱底附近的 2-3-9、2-3-10 号螺栓；受剪力最大的环向螺栓为位于右拱腰、拱顶附近的 2-B4-L2-2、2-F-L1-2 号螺栓。

表 3-11 统计了不同偏离方向下螺栓拉力最大值与出现位置，从表中可以看出，不同偏离方向下，螺栓中出现的最大拉力值及其出现位置均有所变化；同一偏离方向下，纵向螺栓中的最大拉力值大于环向螺栓，且位于 R3 环中的环向螺栓拉力基本为 0；当盾壳向左偏离时，纵向螺栓中出现的最大拉力值较其他偏离方向时大，最大拉力为 56799.5N，出现在 R2～R3 环缝拱顶 2-3-2 处；当盾壳向左偏离时，环向螺栓中出现的最大拉力值也较其他偏离方向时大，最大拉力为 17604.5N，出现在 R2 环 L1 块与 B1 块连接处；当盾壳向右偏离时，纵向螺栓中出现最大拉力值较其他偏离方向时小，纵向螺栓中出现的最大拉力为 47413.7N，出现在 R3 与 R4 环缝左拱腰 3-4-13 处；当盾壳向上偏离时，环向螺栓中出现最大拉力值较其他偏离方向时小，环向螺栓中出现的最大拉力为 13199.3N，出现在 R2 环 B2 块与 B3 块连接处。

当盾壳产生竖直方向偏离时，连接 R3 与 R4 环的纵向螺栓中出现的最大拉力值大于连接 R2 与 R3 环的纵向螺栓；当盾壳产生竖直方向偏离时，受拉力最大的纵向螺栓分别为位于隧道拱底、拱顶附近的 3-4-9、3-4-1 号螺栓，受拉力最大的环向螺栓为位于拱底附近的 2-B2-B3-1 号螺栓；当盾壳向左偏离时，受拉力最大的纵、环向螺栓分别为位于拱顶附近的 2-3-2 螺栓、位于左拱腰的 2-L1-B1-1 号螺栓；当盾壳向右偏离时，受拉力最大的纵、环向螺栓分别为位于左拱腰的 3-4-13 螺栓、位于右拱腰的 2-B3-B4-1 号螺栓。

表 3-11 不同偏离方向下螺栓拉力最大值与出现位置

偏离方向	部位	纵向螺栓		环向螺栓	
		最大拉力/N	螺栓编号	最大拉力/N	螺栓编号
向上	R2（R2~R3 环缝）	52164.3	2-3-8	13199.3	2-B2-B3-1
	R3（R3~R4 环缝）	53197.5	3-4-9	317.55	2-L2-F-1
向下	R2（R2~R3 环缝）	47264.8	2-3-18	14669.8	2-B2-B3-1
	R3（R3~R4 环缝）	56296	3-4-1	0	—
向左	R2（R2~R3 环缝）	56799.5	2-3-2	17604.5	2-L1-B1-1
	R3（R3~R4 环缝）	45559.8	3-4-6	0	—
向右	R2（R2~R3 环缝）	43491.7	2-3-14	16239.6	2-B3-B4-1
	R3（R3~R4 环缝）	47413.7	3-4-13	0	—

3.6.4 衬砌结构损伤特征

本节分析在不同偏离方向下衬砌结构的损伤特性，在 3.4.7 节分析中可以发现，R2 环由盾尾挤压所造成损伤最为严重，因而以 R2 环为主要研究对象。图 3-71 为不同偏离方向下盾壳移动一环后管片拉伸损伤云图，从图中可以发现，不同偏离方向下管片发生拉伸损伤的区域不同，向上、向下、向左、向右偏离时损伤的发生区域分别为隧道拱底、拱顶、右拱腰和左拱腰。比较拉伸损伤分布形态可以发现，除向下偏离外，向其他方向偏离时在盾壳移动结束后均会形成两条拉伸损伤较为严重的条带状区域，而向下偏离时仅会形成一条损伤较为严重的条带状区域；比较拉伸损伤最大值可以发现，当盾壳向上偏离时损伤最大值较其他方向大，达到 0.97，其次为盾壳向左、右偏离时，而当盾壳向下偏离时，损伤最大值最小，为 0.94；这主要是在管片重力作用下，盾壳向上偏移相同的角度，较向下偏离时对管片的挤压作用力更大。

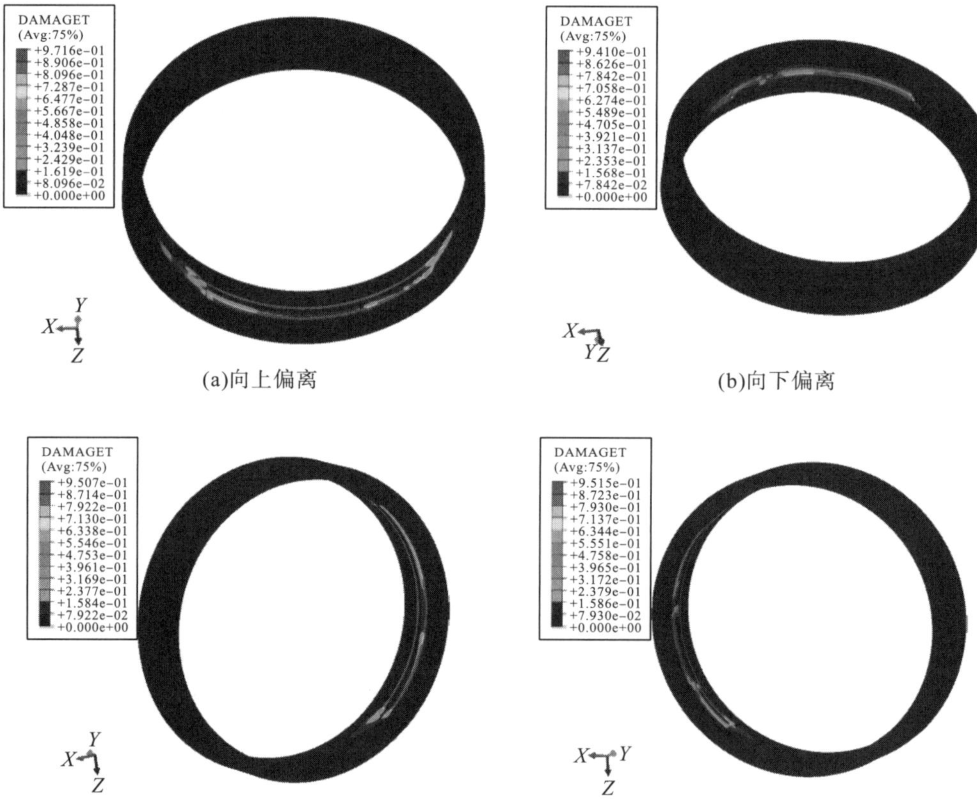

(a)向上偏离 (b)向下偏离

(c)向左偏离 (d)向右偏离

图 3-71 不同偏离方向下盾壳移动一环后管片拉伸损伤

图 3-72 为不同偏离方向下顶推力撤去后管片拉伸损伤云图。对比图 3-71 可以发现，不同偏离方向下顶推力撤去后管片拉伸损伤均有所扩大，同时在管片拼装接缝处和纵向螺

栓处新增了诸多损伤；当盾壳向上偏离时，拉伸损伤主要分布在下部的 B1、B2、B3 块，在 L1 块和 B4 块也有少量分布，同时较盾壳移动结束后，新增损伤集中在拱底、拱顶；当盾壳向下偏离时，拉伸损伤主要分布在 F、L2、B4 块，在 L1 块上有少量分布，新增损伤也主要集中在拱底、拱顶；当盾壳向左偏离时，拉伸损伤主要分布在 B3、B4 块，在 L2、B2 块有少量分布，新增损伤主要集中在左、右拱腰处；当盾壳向右偏离时，拉伸损伤主要分布在 L1、B1 块，在 F、B2 块有少量分布，新增损伤集中在左、右拱腰；比较顶推力撤去后不同偏离方向管片拉伸损伤值可以发现，不同偏离方向下拉伸损伤最大值相差不大，主要是因为此时拉伸损伤已发展到十分严重的程度，其最大值难以进一步增大。

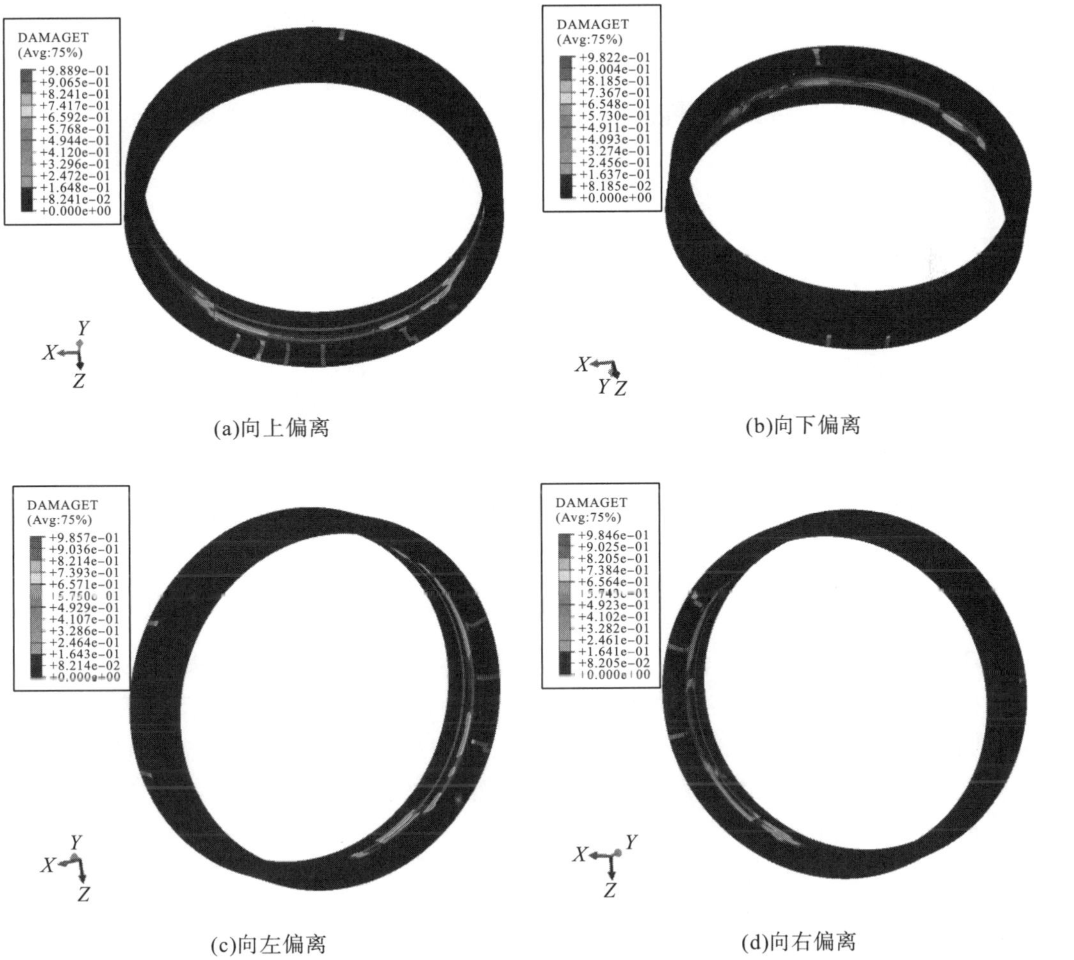

图 3-72 不同偏离方向下顶推力撤去后管片拉伸损伤

图 3-73 为不同偏离方向下盾壳移动一环后管片压缩损伤云图。从图中可以发现，不同偏离方向下盾壳移动一环后管片压缩损伤出现区域与拉伸损伤区域类似，但其值较拉伸损伤大大减小；比较压缩损伤最大值可以发现，当盾壳向右偏离时压缩损伤最大值最大，达到 0.13，其次为盾壳向上偏离时，而当盾壳向左、向下偏离时，压缩损伤最大值较小。

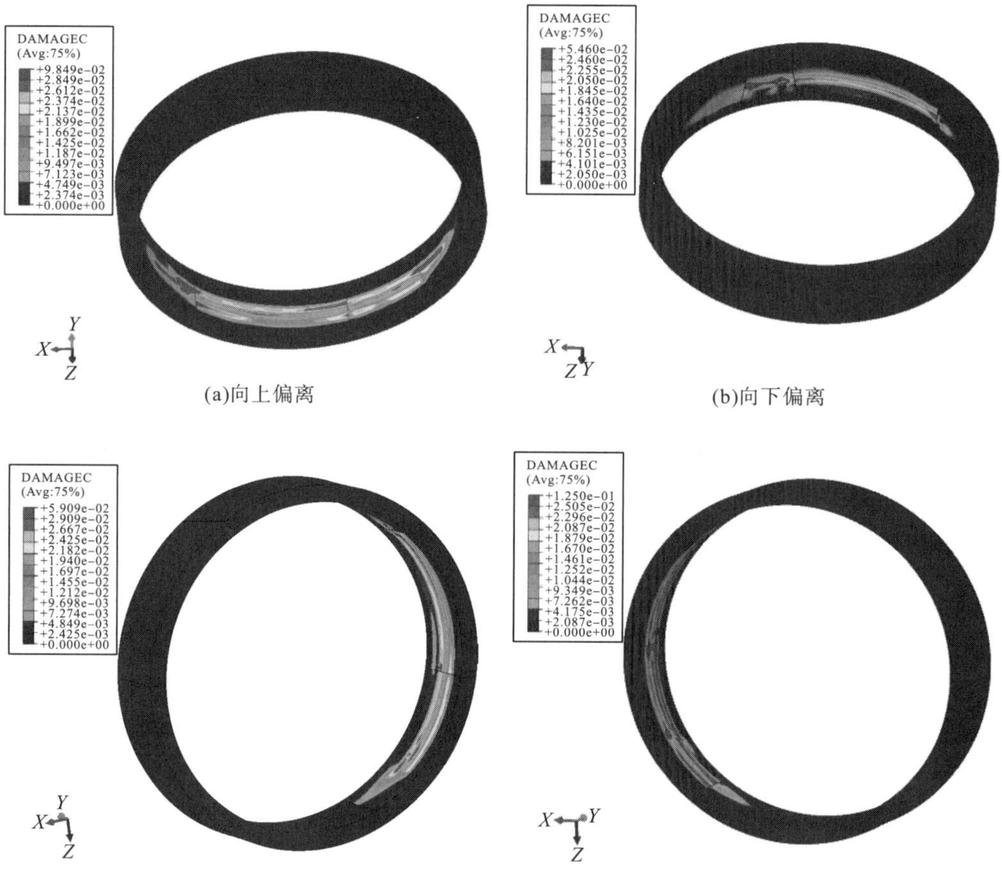

(a)向上偏离　(b)向下偏离

(c)向左偏离　(d)向右偏离

图 3-73　不同偏离方向下盾壳移动一环后管片压缩损伤

图 3-74 为不同偏离方向下顶推力撤去后管片压缩损伤云图。对比图 3-73 可以发现，顶推力撤去后，不同偏离方向下管片的压缩损伤均有所发展，其分布区域与图 3-72 中拉伸损伤的分布区域类似；当管片向上偏离时，顶推力撤去后管片的压缩损伤最大值较其他偏离方向大，最大值为 0.35，其次为管片向右偏离时，当管片向下偏离时，管片压缩损伤最大值最小，最大值为 0.16。

图 3-75 为不同偏离方向下管片拉伸损伤单元体积。由图可知，不同偏离方向下产生拉伸损伤的单元体积和损伤程度不同，同一偏离方向下分析步 4 顶推力撤去时拉伸损伤单元体积较分析步 3 盾壳移动结束时均有所增大；在分析步 3 和分析步 4 结束时，盾壳向上偏离时管片中拉伸损伤单元的体积均较其他偏离方向大，其在分析步 3、4 结束时拉伸损伤单元体积分别达到 2.81m^3、3.47m^3，盾壳向下偏离时管片中拉伸损伤单元的体积较其他偏离方向小，其在分析步 3、4 结束时拉伸损伤单元体积分别为 1.70m^3、2.333m^3；比较不同损伤值分布可知，在不同偏离方向下，损伤值处于 0～0.3 的单元占大多数，其占比均在 75%以上，其次为损伤值处于 0.6～1.0 的单元，其占比在 5%～15%，损伤值处于 0.3～0.6 的单元占比最小；比较同一偏离方向下不同分析步结束时单元拉伸损伤值分布可知，

在分析步 4 结束时拉伸损伤在 0.6 以上的单元占比较分析步 3 结束时有所提高，如向上偏离时，拉伸损伤在 0.6 以上的单元占比从分析步 3 时的 12.85%提高到 19.86%，向下偏离时，拉伸损伤在 0.6 以上的单元占比从分析步 3 时的 6.47%提高到 11.44%，说明千斤顶顶推力撤去后，管片中发生严重损伤的单元体积增长较快。

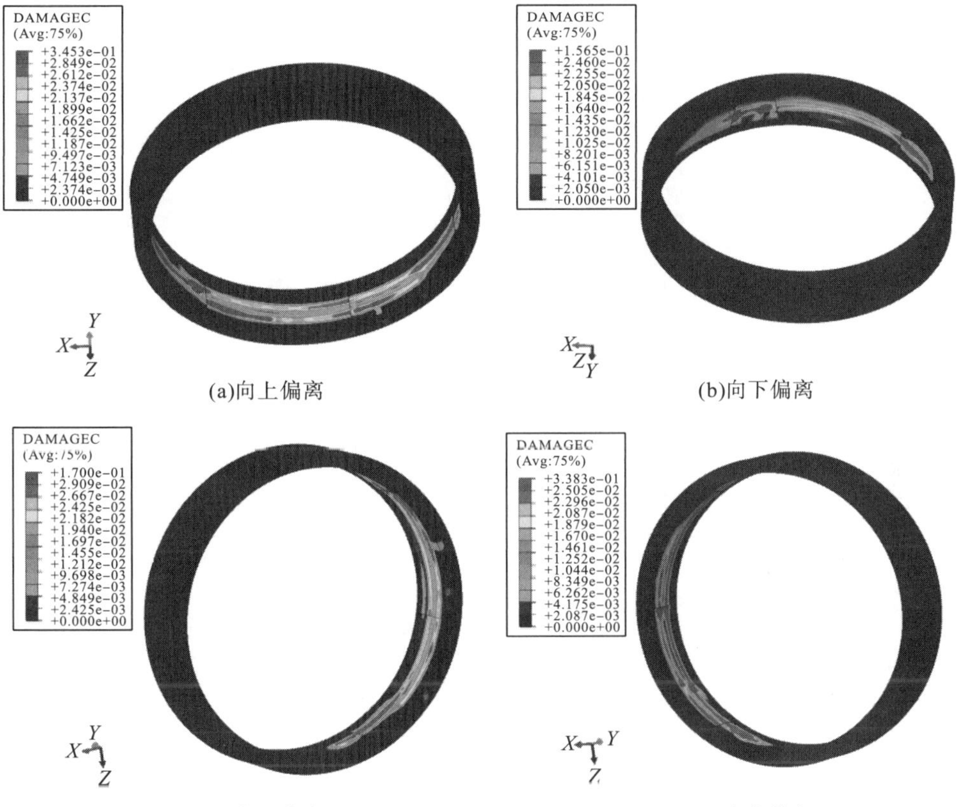

(a)向上偏离　(b)向下偏离

(c)向左偏离　(d)向右偏离

图 3-74　不同偏离方向下千斤顶力减小后管片压缩损伤

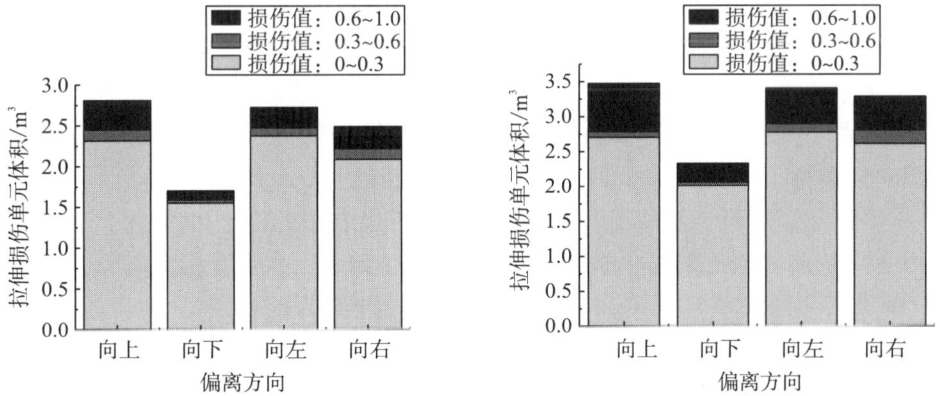

(a)分析步3　(b)分析步4

图 3-75　不同偏离方向下管片拉伸损伤单元体积

图 3-76 为不同偏离方向下管片压缩损伤单元体积。由图可知，不同偏离方向下产生压缩损伤的单元体积和损伤程度不同，同一偏离方向下分析步 4 顶推力撤去时压缩损伤单元体积较分析步 3 盾壳移动结束时均有所增大；在分析步 3 和分析步 4 结束时，盾壳向上偏离时管片中压缩损伤单元的体积均较其他偏离方向大，盾壳向下偏离时管片中压缩损伤单元的体积较其他偏离方向小；比较不同损伤值单元的体积分布可知，在不同偏离方向下，管片发生的压缩损伤值绝大部分处于 0.05 以下，其占比均在 95%以上，即压缩损伤较为轻微；比较同一偏离方向下不同分析步结束时压缩损伤值分布可知，在分析步 4 结束时压缩损伤在 0.05 以上的单元占比较分析步 3 结束时有所提高，但占比仍较小。

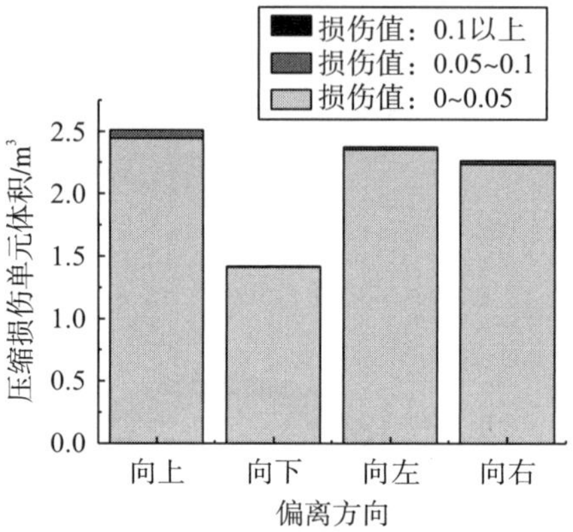

(a)分析步3

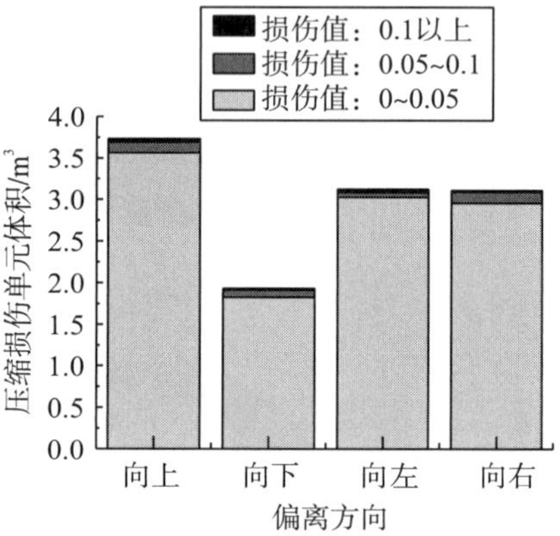

(b)分析步4

图 3-76　不同偏离方向下管片压缩损伤单元体积

3.7　盾构机掘进质量保证措施

3.7.1　防管片挤压损伤措施

(1) 控制要点：以盾尾位置为控制点，确保盾尾管片的姿态在控制轴线允许偏差范围内。

(2) 调节量控制。一般情况下掘进调节量在 5mm/m 以内较为合理，线性最佳，特殊情况下，可根据线路的转弯半径提前进行调节。例如在左转时，进入转弯曲线前，需提前向左边进行适当的偏移。因此主司机必须提前掌握整个线路的走向以及趋势，确保方向能够更加缓和地调整。

(3) 趋势调节。趋势一般情况下不能太大，否则会造成急于纠偏的现象，大趋势变化由大方位变化而来，要在管片能够调整的范围内进行调向。也就是要跟着管片方向进行调向，反之则容易使管片与盾尾卡死，绞接力及行程会增加。

(4) 油缸行程差。油缸行程的差值，直接反映了调向的快慢，例如左边的油缸行程比右边的行程多行走 50mm，那么方向将向右边偏移，通常行走行程的差值不能大于管片调形量，否则会造成卡盾现象。一般情况下油缸行程差不宜大于 50mm，特殊情况下油缸行程差值也不要大于 60mm。

(5) 铰接控制。对于被动式铰接来说，铰接基本处于自由状态，切口及盾尾的姿态趋势决定了铰接的位置状态。一般来讲，如果切口和盾尾的位置状态控制得好，则铰接的位置状态也会比较理想；如果铰接位置偏离施工轴线较小，则不需要做刻意调整，只需要使切口保持在施工轴线附近进行推进，再控制好盾尾姿态，则铰接也可以回到施工轴线附近。但如果铰接偏离施工轴线比较大，则需要通过调整推进方法进行调整，一般采取梯形推进的方法进行调整，即以靠近施工轴线的趋势推进一段距离，然后再以平行施工轴线的趋势推进一段距离，以此方法重复进行一段距离的推进后，则通常可以在较短的距离内将铰接调整到施工轴线附近。

(6) 速度与调向的关系。掘进速度的快慢与调向也有直接的关系，在一般情况下，速度慢对调向更为有利，因此在调向困难时，一定要放慢掘进速度以确保方向可控，并且每掘进 300～500mm 的油缸行程，需观察姿态变化是否与调节方向相一致。如果行程差在增大而方向没有任何变化或向相反的方向移动，那么需立即停机并将情况及时地反馈至相关人员进行测量核定。

3.7.2　盾构机掘进轴线控制

首先所使用盾构机需装备有高度现代化的自动实时监控测量指引系统。其次，加强施工测量，采取盾构自动测量先行，人工测量随时校核的措施，确保隧道线形正确，不超限界。同时，要认真做好盾构机的操作控制，按“勤纠偏、小纠偏”的原则，通过严格的计算，合理选择和控制各千斤顶的行程量，从而使盾构和隧道轴线在容许偏差范围内，切不可纠偏幅度过大。再者，要合理使用超挖刀和铰接千斤顶来控制盾构机轴线，从而实现对隧道轴线的线形控制。最后，要依据隧道中线和设计中线以及盾构机和管片的关系，通过计算修正曲线来确定管片的类型和超前量。

3.8　本 章 小 结

本章对盾构施工中的各种施工荷载进行了分类，归纳了不同施工荷载的特点，研究了注浆压力作用下管片受力机理，基于混凝土塑性损伤理论，建立了考虑土压力、注浆压力、千斤顶顶推力等施工荷载的拼装式管片数值模型，模拟分析了管片拼装完成→盾构机掘进(尾环脱出，同步注浆)→千斤顶回缩施工循环过程中的尾刷、衬砌结构力学行为，研究了不同偏离角度、不同偏离方向下的尾刷、衬砌结构作用、变形、受力和损伤特性，总结归纳了盾构施工过程中质量保证措施，主要得到以下结论：

(1) 在管片刚拼装完成时，尾刷接触压力从拱顶到拱底逐渐增大，盾壳向前移动一环同时向右偏离 1°时，随盾壳移动，第一、二道尾刷左侧接触压力随盾壳移动的接触压力逐渐增大，接触压力增幅最大的区域为左侧拱腰；第三道尾刷拱顶和拱底附近接触压力逐渐增大，且拱底处接触压力的增幅大于拱顶，左右拱腰的接触压力逐渐减小；第四道尾刷右侧的接触压力逐渐增大，左侧的接触压力逐渐减小。

(2) 管片刚拼装完成时，施工循环开始前，位于盾壳外管片拱顶下沉、拱底隆起、两侧向外扩张，尚处于盾壳保护下管片变形较小；由于管片接缝的存在以及错缝拼装效应，管片位移等值线并非光滑曲线，且越接近盾尾处的已脱环管片位移越小。

(3) 当盾壳移动一环，同时逐渐向右偏离隧道轴线 1°后，之前已脱环管片竖向变形与管片刚拼装完成时相似，但是数值略有增大，刚脱环管片变形仍不明显；由于盾构向右偏心推进，未脱环管片发生较大且不均匀的水平位移，左侧位移较大，右侧位移较小，并使后部管片水平位移产生不均匀改变，产生错台。当盾构推进完毕，千斤顶顶推力撤去后，管片间的接缝进一步被拉开，接缝面摩擦力减小，导致拱顶下沉和水平位移增大，而拱底隆起略有减小。

(4) 由于管片接缝面的存在、浆液固化程度不同、盾壳的约束作用以及偏心推进时的盾尾挤压作用，距盾尾不同距离的衬砌竖向位移呈阶梯形变化。分析结束后，环向接缝之间的错台量大于纵向接缝，纵向接缝的最大错台量出现在 R1 环拱脚，环向接缝的最大错台量出现在 R4 与 R5 环接缝左拱腰处。

(5) 管片拼装完成后，最大主应力的最大值出现在 R2 环管片拱底位置，最大主应力的最小值出现在 R3 环管片拱顶位置，最小主应力的最大值出现在未脱壳的 R1 环管片左拱脚位置，最小主应力的最小值出现在 R3 环管片拱底位置；盾壳向前移动一环，同时偏离隧道轴线 1°后，最大主应力的最大值出现在 R2 环管片拱顶位置，最大主应力的最小值出现在 R2 环管片左拱腰位置，最小主应力的最大值出现在 R2 环管片左拱脚位置，最小主应力的最小值出现在 R2 环管片左拱腰位置；顶推力撤去后，最大主应力的最大值出现在 R2 环管片右拱脚位置，最大主应力的最小值出现在 R2 环管片左拱脚位置，最小主应力的最小值出现在 R2 环管片右拱腰位置。

(6) 随着盾壳移动和千斤顶力的减小，不同螺栓剪力变化不一。R2～3 环接缝纵向螺栓剪力随着盾壳移动而波动增大，随着千斤顶力的减小而增大；R3～4 环接缝右侧拱腰纵向螺栓剪力则随着盾壳移动先减小再增大，其余螺栓剪力随着盾壳移动而逐渐增大；接缝右侧拱腰部位纵向螺栓剪力随着千斤顶力减小而减小，其余螺栓剪力随之增大；随着千斤顶力减小各纵向螺栓拉力逐渐增大，靠近拱腰的螺栓拉力增大速度大于靠近拱顶的螺栓，位于隧道左侧的螺栓拉力大于右侧。

(7) 管片拼装完成盾壳尚未移动时，管片损伤为 0，盾壳向前移动一环，同时向右偏离轴线 1°后，管片衬砌拉伸和压缩损伤的分布区域均集中在 R2 环左侧(相对于盾构掘进方向)拱腰附近，以拉伸损伤为主，压缩损伤兼而有之；在千斤顶顶推力撤去后，在纵向螺栓处、管片纵缝和横缝交界处出现新的拉伸损伤；管片拉伸损伤区域随盾壳移动不断发展，损伤值随着盾壳移动逐渐增大，并出现两条损伤较大的条带区域。

(8) 随着盾壳移动，出现拉伸损伤的单元体积不断增大，大多数损伤单元的拉伸损伤较为轻微，较为严重损伤只发生在少数单元；压缩损伤单元体积与拉伸损伤单元体积相差不大，但压缩损伤值相比拉伸损伤较小，压缩损伤较为轻微。

(9) 盾壳向右偏离 0.8°、1.0°、1.2°，盾壳移动结束时，第一、二道尾刷左侧接触压力大于右侧，第四道尾刷右侧接触压力大于左侧，接触压力最大值出现在拱腰部位，第三道尾刷拱底接触压力大于拱顶和拱腰，最大接触压力出现在拱底部位；随着偏离角度增大，第一、二、四道尾刷接触区域的接触压力随之增大，第三道尾刷拱顶和拱底部位的接触压力随之增大，左右拱腰部位的接触压力减小。不同偏离角度下顶推力撤去时，第一、二、四道尾刷接触区域接触压力随着偏离角度的增大而增大，第三道尾刷左侧拱腰接触压力则随之减小。

(10)随着盾壳偏离角度的增大，顶推力撤去时，已脱壳管片的竖向位移和水平位移变化不大，尚未脱壳管片水平位移显著增大，竖向位移变化不大；不同偏离角度下在环缝和纵缝处出现不同程度的错台现象，偏离角度从 0.8°增大到 1.2°，纵缝错台量增大，R1 环与 R2 环之间环缝的最大错台量逐渐减小，其余环与环之间的接缝最大错台量随着偏离角度的增大而增大。

(11)随着偏离角度的增大，环向螺栓、纵向螺栓出现的最大剪力值均随之增大；千斤顶力减小过程中 R2 环环向螺栓出现的最大拉力值随偏离角度的增大而增大，R3 中环向螺栓的最大拉力仍保持为 0。

(12)管片损伤区域和损伤程度随着偏离角度的增大而增大，顶推力撤去时，对于偏离角度为 1.0°、1.2°的工况，压缩和拉伸损伤较盾壳移动结束时均会有进一步的发展，而对于偏离角度 0.8°的工况，压缩和拉伸损伤未产生明显发展。随着偏离角度的增大，产生拉伸、压缩损伤的单元体积呈线性增大，且损伤较为严重的单元体积占总损伤单元的比例随偏离角度增大而提高。

(13)盾壳向不同方向偏离时，各道尾刷接触压力分布不同，不同偏离方向下，尾刷中最大接触压力均出现在第一道尾刷；当盾壳向上偏离 1°时，接触压力最大值较向其他方向偏离时大；盾壳向下偏离 1°时，接触压力最大值较向其他方向偏离时小。

(14)盾壳移动一环时，盾壳向下偏离 1°，管片的拱顶下沉量最大，向上偏离时，管片拱底隆起量最大；当盾壳水平偏离时，未脱壳管片产生相同方向的水平位移，当盾壳产生不同方向竖直偏离时，管片水平方向位移大致相同；盾壳产生竖直方向偏离时，顶推力撤去后管片竖向位移增大幅度较水平偏离时大，盾壳产生水平方向偏离时，顶推力撤去后管片水平位移增大幅度较竖直偏离时大。

(15)不同偏离方向下管片的错台形态不同，纵向接缝的错台量均小于环向接缝；当盾壳产生竖直方向偏离时，纵向接缝的最大错台量均出现在拱底位置，环向接缝的最大错台量均出现在拱顶位置；当盾壳产生水平方向偏离时，纵向接缝的最大错台量均出现在拱脚位置，环向接缝的最大错台量均出现在拱腰部位；盾壳产生向上偏离时，其造成的环向接缝错台量最大。

(16)盾壳向上、向下、向左、向右偏离时，顶推力撤去后管片最大主应力的最大值分别出现在拱顶 R2 与 R1 环缝处、R2 与 R3 环缝处、左右拱脚 R2 与 R1 环缝处，当盾壳向右偏离时，最大主应力最大值最大。

(17)在整个分析过程中，同一偏离方向下，纵向螺栓中的最大剪力值远大于环向螺栓。当盾壳向上偏离时，纵向螺栓中出现的最大剪力值较其他偏离方向时大；当盾壳向左偏离时，环向螺栓中出现的最大剪力值较其他偏离方向时大；当盾壳向下偏离时，纵向、环向螺栓中出现最大剪力值较其他偏离方向时小。

(18)当盾壳产生竖直方向偏离时，受剪力最大的纵向螺栓均为位于隧道左拱腰部位的螺栓，受剪力最大的环向螺栓为位于拱底、拱顶附近的螺栓；当盾壳产生水平方向偏离时，受剪力最大的纵向螺栓为位于拱底附近螺栓，受剪力最大的环向螺栓为位于拱腰、拱顶附近的螺栓。

(19) 同一偏离方向下，纵向螺栓中的最大拉力值大于环向螺栓。当盾壳向左偏离时，纵向螺栓、环向螺栓中出现的最大拉力值较其他偏离方向时大；当盾壳向右偏离时，纵向螺栓中出现最大拉力值较其他偏离方向时小；当盾壳向上偏离时，环向螺栓中出现最大拉力值较其他偏离方向时小。

(20) 当盾壳产生竖直方向偏离时，受拉力最大的纵向螺栓分别为位于隧道拱底、拱顶附近的螺栓，受拉力最大的环向螺栓为位于拱底附近的螺栓；当盾壳向左偏离时，受拉力最大的纵、环向螺栓分别为位于拱顶、左拱腰的螺栓；当盾壳向右偏离时，受拉力最大的纵、环向螺栓分别为位于左拱腰、右拱腰的螺栓。

(21) 盾壳移动一环后，向上、向下、向左、向右偏离时损伤的发生区域分别为隧道拱底、拱顶、右拱腰和左拱腰，向下偏离时仅会形成一条拉伸损伤较为严重的条带状区域，向其他方向偏离时在盾壳移动结束后均会形成两条损伤较为严重的条带状区域；不同偏离方向下顶推力撤去后管片拉伸损伤均有所扩大，同时在管片拼装接缝处和纵向螺栓处新增了诸多损伤；当管片向上偏离时，顶推力撤去后管片的压缩损伤最大值较其他偏离方向大。

(22) 盾壳向上偏离时管片中拉伸损伤单元的体积均较其他偏离方向大，盾壳向下偏离时管片中拉伸损伤单元的体积较其他偏离方向小；不同偏离方向下，千斤顶顶推力撤去后，拉伸损伤 0.6 以上的单元占损伤单元的比例增大；盾壳向上偏离时管片中压缩损伤单元的体积均较其他偏离方向大，盾壳向下偏离时管片中压缩损伤单元的体积较其他偏离方向小。

4　复合地层盾构掘进动态控制

目前国内地铁隧道施工主要采用土压平衡盾构。我国幅员辽阔，修建地铁的城市众多，盾构施工的地质情况复杂，且城市地区施工环境多变，盾构法面临着许多亟待解决的技术难题。其中之一便是盾构施工的环境影响问题，包括盾构施工对地面、地中结构物影响的评估以及减少这些影响的措施和方法，配合盾构法的其他施工方式对环境的影响等。市域地铁盾构隧道从市区向郊区延伸过程中会经过不同的市域环境，地表环境与地质情况复杂多变，因此研究市域地铁盾构掘进与地层之间的相互作用机理，探究盾构掘进参数与地层变形的关系，进而将盾构掘进参数控制在合理范围内，可以达到保护地表建构筑物，提高掘进效率的目的。

4.1　盾构-地层相互作用

4.1.1　相互作用模型

盾构掘进过程即盾构与地层的相互作用过程，因此构建合理的盾构-地层相互作用模型是分析盾构掘进对地层、地中及地表构筑物影响的前提。盾构掘进主要包括掌子面开挖、出土、推进、管片拼装、盾尾脱环等几大过程。其中盾构所担负的主要功能包括掌子面开挖与稳定、切削土体排出、临时支护开挖地层、盾尾管片拼装、盾尾注浆、整体推进等。

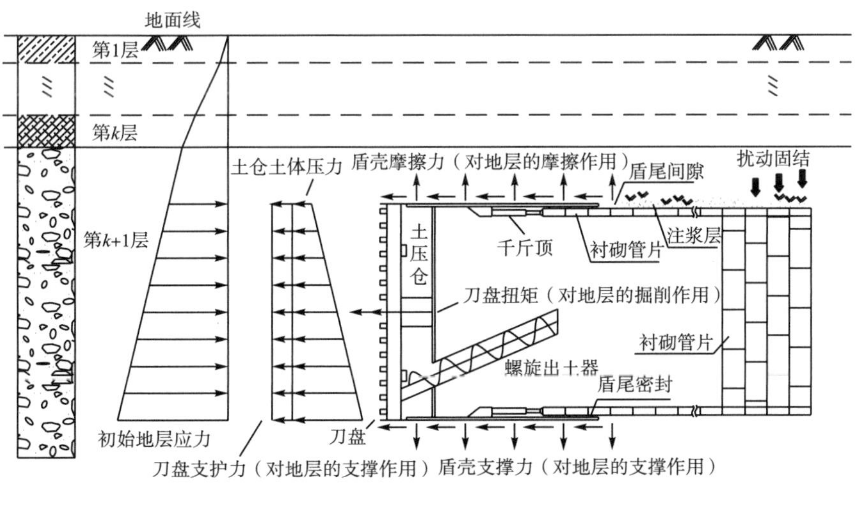

图 4-1　盾构掘进过程中盾构-地层的相互作用

在盾构完成上述功能的过程中，盾构机与地层间的相互作用关系可以通过图 4-1 予以描述。盾构掘进过程中对地层的力学作用主要体现在刀盘对地层的支护和切削作用、盾壳对地层的支撑和摩擦作用两大方面。因此，施工扰动主要体现在刀盘对地层的支护、切削扰动，盾壳对地层的支撑、摩擦扰动几个方面。

4.1.2 地层变形过程

盾构推进的过程中，影响地层变形的主要因素有地层损失(盾尾间隙)、掌子面压力和盾壳-土层摩擦力。施工过程中开挖面的压力、周边地下水位的下降、盾构超挖、盾构姿态奇异、开挖对周边地层的扰动、管片与土体之间的空隙、壁后注浆、管片的变形等都是引发地层变形的直接原因。通过选用合理的施工方法与施工参数可以把地层变形控制在工程可接受的范围内。

盾构掘进对地层的扰动模式可以分为以下 5 种情况：盾构推力不当造成盾构前方土体的隆起或凹陷；盾壳与周边土体之间的相互摩擦；由于超挖、偏离中线扰动土体造成土体产生的沉降；盾尾空隙导致的沉降；壁后注浆参数不当造成的土体隆起或沉降。

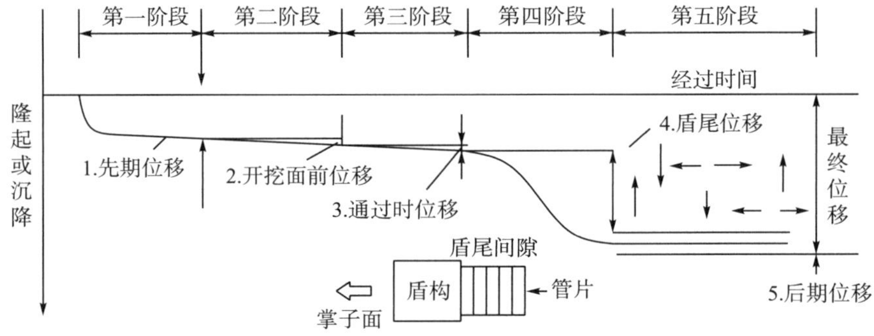

图 4-2 盾构掘进纵向地表沉降曲线

如果从时间上考虑盾构推进过程中地表沉降变化关系，我们可以发现地表变形曲线中的拐点与盾构的位置之间存在着一定的关系，如图 4-2 所示可划分成五个阶段。现对其进行分类整理如下：

(1) 先行沉降。盾构在开挖时造成开挖面前方的地下水位下降，引起土体孔隙水压力下降造成土体压密形成的沉降；先行沉降是在盾构到达之前产生的，受覆盖土层厚度影响，要注意的是，先行沉降主要是指在开挖面隧道轴向的滑移范围之前就产生的沉降，其多半是由地下水的变化所致，可以看作是一种固结沉降。

(2) 开挖面前沉降(隆起)。盾构在推进过程中，由于土仓压力控制不当造成开挖面前方的土体发生沉降或隆起；开挖面前的沉降或隆起也是在盾构到达之前产生的，与先行沉降不同的是，开挖面前的沉降或隆起产生的区域位于开挖面隧道轴向的滑移范围之内。沉降是由过分切削开挖面引起的(开挖面的土压呈主动状态)；隆起是过分推挤开挖面引起的(开挖面的土压呈被动状态)。总之两者都是由于应力释放或附加土压力产生的弹塑性变形。

(3)通过时沉降(隆起)。盾构在开挖过程中由于超挖、盾构姿态调整、盾壳与土体之间的摩擦造成的沉降；通过时的沉降或隆起是在盾构机上方发生的，这部分地层变形产生的原因较为复杂，主要包括：盾构外周表面与土体之间的摩擦阻力产生的隧道轴向的剪切变形；为控制盾构姿态造成的超挖所产生的地层变形；仿形刀的切削反力使盾构挤压周边地层所产生的土体扰动等。密封式盾构的重心位于主梁附近，而推进力的作用点即千斤顶作用点位于重心之后，因此开挖面刀盘受力不均或土层承载力不够等原因可能会使盾构机的方向发生偏离，需要通过调整千斤顶等手段控制盾构姿态，这个过程中的超挖也会产生一定的沉降。

(4)盾尾空隙沉降(隆起)。当管片从盾尾推出时，管片与土体之间的空隙产生的土体应力释放引起的变形。当壁后注浆压力过大时，造成上覆土层的隆起。

(5)后续沉降。在孔隙比比较大的软塑和流塑性地层中，固结沉降的持续时间往往比较长，有的工程中固结沉降往往要持续几年以上，在地层总沉降中所占的比例将相当高。后续沉降的原因比较复杂，通常都认为由于盾构的掘进，土体被松动、扰动而产生了固结沉降。剪切变形及平均主应力的增加所产生的超孔隙水压力是造成松动、扰动的主要原因。

4.1.3 地层长期沉降

前已述及，第五阶段的地层位移主要是由孔隙水压力的消散，土体颗粒间的有效应力增加以及土体性态改变后的长期流变等引起的。对于(饱和)软弱地层情况，该阶段的变形要经历一段相当长的时间才能完成，且沉降幅度较大，在软土中它所占沉降量的比例甚至高达 35%以上。O'Reilly 等[131]对修建于正常固结粉质黏土中、直径为 3m 的英国 Grimsby 隧道进行了 11 年的监测，得出如下结论：软黏土中隧道长期沉降需要经历相当长的时间才能达到平衡状态，长期沉降槽随时间的发展不断向外拓宽，长期沉降槽的宽度为短期沉降槽宽度的 2 倍；长期沉降量增加了 46～48mm，占总沉降量的 50%之多。Bowers 等[132]介绍了修建于伦敦黏土中的 Heathrow 高速公路隧道长期沉降的发展情况。该隧道在建成后 3 年内，隧道轴线上方的地表沉降从瞬时沉降的 26mm 增加到 37mm，增加了 42%，且沉降槽也呈现扩大趋势。Shirlaw[133]对建造在正常固结软黏土中的隧道工程实例进行总结得到：工后沉降和瞬时沉降的比例在 0.36～1.22 范围内变化，这也就是说，在正常固结黏土中，长期沉降占总沉降的比例是相当大的。Cooper 等[134]对 Heathraw 高速隧道修建引起的临近 Piccadilly 隧道的长期沉降进行了监测，发现在隧道建成后的 3 年内地层最大沉降增加了 27%、沉降槽面积增加了 35%，但 3 年后沉降速率不断减小。

正是由于该阶段沉降有时在总沉降中占据较大比例，因此不可忽略，应对其进行合理的评价。该阶段沉降由于涉及土体的物理力学特性、孔隙水的消散、地层扰动之后的流变等问题，目前国内外尚无直接运用于工程实践的实用理论分析方法。刘建航、侯学渊[135]曾提出，在上海饱和软土层中，可近似地采用双曲线模型、指数曲线模型经验公式预测地层的长期沉降，除此之外还有一些其他的经验公式也列于下。

1) 双曲线预测模型

$$S_t = \frac{S_{max}}{1+\alpha/t}$$

式中，S_t 为衬砌环脱出盾尾后 t 时刻的地层沉降(mm)；α 为取决于地质和施工条件的参数；S_{max} 为地层最终沉降量(mm)； t 为衬砌脱出盾尾的沉降历时(d)。

上式可进一步变换成：

$$\frac{1}{S_t} = \left(\frac{\alpha}{S_{max}}\right)\cdot\frac{1}{t}+\frac{1}{S_{max}}$$

扰动地层的最终沉降量 S_{max} 为一常数。由上式可以看出， $1/S_{max}$ 与 $1/t$ 呈线性关系。

2) 指数曲线预测模型

$$S_t = S_{max}\left(1-e^{-\beta t}\right)$$

式中，β 为取决于地质和施工条件的参数，其余参数同前。

对上式两边微分可得

$$\frac{dS_t}{dt} = S_{max}\beta e^{-\beta t}$$

以增量 ΔS_t 、 Δt 代替 dS_t、dt，并以 t_m 代表 $1/(2\Delta t)$ 时的沉降时间，则上式可转化为

$$\frac{\Delta S_t}{\Delta t} = S_{max}\beta e^{-\beta t_m}$$

对上式两边取常用对数可得

$$\ln\left(\frac{\Delta S_t}{\Delta t}\right) = \ln\left(S_{max}\cdot\beta\right)-\beta t_m$$

由以上可得， $\ln\left(\Delta S_t/\Delta t\right)$ 与 t_m 之间为线性关系。

3) 其他预测公式

Bowers 等[132]利用对 Piccadilly 隧道的长期监测结果，得到了新建隧道对已有隧道影响带来的长期沉降的经验公式：

$$S_B = S_{Ax} + \left[\log\left(\frac{t_b}{14}\right)\cdot\left(\frac{2\cdot 3}{r_1^2}\right)\right]$$

式中， S_B 为经过 t_b(d)时间后的沉降(m)； S_{Ax} 为短期沉降完成后立即测量得到的沉降，一般认为短期沉降在 14 天内完成； r_1 为沉降点至新建隧道轴线的径向距离(m)。但该经验公式只在 Heathraw 隧道中应用过，并没有在其他隧道中得到验证。

1984 年 M.Hurrell 建立了固结沉降与最大瞬时沉降的数学关系式，按照该公式求出的最大沉降量一般为瞬时沉降量的 80%～120%。关于长期固结沉降的最大沉降量的估算式为

$$w_{max} = 2S_{max2}\cdot \mathrm{OFS}\cdot A$$

$$A = 0.39\left(1-0.01S_{max}\right)$$

$$\mathrm{OFS} = \frac{\gamma\left(z_0-z_1\right)-\sigma_i}{C_u}$$

式中，w_{max}为长期固结作用下的最大沉降量(mm)；A为固结效应系数；OFS 为超载系数；γ为土体容重(kN/m^3)；σ_i为隧道内部支护压力(kPa)；C_u为土体不排水抗剪强度(kPa)；z_0为隧道轴线埋深(m)；z_1为至沉降参考平面的深度(m)；S_{max2}为地层损失引起的最大地表沉降值(mm)。

4) 长期沉降的构成

事实上，盾构施工引起的长期沉降(总沉降)中包括地层损失引起的瞬时沉降、扰动地层的再固结沉降，在长期沉降的监测过程中，还有大地自身的沉降。但是，在所获的实测地层沉降中是没有区分的，是上述各因素共同作用形成的地表沉降[136-137]。所以在研究扰动地层再固结沉降的时候，应该从总的地层沉降中减去瞬时沉降和大地自身的沉降，即

$$S_{固} = S_{总} - S_{瞬} - S_{地}$$

式中，$S_{总}$为现场各测点的实测地表沉降；$S_{瞬}$为盾构隧道施工引起的地层瞬时沉降，可根据工程经验以及实测数据的发展状况来确定；$S_{地}$为大地自身的沉降；$S_{固}$为扰动地层的再固结沉降。

4.1.4 掌子面支护压力

土压平衡盾构施工过程中，一般认为土仓内的泥土压力与开挖面土层的土压和水压力之和相等，同时维持刀盘掘土量与螺旋出土器出土量一致时的状态为土压平衡状态。实际上由于刀盘的支护作用，土仓内泥土压力往往小于盾构作用于前方土体的实际压力，盾构与前方土体的接触压力是土仓内泥土压力和刀盘对前方土体支护压力的综合作用。常说的土压平衡是土仓内泥土压力和刀盘对前方土体支护压力之和与掌子面土压和水压之和间的平衡。

掌子面水土压力计算主要用于盾构施工过程中土仓内泥土压力的设定。依据盾构机不同的工作状态，在不同的工程中，用于与其平衡的开挖面控制压力设定情况也不同，从某种意义上说，掌子面的水土压力为一被动力系。其大小是随着土仓内泥土压力的设定值在一定范围内动态变化的，可通过图 4-3 予以说明。

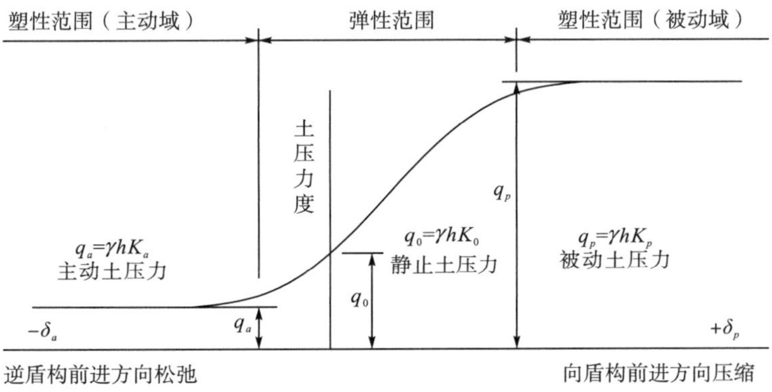

图 4-3 土压力与土体变位的关系

根据土压力理论，合理的掘进工作面土压力介于主动土压力和被动土压力之间。国内外专家对隧道掌子面的破坏和失稳进行了较长时间研究，主要有两种分析方法：一类是应用塑性极限理论，采用上、下界定理计算掌子面的最大和最小土压力，回避了工程中不易弄清的本构关系表达式；另一类是根据滑动体的受力平衡计算掌子面土压力。两种算法都以假设掌子面前方滑动块的形状作为计算前提，不过塑性极限的计算方法过于复杂、烦琐，表达式较多，计算的结果偏大，并且忽略了局部破坏对整体失稳的影响，而采用滑动体的计算方法相对直观简单，因此在盾构施工中得到了大量应用。依据隧道埋深及地质情况，掌子面水土压力的计算方法也不尽相同，目前主要有以下几种。

1）静止土压力

$$q_0 = \gamma \cdot H \cdot (1 - \sin\varphi)$$

式中，q_0 为静止土压力；γ 为土体容重；H 为切削面上顶至地表的覆盖地层厚；φ 为土体的内摩擦角。

2）主动土压力

黏土：

$$q_a = \gamma \cdot H \cdot \tan^2(45° - \frac{\varphi}{2}) - 2c \cdot \tan(45° - \frac{\varphi}{2})$$

砂土：

$$q_a = \gamma \cdot H \cdot \tan^2(45° - \frac{\varphi}{2})$$

式中，q_a 为主动土压力；φ 为土体的内摩擦角；c 为土体的黏聚力。

3）被动土压力

黏土：

$$q_p = \gamma H \tan^2\left(45° + \frac{\varphi}{2}\right) + 2c\tan\left(45° + \frac{\varphi}{2}\right)$$

砂土：

$$q_p = \gamma H \tan^2\left(45° + \frac{\varphi}{2}\right)$$

4）Terzaghi 松动土压力

Terzaghi 松动土压力主要是指作用于盾构掌子面的竖向土压力，采用 Terzaghi 松动土压力理论予以计算，水平土压力即竖向土压力乘以主动土压力系数得到。

$$q = K_a \cdot p_1$$

式中，K_a 为主动土压力系数；p_1 为作用于盾构掌子面的竖向土压力值。

对于黏土：

$$K_a = \tan^2(45° - \frac{\varphi}{2}) - 2\frac{c}{\gamma \cdot H} \cdot \tan(45° - \frac{\varphi}{2})$$

对于砂土：

$$K_a = \tan^2(45° - \frac{\varphi}{2})$$

5）村山松动土压力

村山等假定盾构前方因开挖面应力释放而形成滑动面，由洞顶的滑动宽度求出盾构前进方向的松动范围，并计算出松动土压力(下限压力)。具体计算时，考虑如下。假定开挖面前部的滑动面始于开挖面下端，拱顶高度为竖直的对数螺旋线，滑动面的形状可以用下式计算：

$$r = r_a \exp(\theta \cdot \tan\varphi)$$

式中，r 为螺旋线的极径；r_a 为 a 点与 o 点的距离；θ 为极径与 r_a 的夹角。

为保持开挖面稳定，图 4-4 中的各滑动力与抗滑力(包括由滑动线所围滑动块 abc 的重量 W，作用于滑动块上端的松动土压力 p，沿滑动面的黏聚力 c 以及用土仓压力抑制开挖面变形的水平力 q)围绕对数螺旋线中心 o 旋转的力矩必须平衡。

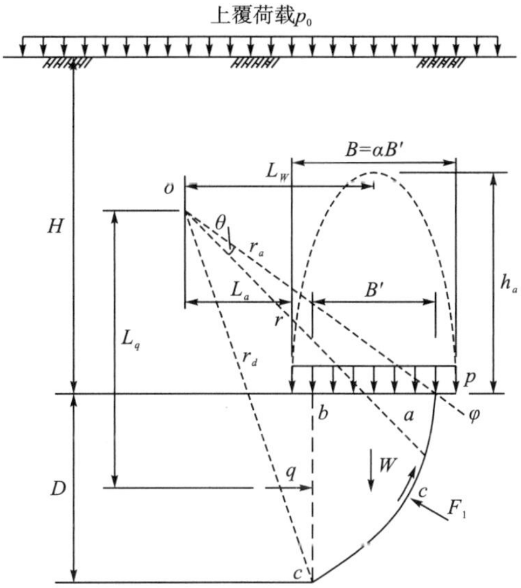

图 4-4 村山理论中的刀挖面稳定

$$qL_q = WL_W + pB\left(L_a + \frac{B}{2}\right) - \int_{r_a}^{r_d} rc\cos\varphi \mathrm{d}s$$

$$\mathrm{d}s = \sqrt{1 + r^2\left(\mathrm{d}\theta / \mathrm{d}r\right)^2} \cdot \mathrm{d}r$$

式中，L_q、L_W 分别为滑块自重和土仓压力距点 o 的力臂；L_a 为松动土压边缘距点 o 的力臂；B 为松动宽度；r_d 为 c 点与 o 点的距离；ds 为滑动面长度微元。

因此，保持开挖面稳定所需的水平力为

$$q = \frac{1}{L_q}\left[WL_W + pB\left(L_a + \frac{B}{2}\right) - \frac{c}{2\tan\varphi}\left(r_d^2 - r_a^2\right)\right]$$

当 φ=0 时，则有

$$q = \frac{1}{L_q}\left[WL_W + pB\left(L_a + \frac{B}{2}\right) - \frac{\pi r_a^2 c}{2}\right]$$

在计算水平力时，首先假定松动范围 B 为某一值，然后按下式计算松动土压力：

$$p=\frac{\alpha B\left(r-2c/\alpha B\right)}{2K\tan\varphi}\left[1-\exp\left(-\frac{2KH}{\alpha B}\tan\varphi\right)\right]$$

式中，α 为试验常数；K 为经验土压力系数。

其次，求出图 4-4 中各力矩的力臂长和开挖面前方滑动块的力矩，再计算出水平力 q。按上述方法，假定各种松动范围，从中求出最大水平力 $q_{\max}$。由此 $q_{\max}$ 按下式可求出盾构中心的土压力 q'：

$$q'=\frac{q_{\max}}{D}$$

式中，D 为开挖直径。

村山等提出的松动土压力计算公式比较复杂，须多次改变松动范围，由试算误差求解最大水平控制力，实际计算中用电算较合适。

6) M.Herrenknetcht 松动土压力

德国的 M.Herrenknetcht 考虑隧道滑动面破坏形状，提出与村山相似的应用于松散土体的极限支护压力计算方法，其破坏面假定如图 4-5 所示。其中隧道直径为 D，上覆厚度为 H，土体黏聚力为 c，内摩擦角为 φ。

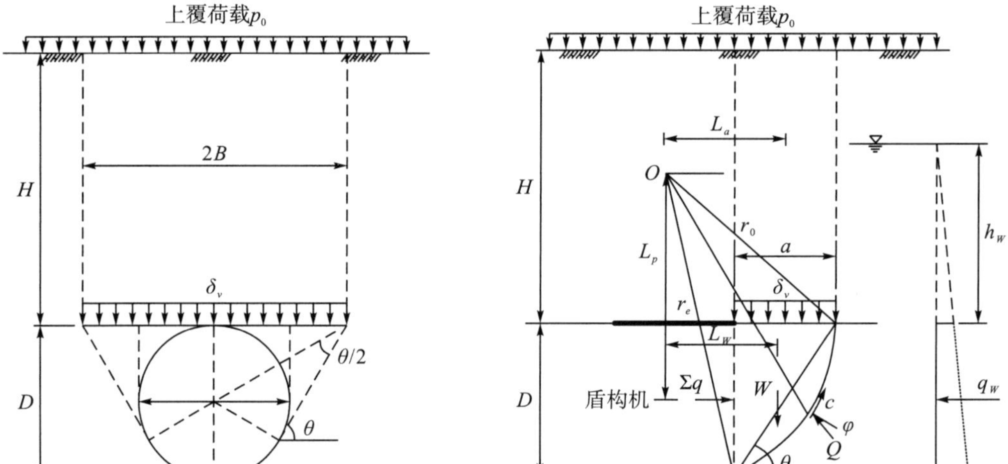

图 4-5 松散土层隧道开挖支护荷载计算示意图

横向影响宽度为

$$2B=D\cdot\text{ctg}\frac{\theta}{2}$$

式中，D 为开挖直径；θ 为滑落体与水平面的夹角。

纵向隧道前方开挖面宽度：

$$a=D\cdot\text{ctg}\theta$$

由力矩平衡，可以得到单宽极限支护荷载：

$$q_m = \frac{1}{\eta} \frac{\delta_v a L_a + W L_W - \dfrac{c\left(r_e^2 - r_0^2\right)}{2\tan\varphi}}{L_p}$$

式中，δ_v 为太沙基松动土压力；W 为开挖面滑动块自重；η 为安全系数；$L_a = r_0\cos\varphi - a/2$；$L_W = r_0\cos\varphi - 3a/5$；$L_p = r_0\sin\varphi + D/2$。

开挖面支护压力：

$$\sum q = \frac{q_m}{D} A_{\text{shield}} + q_W$$

式中，A_{shield} 为盾构机横截面面积；q_w 为开挖面水压力合力。

7) Jancsecz 模型

假设地层为理想弹塑性，土体为均质材料，以 Horn 三维楔形体模型为基础，其由位于隧洞掌子面前方的楔形体和上方的棱柱体两部分组成。图 4-6 描绘了 Horn 理论模型及掌子面前方土体的受力分析。

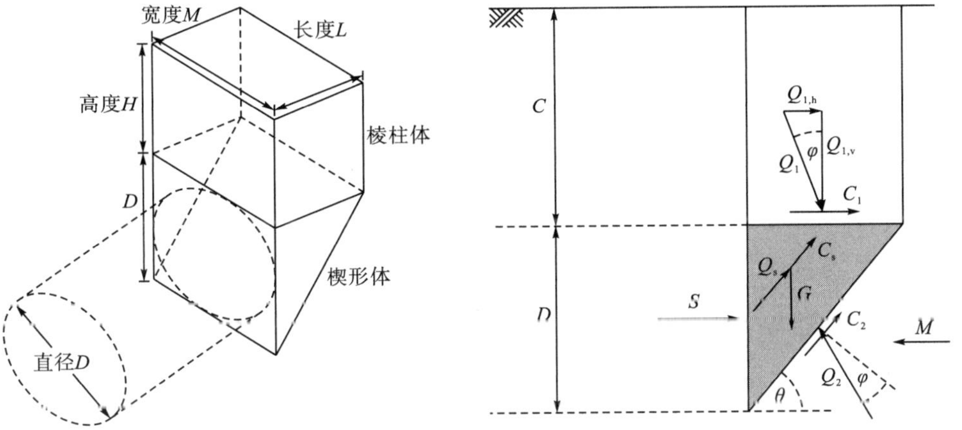

图 4-6 Horn 楔形体模型

为了简化计算，Jancsecz 模型将隧道上方的各个土层假设成一个整体，利用整个覆土的重度和内摩擦角的加权平均值进行计算，其方法是将楔形体上方每层土体的厚度乘以各自的重度和内摩擦角，再除以总厚度，掌子面前方和上方土体应分别进行计算。Horn 三维楔形体模型同时以 Janssen 的筒仓理论为基础，考虑楔形体上部的土体松动，并在隧洞埋深大于 2 倍隧洞直径的前提条件下，认为上方土体形成压力拱，并用 Terzaghi 公式来计算作用在楔形体上方的垂直土压力。

利用 Jancsecz 模型计算掌子面极限支护压力，首先要确定滑落体与水平面的夹角 θ，其主要是利用主动土压力公式通过迭代来计算的，当空间主动土压力达到最大值时，此时的夹角 θ 即为所求。Jancsecz 通过多次的迭代计算，确定了隧洞埋深与直径的比值 h/D 和滑动面倾角 θ 之间的关系，这种关系随着摩擦角 φ 的不同发生变化（图 4-7）。

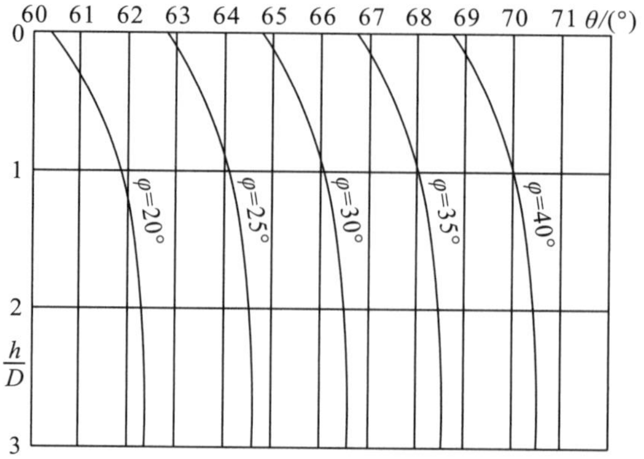

图 4-7 Jancsecz 模型通过迭代计算确定滑动面倾角

Jancsecz 模型首先依据库仑主动土压力理论，根据掌子面上方和前方土体的内摩擦角 φ_1、φ_2 计算土体的侧压力系数 K_{a1}、K_{a2}，其中 K_{a2} 取静止和主动侧压力系数的平均值：

$$K_{a1}=\tan^2\left(45°-\frac{\varphi_1}{2}\right)$$

$$K_{a2}=\frac{\left(\tan^2\left(45°-\frac{\varphi_2}{2}\right)+1-\sin\varphi_2\right)}{2}$$

根据确定的滑动角 θ，掌子面空间主动土压力系数 K_{a3} 可表示为

$$K_{a3}=\frac{\left[\sin\theta\cos\theta-\cos^2\theta\tan\varphi_2-\frac{2}{3}K_{a2}\frac{\left(1+\frac{3t}{D}\right)}{\left(1+\frac{2t}{D}\right)}\cos\theta\tan\varphi_2\right]}{\cos\theta\sin\theta+\tan\varphi_2\sin^2\theta}$$

基于隧道埋深的不同，分别给出了楔形体上方垂直土压强度的计算公式：

无拱作用下 $(h<2D)$：

$$\sigma_v=h_1\gamma_1+p_0$$

有拱作用下 $(h>2D)$，依据 Janssen 的筒仓理论利用 Terzaghi 公式：

$$\sigma_v=\frac{F}{U}\frac{\gamma_1}{K_{a1}}\tan\varphi_1\left[1-\mathrm{e}^{-\frac{U}{F}K_{a1}\tan\varphi_2(h_1-2D)}\right]+(2D\gamma_1+p_0)\mathrm{e}^{-\frac{U}{F}K_{a1}\tan\varphi_1(h_1-2D)}$$

$$F=D^2\frac{1}{\tan\theta}$$

$$U=2D(1+\frac{1}{\tan\theta})$$

式中，t 为计算点到拱顶的垂直距离；γ_1 为棱柱体的土体重度；p_0 为交通和建筑物荷载；F 为棱柱体底面面积；U 为棱柱体底面周长；h_1 为棱柱体高度。

根据空间主动土压力侧压系数 K_{a3} 和竖直土压强 σ_v 能计算掌子面上任一点的土压强度。利用隧洞顶部、底部的土压强度和隧道圆截面积导出的整个掌子面所受的土压力，并

将土压力和水压力分别乘以各自的安全系数：

$$E = 0.5(e_{a3}^{顶点} + e_{a3}^{底点})A$$

$$S_{\min} = \eta_E E_{ah} + \eta_W W_{水压}$$

式中，η_E 和 η_W 分别为土压和水压安全系数；$S_{\min}$ 为掌子面的最小支护力；$e_{a3}^{顶点}$ 为隧洞顶部土压力；$e_{a3}^{底点}$ 为隧洞底部土压力；E_{ah} 为掌子面土压力合力；$W_{水压}$ 为掌子面水压力合力；A 为隧道圆截面积。

8）德国工业标准 DIN4085

德国工业标准 DIN4085 计算掌子面空间土压力基于经典土压力计算原理，遵循莫尔库仑模型准则，以 Piaskowski/Kowalewski 假想模型为计算模型（图 4-8），当达到静力平衡时计算开挖面的极限支护压力。其模型同样分为上下两个部分，上部是抛物线形状柱体，抛物线底边长度为隧道直径 D，柱体的拱作用对前方土体有阻碍作用，位于内部的土体通过隧道掘进面向隧道内部塌落。下部由五个面分割而成，底面是曲线形滑动面，并且与水平面夹角为 θ，侧面由隧道的掌子面和侧方的弧形面组成，上方土体是抛物线形状的柱体。抛物线形柱体与滑动面共同形成了 Piaskowski/Kowalewski 模型的滑落土体。

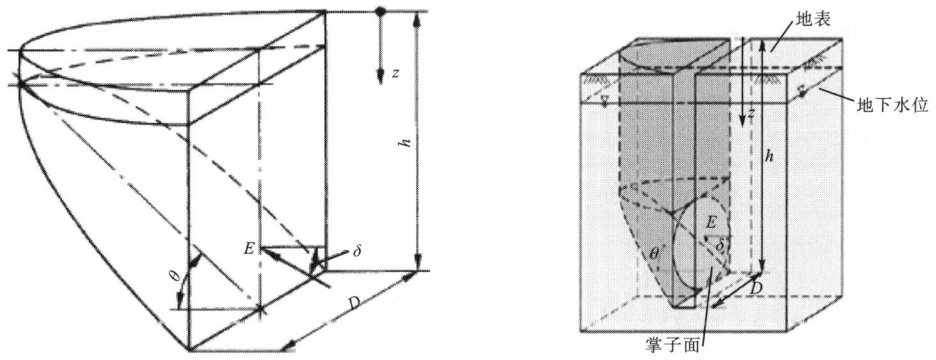

图 4-8　Piaskowski/Kowalewski 模型

掌子面上每个薄层顶部和底部的空间主动土压强度，其结果大小受形状系数影响，形状系数是由计算点埋深和开挖直径的比值 z/D 来决定的。图 4-9 是不同计算点埋深和直径比值大小所对应的形状系数值。可以说，计算点埋深越浅，形状系数越接近 1，土体自身承受的力越少。其中自重形状系数 μ_{agh} 和由交通、建筑物引起的连续均匀荷载 p_0 的形状系数 μ_{aqh} 相等。

$$\mu_{agh} = 0.926\mathrm{e}^{-0.14\frac{z}{D}}$$

DIN4085 模型通过隧道埋深和直径的比值来确定形状系数，通过无量纲化使形状系数适用于各种直径、埋深和土层条件的隧道工程中，通过形状系数最终决定掌子面土压强度的大小。下面是 DIN4085 模型的分层计算过程：

$$K_{agh} = K_{aqh} = \tan^2(45° - \frac{\varphi}{2})$$

$$K_{ach}=2\tan(45°-\frac{\varphi}{2})$$

$$e_{ah}=\sigma_v\mu_{agh}K_{agh}+p_0\mu_{aqh}K_{aqh}-c\mu_{ach}K_{ach}$$

$$\sigma_v=\gamma z$$

$$E_{ah}=\sum_{i=1}^{n}\frac{e_{ah,i}^{上边}+e_{ah,i}^{下边}}{2}A_i$$

式中，K_{agh}、K_{aqh} 分别为主动土压力和连续荷载的侧压力系数；K_{ach} 为黏聚力的侧压力系数；σ_v 为竖直土压强；A_i 为薄层 i 的面积；$e_{ah,i}^{上边}$，$e_{ah,i}^{下边}$ 分别为薄层 i 上、下边缘土压力；μ_{ach} 为土的黏聚力形状系数；γ 为上覆土层平均重度。

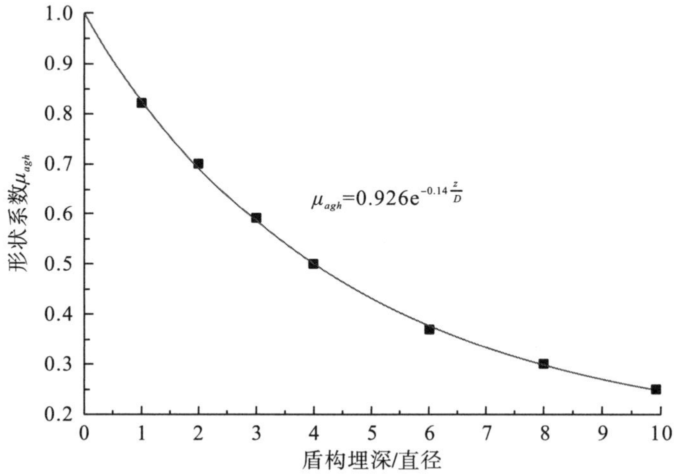

图 4-9 形状系数与盾构埋深和直径比值间的关系

由于土中水的渗流速度一般较慢，其动能部分可以忽略，所以决定土中水运动的主要是其势能。对于水压，同样计算每个薄层的水压力再求作用在整个掌子面上的合力。

$$W_{水压}=q\sum_{i-1}^{n}\gamma_w h_w A_i$$

式中，γ_w 为水的重度；h_w 为计算点水头高度；q 为水头折减系数。

地下水流经土体时会受到土体的阻力而产生水头损失，因此作用在开挖面的水压力一般小于该位置的理论水头压力。在渗透性较强的砂卵石地层中 q 取 1，随着渗透性降低，水头折减系数应适当减小。对于渗透性极弱的黏性土而言，通常采用水土合算将水压力计在土压力中。

通过上面确定的土压力和水压力乘以其相应的安全系数得出掌子面所需要的最小支护压力。

$$S_{\min}=\eta_E E_{ah}+\eta_w W_{水压}$$

式中，$S_{\min}$ 为掌子面最小支护压力；η_E 和 η_w 分别为土压和水压安全系数。

使用 Jancsecz 模型和德国工业标准 DIN4085 模型计算掌子面的最小支护压力时，分别将土压力和水压力乘以各自的安全系数 η_E 和 η_w，以便得到较安全的结果。安全系数的取值国内外没有统一的标准，通常情况下根据工程项目的不同由业主和施工方自己确定。安全系数取值 1.0 时，计算结果处在稳定和不稳定的临界状态，通常情况下安全系数取值应大于 1.0。

以成都某市域地铁盾构区间为例，选取右线勘探钻孔附近里程为 15+030km 处作为测试点，将地层参数代入上述 2 种模型，计算掌子面上的支护压力，安全系数分别取 1.0、1.3、1.5、1.75，并与现场实测值进行比较，如图 4-10 所示。可以看出，当安全系数为 1 时，使用 DIN4085 模型计算出的掌子面极限支护压力约为 87kPa，稍大于现场实测值；Jancsecz 模型的掌子面极限支护压力约为 78kPa，稍小于实测值。两种模型的计算结果与实测值的差值都在 8%以内。

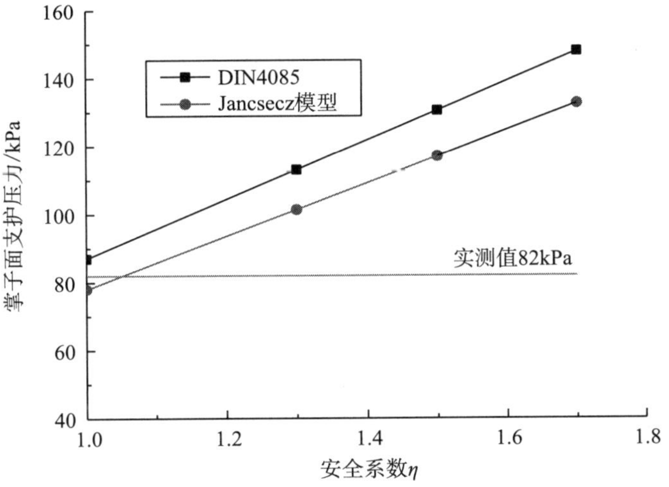

图 4-10 计算支护压力与实测值对比

4.2 盾构机主要装配参数

4.2.1 盾构推力

盾构推进机构是推动盾构向前掘进的动力装置，因此盾构推进力是设计、制造盾构的最基本参数。推进装置由设置在盾构支承环内环形中梁上等距布置的千斤顶群组成，千斤顶的一端固定在盾壳上，另一端支撑在已安装好的衬砌管片上，利用产生的反作用力借助土仓隔板向前传输动力，达到向前推进盾构的目的。

盾构制造商根据以往的大量工程实例，总结和建立了地质结构、外部环境和盾构直径等一系列相似条件的盾构装备推力数据库，在新工程选型时根据经验值进行盾构推进装置的配备。由于每个工程都具有自身的特点，而经验值的取值范围较宽，容易造成盾构推力不能符合真实需要，致使在复杂的地质条件下(砂砾层、复合岩层等)无法推进，导致工程停工的例子时有发生。如果推进力取值过大，造成盾构机身加重，将给运输、安装带来不便，并在掘进过程中造成能源浪费和不必要的成本增加。因此，近年来定量地分析研究推力大小已成为盾构设计、制造、使用等领域的前沿课题。

对于土压平衡盾构，千斤顶的推力等于盾构所受阻力之和，包括以下 6 项：盾体与土体间的摩擦阻力 F_1、盾构切口环贯入地层时的阻力 F_2、盾构推进时正面推进阻力 F_3、管片与盾尾间的摩擦阻力 F_4、变向阻力(盾构曲线施工和纠偏)F_5、牵引后配套台车的牵引阻力 F_6。由此盾构推力可表达为

$$F_{\mathrm{T}}=\sum_{i=1}^{6} F_i = F_1 + F_2 + F_3 + F_4 + F_5 + F_6$$

1) 盾构外壳与周围地层的摩擦阻力 F_1

盾构掘进过程中与土体产生的摩擦阻力主要是由上层覆土、地面建筑物、交通负荷产生的土压力和盾构自身重力引起的。大部分盾构供应商计算摩擦阻力采用的算法是，根据盾构轴线上竖直和水平土压强度之和的平均值与外壳面积的乘积得到平均压力，再乘以盾壳与土体间的摩擦系数，即

$$F_1=\mu[\pi DL(\sigma_{v1} + \sigma_{h1})0.5 + G_s]$$

式中，μ 为盾壳与土体的摩擦系数；D 为盾构直径；L 为盾壳长度；σ_{v1} 为盾壳顶部竖直土压强度；σ_{h1} 为盾壳顶部水平土压强度；G_s 为盾构自重。

上述方法假设盾壳与外部土体的接触面土压强度相等，并采用了垂直土压力和水平土压力平均值的简化算法，影响了计算结果的准确度。并且在实际工程中，经常遇见含水层的复合地层，上述公式的计算结果与实际偏差较大。

基于上述原因，建立了适用于复合地层、含水层的盾构外壳与周围土体的摩擦阻力的力学模型，其中盾构直径、自身重力、覆土厚度、土体-盾壳间的黏着力、内摩擦角和重度等参数都是影响该模型计算结果的重要因素。下面基于库仑定律，建立盾壳与土体摩擦阻力 F_1' 的计算公式：

$$\mathrm{d}F_1' = (\mu\sigma_{nsmn} + a_T)\mathrm{d}A_{mn}$$

式中，$\mathrm{d}A_{mn}$ 为盾壳外表面 mn 微小单元面积，$\mathrm{d}A_{mn}=RL\mathrm{d}\theta$，$R$ 为盾构隧道半径；σ_{nsmn} 为盾壳外表面第 mn 单元初始法向土压强度；a_T 为盾壳与土体间的黏着力。

计算盾壳外表面法向上某一点的土压强度，须将该点处垂直方向的土压强度乘以 Sugimoto 的任意 θ 角度方向的土压力系数 K_θ。K_θ 由水平和垂直方向的土压力系数 K_h 和 K_v 求得，即

$$F_1' = RL\int_0^{2\pi}(\mu\sigma_{nsmn} + a_T)\mathrm{d}\theta$$

$$\sigma_{nsmn} = K_\theta \sigma_{vmn}$$

$$K_\theta = K_v \cos^2\theta + K_h \sin^2\theta$$

$$F_1' = RL\int_0^{2\pi}(\mu\sigma_{nsmn} + a_T)\mathrm{d}\theta = RL\int_0^{2\pi}(\mu K_\theta \sigma_{vmn} + a_T)\mathrm{d}\theta$$

式中，σ_{vmn} 为第 mn 单元初始垂直土压强度；θ 为盾构顶点到第 mn 单元法线的夹角。

使用德国 DIN4085 模型计算任一点土压强度 σ_{vmn}。其中形状系数 μ_{agh} 与地层埋深、隧道直径间的关系表达式如下：

$$\mu_{agh} = 0.926\mathrm{e}^{-0.14\frac{z}{D}} = 0.926\mathrm{e}^{-0.14\frac{H+(R-R\cos\theta)}{D}}$$

$$\sigma_{vmn} = \gamma(H + R - R\cos\theta)(0.926\mathrm{e}^{-0.14\frac{H+(R-R\cos\theta)}{D}})$$

式中，μ_{agh} 为土压强度形状系数；γ 为盾构所在土层土体比重；H 为盾壳上覆土厚度；z 为计算点埋深。

在实际工程中经常遇到盾构掌子面为复合土层，考虑到上下土层的物理和力学参数不同，通过控制角 β 对土体进行划分，以此来计算盾构的摩擦阻力。通常情况下，复合土层被认为盾构掌子面有双土层或三土层，其划分取决于盾构直径的大小，由于本书以城市地铁为研究背景，因此假设掌子面为双土层，其 F_1' 的表达式：

$$\begin{aligned} F_1' &= 2RL\int_0^{\beta}(\mu_1 K_\theta \sigma_{1vmn} + a_{T1})\mathrm{d}\theta + 2RL\int_{\beta}^{\pi}(\mu_2 K_\theta \sigma_{2vmn} + a_{T2})\mathrm{d}\theta \\ &= 2RL\int_0^{\beta}[\mu_1(K_v\cos^2\theta + K_h\sin^2\theta)\sigma_{1vmn} + a_{T1}]\mathrm{d}\theta \\ &\quad + 2RL\int_{\beta}^{\pi}[\mu_2(K_v\cos^2\theta + K_h\sin^2\theta)\sigma_{2vmn} + a_{T2}]\mathrm{d}\theta \end{aligned}$$

式中，σ_{1vmn} 为第一层土体 mn 单元初始垂直土压强度；σ_{2vmn} 为第二层土体 mn 单元初始垂直土压强度；a_{T1} 为盾壳与第一层土体的黏着力；a_{T2} 为盾壳与第二层土体的黏着力；μ_1 为盾壳与第一层土体的摩擦系数；μ_2 为盾壳与第二层土体的摩擦系数。

基于上述理论推导，可见在无水和有水地层中盾构所受摩擦力的计算表达式为

无水条件下：

$$F_1 = F_1' + \mu G_s$$

在含有地下水的掘进层中，由于盾构顶部和底部存在压力差产生浮力 F_B，导致盾构自身重量减轻，F_1 可表示为

$$F_1 = F_1' + \mu(G_s - F_B)$$

$$F_B = \pi\frac{D^2}{4}\gamma_w L$$

式中，F_B 为盾构机所受浮力；γ_w 为水的容重。

在含水地层中，盾构在长时间停机后的启动推进力明显高于正常启动时所需要的推进力。导致这种现象原因在于：一方面，在掘进过程中，初始应力状态被破坏，土体发生变形，能量得到释放，土体颗粒重新排列，同时在盾构振动作用下，上层土体的密实度增加，使得周围土体抱实盾构，增加其与盾壳间的摩擦阻力。另一方面，土体在扰动过程中产生了超静孔隙水压力，随着时间的推移发生渗流和固结，如果停机时间过长，在黏性土地层中形成再次固结，从而导致摩擦阻力增加。其次，孔隙水的消散使得土体的有效应力增加，土体与盾壳间的剪切强度增大，导致盾构启动时的推力增加。所以在含水地层中，必须在原有计算结果下考虑附加摩擦力。

2) 盾构切口环的贯入阻力 F_2

盾构切口环切入土体的贯入阻力主要取决于切口环插入地层的反作用力，也就是通常所说的反压强度，其大小是由被动土压力系数和垂直向的土压强度 σ_v 确定的。

$$p_c = K_p \sigma_v$$

$$F_2 = \pi D p_c t$$

式中，p_c 为切口环插入土体的反压强度；t 为切口环的切入深度；K_p 为被动土压力系数。

3) 盾构推进时的正面推进阻力 F_3

盾构掘进时，正面推进阻力主要克服位于掌子面的土压力和水压力。在实际工程中，为了保证开挖面稳定性，一般情况下，推进力略大于土压力 F_E 和水压力 F_w 之和：

$$F_3 \geqslant F_E + F_w$$

掌子面上任意深处的水平土压强度可以通过在圆内积分求得。将柱坐标原点放在刀盘圆心处，在荷载面积内取一微分面积 $\mathrm{d}A = r\mathrm{d}r\mathrm{d}\theta$，$\mathrm{d}A$ 乘以该微小单元上的水平土压强度即为该单元所受阻力。通过各微元阻力在整个开挖面上积分得到盾构所受正面推进阻力(图 4-11)，其积分公式为

$$F_E = \int_0^{2\pi}\int_0^{r}(K_0\sigma_{vmn})r\mathrm{d}r\mathrm{d}\theta$$

如果掌子面是复合型掌子面，这里假设为两土层。其计算原理同单一掌子面相同，分别对第一层和第二层土体积分，可以表达为

$$F_E = 2\left[\int_0^{\beta}\int_{\frac{R\cos\beta}{\cos\theta}}^{R}(K_{01}\sigma_{1vmn})r\mathrm{d}r\mathrm{d}\theta + \int_{\beta}^{\pi}\int_0^{R}(K_{02}\sigma_{2vmn})r\mathrm{d}r\mathrm{d}\theta + \int_0^{\beta}\int_0^{\frac{R\cos\beta}{\cos\theta}}(K_{02}\sigma_{2vmn})r\mathrm{d}r\mathrm{d}\theta\right]$$

式中，β 为盾构顶点与掌子面土层分界线的夹角；θ 为盾构顶点到掌子面第 mn 单元法线的夹角；K_{01} 为掌子面上第一层土体静止侧压力系数；K_{02} 为掌子面上第二层土体静止侧压力系数。

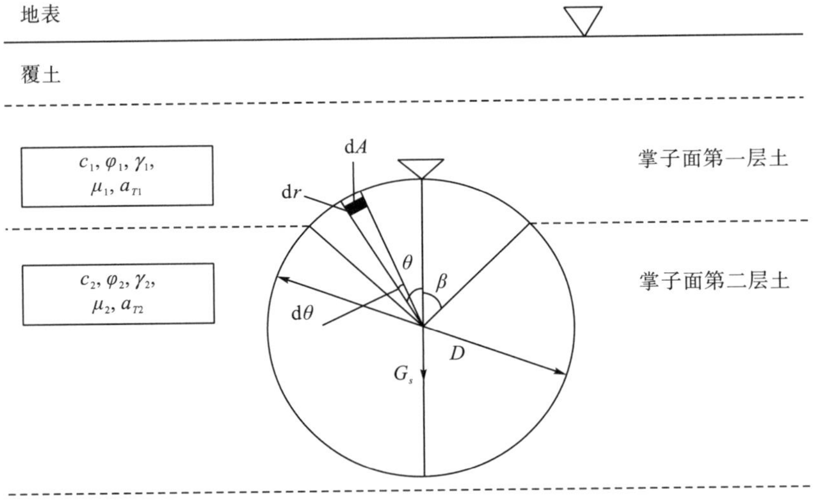

图 4-11 盾构正面推进阻力求解示意图

4) 管片与盾尾间的摩擦阻力 F_4

管片与盾尾间的摩擦阻力是由位于盾壳尾部的盾尾刷引起的，可表达为

$$F_4 = n_1 W_s \mu_b + \pi D_0 L P_T n_2 \mu_b$$

式中，n_1 为盾尾内管片的环数；n_2 为盾尾刷层数；W_s 为一环管片的重力；D_0 为管片外径；

L 为盾尾刷与管片的接触宽度；μ_b 为盾尾刷与管片的摩擦系数；P_T 为盾尾刷内的油脂压力。

5）变向阻力 F_5

当盾构转弯时，需要克服变向阻力，包括盾构向前掘进阻力和转动阻力，其大小主要取决于盾构直径、盾壳长度和盾体形状。在施工过程中可以通过外部手段降低变向阻力，例如在盾壳和土体间注射膨润土、泡沫等化学润滑剂，在盾尾处布置链接环等。一般情况下，确定总推力时要根据设计线路，以及工程实际情况留出一定的富余量。

6）后配套牵引阻力 F_6

后配套的牵引力的计算公式为

$$F_6 = W_b \mu_{\text{back-up}}$$

式中，W_b 为后配套总重量；$\mu_{\text{back-up}}$ 为后配套运行轨道与拖车的摩擦系数。

根据以往的大量工程经验，后配套拖拉力占整个盾构推进力的 2%～3%。

7）盾构推力设计值估算

以成都某市域地铁盾构区间右线里程 YDK15+060 处为例，在该断面处隧道埋深为 16.6m，且开挖面处于中风化泥岩层中。使用以上方法估算盾构各分项推力，该断面各项地层参数如表 4-1 所示。

表 4-1　地层参数表

土层	天然重度/(kN/m³)	饱和重度/(kN/m³)	黏聚力/kPa	内摩擦角/(°)	弹性模量/MPa	泊松比	层厚/m
杂填土	18.64	21.91	10	10.00	1.0	0.35	4.00
粉质黏土	19.72	20.03	26	12.00	4.0	0.26	3.50
粉土	19.03	22.45	18	20.00	5.0	0.30	2.50
稍密粉细砂	18.15	18.15	#	23.00	11.0	0.29	2.20
密实卵石土	22.56	22.56	#	45.00	50.0	0.22	3.90
中风化泥岩	23.50	23.50	300	33.00	180.0	0.18	—

首先计算盾构外壳与周围地层的摩擦阻力 F_1，考虑到积分公式的复杂性，使用计算软件 MATLAB 对 F_1' 进行计算，将圆环 90 等分，则 $\Delta\theta=\pi/45$，$\Delta F_n'$ 的计算式为

$$\Delta F_n' = \frac{\pi}{45} RL\left(\mu K_\theta \sigma_{vmn} + a_T\right)$$

$$K_\theta = K_v \cos^2\theta + K_h \sin^2\theta$$

$$\sigma_{vmn} = \gamma(H + R - R\cos\theta)(0.926\mathrm{e}^{-0.14\frac{H+(R-R\cos\theta)}{D}})$$

其中，$\theta = n\Delta\theta\left(n = 1,2,\cdots,90\right)$。

则 F_1' 的计算结果为

$$F_1' = \sum_{n=1}^{90} \Delta F_n' = 9883\text{kN}$$

计算浮力 F_B：

$$F_B = \pi \frac{D^2}{4}\gamma_w L = \frac{\pi}{4}\times 8.6^2 \times 10 \times 10 = 5809\text{kN}$$

综合以上计算结果得出盾构外壳与土体摩擦阻力 F_1 的计算结果为

$$F_1 = F_1' + \mu(G_s - F_B) = 9883 + 0.18\times(6500-5809) = 10007\text{kN}$$

由于土压平衡盾构刀盘凸前于盾壳，因此盾构切口环贯入地层时的阻力 F_2 为 0，变向阻力假设为 0。由于后配套设施总重难以测算，后配套牵引阻力 F_6 按总阻力的 4%计算，各分项计算值列于表 4-2。在表 4-2 盾构设计推力的构成中，盾体与土体间的摩擦阻力 F_1 为 10007kN，占总推力的 57.6%，占盾构总推力的比重最高；正面推进阻力 F_3 为 5436kN，占总推力的 31.3%；可以认为盾壳摩擦阻力和刀盘正面推进阻力是影响盾构设计推力的主要因素，约占总推力的 89%；其余的管片与盾尾间的摩擦阻力 F_4、变向阻力 F_5、牵引后配套台车的牵引阻力 F_6 等三项对设计推力的影响较小。

表 4-2 盾构推力估算表

盾构推进阻力	计算值/kN	占总阻力百分比/%	总推力大小/kN
盾壳摩擦阻力 F_1	10007	57.6	17359
切口环贯入阻力 F_2	0	0	
正面推进阻力 F_3	5436	31.3	
盾尾摩擦阻力 F_4	1222	7.1	
变向阻力 F_5	0	0	
后配套牵引阻力 F_6	694	4	

上述计算所选取的地层参数来自于该市域地铁右线里程 YDK15+060 断面，该点对应的管片环号为 440 环，将左、右线的盾构机在该点附近 20 环(即 421～440 环)的推力与该设计推力进行对比，如图 4-12 所示，421～440 环对应的隧道都处于中风化泥岩层中。可

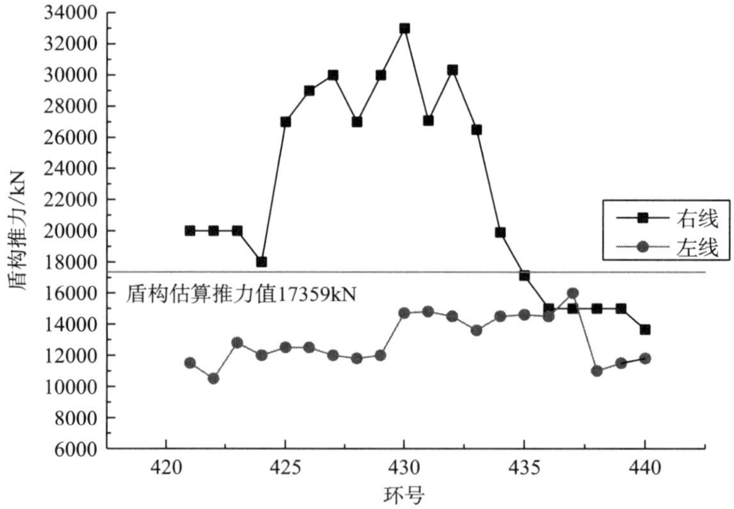

图 4-12 右线里程 YDK15+060 处推力估算值与实测值对比

以看出，盾构推力估算值与实际值较为吻合。盾构推力过小会导致掘进缓慢、机械卡顿等，盾构机应在全线保持足够的推力，以保证盾构掘进速度。因此可以通过本节的推力设计值估算方法在全线进行推力估算，选取最大值作为推力设计值。

依据本节方法估算该盾构区间右线全线的推力值，选取有详细土体参数的 23 个点进行计算，结果如表 4-3 所示。

表 4-3 右线沿线推力估算值

里程	环号	埋深/m	所处地层	侧压力系数	推力设计值估算/kN
14298.92	19	21.1	泥岩	0.22	20031
14328.54	35	23.7	泥岩	0.22	21390
14405.49	78	21.9	泥岩	0.22	20457
14449.57	102	16.5	泥岩	0.22	17435
14499.13	130	19.5	泥岩	0.22	19157
14549.41	158	19.1	泥岩	0.22	18934
14596.5	184	18.6	泥岩	0.22	18652
14637.92	207	18.7	泥岩	0.22	18708
14676.92	228	19	泥岩	0.22	18878
14715.35	250	18.8	泥岩	0.22	18764
14758.51	274	19.5	泥岩	0.22	19157
14801.07	298	18.7	泥岩	0.22	18708
14904.88	355	18.5	泥岩	0.22	18595
14927.82	368	18.2	泥岩	0.22	18424
14990.93	403	16.6	泥岩	0.22	17495
15026.78	422	16	泥岩	0.22	17137
15065.5	444	14.9	复合地层	0.29/0.22	20139
15119.94	474	13.8	复合地层	0.29/0.22	21107
15156.59	494	12.2	复合地层	0.29/0.22	20597
15203.76	521	10.9	复合地层	0.29/0.22	20327
15240.6	541	9.5	复合地层	0.29/0.22	19624
15292.32	570	8.1	复合地层	0.40/0.29/0.22	19915
15350.08	633	7.7	复合地层	0.40/0.29/0.23	17879

将表中数据绘于图 4-13，可以发现在右线全线范围内最大推力估算值约为 22000kN，由于左线与右线相距较近，地层参数测点相同，因此左线不再进行计算。将全线的估算值与实测值进行对比，如图 4-13 所示，发现估算值与实测值相差较小，其差值在可接受范围内，证明了推力估算模型的正确性。为保证盾构机顺利推进并保持正常推进速度，推力估算值应为盾构机额定推力的 40%，其千斤顶所能提供的推力应大于 55000kN，即 5500t，该理论计算模型为前期盾构选型提供了重要依据。

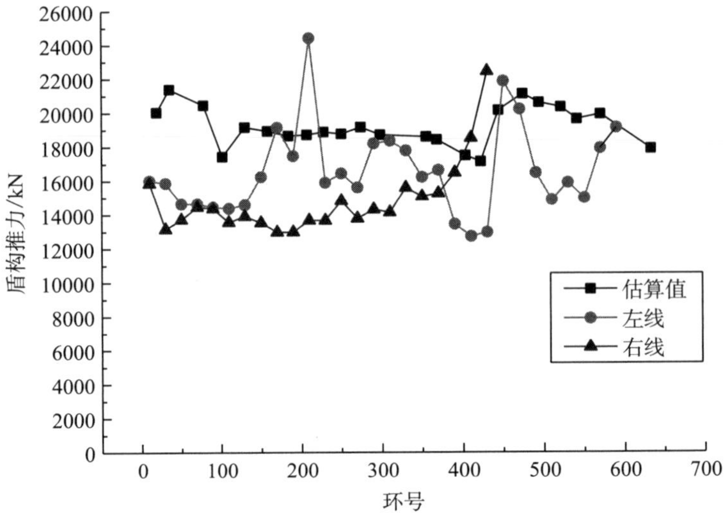

图 4-13 推力估算值与实测值对比

4.2.2 刀盘扭矩

刀盘对地层切削作用强弱的直观量度便是刀盘扭矩的大小。盾构机的刀盘扭矩是其动力消耗中的主体部分。相关研究认为，刀盘切削土体的力矩只占总力矩的25%～31%，而在刀盘周边的摩擦力矩却占了总力矩的47.73%。

土压平衡盾构掘进机在施工过程中，刀盘扭矩主要用于克服刀盘与土体之间的摩擦力扭矩、切削土体时的地层抗力扭矩、搅拌土体时的搅拌扭矩、刀具受到的摩擦力扭矩等。因此，对于土压平衡盾构掘进机刀盘，其总扭矩主要由以下几部分组成：

$$T = T_1 + T_2 + T_3 + T_4 + T_5 + T_6 + T_7$$

式中，T 为刀盘扭矩；T_1 为刀盘正面、侧面与土体之间的摩擦力扭矩；T_2 为刀盘切削土体时的地层抗力扭矩；T_3 为刀盘和搅拌棒的搅拌扭矩；T_4 为刀具受到的摩擦力扭矩；T_5 为密封引起的摩擦力扭矩；T_6 为轴承引起的摩擦力扭矩；T_7 为减速装置摩擦损失的扭矩。

其中，T_1、T_2、T_3、T_4 与土体的物理力学特性密切相关；T_5、T_6、T_7 为盾构机械自身的摩擦，由盾构自身属性决定。实践表明，T_1、T_2 之和占总扭矩的 90%以上，T_3 对刀盘扭矩的大小也有一定程度的影响。刀具切削土体时的摩擦力扭矩 T_4 在刀盘扭矩中所占比例小于 5%，土压平衡盾构自身的摩擦损失也在 5%以内。因此，影响刀盘扭矩大小的主要部分为 T_1、T_2、T_3。

据此，可将盾构刀盘的扭矩表达为以下两个部分之和：

$$T = T_S + T_M$$

式中，T_S 为与切削地层物理力学特性相关的扭矩；T_M 为与盾构机械本身特性相关的扭矩。显然，与地层物理力学特性相关的扭矩 T_S 正是由于盾构刀盘对地层的切削扰动而消耗的，也即盾构切削扰动地层的动力源。

4.3　壁后注浆对地层扰动机理

盾构推进时，由于盾尾间隙的存在，需要进行壁后注浆以对间隙进行填充。目前关于浆液渗透模型的研究有很多，但基本没有考虑渗透对地层应力状态的影响。本节主要讨论盾构壁后注浆浆液的渗透模式并推导其渗透模型，分析注浆对围岩的挤压作用与渗透作用，并研究地层在浆液渗透作用下的位移与应力状态。

4.3.1　浆液扩散模式

盾构机进行壁后注浆时，浆液的渗透模式与注浆前盾尾间隙的状态有关，将盾尾间隙的状态进行简化分类并确定浆液的渗透面是研究注浆模式的前提。管片脱离盾尾后，围岩土体会产生一定的径向位移，同时局部土体在重力与地下水的作用下会产生松动脱落，与地下水共同充填盾尾间隙。注浆前的盾尾间隙状态与围岩性质、地下水、注浆及时性等因素有关，在理想情况下可以将注浆前的盾尾间隙简化为两种形态。

(1) 盾尾间隙不完全充填

在管片脱离盾尾后，若围岩土体的径向位移小于盾尾间隙厚度，剩余的盾尾间隙将由松动脱落的土体与地下水填充，这种情况可视为在管片与围岩间存在一层不规则的填充土层圈，其中存在大量由地下水充填的裂隙与空洞，且这些裂隙与空洞能够在隧道环向贯通，此时盾尾间隙形态如图 4-14 所示。这种盾尾间隙形态通常出现在自稳性较好且有一定黏聚力的黏性地层中，若采用盾尾同步注浆的方式，在围岩土体侵入盾尾间隙的同时注入浆液填充盾尾间隙，注浆前的盾尾间隙也可视为不完全填充形态。

(2) 盾尾间隙完全充填

在管片脱离盾尾后，若围岩土体在卸载作用下发生较大的径向位移，将导致围岩土体与管片紧密贴合，仅存在少量不能贯通的裂隙与空洞，此时盾尾间隙形态如图 4-15 所示。这种盾尾间隙形态通常出现在自稳性较差且黏聚力较小的砂性地层，或裂隙发育且破碎程度较高的地层中，砂性地层主要指由卵石、砾石、砂土等组成的粒径较大的地层。

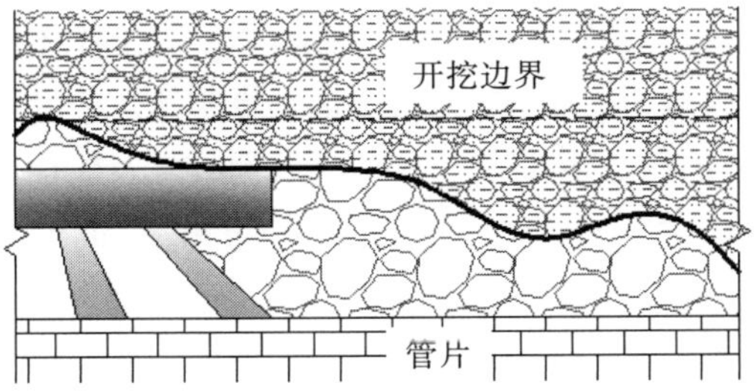

图 4-14　地下水与脱落土体组成填充土层圈

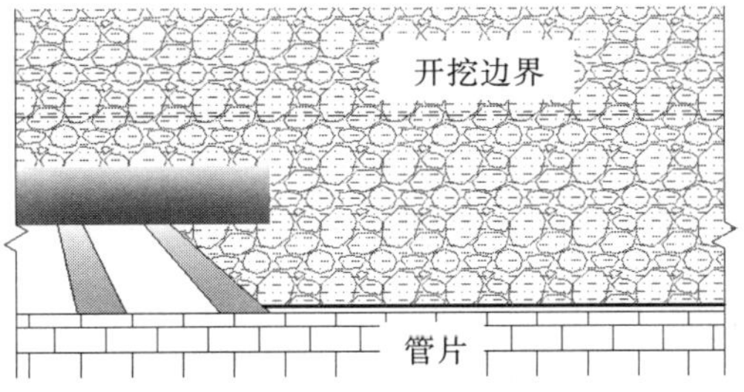

图 4-15　围岩土体与管片紧密贴合

盾尾间隙的充填形态对浆液扩散模式有着重要的影响，若盾尾间隙处于不完全填充的形态，则浆液将首先充填管片外围的裂隙与空洞，待盾尾间隙被浆液完全充填后再向围岩进行渗透，这种情况下浆液的初始渗流面可视为柱面；若盾尾间隙处于完全填充形态，土体与管片完全贴合，注浆开始时浆液将跳过充填阶段，直接进入渗透阶段，这种情况下的浆液渗透可视为半球面渗流。显然两种渗流模式存在差异，应分别进行讨论。

(1)柱面渗流模型

在盾尾间隙处于不完全填充的形态下，浆液首先填充盾尾间隙，随后向围岩渗透扩散，最终形成浆液填充层与扩散层，其过程如图 4-16 所示。在这种浆液扩散模式下，可假设浆液在填充阶段不发生水头损失，即浆液填充层内的浆液压力等于注浆压力，在渗透阶段浆液的初始渗透面为柱形面，将浆液简化为牛顿流体，并简化为二维问题，即可将浆液渗透作为柱形渗流进行分析。

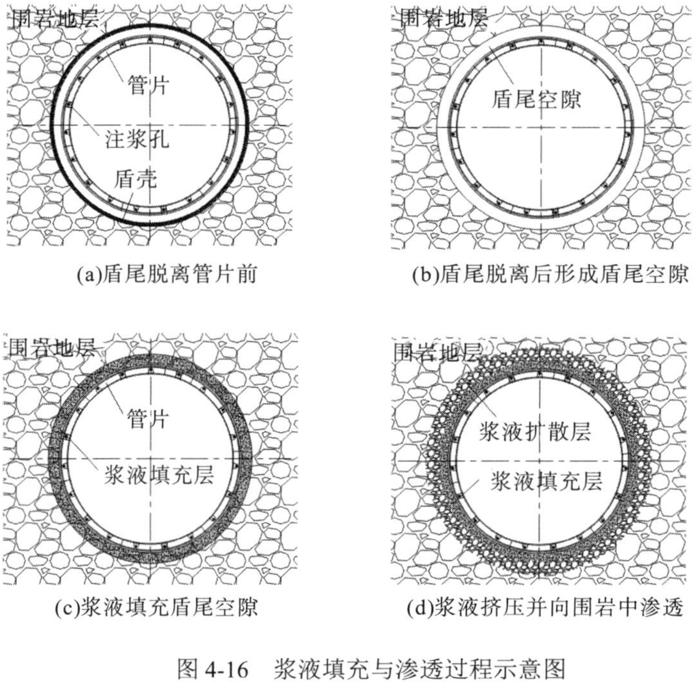

图 4-16 浆液填充与渗透过程示意图

分析过程基本假定如下：浆液为牛顿流体，渗流符合广义达西定律；浆液初始渗流面为柱面；渗透阶段浆液填充层内的浆液压力等于注浆压力；浆液为不可压缩流体。浆液柱面扩散的模型如图 4-17 所示，浆液沿柱形面均匀扩散，图中 P_g 为注浆压力，P_w 为地层中的静水压力，r_0 为初始渗流柱面的半径，约等于管片外半径，r_1 为注浆压力为 P_g 时浆液渗透层的外半径。

根据流体力学中的达西定律，在任意时间的柱形面上：

$$q=\frac{\mathrm{d}Q}{\mathrm{d}t}=-k_g A\frac{\mathrm{d}H}{\mathrm{d}r}$$

式中，q 为注浆速率；Q 为注浆量；t 为注浆时间；k_g 为浆液在土体中的渗流系数，$k_g=k/\beta$，

k 为土体的渗流系数，β 为浆液黏度与水的黏度比，即 $\beta=\mu_g/\mu_w$；A 为柱形面面积(渗流断面面积)，$A=2\pi rb$；b 为管片幅宽；r 为渗透层内任一点到隧道中心点距离；H 为总水头。

总水头包括压力水头、位置水头和动力水头，其计算式为

$$H = z + \frac{P}{\gamma} + \frac{v^2}{2g}$$

式中，z 为位置水头，即计算点到原点的垂直距离，以隧道圆心为原点；P 为液体压力；γ 为液体重度；v 为液体质点速度。

在浆液渗透层中，浆液动力水头的量值很小，可以忽略，得到：

$$H = z + \frac{P}{\gamma_g}$$

式中，γ_g 为浆液的重度。

将达西公式积分后得到：

$$H = \frac{-q\beta}{2\pi kb}\ln r + J$$

式中，J 为不定参数。

在水位线以下的饱和地层中，注浆影响区域以外总水头保持不变，即静水压力与位置水头可以相互转化，扩散层边界任意一点的静水压力与位置水头都可以作为边界条件。边界条件：①初始渗透面：$r=r_0$，$z=0$ 时，$P=P_g$，总水头 $H_0 = P_g / \gamma_g$；②与原点在同一水平的边界点：$r=r_1$，$P=P'_w$，$z=0$，总水头 $H_1 = P'_w / \gamma_g$。P'_w 为隧道原点对应的地层静水压力。

将边界条件①、②代入上式得到不定参数 J，则有

$$H = \frac{P_g}{\gamma_g} + \frac{q\beta}{2\pi kb}\ln\frac{r_0}{r}$$

$$r_1 = r_0 \cdot e^{\frac{2\pi kb\left(P_g - P'_w\right)}{q\beta\gamma_g}}$$

以隧道圆心为原点，建立平面极坐标系，如图 4-18 所示，浆液扩散层内任一点的水头可表示为

$$H = \frac{P}{\gamma_g} + r\sin\theta$$

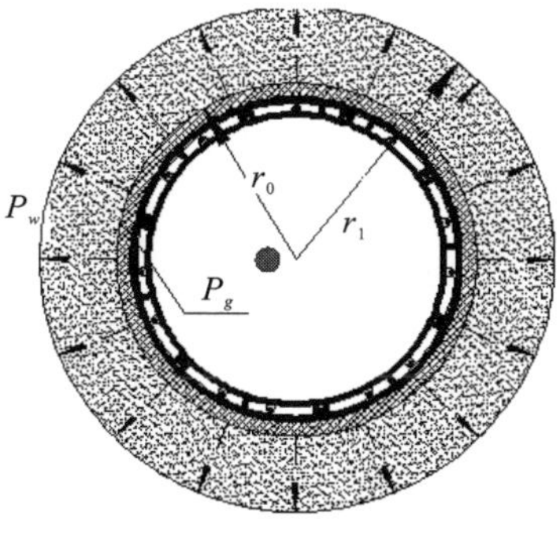

图 4-17　盾构壁后注浆柱形扩散示意图

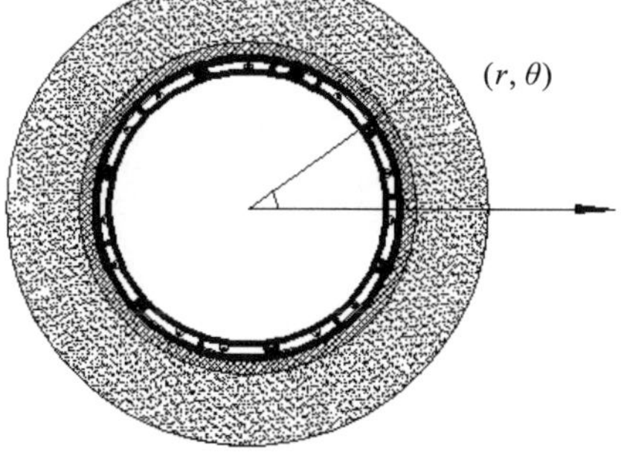

图 4-18　平面极坐标系示意图

浆液扩散层内任一点的液体压力为

$$P = P_g - \frac{q\beta\gamma_g}{2\pi kb}\ln\frac{r}{r_0} - r\gamma_g\sin\theta$$

(2) 半球面渗流模型

盾尾间隙处于完全填充的形态时，理想情况下管片外围不存在裂隙与空洞，注浆时浆液扩散将直接进入渗透阶段，最终在管片外围形成一层浆液扩散层，如图 4-19 所示。

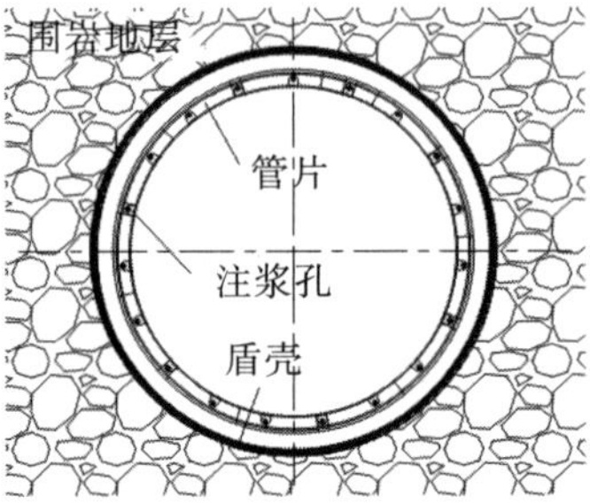

(a)盾尾脱离管片前

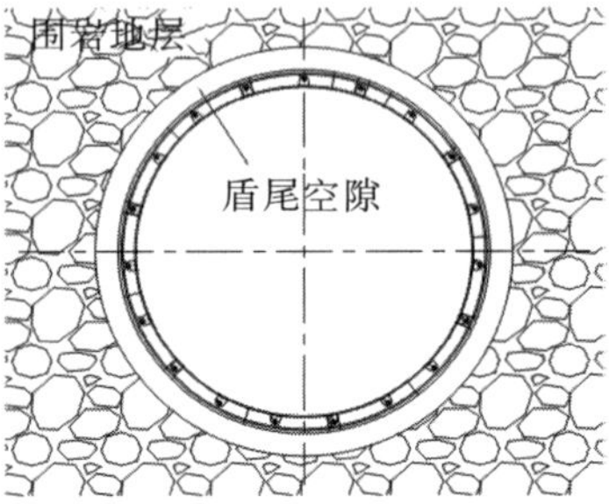

(b)盾尾脱离后形成盾尾空隙

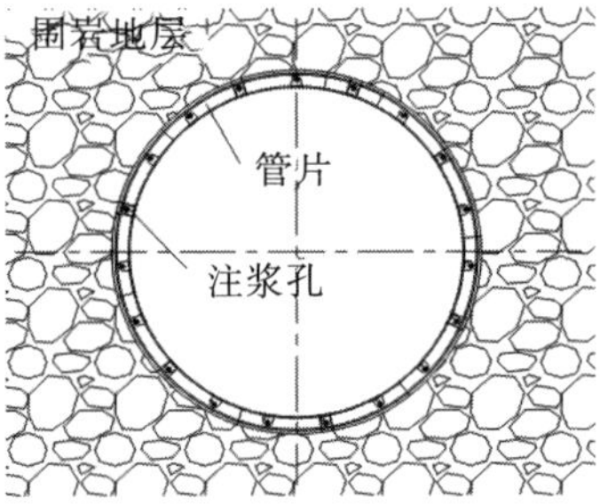

(c)围岩侵入盾尾空隙

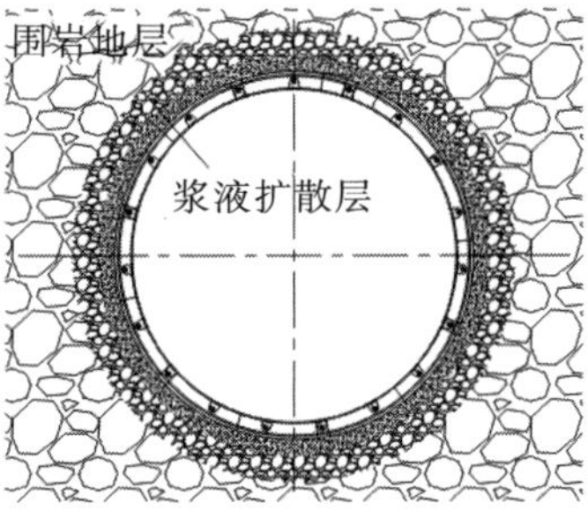

(d)浆液挤压并向围岩中扩散

图 4-19　浆液渗透扩散过程示意图

浆液半球形扩散模型如图 4-20 所示，注浆孔处的注浆压力为 P_g，浆液沿半球形曲面均匀扩散，扩散范围内任意一点浆液压力为 P，r'为浆液扩散层内任一点到注浆孔中心的距离。

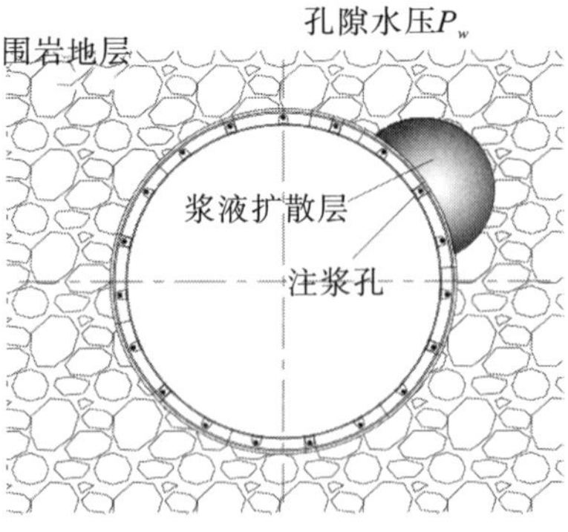

图 4-20　浆液半球形扩散模型示意图

根据流体力学中的达西定律，在任意时间的半球面上：

$$q=\frac{\mathrm{d}Q}{\mathrm{d}t}=-k_g A'\frac{\mathrm{d}H}{\mathrm{d}r'}$$

式中，q 为注浆速率；Q 为注浆量；t 为注浆时间；k_g 为浆液在土体中的渗流系数，$k_g=k/\beta$；k 为土体的渗流系数；β 为浆液黏度与水的黏度比，即 $\beta=\mu_g/\mu_w$；A'为半球体表面积(渗流断面面积)，$A'=2\pi r'^2$；H 为总水头。

忽略浆液的动力水头，并对上式进行积分得到：

$$H=\frac{q\beta}{2\pi k r'}+J$$

边界条件：①注浆孔：$r'=r_0'$，z=0 时，$P=P_g$，总水头 $H_0=P_g/\gamma_g$，r_0' 为注浆孔半径；②与注浆孔在同一水平的边界点：$r'=r_1'$，$P=P_w$，z=0，总水头 $H_1=P_w/\gamma_g$，r_1' 为浆液最终扩散半径，P_w' 为原点(注浆孔)静水压力。

代入上述边界条件得

$$\begin{cases} H=\dfrac{P_g}{\gamma_g}-\dfrac{q\beta}{2\pi k}\left(\dfrac{1}{r_0'}-\dfrac{1}{r'}\right) \\ r_1'=\dfrac{r_0'\gamma_g q\beta}{\gamma_g q\beta-2\pi k r_0'\left(P_g-P_w'\right)} \end{cases}$$

浆液沿半球面扩散的前提是注浆前盾尾间隙被围岩充分填充，这种情况通常发生在砂性地层或破碎程度较高的地层中，而砂性地层由于土颗粒的粒径较大，孔隙率和渗透系数也较大，导致砂性土层中浆液的最终扩散半径远高于黏性土层。同时，注浆的目的之一便是使浆液包裹住管片，因此各个注浆孔对应的浆液半球形扩散层必然存在重合。

浆液的扩散半径越大，半球形扩散层的重合度越高，扩散层的重合会导致渗流断面面积被压缩。反之，在砂性地层注浆的过程中，当注浆压力达到一定值时，浆液在注浆口附近会挤压周围土体，形成“浆泡”，且盾尾间隙内存在少量的裂隙与空洞，注浆压力较大时会使裂隙在隧道环向贯通，这些现象会导致初始渗流断面的面积增大。

综合上述因素可知，随着注浆压力的增大，半球面渗流断面面积会因浆液扩散层重合而减小，同时初始渗流断面的面积会因“浆泡”的出现而增大，从而导致浆液在隧道横截面上的整体扩散模式趋向于柱面扩散。此外，围岩土体侵入盾尾间隙并将其完全充填需要一定的时间，只要在盾尾间隙被完全充填之前及时进行注浆，即使在砂性地层中浆液也将以柱形渗流模型进行扩散。

4.3.2 渗透力学状态简化

若注浆及时，在理想情况下浆液将以柱形渗流模型进行扩散，为分析注浆对地层的扰动，对浆液柱面扩散模型下的渗透层做受力分析。根据浆液渗流简化模型，渗透层土体主要受到的作用力如下：

1) 渗透力(体力)

浆液在渗流过程中会受到土的阻碍作用而产生水头损失，反之浆液渗流也会对土体产生渗透力。饱和土体中发生渗流时，土体所受到的渗透力为

$$j=-\gamma_g i$$

式中，j 为土体受到的渗透力；i 为水力坡度，即单位长度水头差，$i=\mathrm{d}H/\mathrm{d}r$。

浆液沿隧道径向渗透，因此渗透力方向也是沿径向，将浆液总水头公式代入渗透力公式中，可得到渗透层内土体受到的渗透力：

$$j=-\gamma_g\frac{\mathrm{d}H}{\mathrm{d}r}=\frac{q\beta\gamma_g}{2\pi kbr}$$

式中浆液总水头包含了压力水头与位置水头，因此渗透力已包含浆液自重。

2) 土体自身重力

将渗透层土体视为固态土颗粒与浆液组成的饱和土体，则计算土体自身重力时应取土体在浆液中的浮重度，其计算式如下：

$$\gamma_y'=\gamma'-(1-n)(\gamma_g-\gamma_w)\approx\gamma'$$

式中，n 为土体孔隙率；γ_w 为水的重度；γ' 为土体在水中的浮重度。

3) 地层对渗透层土体的约束力 p

渗透层土体在渗透力的作用下将发生变形趋势，而围岩地层与渗透层紧密贴合，会对渗透层土体产生反向的约束力 p。在浆液柱形渗流模型中，浆液的最终渗透半径 r_1 与坐标无关，在隧道环向不变，因此浆液柱形渗流所形成的渗透层土体在横截面上是一个均匀圆环，其上所受的作用力如图 4-21 所示。

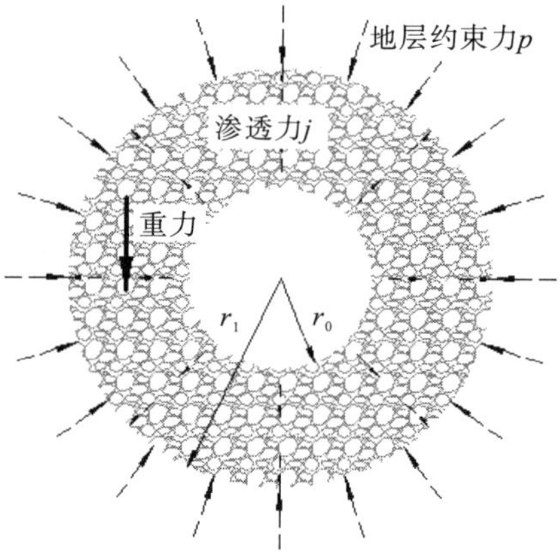

图 4-21　浆液渗透层所受作用力

为方便对地层位移进行求解，可以将浆液渗透层的应力状态分解，分别求解渗透力 j 与重力单独作用下的地层位移场，再将二者的位移场叠加。图 4-21 中的受力状态可以分解为渗透力 j 作用下的带圆孔半无限土体(图 4-22)和重力作用下的带圆孔半无限土体(图 4-23)，而地层约束力 p 也可以分解为对应的 p_1 和 p_2。

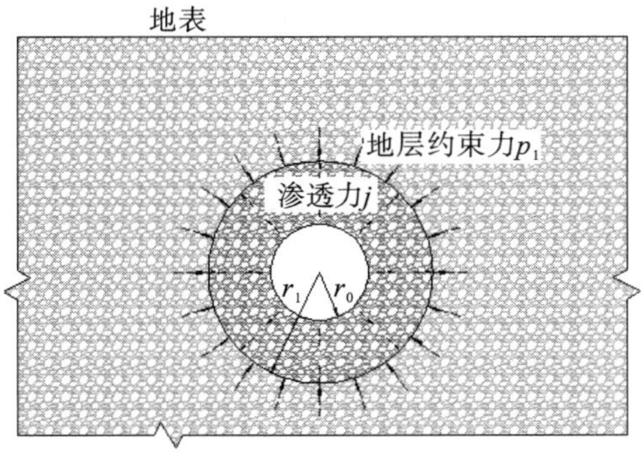

图 4-22　渗透力 j 作用下的带圆孔半无限土体

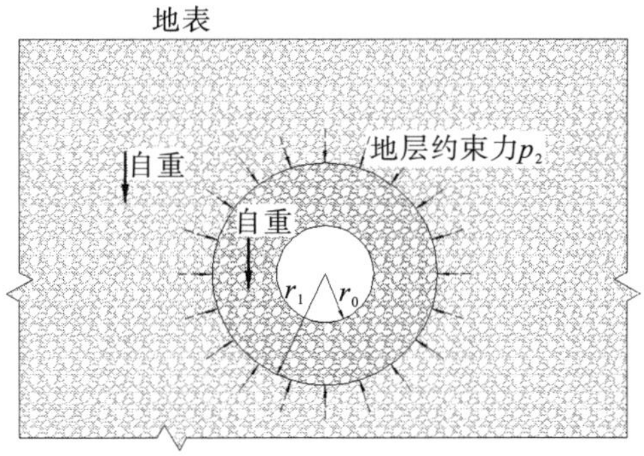

图 4-23　重力作用下的带圆孔半无限土体

图 4-22 中浆液渗透层在渗透力 j 的作用下是环向对称的，可以通过微元体的受力平衡求出地层约束力 p_1，而浆液渗透层外的围岩地层可以看作是反力 p_1 作用下的半无限体圆孔扩张。图 4-23 中整个地层仅受重力作用，与未开挖时的原状地层相比，仅有隧道开挖后无支护的卸载作用，即图 4-23 可视为隧道圆孔土体的开挖卸载。

浆液渗透层在仅受渗透力 j 作用时是在环向对称的，即任一点的切应力为 0，若将围岩地层的约束视为等刚度的地基弹簧，沿径向取任一微元体，即可通过径向的受力平衡得出地层约束力 p_1，如图 4-24 所示。

因浆液渗透层的应力呈环向对称，根据弹性力学基本理论可得

$$\tau_{\theta r}=0$$

图 4-24 中微元体在径向受力平衡：

$$\mathrm{d}\theta\int_{r_0}^{r_1} jr\mathrm{d}r-p_1r_1\mathrm{d}\theta=0$$

将渗透力 j 代入上式可得地层约束力 p_1：

$$p_1=\frac{q\beta\gamma_g}{2\pi kb}\cdot\frac{(r_1-r_0)}{r_1}$$

在浆液渗透层以外的半无限土体中，圆孔孔壁上受到地层约束力 p_1 的反力，如图 4-25 所示，其地层位移可由圆孔扩张理论得到。

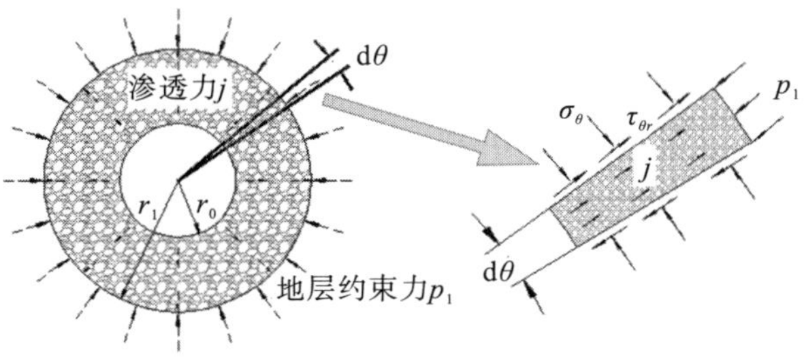

图 4-24　环向对称土体取任一微元体

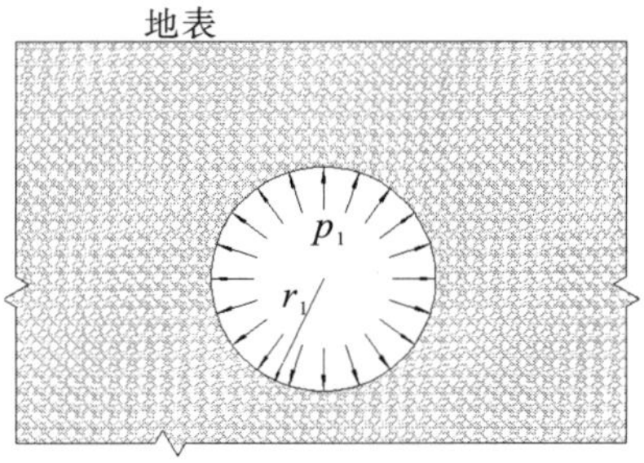

图 4-25　扩张力 p_1 作用下半无限土体圆孔扩张

隧道开挖后由于土体卸载作用，围岩会产生径向位移，此时的应力状态可分解为图 4-26 与图 4-27。

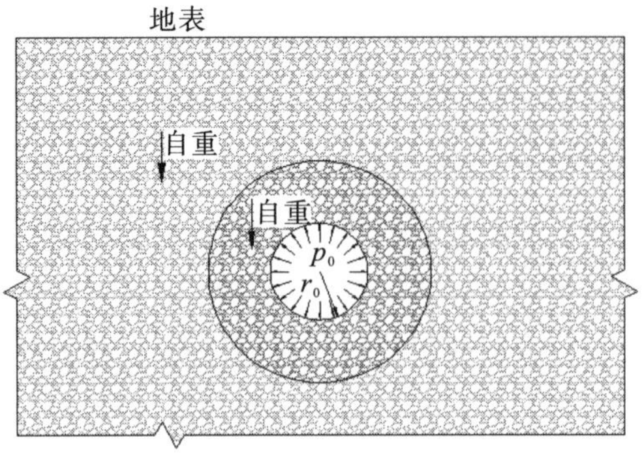

图 4-26　未开挖时原状土应力状态

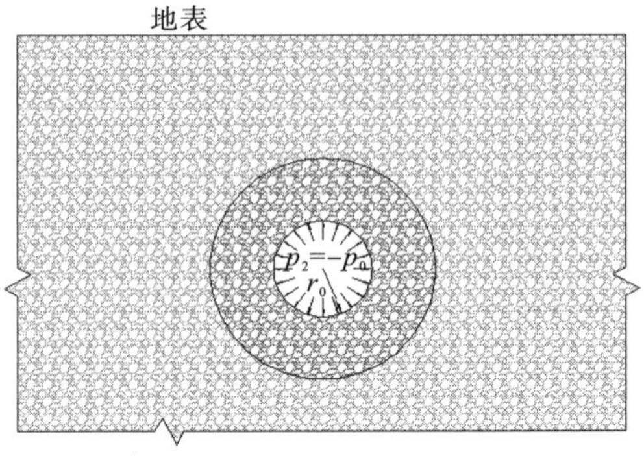

图 4-27　扩张力 p_2 作用下半无限土体圆孔扩张

图中 p_0 为未开挖原状地层中隧道孔壁面位置的应力，忽略隧道孔壁面上的切应力，图 4-26 所示状态即为未开挖原状地层，原状地层中竖向应力与横向应力表达式如下：

$$\begin{cases}\sigma_{y,0}=\gamma_1\left(h-h_w\right)+\gamma' h_w\\ \sigma_{x,0}=K\sigma_{y,0}=K\gamma_1\left(h-h_w\right)+K\gamma' h_w\end{cases}$$

式中，$\sigma_{y,0}$、$\sigma_{x,0}$ 分别为未开挖原状地层中土体的竖向有效应力与横向应力；γ_1 为地层水位以上土体重度；γ' 为地层水位以下土体浮重度；h 为计算点到地面的垂直距离；h_w 为计算点到水位面的垂直距离；K 为地层侧压力系数。

由上式可推导隧道孔壁面上的径向应力 $\sigma_{r,0}$，如下：

$$\sigma_{r,0}=\frac{\sigma_{y,0}+\sigma_{x,0}}{2}-\frac{\sigma_{y,0}-\sigma_{x,0}}{2}\cos 2\theta=\frac{\sigma_{y,0}}{2}\left[\left(1+K\right)-\left(1-K\right)\cos 2\theta\right]$$

式中，θ 为径向应力 $\sigma_{r,0}$ 作用点与隧道圆心连线和水平面的成角。

隧道孔壁面上的径向应力 $\sigma_{r,0}$ 并不是常数，为方便计算，将 p_0 近似取为 $\sigma_{r,0}$ 在隧道孔壁面环向上的平均值：

$$p_0\approx\frac{1}{2\pi r_0}\int_{-\pi}^{\pi} r_0\sigma_{r,0}\mathrm{d}\theta=\frac{\left(1+K\right)}{2}\left[\gamma_1\left(h_0-h_w\right)+\gamma' h_w\right]$$

式中，h_0 为隧道中心点埋深。

将 p_0 的反力 p_2 施加到带圆孔的半无限土体中(图 4-27)，其所造成的地层位移可由圆孔扩张理论得出。

4.3.3　圆孔扩张修正解

参考镜像法，采用荷载反对称的方式推导半无限土体中圆孔扩张作用下地层的位移解，对镜像法得出的 Mindlin 解进行修正。假定半无限土体为均质线弹性体，且在圆孔扩张力 f 的作用下土体变形均为小变形。将半无限土体中的圆孔扩张问题简化为平面应变问题，如图 4-28 所示。

将半无限土体扩展为无限土体，以地表为对称面，在圆孔对称位置设置同样的圆孔，在地表以下的圆孔施加扩张压力 f，地表以上的圆孔施加扩张压力 $-f$，此时无限土体受力状态如图 4-29(a)所示。

另取带圆孔的半无限土体，在地表施加切向面力 $q(x)$，对图 4-29(a)的应力状态进行修正，此时无限土体受力状态如图 4-29(b)所示。根据弹性力学基本理论，对称体在反对称荷载作用下对称面上的正应力为 0，但存在切应力，因此用切向面力 $q(x)$ 对半无限体的应力场进行修正。

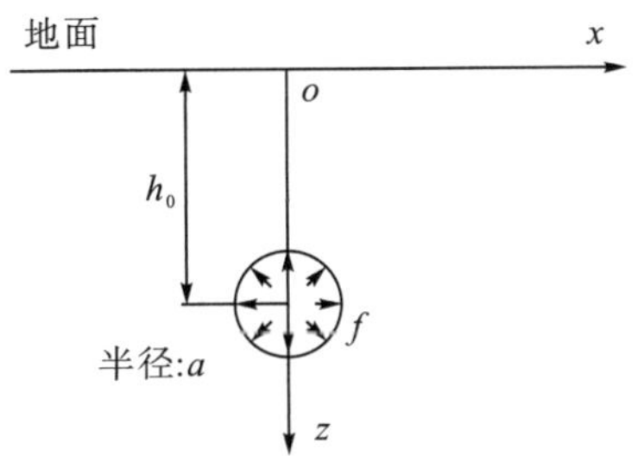

图 4-28 半无限体圆孔扩张示意图

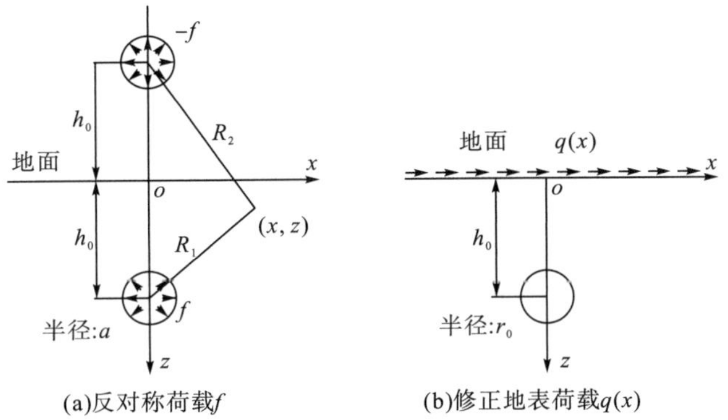

图 4-29 无限土体对称圆孔下荷载示意图

将以上两种受力状态叠加，地表下圆孔受到的扩张力刚好为 f，此时需考察地表应力。半无限土体圆孔扩张作用下地表的正应力 σ_z 与切应力 τ_{zx} 皆为 0，若叠加状态下的地表应力满足半无限土体的地表应力边界条件，则叠加状态下的下半部分与圆孔扩张作用下半无限土体是等效的，即应力场与位移场皆相同。

以圆孔圆心为原点的极坐标系下，图 4-29(a)中地表下方圆孔受扩张压力 f 作用时无限土体的弹性力学解为

$$\sigma_{r1}=f\left(\frac{a}{R_1}\right)^2,\quad \sigma_{\theta1}=-f\left(\frac{a}{R_1}\right)^2,\quad u_{r1}=\frac{fR_1}{2G}\left(\frac{a}{R_1}\right)^2,\quad u_{\theta1}=0$$

式中，σ_{r1}、$\sigma_{\theta1}$ 分别为圆孔扩张产生的径向应力和环向应力；u_{r1}、$u_{\theta1}$ 分别为圆孔扩张产生的径向位移和环向位移；a 为圆孔半径；R_1 为土体中任一点到原点（地表下方圆孔圆心）的距离；θ 为土体中任一点和原点的连线与水平线的夹角；G 为土体的剪切模量，$G=E/(2+2\nu)$，E 为土体弹性模量，ν 为土体的泊松比。

同理，以地表上方圆孔圆心为原点的极坐标系下，图 4-29(a)中地表上方圆孔受扩张压力 $-f$ 作用时无限土体的弹性力学解为

$$\sigma_{r2}=-f\left(\frac{a}{R_2}\right)^2,\quad \sigma_{\theta2}=f\left(\frac{a}{R_2}\right)^2,\quad u_{r2}=\frac{-fR_2}{2G}\left(\frac{a}{R_2}\right)^2,\quad u_{\theta2}=0$$

式中，R_2 为土体中任一点到原点(地表上方圆孔圆心)的距离。

将上述两个解叠加，并转换到直角坐标系，可得反对称圆孔扩张压力作用下无限土体的弹性力学解：

$$\begin{cases}\sigma_{x1}=fa^2\left[\dfrac{x^2}{R_1^4}-\dfrac{(z-h_0)^2}{R_1^4}-\dfrac{x^2}{R_2^4}+\dfrac{(z+h_0)^2}{R_2^4}\right]\\ \sigma_{z1}=fa^2\left[\dfrac{(z-h_0)^2}{R_1^4}-\dfrac{x^2}{R_1^4}-\dfrac{(z+h_0)^2}{R_2^4}+\dfrac{x^2}{R_2^4}\right]\\ \tau_{zx1}=2fa^2\left[\dfrac{(z+h_0)x}{R_2^4}-\dfrac{(z-h_0)x}{R_1^4}\right]\\ u_{x1}=\dfrac{fa^2}{2G}\left(\dfrac{x}{R_1^2}-\dfrac{x}{R_2^2}\right)\\ u_{z1}=\dfrac{fa^2}{2G}\left(\dfrac{z-h_0}{R_1^2}-\dfrac{z+h_0}{R_2^2}\right)\end{cases}$$

式中，σ_{x1}、σ_{z1}、τ_{zx1} 分别为反对称圆孔扩张压力作用下无限土体的横向正应力、竖向正应力、竖向切应力；u_{x1}、u_{z1} 分别为对应的横向位移、竖向位移；h_0 为圆孔至地表竖向距离。

R_1、R_2 可表示为

$$\begin{cases}R_1=\sqrt{(z-h_0)^2+x^2}\\ R_2=\sqrt{(z+h_0)^2+x^2}\end{cases}$$

反对称圆孔扩张压力作用下无限土体对称面的正应力 $\sigma_{z1}|_{z=0}$ 为

$$\sigma_{z1}|_{z=0}=fa^2\left[\frac{(0-h_0)^2}{(h_0^2+x^2)^2}-\frac{x^2}{(h_0^2+x^2)^2}-\frac{(0-h_0)^2}{(h_0^2+x^2)^2}+\frac{x^2}{(h_0^2+x^2)^2}\right]=0$$

上式说明在反对称荷载作用下无限土体地表对称面上仅有切应力，因此仅需要对切应力进行修正。地表切向修正荷载 $q(x)$ 应与地表切应力数值相等，方向相反：

$$q(x)=-\left(-\tau_{zx1}|_{z=0}\right)=4fh_0a^2\frac{x}{(h_0^2+x^2)^2}$$

式中，地表切应力 $\tau_{zx1}|_{z=0}$ 的正方向与图 4-29 中 x 坐标轴相反，已进行修正。

求解上式中半无限体在切向修正荷载 $q(x)$ 作用下的应力场与位移场，再与反对称圆孔扩张压力作用下无限土体的解叠加，得到的应力场与位移场即为半无限土体圆孔扩张的解。

将圆孔扩张问题由平面应变拓展到三维半无限体中，并引入弹性力学空间问题中的塞路提(Cerruti)解。如图 4-30 所示，半无限体受切向集中力 F 作用，以作用点为原点建立笛卡儿坐标系。根据弹性力学空间问题的塞路提(Cerruti)解，半无限体受切向集中力 F 作用时应力解答为

$$\begin{cases}\sigma_x=\dfrac{Fx}{2\pi R^3}\left[\dfrac{1-2\nu}{(R+z)^2}\left(R^2-y^2-\dfrac{2Ry^2}{R+z}\right)-\dfrac{3x^2}{R^2}\right]\\ \sigma_y=\dfrac{Fx}{2\pi R^3}\left[\dfrac{1-2\nu}{(R+z)^2}\left(R^2-x^2-\dfrac{2Rx^2}{R+z}\right)-\dfrac{3y^2}{R^2}\right]\\ \sigma_z=-\dfrac{3Fxz^2}{2\pi R^5},\quad \tau_{zx}=-\dfrac{3Fzx^2}{2\pi R^5},\quad \tau_{zy}=-\dfrac{3Fzxy}{2\pi R^5}\\ \tau_{xy}=\dfrac{Fy}{2\pi R^3}\left[\dfrac{1-2\nu}{(R+z)^2}\left(-R^2+x^2+\dfrac{2Rx^2}{R+z}\right)-\dfrac{3x^2}{R^2}\right]\end{cases}$$

其位移解答为

$$\begin{cases}u=\dfrac{F}{4\pi GR}\left\{1+\dfrac{x^2}{R^2}+(1-2\nu)\left[\dfrac{R}{R+z}-\dfrac{x^2}{(R+z)^2}\right]\right\}\\ v=\dfrac{Fxy}{4\pi GR^3}\left[1-\dfrac{(1-2\nu)R^2}{(R+z)^2}\right]\\ w=\dfrac{Fx}{4\pi GR^2}\left[\dfrac{z}{R}+\dfrac{(1-2\nu)R}{R+z}\right]\end{cases}$$

其中，R 的定义为

$$R=\sqrt{x^2+y^2+z^2}$$

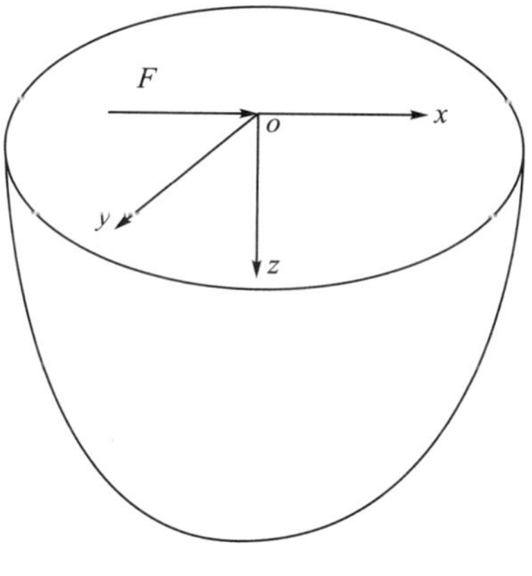

图 4-30 半无限体受切向集中力作用

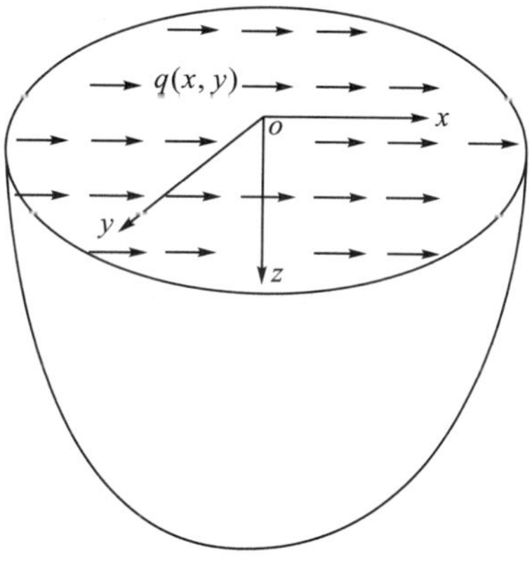

图 4-31 地表修正荷载作用下三维空间半无限体

将地表修正荷载 $q(x)$ 作用下半无限体的平面应变问题扩展到三维空间，如图 4-31 所示，其地表修正荷载 $q(x)$ 在空间直角坐标系下应表示为 $q(x,y)$：

$$q(x,y)=4fh_0a^2\frac{x}{\left(h_0^2+x^2\right)^2}$$

在地表平面内任一点 (x,y) 上选择微元面 $\mathrm{d}x\mathrm{d}y$，微元面上的地表修正荷载合力 $\mathrm{d}q(x,y)$ 为

$$\mathrm{d}q(x,y)=4fh_0a^2\frac{x}{\left(h_0^2+x^2\right)^2}\mathrm{d}x\mathrm{d}y$$

根据塞路提(Cerruti)解，同时进行坐标变换，微元面上的合力 $\mathrm{d}q(x,y)$ 单独作用下某一点 (x_0,y_0,z_0) 的竖向位移 $\mathrm{d}W$ 为

$$\mathrm{d}W=\mathrm{d}q(x,y)\cdot\frac{w(x_0-x,y_0-y,z_0)}{F}=\frac{fh_0a^2}{\pi G}\cdot\frac{x(x_0-x)}{R_a^2\left(h_0^2+x^2\right)^2}\left[\frac{z_0}{R_a}+\frac{(1-2\nu)R_a}{R_a+z_0}\right]\mathrm{d}x\mathrm{d}y$$

其中，R_a 的表达式为

$$R_a=\sqrt{(x_0-x)^2+(y_0-y)^2+z_0^2}$$

将 $\mathrm{d}W$ 在整个地表平面积分，可得任一点的竖向位移 $W(x_0,y_0,z_0)$：

$$W(x_0,y_0,z_0)=\int_{-\infty}^{+\infty}\int_{-\infty}^{+\infty}\frac{fh_0a^2}{\pi G}\cdot\frac{x(x_0-x)}{R_a^2\left(h_0^2+x^2\right)^2}\left[\frac{z_0}{R_a}+\frac{(1-2\nu)R_a}{R_a+z_0}\right]\mathrm{d}x\mathrm{d}y$$

上式过于复杂，很难得出精确解，若仅关注孔洞上方地表(原点)的竖向位移 W_1：

$$W_1=W(0,0,0)=\frac{-fh_0a^2(1-2\nu)}{\pi G}\int_{-\infty}^{+\infty}\int_{-\infty}^{+\infty}\frac{x^2}{\left(x^2+y^2\right)\left(h_0^2+x^2\right)^2}\mathrm{d}x\mathrm{d}y$$

被积分式关于原点对称，可以化简为

$$W_1=\frac{-4fh_0a^2(1-2\nu)}{\pi G}\int_0^{+\infty}\int_0^{+\infty}\frac{x^2}{\left(x^2+y^2\right)\left(h_0^2+x^2\right)^2}\mathrm{d}x\mathrm{d}y=\frac{-fa^2(1-2\nu)}{Gh_0}$$

半无限体在圆孔扩张力 f 作用下的位移解应由反对称荷载无限土体与地表修正荷载半无限土体的位移叠加得到，反对称荷载作用下无限土体的位移解为

$$\begin{cases}u_{x1}=\dfrac{fa^2}{2G}\left(\dfrac{x}{R_1^2}-\dfrac{x}{R_2^2}\right), & u_{z1}=\dfrac{fa^2}{2G}\left(\dfrac{z-h_0}{R_1^2}-\dfrac{z+h_0}{R_2^2}\right)\\ R_1=\sqrt{(z-h_0)^2+x^2}, & R_2=\sqrt{(z+h_0)^2+x^2}\end{cases}$$

令 x=0，z=0，即可得出反对称荷载作用下地表原点的竖向位移：

$$W_2=u_{z1}\big|_{x=0,z=0}=-\frac{fa^2}{h_0G}$$

将上式与地表修正荷载 $q(x)$ 作用下半无限土体地表原点的竖向位移 W_1 相加，即可得到圆孔扩张力 f 作用下半无限土体地表原点的竖向位移 W：

$$W=W_1+W_2=\frac{2fa^2(1-\nu)}{Gh_0}$$

W 即为圆孔扩张作用下地表中心点的沉降值，负号“–”表示地表呈隆起状态。

4.3.4 地表位移弹性解

盾构壁后注浆对地层的扰动可以简化为浆液渗透层的渗透力与开挖卸载，且地层在这

两种荷载作用下的受力状态都可以简化为半无限土体的圆孔扩张。

(1)渗透力作用简化为圆孔扩张作用时圆孔半径 r_1 与扩张力 p_1 为

$$r_1 = r_0 \cdot e^{\frac{2\pi kb\left(P_g - P_w'\right)}{q\beta\gamma_g}}, \quad p_1 = \frac{q\beta\gamma_g}{2\pi kb} \cdot \frac{\left(r_1 - r_0\right)}{r_1}$$

(2)开挖卸载作用简化为圆孔扩张作用时圆孔半径 r_2 与扩张力 p_2 为

$$r_2 = r_0, \quad p_2 = -\frac{(1+K)}{2}\left[\gamma_1(h_0 - h_w) + \gamma' h_w\right]$$

盾构壁后注浆时浆液的作用主要是充填盾尾间隙以及驱替地层土体孔隙中的地下水，注浆量 Q 主要由盾尾间隙体积、渗透层土体孔隙体积以及渗透层土体在注浆与卸载作用下的膨胀(压缩)体积组成。注浆作用下浆液渗透层外径 r_1 处的位移值 U_{r1} 可近似取圆孔扩张力 p_1 与 p_2 作用下无限土体的位移，如下：

$$U_{r1} \approx \frac{p_1 r_1}{2G} + \frac{p_2 r_2^2}{2G r_1}$$

根据注浆的分布情况以及开挖前原状土的状态分析，注浆量 Q 的计算公式如下：

$$Q = 2\pi\delta b r_0 + \pi b n\left(r_1^2 - r_0^2\right) + 2\pi U_{r1} b r_1 = 2\pi\delta b r_0 + \pi b n\left(r_1^2 - r_0^2\right) + \frac{\pi b}{G}\left(p_1 r_1^2 + p_2 r_2^2\right)$$

式中，δ 为盾尾间隙厚度；n 为原状土孔隙率。

在半无限土体中，半径为 a，扩张力为 f 的圆孔扩张作用下地表中心点的沉降为

$$W = \frac{2 f a^2 (1-\nu)}{G h_0}$$

将 r_1、p_1 与 r_2、p_2 分别代入上式并叠加后可得

$$W_0 = \frac{2(1-\nu)\left(p_1 r_1^2 + p_2 r_2^2\right)}{G h_0}$$

W_0 即为盾构开挖卸载与注浆造成的地表沉降。

4.3.5 地表位移仿真

在注浆作用下地表沉降的推导过程中仅考虑了地层的弹性变形，地表沉降主要是由开挖边界的应力释放和渗透层内的渗透力引起的，通过建立流固耦合有限元模型，将本节推导的地表沉降、叶飞推导的地表沉降与数值模型计算结果进行对比分析。

采用有限元软件 ABAQUS 建立三维数值模型，考虑浆液与土体的流固耦合作用，对比软件模型的地表沉降计算结果与本节推导模型的计算结果，验证其正确性。不考虑地层后期固结沉降、刀盘开挖扰动、浆液硬化收缩等因素，地表沉降仅与盾尾间隙的卸载作用、浆液渗透力有关。

以成都某市域地铁盾构隧道为例，管片外径 8.3m，计算断面隧道埋深设为 15m，建立尺寸为 40m×30m×40m 的数值模型，如图 4-32 所示。为减小模型中边界效应带来的误差，地表沉降监测点设置在模型地表远离边界的中点。土体种类为砂卵石地层，采用线弹性本构模型，各项土体参数如表 4-4 所示，其渗透系数采用盾构壁后注浆浆液的渗透系数。

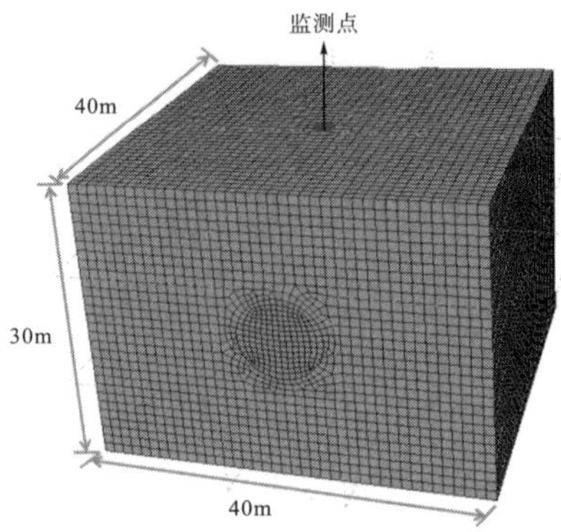

图 4-32 数值模型示意图

表 4-4 数值模型土体参数表

重度/(kN/m^3)	渗透系数/(m/min)	变形模量/MPa	孔隙率	泊松比
22	1.87×10^{-4}	45	0.23	0.22

以未开挖时原状土层的自重应力和位移为初始应力场与初始位移场，然后将开挖边界内的土体做钝化处理，浆液渗透对土体的渗透力以孔隙水压力的形式施加于开挖边界之上，边界施加位移约束与孔隙水压边界。

长安大学叶飞教授忽略了浆液渗透作用，利用圆孔扩张理论推导出的盾构壁后注浆作用下地表沉降近似值为

$$W_0 \approx \frac{P_1 a^2}{3\pi E h}(7.4766-13\nu)$$

本节通过浆液渗透层受力状态分解以及对圆孔扩张理论进行修正，进而推导出盾构壁后注浆作用下地表沉降值为

$$\begin{cases} r_1 = r_0 \cdot \mathrm{e}^{\frac{2\pi kb\left(P_g - P_w'\right)}{q\beta\gamma_g}}, \quad p_1 = \dfrac{q\beta\gamma_g}{2\pi kb} \cdot \dfrac{(r_1 - r_0)}{r_1} \\ r_2 = r_0, \quad p_2 = -\dfrac{(1+K)}{2}\left[\gamma_1\left(h_0 - h_w\right) + \gamma' h_w\right] \\ W_0 = -\dfrac{2(1-\nu)\left(p_1 r_1^2 + p_2 r_2^2\right)}{G h_0} \end{cases}$$

分别将注浆压力设置为 200kPa、300kPa、400kPa、500kPa、600kPa，采用数值模型进行渗流稳态模式计算，提取模型监测点的地表沉降值，与以上两种理论公式的计算结果对比，如图 4-33 所示。通过对三种计算结果的比较来看，与有限元软件 ABAQUS 通过流固耦合模型计算出的地表沉降相比，叶飞在不考虑浆液渗透的情况下通过正对称镜像法圆孔扩张理论推导出的地表沉降偏小。本节在考虑浆液渗流的情况下通过反对称镜像法圆孔扩张理论推导出的地表沉降在注浆压力较大时偏大，但相对更接近数值模型计算结果。

有限元软件 ABAQUS 在进行渗流稳态计算时，会考虑渗透力对土体孔隙的压缩，同

时没有渗流量限制。数值模型中渗透力的表现形式为孔隙压力变化梯度，在不限制渗流量的情况下渗透力能扩散到整个模型。而本节推导注浆模型时只考虑浆液在隧道周围围岩进行渗透，这两种不同的渗透力分布形式是造成二者计算结果差异的主要原因。

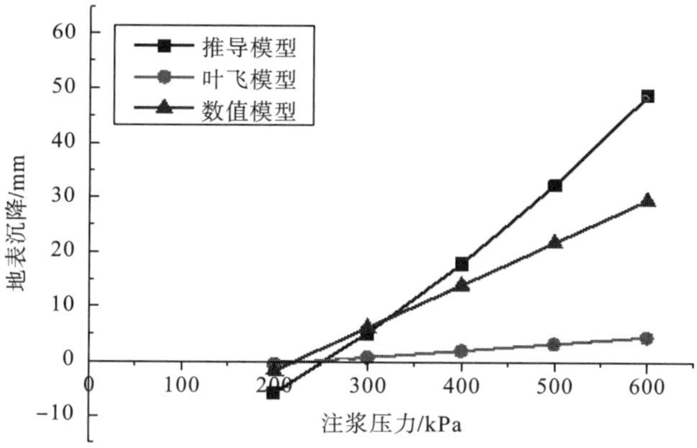

图 4-33 盾构壁后注浆造成的地表沉降对比

4.3.6 浆液时变性影响

流变性指物质在外力的作用下产生流动和变形的性能，流体的流变性通常用层流间的剪切力 τ 与层流间的速度梯度(即单位时间内相对应变 ξ)的关系曲线来表示。常用的宾汉姆流体与牛顿流体的流变曲线都可以用以下的流变方程表示：

$$\tau = \tau_0 + \mu\xi$$

式中，τ_0 为流体流层间的屈服剪应力，当 τ_0=0 时流体为牛顿流体；μ 为流体的黏度。

假设浆液为牛顿流体或宾汉姆流体，当黏度随时间变化时浆液的流变方程为

$$\tau = \tau_0 + \mu(t)\xi$$

黏度系数时变性函数 $\mu(t)$ 主要与浆液的水灰比有关，代表浆液的流动性逐渐降低的过程。本节仅研究可简化为牛顿流体的浆液，即单液惰性浆或水灰比较大的单液硬性浆。某实验给出了不同水灰比的水泥基砂浆和水泥黏土浆的黏度时变性函数，假设惰性浆黏度在注浆过程中保持不变，取惰性浆的黏度为 8×10^{-3}Pa·s，选取几种牛顿流体浆液的黏度如表 4-5 所示。

表 4-5 不同浆液的黏度时变性函数

浆液类型	黏度时变性函数
水泥黏土浆	$\mu(t)=32.27e^{0.017t}$
水泥基砂浆(水灰比 W/C=0.9)	$\mu(t)=13.51e^{0.0332t}$
水泥基砂浆(水灰比 W/C=1)	$\mu(t)=11.37e^{0.0138t}$
水泥基砂浆(水灰比 W/C=2)	$\mu(t)=10.24e^{0.0178t}$
惰性浆	μ=8

采用注浆压力控制时，在不考虑浆液黏度时变性且注浆速率保持不变的情况下，注浆压力会随时间逐渐增长，至注浆压力阈值后注浆停止。若考虑浆液的时变性后，浆液黏度的增长会减缓浆液的渗流速度，使注浆压力增大，导致实际注浆时间无法按照额定注浆速率与根据注浆压力得到的注浆量直接确定，需要使用软件进行多次迭代才能得出最终的结果，若浆液黏度的时变性函数取表 4-5 中的水泥基砂浆(水灰比 W/C=1)，注浆量与地表沉降的具体迭代计算过程如下。

(1)取注浆时间 t_0=0，则初始浆液黏度比 β_0=11.26，注浆量与地表沉降为

$$\begin{cases} r_{1,0}=r_0\cdot \mathrm{e}^{\frac{2\pi kb\left(P_g-P_w'\right)}{q\beta_0\gamma_g}}, \ p_{1,0}=\dfrac{q\beta_0\gamma_g}{2\pi kb}\cdot\dfrac{\left(r_{1,0}-r_0\right)}{r_{1,0}} \\ r_2=r_0, \ p_2=-\dfrac{\left(1+K\right)}{2}\left[\gamma_1\left(h_0-h_w\right)+\gamma' h_w\right] \\ Q_0=2\pi\delta br_0+\pi bn\left(r_{1,0}^2-r_0^2\right)+\dfrac{\pi b}{G}\left(p_{1,0}r_{1,0}^2+p_2r_2^2\right) \\ W_{0,0}=-\dfrac{2\left(1-\nu\right)\left(p_{1,0}r_{1,0}^2+p_2r_2^2\right)}{Gh_0} \end{cases}$$

根据注浆速率 q 与计算出的注浆量 Q_0 可得

$$T_0=\frac{Q_0}{q}=\frac{2\pi\delta br_0}{q}+\frac{\pi bn\left(r_{1,0}^2-r_0^2\right)}{q}+\frac{\pi b}{Gq}\left(p_{1,0}r_{1,0}^2+p_2r_2^2\right)$$

(2)令 $t_1=T_0$，则浆液黏度比 β_1 为

$$\beta_1=11.26\mathrm{e}^{0.0138t_1}$$

注浆量与地表沉降为

$$\begin{cases} r_{1,1}=r_0\cdot \mathrm{e}^{\frac{2\pi kb\left(P_g-P_w'\right)}{q\beta_1\gamma_g}}, \ p_{1,1}=\dfrac{q\beta_1\gamma_g}{2\pi kb}\cdot\dfrac{\left(r_{1,1}-r_0\right)}{r_{1,1}} \\ Q_1=2\pi\delta br_0+\pi bn\left(r_{1,1}^2-r_0^2\right)+\dfrac{\pi b}{G}\left(p_{1,1}r_{1,1}^2+p_2r_2^2\right) \\ W_{0,1}=-\dfrac{2\left(1-\nu\right)\left(p_{1,1}r_{1,1}^2+p_2r_2^2\right)}{Gh_0} \end{cases}$$

根据计算出的注浆量 Q_1 与注浆速率 q 可得

$$T_1=\frac{Q_1}{q}=\frac{2\pi\delta br_0}{q}+\frac{\pi bn\left(r_{1,1}^2-r_0^2\right)}{q}+\frac{\pi b}{Gq}\left(p_{1,1}r_{1,1}^2+p_2r_2^2\right)$$

按上述方法迭代，得到 $t_2,t_3,t_4,\cdots,t_n$ 与 $T_2,T_3,T_4,\cdots,T_n$，当 $\left|t_n-T_n\right|<0.01$ 时结束迭代过程，最终计算结果为注浆量 $Q=Q_n$，地表沉降 $W_0=W_{0,n}$。以成都某市域地铁盾构区间为例，选取的地层参数与计算断面工程参数如表 4-6 和表 4-7 所示。

表 4-6 泥岩与砂卵石部分地层参数表

地层	重度/(kN/m³)	变形模量/MPa	泊松比	侧压力系数	孔隙率	渗透系数/(m/min)
泥岩	22.1	50	0.18	0.22	0.11	1.2×10^{-3}
砂卵石	22.0	45	0.22	0.29	0.23	7.4×10^{-3}

表 4-7 工程参数选取值

设计参数	管片外径/m	管片幅宽/m	隧道中心点埋深/m	水位线埋深/m	浆液黏度/(Pa·s)	黏度比 β	浆液重度/(kN/m³)	盾尾间隙厚度/m
选取值	4.15	1.8	18	7	0.012	11.9	15.2	0.152

1) 泥岩地层

取注浆速率 q=0.3m³/min，浆液黏度分别取表 4-5 中的函数值，采用 4.3.5 节的注浆模型研究牛顿流体浆液黏度对注浆效果的影响。泥岩地层中不同浆液黏度下注浆量随注浆压力变化曲线如图 4-34 所示。由于注浆压力须大于地下水压，因此其注浆压力起始值为地下水压，即 110kPa。通过图 4-34 可以看出，在泥岩地层中若采用黏度大的浆液(水泥黏土浆)，随着注浆压力的增长，注浆量的变化不明显，若注浆时以 300kPa 为注浆压力阈值，则采用水泥黏土浆与惰性浆的两种方案注浆量仅相差 1.47m³，占总注浆量的 17%，浆液黏度对注浆量的影响较小。

泥岩地层中不同浆液黏度下地表沉降随注浆压力变化曲线如图 4-35 所示。在注浆压力为 300kPa 时，采用水泥黏土浆与惰性浆的两种方案地表隆起仅相差 1.4mm，未注浆时地表沉降为 13mm，采用惰性浆注浆且注浆压力达到 300kPa 时地表隆起 2.7mm，由注浆造成的地表二次变形值为 15.7mm，浆液黏度差异造成的地表隆起差值仅为二次变形值的 9%，泥岩地层中浆液黏度对地表沉降的影响较小。

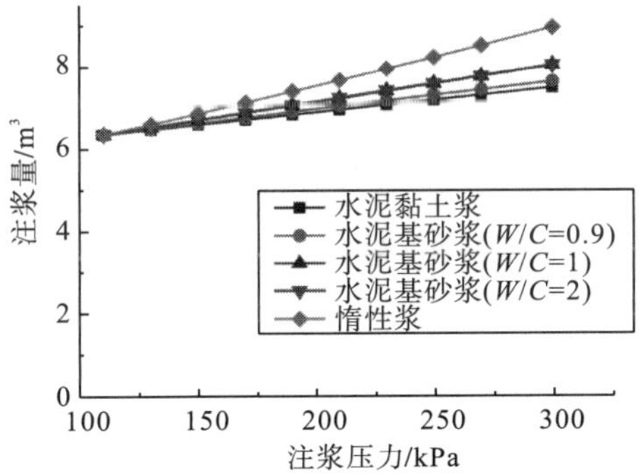

图 4-34 泥岩地层注浆量随注浆压力变化图

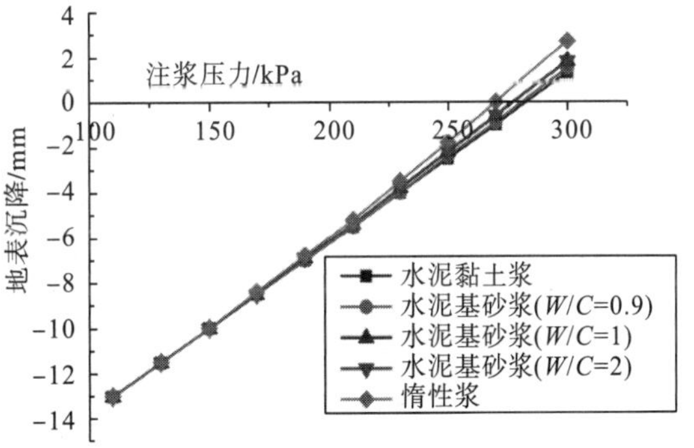

图 4-35 泥岩地层地表沉降随注浆压力变化图

2) 砂卵石地层

同样取注浆速率 q=0.3m³/min，浆液黏度分别取表 4-5 中的黏度时变性函数，采用 4.3.4 节的注浆模型研究牛顿流体浆液黏度对注浆效果的影响。砂卵石地层中不同浆液黏度下注浆量随注浆压力变化曲线如图 4-36 所示。通过图 4-36 可以看出，在砂卵石地层中注浆量随注浆压力基本呈线性增长，增长的速度明显高于泥岩地层，若采用黏度大的浆液(水泥黏土浆)，注浆压力从 110kPa 增长至 300kPa 时注浆量增长了 4.02m^3，即 50%；若采用黏度小的浆液(惰性浆)，注浆压力从 110kPa 增长至 300kPa 时注浆量增长了 33.59m^3，即 420%；注浆压力为 300kPa 时采用水泥黏土浆与惰性浆的两种方案注浆量相差 29.57m^3。说明砂卵石地层的渗透性强，随着注浆压力的增长，浆液的渗流量在注入量中的占比迅速增大，在砂卵石地层中浆液黏度对注浆量的影响较大，注浆浆液采用惰性浆时会出现严重的浆液流失现象。

砂卵石地层中不同浆液黏度下地表沉降随注浆压力变化曲线如图 4-37 所示。注浆造成的地表二次隆起值基本与注浆压力呈线性关系，在注浆压力为 300kPa 时，采用水泥黏土浆与惰性浆的两种方案地表沉降相差 13.2mm。在砂卵石地层中注浆浆液的黏度越小，浆液渗透的范围越大，浆液渗流产生的渗透力作用范围也越大，因此浆液黏度越小，注浆造成的地表二次隆起值越大。

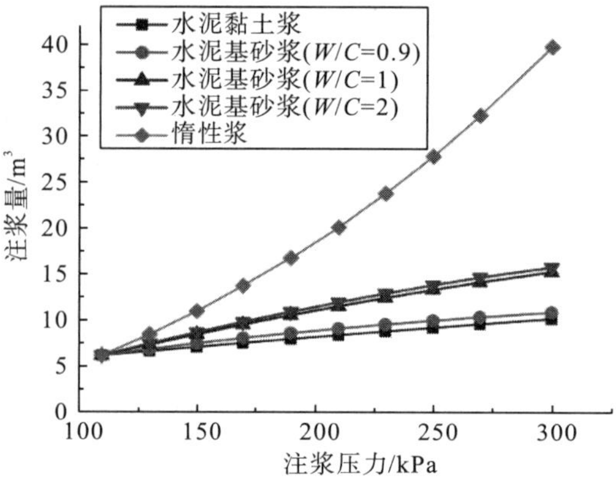

图 4-36 砂卵石地层注浆量随注浆压力变化图

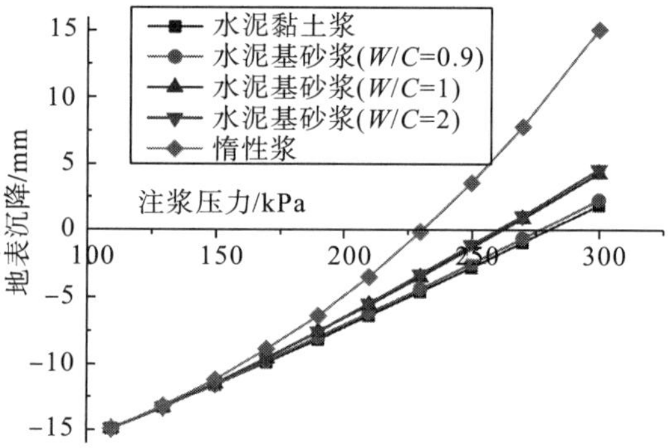

图 4-37 砂卵石地层地表沉降随注浆压力变化图

综合以上分析，在泥岩地层中由于土体的渗透性较弱，浆液黏度变化对注浆量和注浆效果的影响较小。从注浆效果方面看泥岩地层中盾构壁后注浆对浆液种类无严格要求，从经济性方面考虑，惰性浆由砂、粉煤灰、石灰、黏土等材料组成，经济成本极低，适用于泥岩地层盾构壁后注浆。

砂卵石地层的渗透性较强，浆液黏度变化对注浆量和地表沉降的影响较大，采用注浆压力作为注浆控制阈值时，若采用黏性较小的惰性浆会出现严重的浆液流失现象；硬性浆由于掺加了水泥其经济成本高于惰性浆，可用于砂卵石地层盾构壁后注浆，但需降低水灰比以提高浆液黏度。

4.4 土仓压力对地层扰动机理

4.4.1 土仓压力计算模型

目前国内常用的土仓压力计算方法为太沙基公式，将太沙基公式应用到成都某市域地铁盾构区间中，得到的土仓压力计算值与现场实测值对比如图 4-38 所示。可以看出，以 2 倍洞径为深浅埋分界线会造成计算值突变，水土分算的方式主要适用于砂卵石等透水地层，而水土合算的方式主要适用于泥岩深层，水头折减系数不是固定值，中风化泥岩地层对地下水渗流的影响应该与渗流长度(泥岩地层高度)有关。综合来看，随着埋深的增加，地层横向土压力应该是渐变的，直接定义隧道深浅埋界限与固定的水头折减系数不合理。

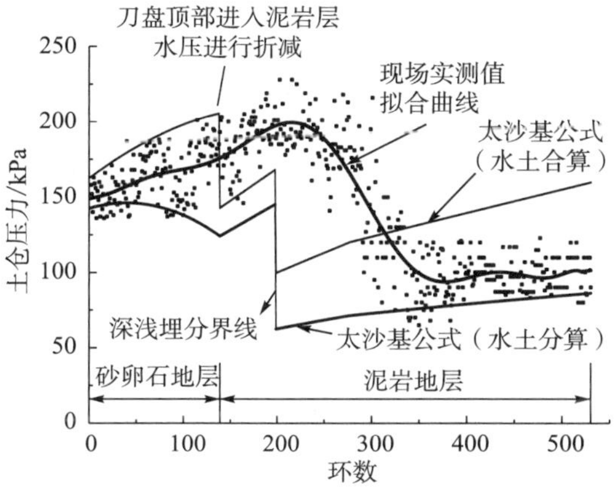

图 4-38 太沙基公式计算值与实测对比

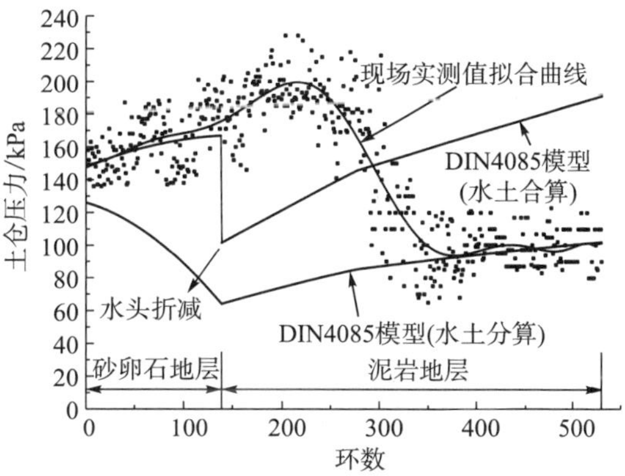

图 4-39 DIN4085 模型计算值与实测对比

DIN4085 模型中没有深浅埋的分界，同样将 DIN4085 模型应用到该市域地铁盾构区间中，分别采用水土分算与水土合算的方式计算土仓压力，用静止侧压力系数代替主动侧压力系数，得到的土仓压力计算值与现场实测值对比如图 4-39 所示。相较于太沙基理论，DIN4085 模型没有深浅埋界限的问题，但水头折减问题依然存在。砂卵石地层属于透水地层，静水压力应完全作用在掌子面上，采用水土分算的方式计算土仓压力更为合理；而对于深层的泥岩地层，由于泥岩的渗透性较差，大部分静水压力转化为土体应力，因此采用水土合算的方式较为准确。

当盾构机所处地层由砂卵石地层逐渐过渡到深层泥岩地层时，土仓压力是逐渐变化的，水头折减系数 q 取固定值会导致计算结果突变，因此水头折减系数 q 应与埋深有关。根据土力学原理，含水地层中土的竖向总应力分为静水压力与土的有效应力，水土分算的原理就是在计算土体压力时仅计算土的有效应力。

水在渗流过程中会受到土的阻碍作用而产生水头损失，并对土产生渗透力。饱和土体中发生渗流时，土体所受到的渗透力为

$$j=\gamma_w i$$

式中，j 为土体受到的渗透力(体积力)；γ_w 为水的容重；i 为水力坡度，即单位长度水头差。

在该市域地铁盾构区间中，砂卵石与粉细砂地层的渗透性较好，可以认为基本没有水头损失。泥岩地层位于水位线以下，属于饱和地层，在使用水土分算的方式计算掌子面压力时水头折减系数 q 应满足下式：

$$\Delta h=(h_w+R)(1-q)=ih_3$$

式中，Δh 为水头损失；h_w 为总水头高度；h_3 为渗流长度，即隧道顶部到泥岩层顶的高度(掌子面破碎程度较高，不计入渗流长度)；R 为隧道半径。

土体受到的渗透力会转化为土的有效应力，因此掌子面中心点土体的竖向有效应力为

$$\sigma_{v,s}=\gamma'\left(h+R\right)+jh_3=\gamma'\left(h+R\right)+\gamma_w\left(h_w+R\right)\left(1-q\right)$$

式中，γ' 为土体平均有效重度(即上覆土层的加权平均重度，水位线以上取天然重度，水位线以下取浮重度)；h 为隧道埋深。

将上式中的竖向有效应力代入 DIN4085 模型，可以得到泥岩地层中掌子面总土压的计算式为

$$\sigma_x=\gamma'\left(h+R\right)\mu_{agh}K_{agh}+p_0\mu_{aqh}K_{aqh}+\gamma_w\left(h+R\right)\left(1-q\right)\mu_{agh}K_{agh}-c\mu_{ach}K_{ach}+q\gamma_w\left(h_w+R\right)$$

上式是基于 DIN4085 模型推导出的弱透水层横向静止土压力表达式，主要将影响掌子面土压的因素分为 5 项，分别为上覆土重、地面附加荷载、渗透力、土体黏聚力、水压力。水头折减系数 q 取值范围为 0～1，取 0 时等同于水土分算，取 1 时等同于水土合算。

水头折减系数 q 主要与中风化泥岩地层的渗透性以及泥岩层高度 h_3(隧道顶部到泥岩层顶的高度)有关。对于该市域地铁盾构区间，可以通过土仓压力实测值反算水头折减系数 q，从而得到每环 q 与泥岩层高度 h_3 的对应关系，如图 4-40 所示。

通过图 4-40 可以看出，当刀盘顶部刚进入泥岩层时($0<h_3<3$m)，刀盘上部泥岩由于受到刀盘的扰动，土体产生较多的裂隙，水头折减系数 $q\approx1$，即上部泥岩完全属于透水地层。当刀盘顶部进入深层泥岩地层后($h_3>9$m)，由于渗流长度过大，水头几乎完全转化为渗透力，水头折减系数 $q\approx0$，即上部泥岩完全属于不排水地层。

泥岩层高度由 3m 过渡到 9m 时，水头折减系数 q 可近似认为线性变化，其推荐取值见表 4-8。

表 4-8 水头折减系数 q 推荐取值

泥岩层高度 h_3	$0<h_3<3$m	3m$<h_3<9$m	9m$<h_3$
q	1	$1.5-h_3/6$	0

将改进的 DIN4085 模型应用于该市域地铁盾构区间，土仓压力计算值与现场实测数据对比如图 4-41 所示。对 DIN4085 土仓压力计算模型进行改进后，可以发现其理论计算结果与现场实测数据非常吻合，与拟合值的平均误差仅为 4.1%。该工程所处地区为一断陷盆地，经历多次构造运动，周边参差错落抬升成山，中心相对沉降，大面积分布第四纪沉积物，所形成的地层结构基本与该工程所处地层类似。国内具有与之类似的地层结构的

代表性城市还有北京、沈阳、青岛等，不过下伏基岩有所不同，因此改进后的 DIN4085 土仓压力计算模型的可应用范围相对较广。

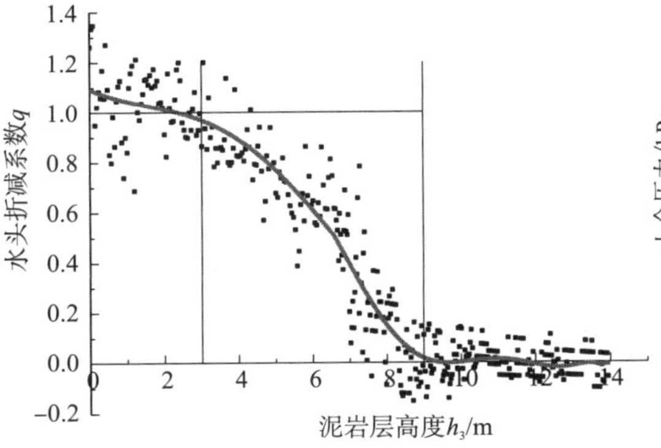

图 4-40　水头折减系数 q 随泥岩层高度变化

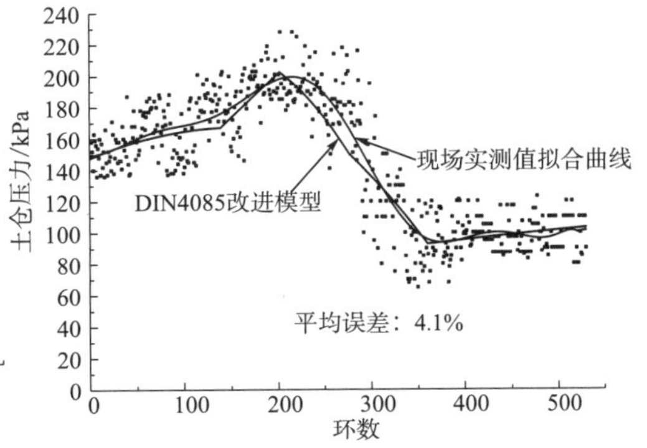

图 4-41　DIN 改进模型计算值与实测对比

4.4.2　地层扰动变形特征

土仓压力过小会造成掌子面前方的土体得到较大的应力释放，从而产生较大的塑性变形。土仓压力过大会使掌子面前方土体受到挤压，同样会产生较大的塑性变形。本节使用有限元软件 Midas 模拟盾构掘进，分析不同土仓压力下的地层变形，研究土仓压力对地层变形的影响。分别将掌子面压力设为 120kPa、150kPa、200kPa、300kPa、500kPa，共五个工况，如表 4-9 所示。通过观察五个工况的数值模型计算结果可以看出，随着土仓压力的增大，盾构前方的土体出现整体的隆起变形，当土仓压力达到 200kPa 时，掌子面前方土体出现较为明显的隆起和塑性变形，且随着土仓压力的增大迅速扩张，如图 4-42(彩图见附录)所示。

表 4-9　不同工况(土仓压力)盾构参数表

工况	一	二	三	四	五
隧道埋深			16.6m		
注浆压力			120kPa		
土仓压力	120kPa	150kPa	200kPa	300kPa	500kPa
盾壳与地层的摩擦力			8000kN		

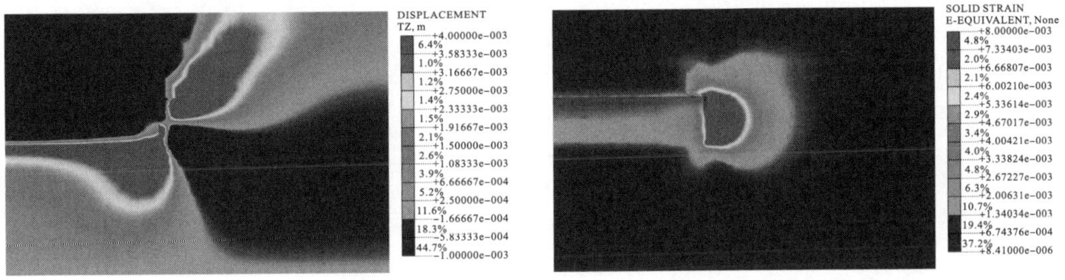

图 4-42　工况五竖向位移与塑性变形云图

将各个工况盾构前方的地表纵向沉降曲线绘于图 4-43 进行对比，可以看出，当土仓压力达到 200kPa 时，盾构前方地表的隆起现象已经较为明显，而且随着土仓压力的增加，地表隆起值将迅速增长。

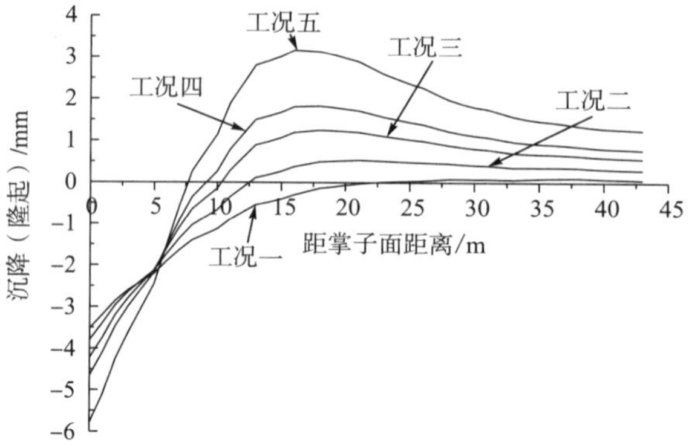

图 4-43 不同土仓压力下地表纵向沉降曲线

4.4.3 土仓压力合理范围

根据本节所述方法分别计算该市域地铁盾构区间泥岩层段掌子面中心点的最小支护压力、最大支护压力与 DIN4085 模型计算值，掌子面的最小支护压力与最大支护压力分别为根据挡土墙理论计算得到的掌子面处于主动土压和被动土压状态时的支护压力，计算点选取在可以获得详细地层参数的勘探钻孔处。将计算结果列于表 4-10。

表 4-10 掌子面压力计算结果

环号	埋深/m	最小支护压力/kPa	DIN4085 模型/kPa	最大支护压力/kPa
19	21.1	49.16	98.66	1003.30
35	23.7	51.95	104.25	1060.16
78	21.9	50.05	100.45	1021.50
102	16.5	43.39	87.07	885.48
130	19.5	47.28	94.88	964.90
158	19.1	46.79	93.90	954.88
184	18.6	46.16	92.64	942.12
207	18.7	46.29	92.89	944.69
228	19	46.67	93.65	952.35
250	18.8	46.42	93.15	947.26
274	19.5	47.28	94.88	964.90
298	18.7	46.29	92.89	944.69
355	18.5	46.04	92.39	939.53
368	18.2	45.65	91.62	931.71
403	16.6	43.53	87.35	888.29
422	16	42.69	85.67	871.26
442	16.6	43.53	87.35	888.29

将表 4-10 的计算值绘制为曲线图，并与实际土仓压力进行对比，如图 4-44 所示。可以看出，实测土仓压力值远远小于最大支护压力计算值，说明在实际工程中，随着土仓压力的增大，首先出现较大变形或塑性破坏的地层位于掌子面上方，即最大土仓压力由掌子面上方的土层参数控制。

将掌子面最大支护压力计算值去除后，该市域地铁盾构区间泥岩层段沿线支护压力计算值与土仓压力的对比如图 4-45 所示。可以看出，DIN4085 模型计算的掌子面支护压力稍大于实测土仓压力，但在实际盾构工程中，在通过重要建(构)筑物时通常需要降低掌子面土压来保护地层环境，因此可以认为 DIN4085 模型计算出的土仓压力基本与实际相符。图中 DIN4085 模型计算值大概保持在 85～100kPa，因此在该市域地铁盾构区间泥岩层段将土仓压力保持在 85～100kPa 范围内，可以使刀盘前方的土体受到的塑性破坏和地层扰动最小。

根据挡土墙理论，最小支护压力计算的是掌子面处于主动土压状态时的掌子面压力，最小支护压力计算值约为 45kPa，因此，为保持刀盘开挖面的稳定，该市域地铁盾构区间泥岩层段的土仓压力应保持在 45kPa 以上，而且当土仓压力越接近 45kPa，盾构掌子面的安全性越低。

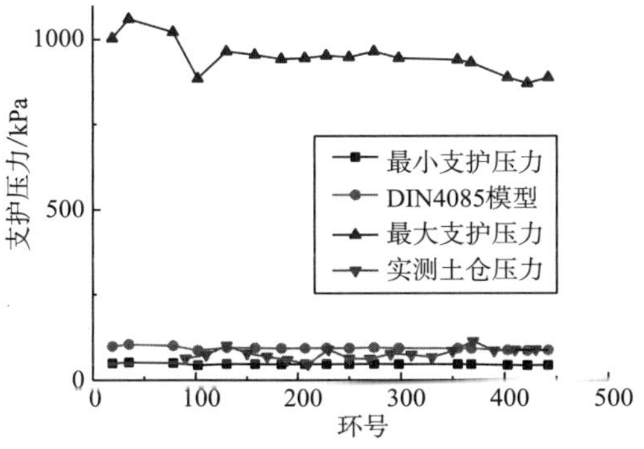

图 4-44　掌子面支护压力计算值与土仓压力实测值对比

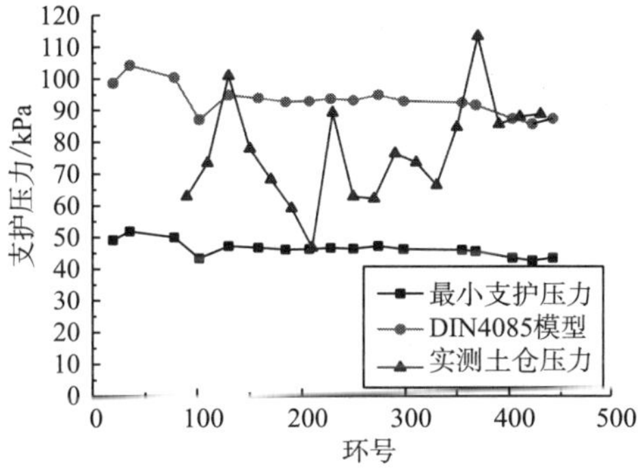

图 4-45　掌子面支护压力计算值与实测土仓压力对比

本节通过对上述成都某市域地铁盾构区间泥岩层段的分析，可以总结出以下几点：为维持掌子面稳定，土仓压力应保持在 45kPa 以上；当土仓压力稳定在 85～100kPa 范围内，盾构推进对地层的扰动最小；土仓压力过大会造成刀盘前方土体出现大范围塑性变形和地表隆起，因此土仓压力应保持在 200kPa 以内。

4.5　盾构掘进参数优化匹配

盾构施工是非常复杂的过程，受到多种因素的影响。为了保证系统的稳定性，同时也为了提高盾构机掘进效率，掘进参数(推力、推进速度、刀盘转速、土仓压力等)之间需满足一定的匹配性。各掘进参数之间互相联系，互相影响，研究掘进参数之间的相关性，通过掘进参数的优化和匹配，可使盾构机达到最佳推进状态。盾构在施工过程中，受地层条件的影响较大，随着开挖断面埋深的变化、地下水深度的变化等，掘进参数都会受到影响。不同的地层条件应合理选择掘进参数以满足施工进度与质量的要求。在复杂多变的地层条件下，如何根据地层条件合理地选择掘进参数，并及时地根据地层条件的变化转换掘进参数是保障施工正常进行的关键。本节主要针对掘进参数之间的相关性以及地层条件对掘进参数的影响展开研究。

4.5.1 盾构区间工程参数

成都某市域地铁盾构隧道，段内均为第四系地层覆盖，覆土表层为人工填土，主要为杂填土；其下为全新统冲积层的黏土、粉土、卵砾石土夹粉细砂；冰水沉积、冲积成因的卵石土夹砂透镜体；下伏基岩为泥岩。洞身围岩以卵石土，强、中风化泥岩为主。拟建两条平行的单线圆形隧道，隧道埋深 6.2～32.0m。场地范围内地下水静止水位埋深为 6.0～8.8m，在天然生态状况下，丰水期地下水位正常埋深约为 3m，地下水位年变幅为 1.0～3.0m。

土压平衡盾构机从功能上划分主要包括开挖系统、出渣系统、渣土改良系统、人闸气压装置、保压泵出渣系统、管片安装系统、注浆系统、动力系统、控制系统、测量导向系统等。

(1) 开挖系统。开挖系统采用复合式刀盘，开挖直径 8.6m，刀盘为面板式，开口率 35%，开口在盘面分布均匀，保证渣土顺利进入土仓。

(2) 主驱动系统。主驱动机构包括主轴承、11 个驱动电机、11 个减速器和安装在后配套拖车上的主驱动液压泵站。主轴承直径为 4.6m，能承受大负荷要求，主轴承设计寿命>10000h，可保证盾构机掘进 10km 以上。同时设置了可靠的主轴承内、外密封系统，有效地保证了主轴承的使用寿命。刀盘额定扭矩达 15000kN·m，脱困扭矩达 20000kN·m，刀盘最高转速 3.9r/min。

(3) 推进系统。盾构的推进机构提供盾构向前推进的动力。盾构机推进系统包括 38 个推进油缸和推进液压泵站。推进油缸按照在圆周上的区域分为 5 组，油缸行程为 2500mm，伸出速度 0～80mm/min。通过调整每组油缸的不同推进速度和推力来对盾构进行纠偏和调向。油缸的后端顶在管片上以提供盾构前进的反力。

(4) 出渣系统。为满足高富水砂砾地层的要求，专门设计了螺旋输送机出渣系统。螺旋输送机最大出渣能力>600m^3/h，采用正反旋转，最大扭矩 248kN·m，设置 3 道闸门（前 1 后 2）以及 10 个渣土改良注入口。螺旋输送机长 17.5m，通过一个低速大扭矩马达驱动。其可以在 0～22.1r/min 内无级调速，从而也可以很好地控制出土量。

4.5.2 掘进参数统计规律

复合地层地质变化繁复，兼有软岩、硬岩以及软硬不均地层。掘进参数的选取与控制尤其困难，而掘进参数的合理选取与控制对掘进效率、刀具磨损控制、刀盘保护、地表沉降控制有着至关重要的作用，简而言之，复合地层盾构机掘进参数的选取是盾构机能否安全而又快速进行掘进施工的关键点之一。

上述成都某市域地铁盾构区间主要处于泥岩与砂卵石地层中，而砂卵石地层与泥岩地层的分界线并不明显，因此，分析掘进参数的规律性应分为砂卵石地层、泥岩夹砂卵石地层、泥岩地层三种情况。

1) 盾构机总推力

根据该市域地铁盾构区间施工记录数据，对砂卵石地层、泥岩夹砂卵石地层、泥岩地层现场实测总推力数据进行统计分析，得出了三种地层总推力的规律曲线和分析结果，如图 4-46 和表 4-11 所示。

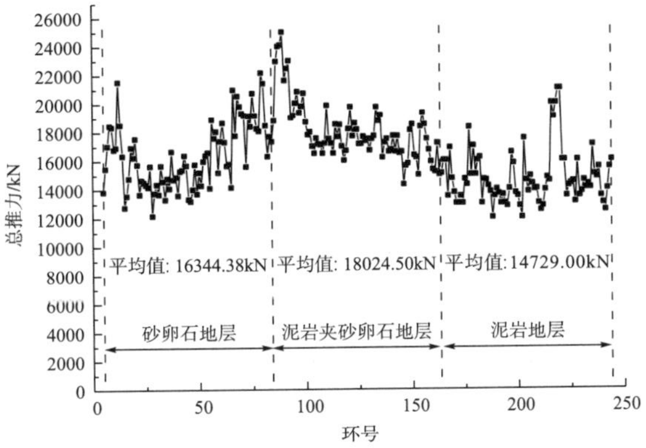

图 4-46　三种地层总推力变化曲线

表 4-11　三种地层总推力统计分析结果

掘进参数	总推力/kN		
	砂卵石地层	泥岩夹砂卵石地层	泥岩地层
观测数	80	80	80
平均数	16344.38	18024.50	14729.00
中位数	15860.00	17540.00	14250.00
众数	16930.00	16500.00	16000.00
标准差	2300.31	2140.72	1926.96
最大值	22160.00	25000.00	21000.00
最小值	12170.00	14320.00	12000.00
偏度	0.53	1.27	1.52
峰度	−0.38	1.87	2.44
分布直方图	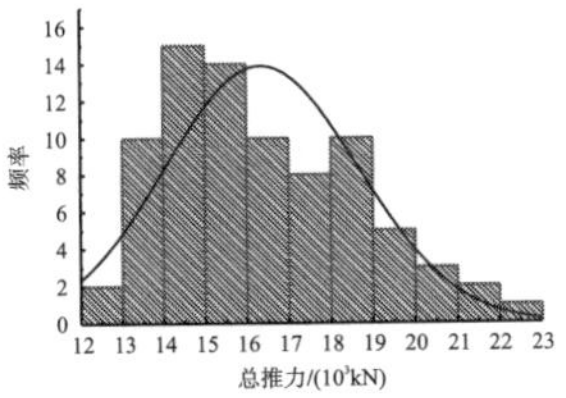	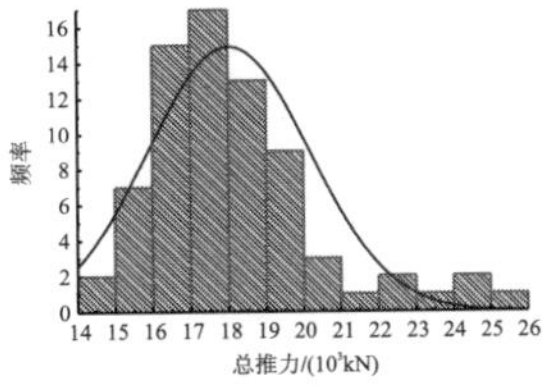	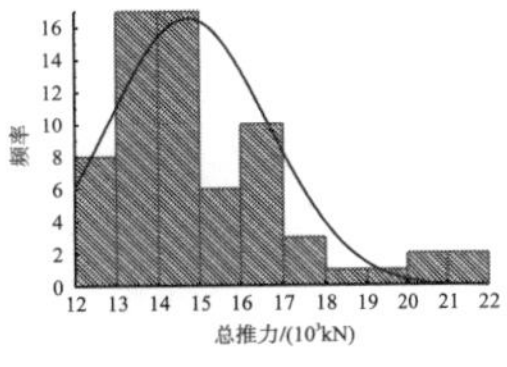

通过对三种地层的盾构总推力统计分析可以看出：对于总推力平均值而言，泥岩夹砂卵石地层>砂卵石地层>泥岩地层，泥岩夹砂卵石复合地层的平均总推力达到了18024.50kN。通过比较三种地层中总推力数据的标准差可以看出，砂卵石地层总推力的离散性最大，其主要集中在13000～20000kN区间；泥岩夹砂卵石地层总推力的离散性次之，其主要集中在15000～20000kN区间，超过20000kN的数据较少；泥岩地层总推力离散性最小，其主要集中在12000～17000kN区间，超过17000kN的数据较少。

峰度(bk)是描述某变量所有取值分布形态陡缓程度的统计量。它是和正态分布相比较的。当峰度bk=0时说明变量的分布符合正态分布陡缓程度。当峰度bk>0时说明变量的分布比正态分布更加陡峭(尖顶峰)。当峰度bk<0时说明变量的分布比正态分布平缓(平顶峰)。偏度(bs)是表征某变量的所有取值分布对称性的统计量。当偏度bs=0时说明变量的分布形态与正态分布对称性相同。当偏度bs>0时说明变量分布的正偏差较大，为正偏又称右偏。当偏度bs<0时说明变量分布的负偏差较大，为负偏又称左偏。偏度越大，分布形态偏移程度越大。各不良地层条件下的峰度值与偏度值能够更进一步表明掘进参数的分布情况。

从三种地层的总推力分布直方图和偏度、峰度值可以看出，砂卵石地层总推力分布的峰度为-0.38，偏度为0.53，说明砂卵石地层总推力数据的分布较为均匀，分布曲线为平顶峰度，略呈现右偏态；而泥岩夹砂卵石地层与泥岩地层的峰度分别为1.87、2.44，偏度分别为1.27、1.52，说明泥岩夹砂卵石地层与泥岩地层的总推力数据分布较为集中，分布曲线为尖顶峰度，明显呈现出右偏态，说明数据组中出现少量较大的数据。

综合以上分析，仅从盾构总推力方面，可以看出泥岩夹砂卵石复合地层的掘进环境最差，总推力的平均值最大，且数据波动幅度较大，总推力并不稳定；砂卵石地层的掘进环境也较差，总推力分布的离散性最大，但分布较为均匀；泥岩地层的地层条件较好，总推力的平均值最小，分布的离散性也最小。

2) 盾构机刀盘扭矩

根据该市域地铁盾构区间施工现场记录数据，对砂卵石地层、泥岩夹砂卵石地层、泥岩地层现场实测刀盘扭矩数据进行统计分析，得出了三种地层刀盘扭矩的规律曲线和分析结果，如图4-47和表4-12所示。

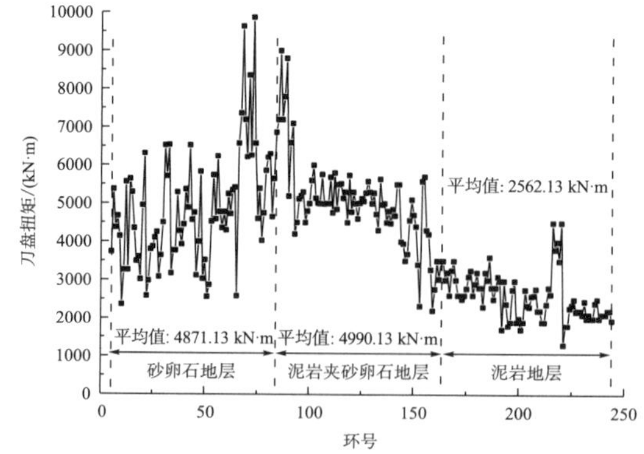

图4-47 三种地层刀盘扭矩变化曲线

表 4-12 三种地层刀盘扭矩统计分析结果

掘进参数	刀盘扭矩/(kN·m)		
	砂卵石地层	泥岩夹砂卵石地层	泥岩地层
观测数	80	80	80
平均数	4871.13	4990.13	2562.13
中位数	4660.00	5000.00	2500.00
众数	5370.00	5000.00	2600.00
标准差	1500.57	1174.08	613.69
最大值	9870.00	9000.00	4500.00
最小值	2360.00	2200.00	1300.00
偏度	0.90	0.75	0.92
峰度	1.41	2.65	1.26
分布直方图	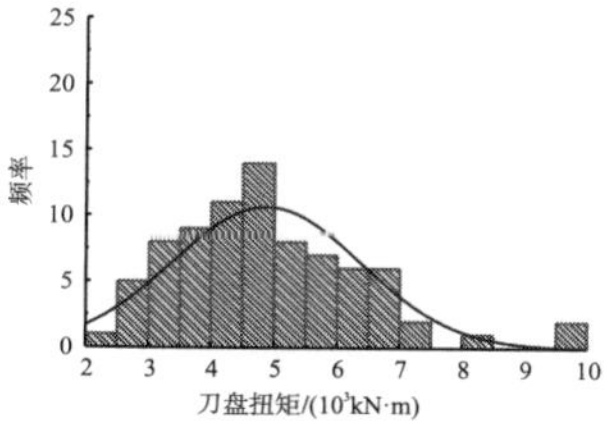	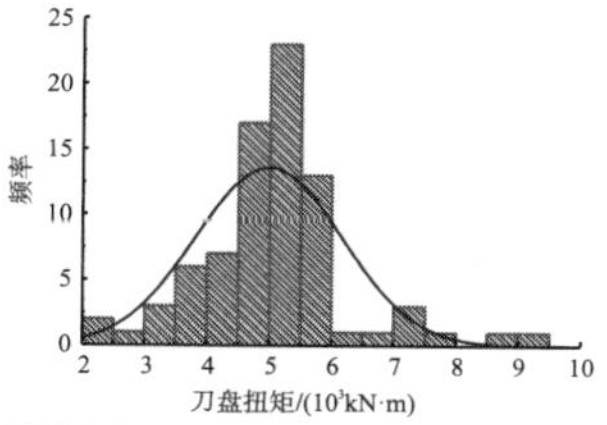	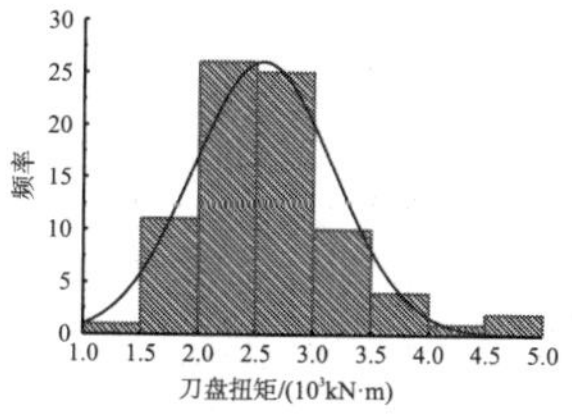

通过对三种地层的盾构刀盘扭矩统计分析可以看出：对于刀盘扭矩平均值而言，泥岩夹砂卵石地层≈砂卵石地层>泥岩地层；泥岩地层的刀盘扭矩平均值为 2562.13kN·m，泥岩夹砂卵石复合地层的平均刀盘扭矩达到了 4990.13kN·m，约为泥岩地层的 2 倍。通过比较三种地层中刀盘扭矩数据的标准差可以看出，砂卵石地层刀盘扭矩的离散性最大，其主要集中在 2500～7000kN·m 区间；泥岩夹砂卵石地层刀盘扭矩的离散性也较大，其主要集中在 3500～6000kN·m 区间；泥岩地层刀盘扭矩离散性最小，其主要集中在 1500～3500kN·m 区间，数据较为集中。从三种地层的刀盘扭矩分布直方图和偏度、峰度值可以看出，三种地层刀盘扭矩分布的峰度分别为 1.41、2.65、1.26，分布曲线都为尖顶峰度；三种地层刀盘扭矩分布的偏度分别为 0.90、0.75、0.92，相差都不大，分布曲线呈右偏态。

综合以上分析，砂卵石地层与复合地层的刀盘扭矩平均值较大，且数据离散性强，波动幅度较大，不利于盾构推进；泥岩地层的刀盘扭矩平均值较小，且分布较为集中，掘进环境较好。

3) 盾构机掘进速度

根据该市域地铁盾构区间施工现场记录数据，得出了三种地层掘进速度的规律曲线和分析结果，如图 4-48 和表 4-13 所示。

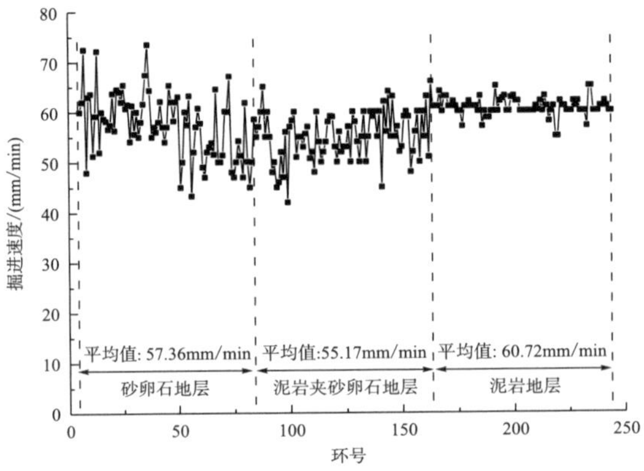

图 4-48　三种地层掘进速度变化曲线

表 4-13　三种地层掘进速度统计分析结果

掘进参数	掘进速度/(mm/min)		
	砂卵石地层	泥岩夹砂卵石地层	泥岩地层
观测数	80	80	80
平均数	57.36	55.17	60.72
中位数	57.85	55.00	61.00
众数	60.00	60.00	60.00
标准差	6.52	4.92	1.81
最大值	73.50	66.00	65.00
最小值	43.30	42.00	55.00
偏度	0.06	−0.23	−0.44
峰度	−0.23	−0.18	2.11
分布直方图	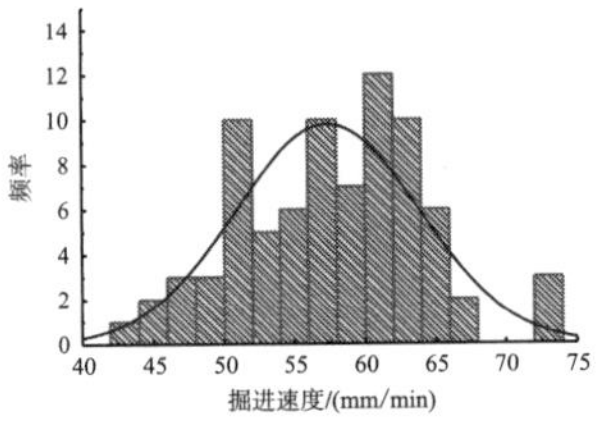	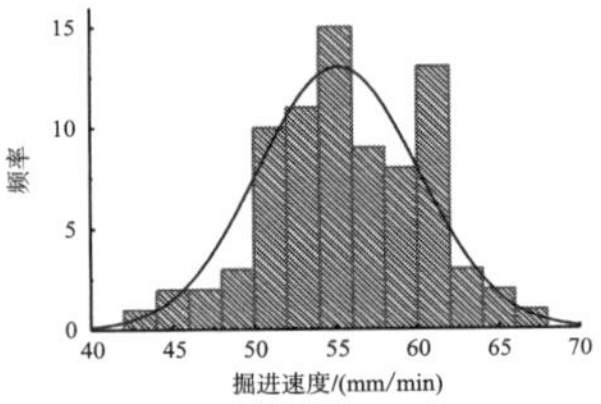	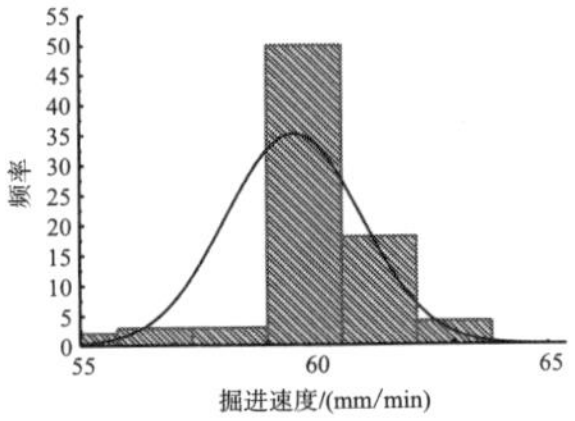

通过对三种地层的盾构掘进速度统计分析可以看出，在泥岩地层中盾构掘进稍快于砂卵石地层，泥岩地层的掘进速度平均值为60.72mm/min，泥岩夹砂卵石复合地层的平均掘进速度为55.17mm/min，二者相差约10%。通过比较三种地层中掘进速度数据的标准差可以看出，砂卵石地层掘进速度的离散性最大，其主要集中在46～66mm/min区间；泥岩夹砂卵石地层掘进速度的离散性也较大，其主要集中在48～64mm/min区间；泥岩地层掘进速度离散性最小，其主要集中在60～64mm/min区间，数据较为集中。从三种地层的掘进速度分布直方图和偏度、峰度值可以看出，砂卵石地层与复合地层的盾构掘进速度分布的峰度分别为−0.23、−0.18，分布曲线与正态曲线相近，泥岩地层的掘进速度分布的峰度为

2.11，分布曲线呈现明显的尖顶峰度，说明掘进速度都集中在平均值附近；三种地层掘进速度分布的偏度分别为 0.06、−0.23、−0.44，偏度值都较小，说明数据的分布较为对称。

综合以上分析，砂卵石地层与复合地层的地层条件较差，岩性相差较大，在刀盘掌子面前方砂卵石分布不均，在施工中难以为地层匹配适合的盾构施工参数。泥岩地层中掘进速度的分布非常集中，说明泥岩地层的岩性稳定，在施工中盾构掘进容易控制，且掘进速度也较快。

4)盾构机刀盘转速

根据该市域地铁盾构区间施工现场记录数据，得出了三种地层刀盘转速的规律曲线(图 4-49)和分析结果表(表 4-14)。

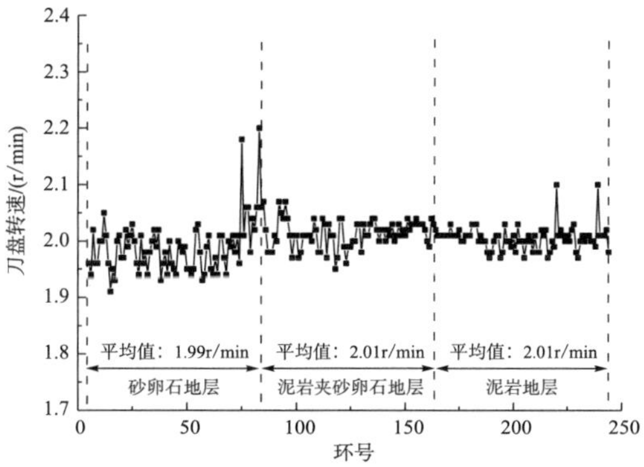

图 4-49　三种地层刀盘转速变化曲线

表 4-14　三种地层刀盘转速统计分析结果

掘进参数	刀盘转速/(r/min)		
	砂卵石地层	泥岩夹砂卵石地层	泥岩地层
观测数	80	80	80
平均数	1.99	2.01	2.01
中位数	1.99	2.01	2.01
众数	1.94	2.01	2.01
标准差	0.05	0.02	0.02
最大值	2.20	2.07	2.10
最小值	1.91	1.95	1.97
偏度	1.86	-0.19	1.75
峰度	6.23	0.00	7.24
分布直方图	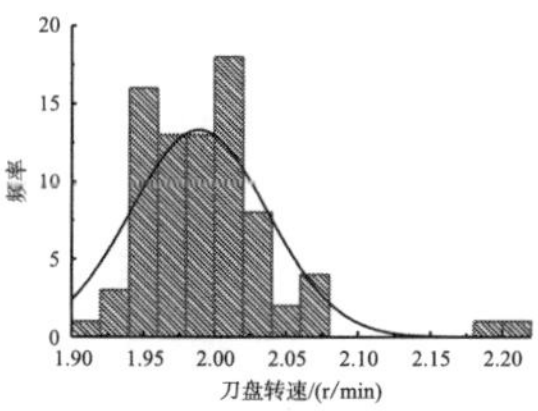	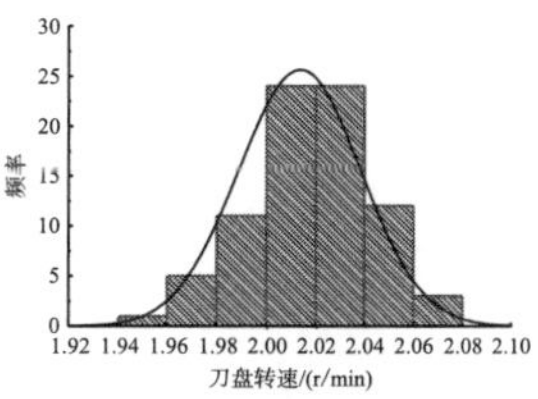	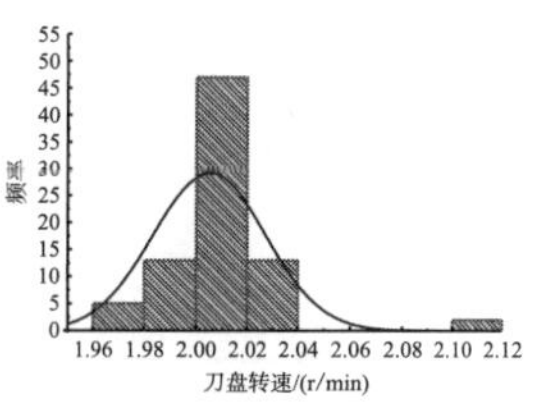

通过对三种地层的盾构刀盘转速统计分析可以看出：在三种地层中刀盘转速几乎保持

在 2r/min 左右，不同地层刀盘转速的平均值相差仅 1%，可以认为近似相等，刀盘转速受地层环境的影响较小，这主要是盾构机刀盘转速在施工过程中受人为控制导致的。

5）盾构机土仓压力

根据该市域地铁盾构区间施工现场记录数据，得出了三种地层土仓压力的规律曲线和分析结果，如图 4-50 和表 4-15 所示。

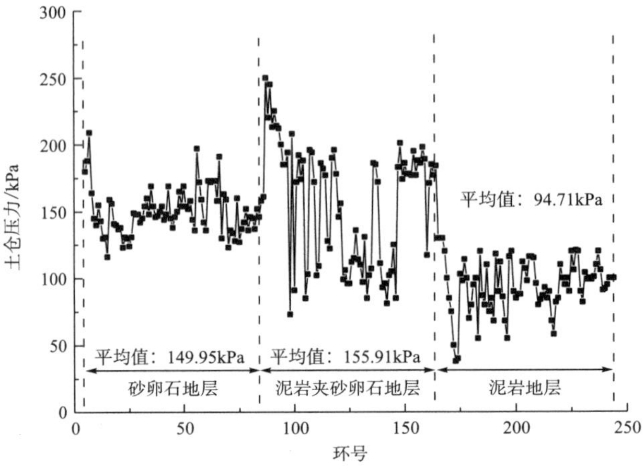

图 4-50 三种地层土仓压力变化曲线

表 4-15 三种地层土仓压力统计分析结果

掘进参数	土仓压力/kPa		
	砂卵石地层	泥岩夹砂卵石地层	泥岩地层
观测数	80	80	80
平均数	149.95	155.91	94.71
中位数	147.50	174.00	97.00
众数	154.00	185.00	100.00
标准差	17.38	45.11	19.93
最大值	209.00	250.00	130.00
最小值	116.00	73.00	38.00
偏度	0.89	−0.19	−0.63
峰度	1.26	−1.17	0.50
分布直方图	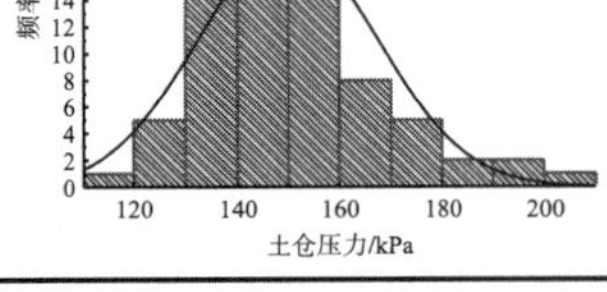	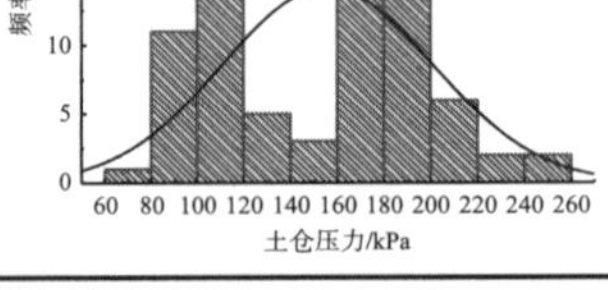	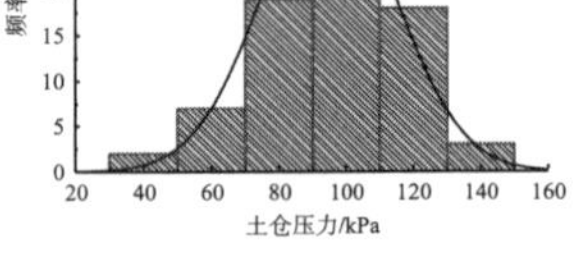

通过对三种地层的盾构土仓压力统计分析可以看出：砂卵石地层的埋深较浅，数据选

取段隧道埋深约为 15m，但盾构机掘进的土仓压力平均值却达到了 150kPa，而泥岩地层的埋深较深，数据选取段隧道埋深约为 30m，盾构机掘进的土仓压力仅为 95kPa。造成这种现象的原因主要有三个：砂卵石的侧压力系数较大，而泥岩的侧压力系数较小；砂卵石地层的埋深较浅，掌子面上方的拱效应不明显，而泥岩地层的埋深较深，掌子面上方形成坍落拱，导致掌子面前方的土体竖向应力减小；泥岩地层的渗透性较差，土仓内的水压力比静水压力小得多，而砂卵石地层的渗透性较强，土仓内的水压力与静水压力相等。

泥岩夹砂卵石复合地层的埋深稍大于砂卵石地层，且同样渗透性较强，因此其土仓压力稍大于砂卵石地层。通过比较三种地层中土仓压力数据的标准差与分布区间，可以看出在砂卵石地层与泥岩地层中土仓压力的数据都相对比较集中，离散性较弱，砂卵石地层的土仓压力分布主要集中在 120～180kPa 区间，泥岩地层的土仓压力分布主要集中在 50～130kPa 区间，说明盾构机掘进环境变化较小，围岩岩性变化不大；反之泥岩夹砂卵石地层的土仓压力分布的离散性较强，其分布区间为 80～220kPa，说明复合地层隧道围岩复杂多变，在盾构施工中难以控制。砂卵石地层与泥岩地层盾构土仓压力数据的峰度值分别为 1.26、0.50，分布曲线呈尖顶峰度，说明数据较为集中，而复合地层的土仓压力数据的峰度值为-1.17，说明数据分布的离散性较强。

综合以上分析，从土仓压力控制方面看，复合地层的围岩复杂多变，盾构掘进环境较差，土仓压力难以控制，而该市域地铁盾构隧道多次穿越较为重要的建筑物或构筑物，为控制盾构掘进对地层环境的影响，土仓压力通常要保持在一定范围内，因此，当盾构穿越泥岩夹砂卵石复合地层时应严格控制各掘进参数的变化，并及时进行调整。

6) 盾构机贯入度

在盾构机掘进过程中刀盘转速几乎不变，而贯入度是指刀盘旋转一周切入土体的深度，贯入度的计算公式如下：

$$v=\frac{u}{\omega}$$

式中，v 为刀盘的每转切入深度，即贯入度；u 为推进速度；ω 为刀盘转速。

根据该市域地铁盾构区间的施工现场记录数据，得出了三种地层贯入度的规律曲线(图 4-51)和分析结果表(表 4-16)。

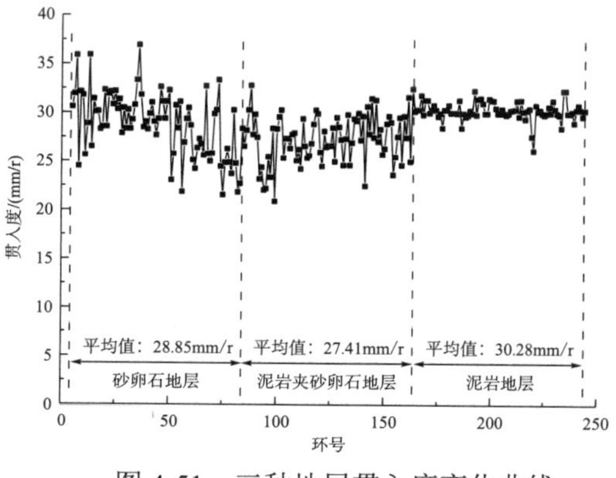

图 4-51　三种地层贯入度变化曲线

表 4-16 三种地层贯入度统计分析结果

掘进参数	贯入度/(mm/r)		
	砂卵石地层	泥岩夹砂卵石地层	泥岩地层
观测数	80	80	80
平均数	28.85	27.41	30.28
中位数	29.19	27.50	30.25
众数	24.49	27.50	30.00
标准差	3.31	2.51	0.94
最大值	36.93	32.83	32.34
最小值	21.56	20.90	26.19
偏度	-0.16	-0.26	-0.96
峰度	-0.19	-0.22	4.48
分布直方图	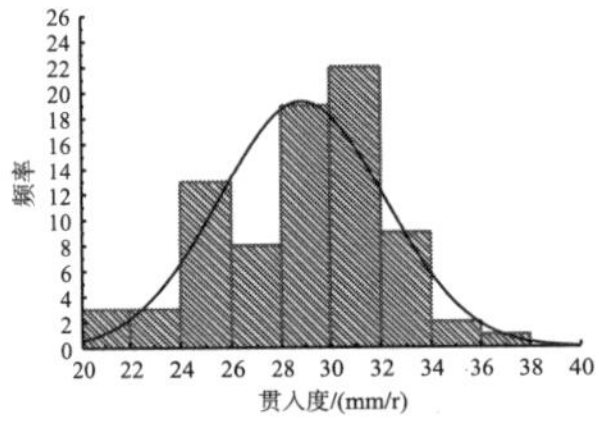	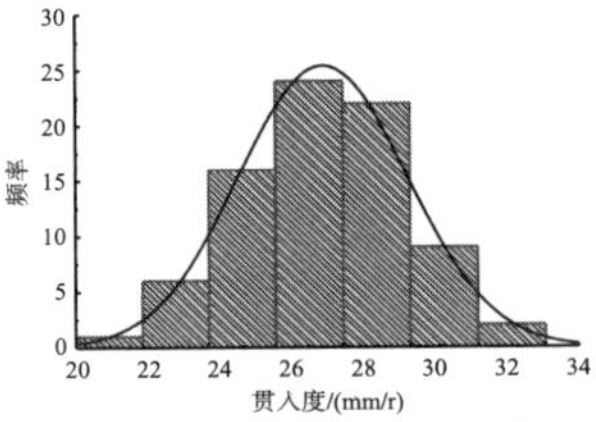	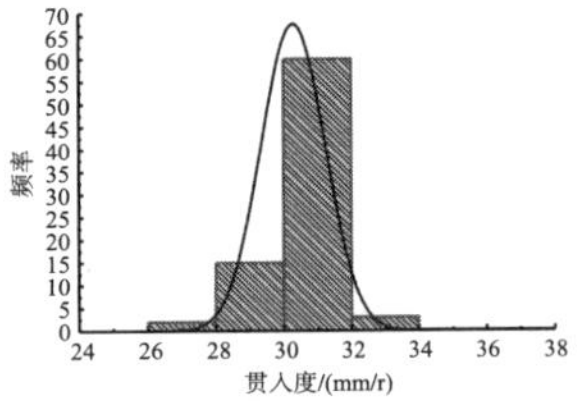

通过对三种地层的刀盘的贯入度统计分析可以看出：由于刀盘转速基本保持不变，刀盘的贯入度在三种地层中的变化规律与盾构推进速度基本一致。

4.5.3 掘进参数选取范围

基于上述成都某市域地铁盾构区间施工中大量实测数据以及施工日志，上节中分别对盾构的总推力、刀盘扭矩、土仓压力、推进速度、刀盘转速、贯入度共 6 个关键参数进行了详细的统计分析，将统计的关键性结果(平均值、主要分布范围、标准差、离散性)列于表 4-17。

表 4-17 掘进关键参数统计结果汇总

		总推力/kN	刀盘扭矩/(kN·m)	掘进速度/(mm/min)	土仓压力/kPa	贯入度/(mm/r)	离散性
砂卵石地层	平均值	16344.38	4871.13	57.36	149.95	28.85	较大
	标准差	2300.31	1500.57	6.52	17.38	3.31	
	最小值	12170.00	2360.00	43.30	116.00	21.56	
	最大值	22160.00	9870.00	73.50	209.00	36.93	
复合地层	平均值	18024.50	4990.13	55.17	155.91	27.41	较大
	标准差	2140.72	1174.08	4.92	45.11	2.51	
	最小值	14320.00	2200.00	42.00	73.00	20.90	
	最大值	25000.00	9000.00	66.00	250.00	32.83	

续表

		总推力/kN	刀盘扭矩/(kN·m)	掘进速度/(mm/min)	土仓压力/kPa	贯入度/(mm/r)	离散性
泥岩地层	平均值	14729.00	2562.13	60.72	94.71	30.28	较小
	标准差	1926.96	613.69	1.81	19.93	0.94	
	最小值	12000.00	1300.00	55.00	38.00	26.19	
	最大值	21000.00	4500.00	65.00	130.00	32.34	

在施工过程中，刀盘转速通过人为控制，基本保持在 2r/min 左右，掘进环境变化主要影响的是总推力、刀盘扭矩、掘进速度、土仓压力等盾构参数。通过表中可以看出，砂卵石地层与复合地层所需要的总推力和扭矩都相对较大，且掘进慢、贯入度小，各掘进参数分布的离散性都较大，而且埋深虽浅但土仓压力比泥岩地层大，因此在盾构施工时可以适当降低刀盘转速，保证盾构施工安全、降低刀具磨耗以及保护掘进环境等。盾构在泥岩地层中的掘进则刚好相反，由于泥岩强度并不高，所需的总推力和扭矩都较小，掘进效率高，各掘进参数分布都较为集中，而且泥岩地层的渗透性较弱，开挖面的水压力较小，因此，在深埋的泥岩地层中施工时可以适当提高刀盘转速，加快掘进效率。

根据上述成都某市域地铁盾构隧道盾构施工各掘进参数的统计分析结果，总结出了该地区大直径盾构穿越砂卵石地层、复合地层和泥岩地层(深层)掘进参数的合理控制范围(表 4-18)，为盾构施工掘进参数控制提供参考。

表 4-18 该地区大直径盾构施工掘进参数合理控制范围

掘进参数	合理控制范围	
	砂卵石地层与复合地层	泥岩地层(深层)
总推力/kN	13000～20000	12000～17000
刀盘扭矩/(kN·m)	2500～7000	1500～3500
掘进速度/(mm/min)	46～66	60～64
刀盘转速/(r/min)	1.8	2.2
土仓压力/kPa	80～220	50～130

4.5.4 掘进参数相互关系

根据地勘资料和隧道掘进施工现场实测数据以及施工日志，分析地层各掘进参数的相互关系，探讨各掘进参数的关系规律。

统计过程中需要用 excel 软件中的 R^2(决定系数)，R^2 取值为 0～1，越接近 1，证明数据的相关性越好。对于本节掘进参数统计样本数较多且施工影响因素较多的情况，可认为 R^2=0～0.09 为没有相关性，R^2=0.1～0.3 为弱相关，R^2=0.3～0.5 为中等相关，R^2=0.5～1.0 为强相关。

王洪新等[138]基于数学物理演绎和半经验方式推导出土压平衡盾构土仓压力、总推力、刀盘转速、刀盘扭矩、螺旋机转速和掘进速度间存在如下关系：

$$p\frac{\pi D^2}{4}[1+\frac{\delta}{p}(1-\lambda)]=P_0+K\Delta S-K(\frac{4k_e\eta k\Delta S}{\gamma_0\pi D^2})\frac{N}{v}$$

$$T=(F+P_0+K\Delta S)-K(\frac{4k_e\eta\Delta S}{\gamma_0\pi D^2})\frac{N}{v}$$

式中，p 为盾构机土仓压力；D 为盾构机直径；δ 为面板压力附加值；λ 为盾构开口率；P_0 为掌子面静止土压力；K 为接触压力下土体变形时反力值；k_e 为有效出土比；k 为与螺旋机形式有关的参数；η 根据围岩和排土效率选择；ΔS 为推进距离；γ_0 为土体天然重度；N 为螺旋机转速；v 为掘进速度；T 为盾构总推力；F 为盾构推进总阻力。

根据隧道掘进施工现场记录数据，通过曲线拟合，依托区间盾构隧道泥岩砂卵石互交地层下盾构施工时各主要掘进参数之间的散点图，可以得出其相应的关系曲线及关系式。

1) 土仓压力与螺旋机转速、掘进速度的相互关系

现场控制主要螺旋机转速为 1～6r/min，变化范围较大。由于选取的盾构区间地层埋深变化不大，可认为 P_0 近似不变。根据掘进参数关系式，可得土仓压力与螺旋机转速/掘进速度近似成正比且为负相关关系，即 p 与 N/v 近似成正比且为负相关关系。根据上述成都某市域地铁盾构隧道掘进施工现场记录的实测数据，通过统计回归分析现场实测数据，得出土仓压力与螺旋机转速/掘进速度的关系，如图 4-52 所示。从图中可以看出，在泥岩砂卵石复合地层下掘进时，土仓压力与螺旋机转速/掘进速度近似成正比，其中 R^2=0.25397，呈弱相关关系；斜率为−6.19，呈负相关关系，与预测的一致。

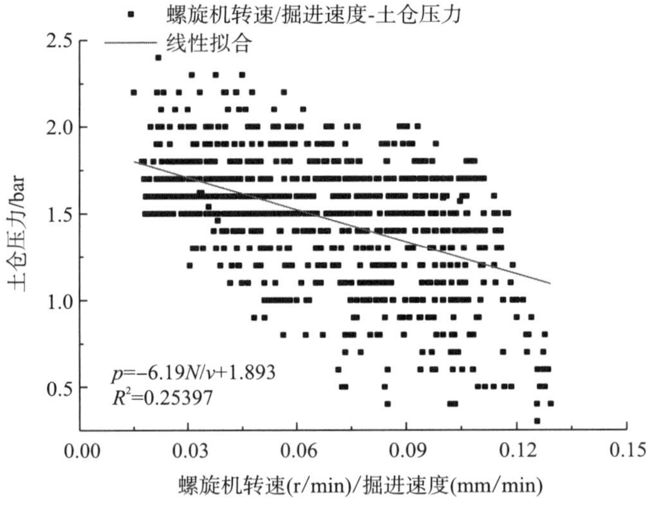

图 4-52 泥岩砂卵石地层土仓压力与螺旋机转速/掘进速度关系曲线

通过曲线拟合现场实测数据散点图，得出泥岩砂卵石复合地层隧道土仓压力与螺旋机转速/掘进速度之间的关系式如下：

$$p=-6.19N/v+1.893$$

式中，p 为盾构机土仓压力，bar(1bar=10^5Pa)；N 为盾构机螺旋输送机转速，r/min；v 为盾构机掘进速度，mm/min。

2) 总推力与螺旋机转速、掘进速度的相互关系

由于选取的盾构区间地层埋深变化不大，可认为 $F+P_0+K\Delta S$ 近似不变，总推力与螺旋机转速/掘进速度近似成正比且为负相关关系。根据上述成都某市域地铁盾构隧道掘进施工现场记录的实测数据，通过统计回归分析现场实测数据，得出总推力与螺旋机转速/掘进速度的关系如图 4-53 所示。从图中可以看出，在软弱地层下掘进时，总推力与螺旋机转速/掘进速度近似成正比，其中 R^2=0.32365，呈现中等相关关系，斜率为−72.712，呈负相关关系，与预测的一致。

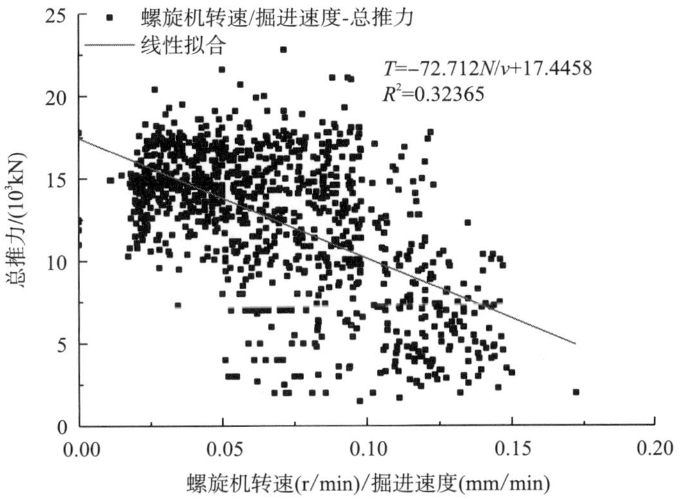

图 4-53 泥岩砂卵石地层总推力与螺旋机转速/掘进速度关系曲线

通过曲线拟合现场实测数据散点图，得出软弱地层总推力与螺旋机转速/掘进速度之间的关系式如下：

$$T=-72.712N/v+17.4458$$

式中，T 为盾构机总推力，10^3kN；N 为盾构机螺旋输送机转速，r/min；v 为盾构机掘进速度，mm/min。

3) 刀盘扭矩与总推力、刀盘转速和土压力的相互关系

上述分析未考虑两个重要掘进参数——刀盘转速和刀盘扭矩，完全根据数学物理模型来推导刀盘扭矩和刀盘转速之间的关系尚有困难，故采取半经验法来推导。根据国内外众多工程可知，刀盘扭矩和总推力之间有一定的线性关系，图 4-54 为现场实测刀盘扭矩-总推力数据散点图，从图中可以看出，在泥岩砂卵石交互地层下掘进时 R^2=0.0916，几乎没有线性相关关系。

根据王洪新等的理论分析，可认为土仓压力对刀盘扭矩的大小有直接影响。拟合土仓压力-刀盘扭矩曲线，如图 4-55 所示，R^2=0.1666，呈弱相关关系，但比上述刀盘扭矩与总推力的相关关系强。

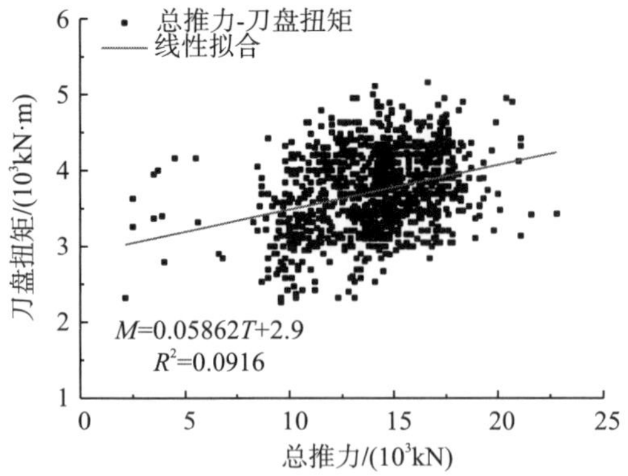

图 4-54 泥岩砂卵石地层刀盘扭矩与总推力关系曲线

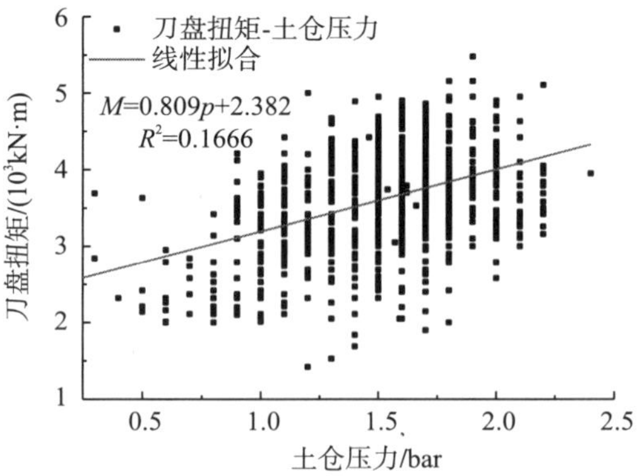

图 4-55 泥岩砂卵石地层刀盘扭矩与土仓压力关系曲线

线性拟合刀盘扭矩与土仓压力和刀盘转速的积，如图 4-56 所示，R^2=0.30326，呈中相关关系。通过曲线拟合现场实测数据散点图，得出在泥岩砂卵石复合地层掘进时，刀盘扭矩和土仓压力×刀盘转速之间的关系式如下：

$$M=0.296np+2.506$$

式中，M 为盾构机刀盘扭矩，kN·m；n 为盾构机刀盘转速，r/min；p 为盾构机土仓压力，bar。

本节结合地勘资料和隧道掘进施工现场实测数据以及施工日志，通过数理统计的方式对各掘进参数的相互关系进行了分析，得出了以下结论，如表 4-19 所示。

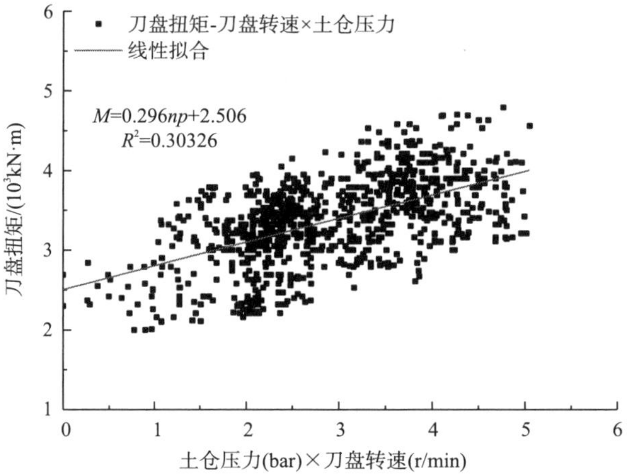

图 4-56 泥岩砂卵石地层刀盘扭矩与土仓压力×刀盘转速关系曲线

表 4-19 复合地层掘进参数相互关系表

掘进参数关系	掘进参数拟合公式	相关性
土仓压力与螺旋机转速 / 掘进速度	$p=-6.19N/v+1.893$	弱相关性，R^2=0.25397
总推力与螺旋机转速 / 掘进速度	$T=-72.712N/v+17.4458$	中相关性，R^2=0.32365
刀盘扭矩与土仓压力×刀盘转速	$M=0.296np+2.506$	中相关性，R^2=0.30326

上述统计公式仅适用于该地区盾构隧道工程。结合上文分析，可知在复合地层中很多掘进参数之间没有体现出内在关系，这是由于在复合地层中掘进存在一定的困难度，出于安全性考虑，掘进参数常常体现为人工控制变量，但这样的分析手段对于正常掘进段的掘进参数选取仍然有很大的指导意义。

4.6 本 章 小 结

本章分析了盾构掘进时地层的变形特征，给出了地层长期沉降的预测模型与公式，总结了掌子面支护压力的计算方法及其适用范围，分析了盾构机主要装配参数的确定方法；基于弹性力学基本理论，推导建立了壁后注浆扩散模型，分析了注浆压力、注浆类型对于地层的扰动作用；针对目前国内外常用土仓压力计算模型存在的问题，分析了复合地层中的水土荷载传递机理，改进了现有的土仓压力计算模型，进一步，通过统计分析分别建立了三种地层中盾构关键参数的匹配关系，给出了各参数的合理控制范围，主要得到以下结论：

(1) 在进行盾尾壁后注浆前根据围岩自稳性和注浆的及时性等因素，可将盾尾间隙划分为两种形态：①盾尾间隙内存在大量由地下水充填的能在隧道环向贯通的裂隙与空洞；②盾尾间隙内被围岩土体完全充填，仅存在少量不能在隧道环向贯通的裂隙。本章就两种盾尾间隙形态分析浆液扩散过程，假设浆液为牛顿流体，提出了浆液柱形渗流模型和半球形渗流模型，推导了浆液渗透半径与浆液压力分布形态。

(2) 根据本章提出的浆液渗流模型，对浆液渗透层进行受力分析，浆液渗透层主要受到浆液水头差导致的渗透力、自身重力、地层约束力，将浆液渗透层的受力状态进行分解，简化为半无限体的受圆孔扩张作用，并根据渗流模型推导圆孔扩张力。

(3) 参考镜像法的思路，采用反对称荷载作用下无限体圆孔扩张的解答替代半无限体圆孔扩张的解答，同时在半无限体表面施加切向荷载对无限体圆孔扩张的解答进行修正，引入弹性力学空间问题中的塞路提(Cerruti)解，即半无限体中切向集中荷载作用下的弹性力学解答，将修正荷载按塞路提解在半无限体表面进行积分，推导圆孔扩张作用下半无限体的地表竖向位移解答。

(4) 根据圆孔扩张作用下的地表竖向位移解答，分别求解渗透力与开挖卸载作用下的地表沉降值，并进行叠加，即可求得盾构壁后注浆作用下的地表沉降值。选取成都某市域地铁盾构隧道的相应参数代入本章推导的模型，并与相关文献的结果和数值模拟结果做对比，发现本章提出的注浆模型的地表沉降计算结果在注浆压力较大时偏大，但相对更接近数值模型计算结果。

(5) 泥岩地层的渗透性较弱，在进行盾构壁后注浆时浆液渗流量在注入量中的占比很小，因此浆液黏度的时变性和浆液初始黏度对注浆效果的影响较小，从经济性方面考虑可选用惰性浆；砂卵石地层的渗透性较强，注浆时浆液渗流量在注入量中的占比较大，浆液黏度的时变性和浆液初始黏度对注浆效果的影响较大，浆液黏度较小时会造成严重的流失现象，因此可选用水灰比较小的水泥基砂浆或双液浆。

(6) 采用 DIN4085 模型的理论计算得到的土仓压力值变化趋势与实际不符，水压力应连续变化，在考虑泥岩中水压变化的基础上，通过推导改进后的土仓压力计算公式适用于泥岩砂卵石复合地层，计算结果与实测数据较为吻合。

(7)结合数值模拟，可以发现土仓压力过大会使刀盘前方土体形成较大的塑性区，并使地面出现隆起现象，结合土仓压力理论计算模型，得出了盾构穿越不同建构筑物时土仓压力的合理保持范围。

(8)根据施工日志记录的掘进参数数据，分析在砂卵石地层、泥岩地层、复合地层中关键掘进参数的分布特性，得到盾构关键参数对三种地层的优化匹配关系，给出各参数的合理控制范围。研究各参数之间的相关性对应关系，发现由于人工控制因素较大，各参数之间的相关性并不明显。

5 盾构刀具受力机理及布置优化

市域地铁盾构隧道开挖直径更大，站间距更长，刀具行程的增加无疑会加剧其磨耗，而较长的站间距意味着要尽量减少途中的开仓换刀次数，以保证长距离掘进的效率，但是，目前对刀具地质适应性的认识尚不统一，其通用评价准则尚未建立，且刀盘刀具的减耐磨措施也大多基于施工经验，缺乏必要的理论支撑。因此，研究市域地铁盾构掘进中的刀具破岩机理和破岩规律，摸清盾构刀具磨损规律并采用适当的耐减磨措施，对于提高盾构掘削性能和掘进效率，从而实现低能耗、高效率的开挖掘进具有重要意义。

5.1 盾构刀具类型

盾构机刀具可根据运动方式、布置位置和方式及形状等进行分类。按切削原理划分，盾构机的刀具一般分为切削刀和滚刀两种，其余形式的刀具为辅助刀具。切削刀又分为齿刀、刮刀和先行刀等。刀具按掘削目的、设置位置和用途的分类如表 5-1 所示。

表 5-1 刀具按掘削目的、设置位置和用途的分类

种类名称	用途	设置部位
固定刀具	掘削掘削面	面板正面
旋转刀具	掘削掘削面	面板正面
超前刀具	超前掘削	面板正面
导向钻头	破碎地层	面板正面
外沿保护刀具	保护刀盘外沿	面板正面外沿
修边刀具	减小推进阻力	面板外沿
背面保护刀具	保护背面面板	面板背面
加泥嘴保护刀具	保护加泥嘴	加泥嘴部位
掘削障碍物刀具	掘削障碍物	面板正面外沿

以成都某市域地铁盾构区间为例，该工程所使用的盾构机包括海瑞克以及辽宁三三两种类型，其刀盘刀具构造如图 5-1 所示。区间大部分位于全断面中风化泥岩地层中，少部分位于上砂卵石地层下中风化泥岩的复合地层。盾构穿越的砂卵石地层，自稳能力差，均一性差，透水性强，地下水位较高，水量十分丰富，对刀盘、刀具、盾尾密封刷磨损较大，掘进过程中对可能存在的大粒径卵石需要破碎；盾构其余段位于全断面泥岩地层，此区段

泥岩地层强度较小。结合以上地层特点，盾构机刀盘选用滚刀和切削刀具相配合的布置形式，滚刀为盘形滚刀，切削刀具包括齿刀、铲刀和刮刀。

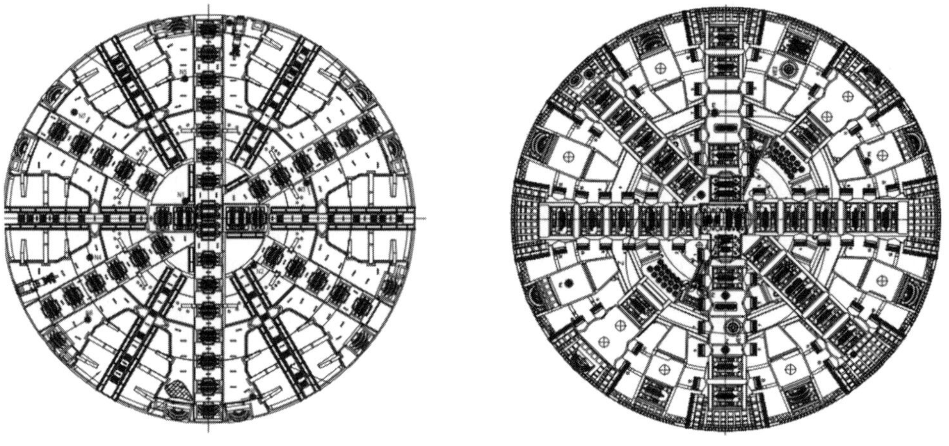

(a)三三盾构机　　(b)海瑞克盾构机

图 5-1　盾构机掘削刀盘

在砂卵石地层中，盾构刀盘中心配置了 4 把中心双刃齿刀，除周边刀外，其余为单刃重型齿刀，这样，可以增加中间部位的开口率，切割下来的物料可以直接从中心部位进入土仓；而过大的砂卵石将掉落到刀盘前部的下方，由单刃和双刃滚刀进行切割破碎后，进入土仓。对粒径小于 300mm 的卵、砾石及砾石土，可通过刀盘上布置的齿刀碰落、滚刀滚压松动后，由铲刀和刮刀切削下来，通过刀盘的开口进入土仓经螺旋机排出。为提高刀具的耐磨性，滚刀采用了高度耐磨的切削环(刀圈)，铲刀和刮刀用高耐磨的钢刀体，刀刃是镶嵌的硬质合金刀刃，背面又焊有耐磨层。在中风化泥岩掘进段，盾构机刀盘周边配置有单刃滚刀，中间部分配置有特殊宽齿刀，周边刀具起切削作用以成圆，中间刀具则为刮土进仓，大部分渣土无须破碎即可进仓。实践证明这种布置方式能有效降低无功消耗，提高掘进效率。同时，滚刀和齿刀的刀座形式相同，根据不同的地质类型两种刀具可以互换，提高了盾构对地层的适应性。

5.2　刀具破岩机理

5.2.1　滚刀破岩机制

正刀、边刀及中心滚刀等三种类型的盘形滚刀按照一定的规律(单螺旋线、双螺旋线和多螺旋线)布置在盾构机前端刀盘上。刀盘在驱动系统作用下向前推进的同时绕中心轴发生轴向旋转，驱动系统提供的强大推进力和扭力通过前端刀盘传递到滚刀上，而后滚刀与岩体逐渐接触并挤压岩体，当挤压作用力达到岩体破坏极限时，岩体发生破碎并脱离原岩，此时滚刀在推进力的作用下逐渐侵入破碎岩体。在滚刀挤压、剪切共同作用下，岩体逐渐形成应力集中区并产生裂纹。随着刀头的不断侵入，岩石内部裂纹不断向周边辐射，当相邻两把滚刀产生的裂纹不断扩展贯通后，滚刀间的岩脊逐渐破碎剥落，并形成岩渣。掘进机继续向前推进，岩体内部裂纹越来越多，最终导致同心圆之间的岩体超过其强度极限完全发生破碎，实现一次完整的破岩过程。

总体来说，可将盘形滚刀破岩过程分为盘形滚刀挤压侵入岩体和相邻滚刀间破碎岩体逐渐形成两个阶段。盘形滚刀挤压侵入岩体阶段如图 5-2(a)所示，盘形滚刀在盾构液压驱动作用下逐渐挤压并侵入岩体，岩体在滚刀挤压作用下产生较大的应力幅向分布区域，并形成一个压碎密实核。随着滚刀切深的不断加大，压碎密实区域也不断扩大。当滚刀挤压作用产生的应力大于岩体的抗剪或抗拉强度时，岩体内部开始产生裂纹，并不断向周围辐射扩展。相邻滚刀间破碎岩体逐渐形成阶段如图 5-2(b)所示。当相邻滚刀之间的间距取值合理时，裂缝扩展区域将逐渐贯通并形成裂缝贯通区域(岩体碎片区)，此时该区域岩体将被贯穿性裂缝分割开来，最终脱离原岩，形成岩渣。

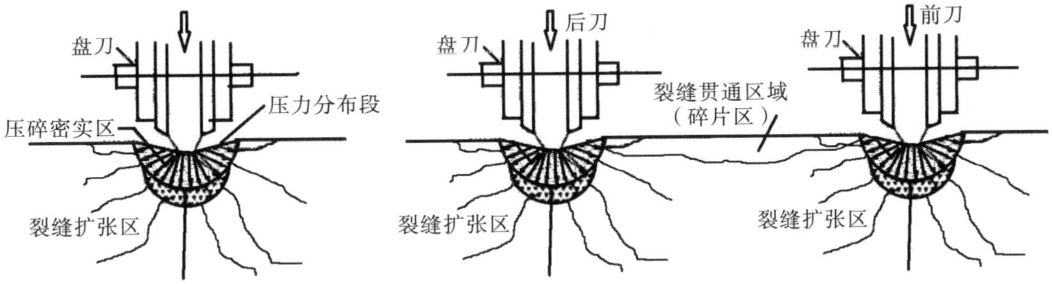

(a)盘形滚刀挤压侵入岩体阶段　　(b)相邻滚刀间破碎岩体逐渐形成阶段

图 5-2　盘形滚刀破岩过程

滚刀破岩是一个综合挤压、剪切、张拉等作用的复杂过程。滚刀与岩体发生接触并逐渐下压后，滚刀下方岩体出现较大的塑性形变，持续下压直到出现破碎。目前对于滚刀破岩的机理还没有一个统一的认识，最具代表性的破岩机理主要包括挤压与剪切破碎理论以及挤压与张拉破碎理论两种。

挤压与剪切破碎理论。这种破碎理论认为滚刀的破岩是一个挤压和剪切共同作用的过程。当滚刀受到的垂直力超过岩体本身的抗压极限时，滚刀正下方的岩体将形成压碎密实核。而剪切作用主要分布在盘形滚刀的两侧，当滚刀侧向作用达到岩体的抗剪极限时，两侧的岩体将沿着破碎角方向发生剪切破坏。如图 5-3 所示，滚刀正下方形成一个圆弧压碎区域，而滚刀两侧形成两个三角形的剪切破碎区域。

挤压与张拉破碎理论。这种破碎理论认为滚刀的破岩是一个挤压和张拉共同作用的过程。挤压破碎机理和形成区域和挤压与剪切破碎理论一致。不同于挤压与剪切破碎理论的是，该理论认为挤压作用形成的压碎密实核将在后续滚刀挤压和滚动作用下继续扩张，并将滚刀垂直力和滚动切向力传递给包裹密实核的周边岩体，使得周边岩体产生较大的拉应力。随着切深和滚刀压力的逐渐加大，压碎区周边裂纹不断发展，最终延伸至临空面，形成碎片区，如图 5-4 所示。

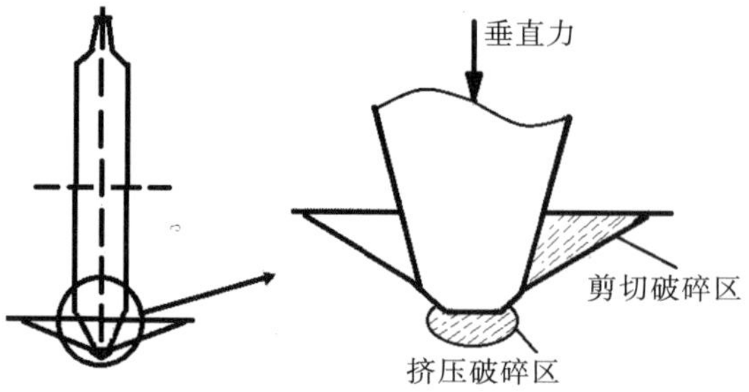

图 5-3　挤压与剪切破碎理论

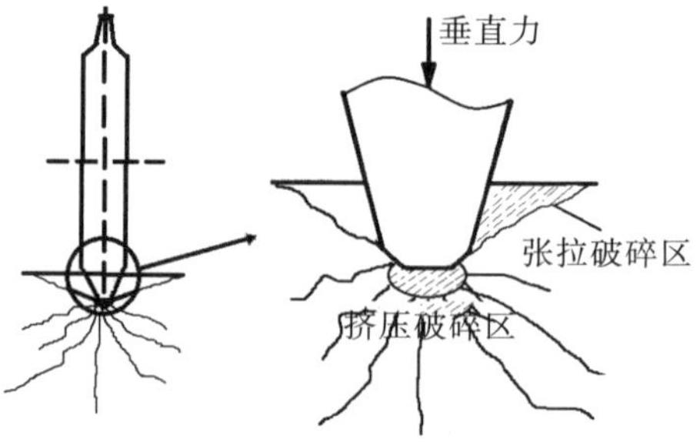

图 5-4　挤压与张拉破碎理论

5.2.2　切刀破岩机制

与滚刀不同，切削刀具一般是通过螺栓连接或焊接在刀盘上的，在刀盘的连续旋转带动和刀盘推力作用下，切削刀具的刀刃部分不断地嵌入(切割)掌子面，并通过刮刀前刀面向上和向两侧连续进行挤压撬动使掌子面剥落，剥落的渣土沿刮刀的前刀面向两侧滑落进入清渣槽，这样使刮刀既具有切削的功能也具有装载的功能。因此切削刀具是一种以切割力和挤压力来开挖掌子面的刀具，适用于表土层及软岩泥层(一般小于 30MPa)的掘进施工。

地质条件不同，切刀切削破碎过程不同。对于软岩而言，其切削岩土会经历由小碎块到大碎块的过程，且切削力大小与碎块粒度会相对应，其破碎过程属于跃进式破碎。按照破碎过程的特征可以分为以下四个阶段。①变形阶段：刀具刀尖部分有一定的曲率，其剪应力按赫兹理论分布，如图 5-5(a)所示。接触点上的剪应力为零，岩石内距该点一定距离的点的剪应力达到极值，在接触点边界附近的点会发生最大拉应力。②裂纹发生阶段：切削力增加到一定阶段，当 E、F 两点的拉应力超过岩石抗拉强度时，该点的岩石被拉开，会出现赫兹裂纹，B 点的剪应力超过岩石的抗剪强度时，该点岩石会被错开，进而出现剪切裂纹源，如图 5-5(b)所示。③切削核形成阶段：切削载荷继续增加导致剪切裂纹扩展到自由面与赫兹裂纹相交。密实核由岩石内已被破碎的岩粉压成，并向包围着岩粉的岩壁施加压力，其中切削力所做的功，小部分会转变成变形能和动能，大部分会转变成表面能，如图 5-5(c)所示。④块体崩裂阶段：载荷继续增加导致裂纹随时间发展至自由面，进而发生块体崩裂，刀具进一步切入，载荷会瞬时下降，便完成一次跃进式切削破碎过程。

切刀切入土壤时的切削力取决于土壤的性质、状态和刀具刀刃角。切刀切入后，刀刃前边的土壤，先是受到一个压力，然后会发生变形，与切削面呈一定角度的方向上会出现最大剪应力，当该最大剪应力超过土壤的抗剪强度时，土壤沿着该方向错动，形成一个新的表面而离开原体，破坏过程及现象与土壤的具体性质密切相关。在硬土中一般会先出现裂纹，进而一块块地剥落下来，在剥落时阻力会突然降低，切削阻力变化较大；在比较松散的土壤中，挖掘时往往会出现整体粉碎的现象；在塑性土壤中，会出现连续切削，在松散土壤和塑性土壤中切削力变化较为平稳。

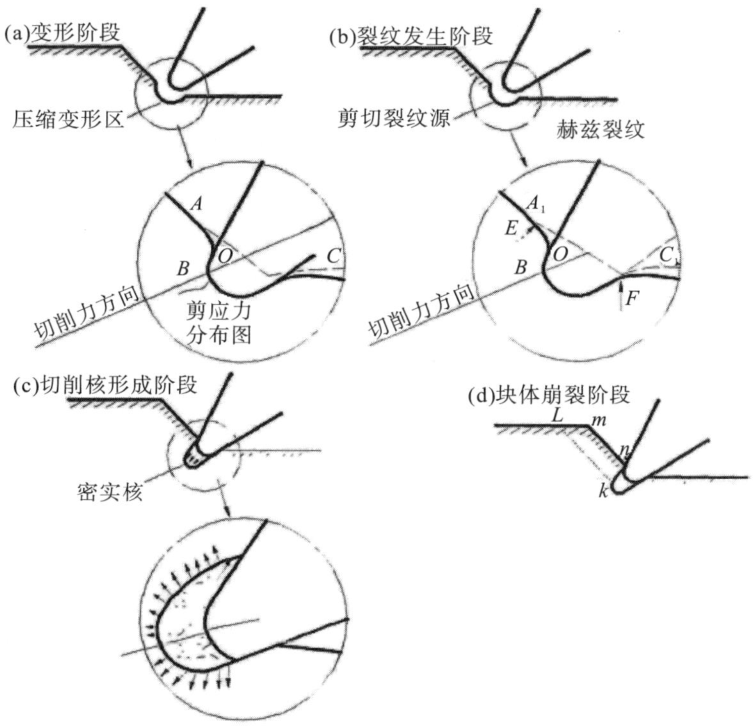

图 5-5 切削破碎过程示意图

5.2.3 滚刀受力模型

国内外学者对滚刀破岩过程中滚刀受力情况进行了大量的模型试验和理论分析，以下将常见的几种受力预测模型进行总结。

1. 伊万斯(Evans)模型

伊万斯最早提出了法向力(即垂直推力)计算公式，他认为盘形滚刀的法向力与滚刀压入岩石区域的投影面积成正比，比值为岩石的单轴抗压强度 σ_c，即

$$F_V = \sigma_c \cdot A$$

$$A = \frac{4}{3}h\sqrt{R^2 - (R-h)^2}\tan\frac{\theta}{2}$$

式中，R 为盘形滚刀的半径，mm；h 为盘形滚刀的切入深度，mm；θ 为盘形滚刀的刀刃角，(°)。

2. Roxborough 模型

澳大利亚学者 E. F. Roxborough 在计算垂直推力时采用了伊万斯的论点(即认为滚刀破岩法向力 F_V 与滚刀侵进岩石区域在岩体表面上的投影面积成正比)，而 E. F. Roxborough 将截面面积 A 修正为矩形面积，即：$A = 4h\tan\frac{\theta}{2}\sqrt{2Rh - h^2}$。

法向力：

$$F_V = 4\sigma_c h \tan\frac{\theta}{2}\sqrt{2Rh - h^2}$$

切向力：

$$\frac{F_R}{F_V} = \sqrt{\frac{h}{2R-h}}, \qquad F_R = 4\sigma_c h^2 \tan\frac{\theta}{2}$$

侧向力：

$$F_S = \frac{F_V}{2}\cot\frac{\theta}{2} = 2l\tau$$

式中，l为横截面宽度，mm；τ为岩石抗剪强度，MPa。

3. 科罗拉多矿业大学预测模型

美国科罗拉多矿业大学(Colorado School of Mines)的研究人员认为作用于滚刀的法向力包括正向碾压垂直力 F_{V1} 和两侧岩体的作用力 F_{V2}，如图 5-6 所示。也即破岩过程中，岩体既受到滚刀垂向的碾压作用，也受到滚刀两侧的挤压作用。

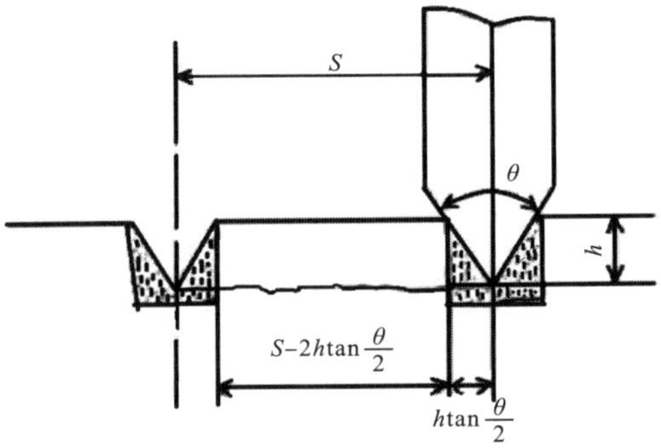

图 5-6 CSM 预测模型

正向垂直力：

$$F_{V1} = A \times \sigma_c = \sigma_c R^2 \phi(1-\cos\phi)\tan\frac{\theta}{2}$$

侧向垂直力：

$$F_{V2} = 2\tau R\phi(S - 2h\tan\frac{\theta}{2})\tan\frac{\theta}{2}$$

故总的垂直力(法向力)：

$$F_V = F_{V1} + F_{V2} = \sigma_c R^2 \phi(1-\cos\phi)\tan\frac{\theta}{2} + 2\tau R\phi(S - 2h\tan\frac{\theta}{2})\tan\frac{\theta}{2}$$

$$F_V = \sqrt{2R}h^{1.5}[\frac{4}{3}\sigma_c + 2\tau(\frac{S}{h} - 2\tan\frac{\theta}{2})]\tan\frac{\theta}{2}$$

刀盘切向力：

$$F_R = CF_V = \left[\sigma_c h^2 + \frac{4\tau\phi h^2\left(S - 2h\tan\dfrac{\theta}{2}\right)}{D(\phi - \sin\phi\cos\phi)}\right]\tan\frac{\theta}{2}$$

$$C = \tan\beta = \frac{(1-\cos\phi)^2}{\phi - \sin\phi\cos\phi}$$

式中，ϕ 为滚刀与岩石的接触角，$\phi = \arccos\dfrac{R-h}{R}$；$C$ 为切割系数；D 为盘形滚刀的直径，mm；S 为刀间距，mm。

科罗拉多矿业大学的研究人员还提出了形式简单而综合的预测模型——CSM 模型。

CSM 模型中定义滚刀受到的合力为

$$F = \frac{P^0\phi RT}{1+\psi}$$

式中，R 为滚刀半径；T 为滚刀刀圈顶刃宽度；ψ 为刀圈顶刃压力分布系数，$\psi = -0.2 \sim 0.2$；P^0 为刀圈讨论破碎区压应力，与岩石的单轴抗压强度、滚刀结构尺寸、刃形有关。

$$P^0 = K\sqrt[3]{\frac{S}{\phi\sqrt{RT}}\sigma_c^2\sigma_t}$$

式中，K 为无量纲系数，$K\approx 2.12$；σ_t 为岩石抗拉强度。

由此可得滚刀切削力计算公式：

$$F_V = F\cos\frac{\phi}{2} = K\frac{\phi RT}{1+\psi}\left(\frac{S\sigma_c^2\sigma_t}{\phi\sqrt{RT}}\right)^{\frac{1}{3}}\cos\frac{\phi}{2}$$

$$F_R = F\sin\frac{\phi}{2} = K\frac{\phi RT}{1+\psi}\left(\frac{S\sigma_c^2\sigma_t}{\phi\sqrt{RT}}\right)^{\frac{1}{3}}\sin\frac{\phi}{2}$$

4. 东北工学院预测模型

东北工学院预测模型认为滚刀破岩的过程是一个渐进的跃进过程。破碎面积可看做是两条抛物线围成面积的一半，如图 5-7 所示。该模型认为滚刀破岩法向力 F_V 与破碎漏斗坑在自由面上形成的破碎面积成正比，即

$$F_V = A\sigma_n$$

$$\sigma_n = k_d\sigma_c$$

式中，k_d 为滚压换算系数，可以通过试验确定，一般取 k_d=0.4～0.7，硬岩取较大值，软岩则取较小值。

其中，

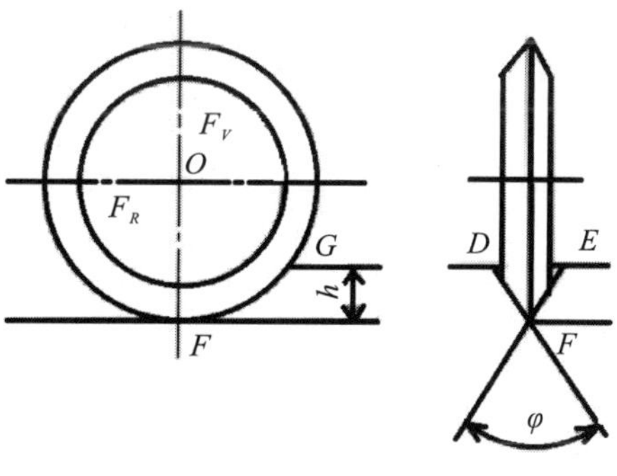

图 5-7 东北工学院预测模型示意图

$$A=\frac{4}{3}h\sqrt{R^2-(R-h)^2}\tan\frac{\varphi}{2}$$

法向力：

$$F_V=A\sigma_n=\frac{4}{3}k_d\sigma_c h\sqrt{R^2-(R-h)^2}\tan\frac{\varphi}{2}$$

切向力计算与法向力相似，其为压入岩体的强度与漏斗坑在滚刀滚动方向上投影面积的乘积，即

$$F_R=wk_d\sigma_c h^2\tan\frac{\varphi}{2}$$

式中，φ为岩石的破碎角，与岩石性质和岩体自由面的形态有关，一般来说 φ=135°～160°；w 为换算系数，与岩体自由面形态有关，光面岩体 w=2.0～2.5，毛面岩体 w=0.18。

5.2.4 切刀受力模型

1. 切刀切削软岩受力模型

楔形刀具切削岩石的受力模型，都是通过对刀具作用下剥离大碎块的断裂面形状进行假设而得出的。脆性拉伸断裂理论模型、理想塑性剪切理论模型以及拉剪联合断裂模型比较具有代表性。日本学者西松裕一认为切削岩石时的破碎面遵守莫尔-库仑准则，提出最大剪应力理论的切削力计算模型。伊万斯对刨刀刨煤进行了研究，认为煤岩破坏是拉伸破坏，拉伸裂缝沿着刀尖至自由表面上某点构成的圆弧形轨迹发展，总拉应力垂直于圆弧轨迹并且通过圆弧圆心。切刀切削软岩的过程与切割煤岩相似，刀具与软岩接触的区域，较小体积内产生很大的接触应力，在刀具前方附近形成了密实核。中南大学暨智勇基于拉伸断裂理论模型，考虑切刀与岩石之间的摩擦力影响及刀具垂直推进力的作用，并假设：破碎是由拉应力引起的，遵守最大拉应力破碎理论；破碎面拉应力合力通过圆弧圆心并等分圆弧角；密实核形状如图 5-8 所示，其界限由 AG 圆弧和 AK 直线段构成，AG 圆弧段圆心为 O'，半径为 a。切刀直线切削软岩的受力预测模型示意图如图 5-8 所示。

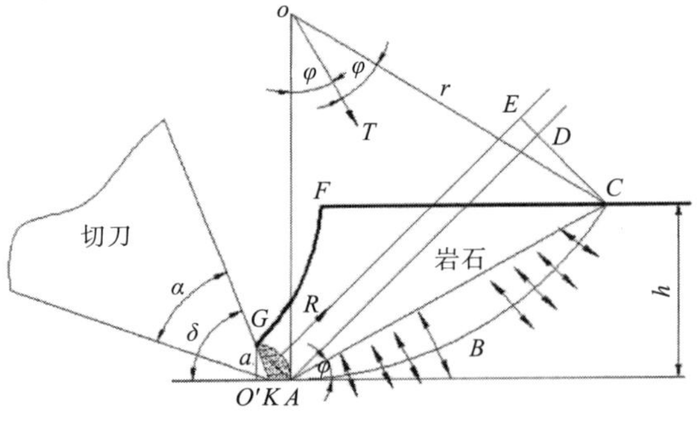

图 5-8 切刀切削软岩受力预测模型示意图

切刀的水平切削力和垂直力分别为

$$F_H = bh\sigma_c \times \frac{\sqrt{\dfrac{\sigma_c \cos^2\left(\dfrac{\pi}{4}+\varphi\right)+\sigma_t}{\sigma_c}} - \cos\left(\dfrac{\pi}{4}+\varphi\right)}{\sin\varphi}$$

$$\times\left[\cos(\delta - 45° + \phi)(\mu\cos\delta + \sin\delta) + \sin(\delta - 45° + \phi)(\mu\sin\delta - \cos\delta)\right] + 2\mu bh\sigma_c \tan\frac{\alpha}{2}$$

$$F_V = 2bh\sigma_c \tan\frac{\alpha}{2} + F\cos(\delta - 45° + \phi)\cos\delta + F\sin(\delta - 45° + \phi)\sin\delta$$

式中，F_H为水平方向切削力；F_V为垂直方向的推进力；σ_c为岩石的单轴抗压强度；T为单位宽度的极限拉力；σ_t为岩石的单轴抗拉强度；φ为破碎角；h为切深；b为刀宽；α为刀刃角；ϕ是刀具与岩石之间摩擦角；δ为切刀切削角；F是刀具作用在岩石中心块上的合力，$F = \sqrt{2}ab\sigma_c$，a为圆弧半径；μ为刀具与岩石之间的摩擦系数。

2. 切刀切削土壤受力分析

随着盾构机刀盘旋转以及沿隧道方向推进，切刀对开挖面土体产生沿隧洞方向的剪切力和沿刀盘旋转切线方向的切削力，不断地将开挖面的土体剥离。根据开挖面土体组成成分、力学特性及切刀结构参数和切削参数的不同，被剥离的土屑分为裂断型、流动型、剪断型和剥离型四种形态。切刀与土体的作用关系符合朗肯被动土压理论，切刀前方的土体将会受到被动土压力的作用。中南大学暨智勇以土力学理论为基础，深入分析了刀具与土体的作用机理，基于朗肯被动土压理论，建立了刀具切削土壤的三维数学模型；根据朗肯被动土压理论的最小阻力原理，得出了土体失效角与切削角、土壤内摩擦角以及土和刀具之间摩擦角的关系式；最后推导出切刀切削土壤的水平切削力和垂直推进力表达式。土体失效区分为中心失效区和侧部两个半月形失效区，土壤失效图如图 5-9 所示。

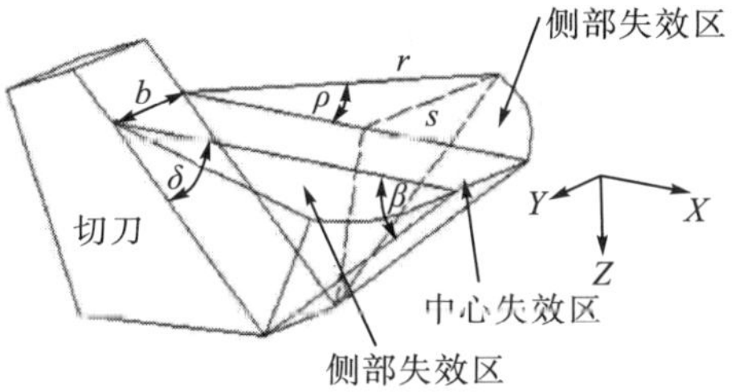

(a)土壤失效示意图

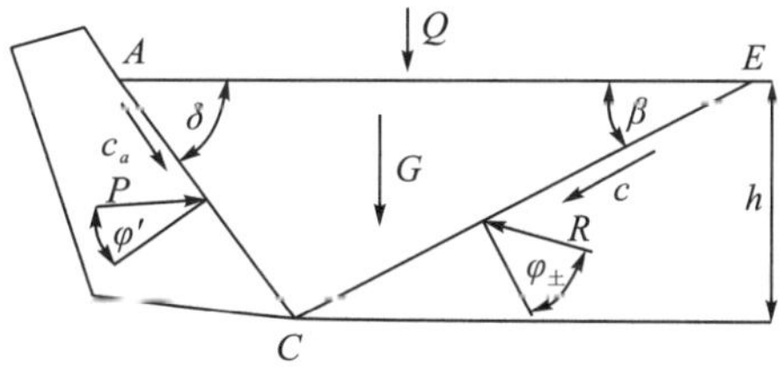

(b)中心失效区受力示意图

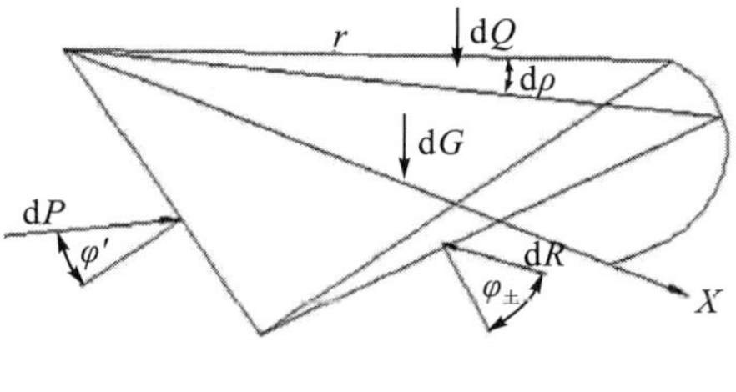

(c)侧部失效区微元体受力示意图

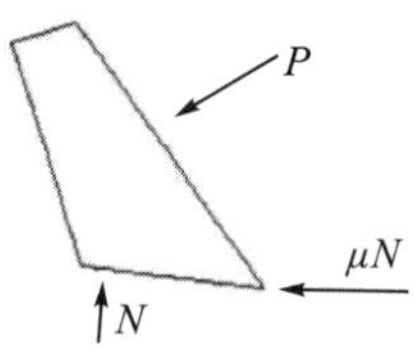

(d)切刀受力示意图

图 5-9 切刀切削土壤的失效图和受力图

$$F_H = P\sin(\delta+\varphi') + c_a hb\cot\delta + \mu\left[(\gamma hN_1 + cN_2)bl + P\cos(\delta+\varphi') - c_a hb\right]$$

$$F_V = (\gamma hN_1 + cN_2)bl + P\cos(\delta+\varphi') - c_a hb$$

式中，F_H为水平切削力；F_V为垂直推进力；c 为土壤黏聚力；c_a 为土壤与切刀之间黏结力；b 为切刀宽度；h 为切深；γ 为土壤重度；δ 为切刀切削角；μ 为土体与切刀之间摩擦系数；φ' 为土壤与切刀之间摩擦角；l 为刀刃圆弧投影宽度；N_1,N_2 均为地基承载系数，$N_1 = \mathrm{e}^{(\pi\tan\varphi_{\pm})}\tan^2\left(45^\circ + \dfrac{\varphi_{\pm}}{2}\right)$，$N_2 = (N_1 - 1)\cot\varphi_{\pm}$，$\varphi_{\pm}$ 为土壤内摩擦角；P 为土壤对切刀 AC 面的总作用反力，也是一个关于以上参数的表达式。

5.3 滚刀破岩仿真

由于盘形滚刀破岩是一个非常复杂的力学过程，既涉及滚刀自身平移、自转和公转，又涉及岩体的破碎失效，国内外对于该过程进行了大量的室内实验，包括线性切割实验和滚刀回转破岩实验。但是滚刀破岩实验需要耗费大量的实验成本和研究时间，并且受到实验设备和场地限制，不具备一定的重复性。随着有限元技术的发展，利用大型商用有限元软件对多工况下滚刀破岩过程进行仿真计算，可以突破实验的限制，以达到全方位评估破岩过程中滚刀力学特性和优化滚刀破岩参数的目的。

本节结合成都某市域地铁盾构区间地质情况和施工方式，利用有限元软件 ABAQUS 对双把滚刀线性破岩和三把滚刀回转破岩过程进行仿真分析，并结合破岩预测模型，通过对比分析不同地层情况、不同破岩参数和不同破岩方式下滚刀破岩效果和受力特性，总结滚刀破岩规律和力学特性，为实际工程中盾构盘形滚刀破岩参数优化提供指导，以实现更加高效的开挖掘进。

5.3.1 岩体本构关系

有限元仿真软件提供了丰富的岩土材料本构关系，包括 M-C 塑性本构、多孔弹性本构、扩展 Druker-Prager 本构、修正剑桥本构等。假定岩土材料具有各向同性、均匀连续的特点，由于滚刀破岩是一个强烈动态非线性的过程，因此采用可反映岩土材料硬化阶段和断裂失效的扩展 Druker-Prager 本构模型。

扩展 D-P 模型是基于原始 D-P 模型演变而来的，其子午面屈服面函数包括：线性函数、双曲线函数和指数函数。其中线性函数适用于显式动力学分析，以解决高速、大冲击、大变形问题。其屈服面如图 5-10 所示。

线性 D-P 模型屈服函数：

$$F = t - p\tan\beta - d = 0$$

$$t = \frac{q}{2}\left\{1 + \frac{1}{k} - \left(1 - \frac{1}{k}\right)\left(\frac{r}{q}\right)^3\right\}$$

其中，β 为屈服面在 p-t 应力空间上的倾角，与摩擦角有关；k 为流动应力比，k 一般在 0.78 到 1 之间取值；p 为等效压应力；r 为偏应力第三不变量；d 为材料的黏聚力，也是屈服面在 p-t 应力空间上的截距；q 为 Mises 等效应力。

对于滚刀破岩力学行为，以往研究主要集中于塑性变形特性和应力特性分析，但在滚刀不断滚压和侵入地层的过程中，岩土材料将达到屈服并最终发生损伤破坏。因此，为真实地反映实际破岩过程中岩体破碎分离现象，引入材料累进破坏失效准则，通过控制单元删除功能实现滚刀破岩过程中岩体的破坏剥落。图 5-11 所示为材料累进破坏失效过程的应力应变关系。材料断裂失效准则对应以下三个部分：弹塑性阶段 A-B，初始损伤点 B，损伤演化阶段 B-C。当材料达到初始损伤点时，材料应力随着应变的增加按照一定规律逐渐减小(可通过设置位移控制或能量控制材料损伤演化进程)，当应变达到 C 点时，应力降为 0，材料完全破坏。

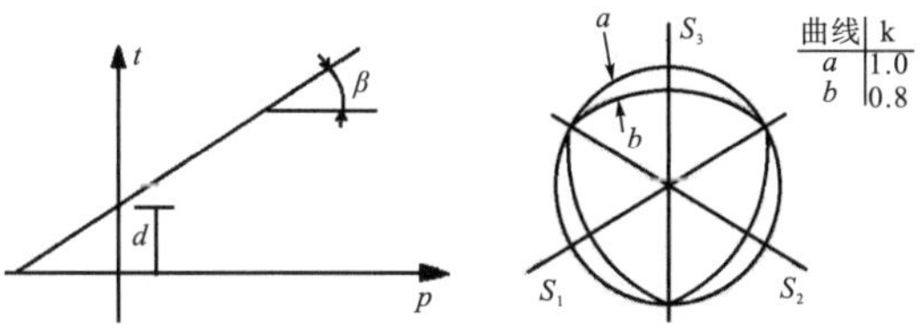

图 5-10　线性 D-P 模型屈服面

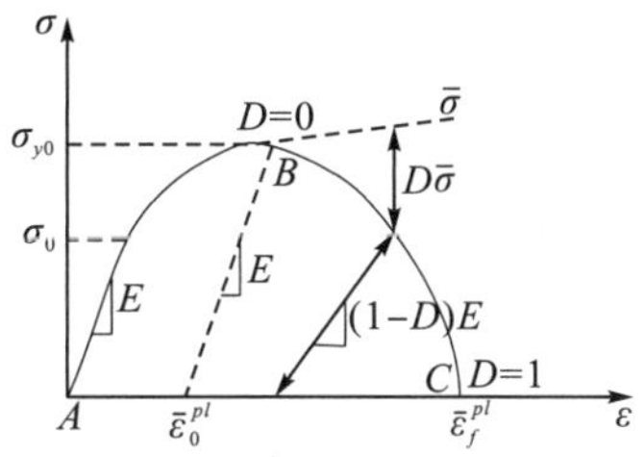

图 5-11　材料塑性损伤-破坏失效过程的应力应变关系

通常在材料断裂失效准则中定义一个损伤状态变量 D：

$$\sigma=(1-D)\bar{\sigma}$$

图中，$\bar{\varepsilon}_0^{pl}$ 为 σ_{y0} 对应的等效塑性应变，也称为开裂应变；$\bar{\varepsilon}_f^{pl}$ 为岩体完全损伤破坏时对应的等效塑性应变。当 D=1 时，材料完全破坏，有限元仿真软件将自动将其从网格中删除，而后单元将不再承受荷载。

5.3.2　滚刀线性破岩分析

利用基于中心差分法的显式动力学，建立滚刀-复合地层接触耦合数值模型，模拟分析不同地层条件下滚刀破岩效果和滚刀受力特性以及不同破岩参数下滚刀破岩性能特性，以揭示滚刀线性破岩动力特性和破岩规律。

1. 滚刀破岩数值模型

由于破岩效率高、使用寿命长等优点，在 20 世纪后期，等截面盘形滚刀逐步取代 V 形滚刀和楔形滚刀而被广泛应用于实际工程中，例如各大 TBM 公司最常用的 17 寸(直径 432mm)等截面盘形滚刀，该规格滚刀主要采用高强度、高耐久性硬质合金钢设计制成。图 5-12 所示为按具体尺寸建立的滚刀模型。刀盘总直径 432mm，刀尖圆角半径为 8mm，内圈直径 302mm，孔径 275mm，刀圈宽度 80mm，刀刃角 20°。

由于滚刀与岩体接触部分范围较小，在考虑计算效率和计算成本的同时，为尽量较为真实地反映实际复合地层-滚刀接触关系，划分网格时将破岩过程中滚刀与岩体可能发生动态接触的区域进行网格加密。这样得到的岩体模型如图 5-13 所示，模型长、宽、高分别为 800mm、400mm、200mm，岩体模型均为八结点线性六面体单元 C3D8R。

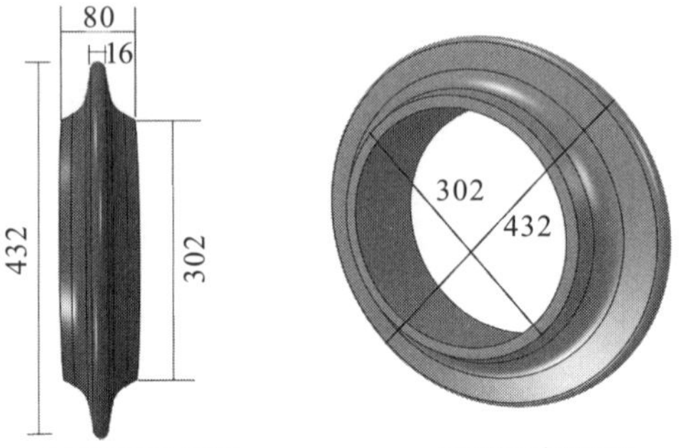

(a)滚刀正视图　(b)滚刀侧视图

图 5-12　滚刀模型图(mm)

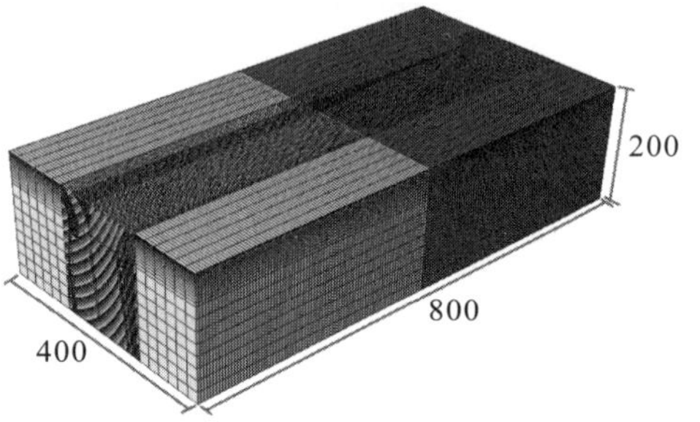

图 5-13　岩体模型网格图(mm)

将滚刀模型和岩体模型合理装配，初始装配时保证滚刀正好落在岩体表面且不发生接触。在装配过程中，两把滚刀均设置刚体约束(rigid body)，并分别将 1 号滚刀和 2 号滚刀约束在参考点，在岩体模型底部设置固定边界条件。装配后的模型及滚刀受力如图 5-14、图 5-15 所示。由于滚刀破岩是一个高度非线性的动态过程，因此选取运动接触法(kinematic contact method)作为滚刀和岩体的动态接触算法，并通过设置“硬接触(hard contact)”和“罚接触(penalty contact)”分别模拟两物体间的法向接触关系和切向接触关系。

图 5-14　装配后的模型

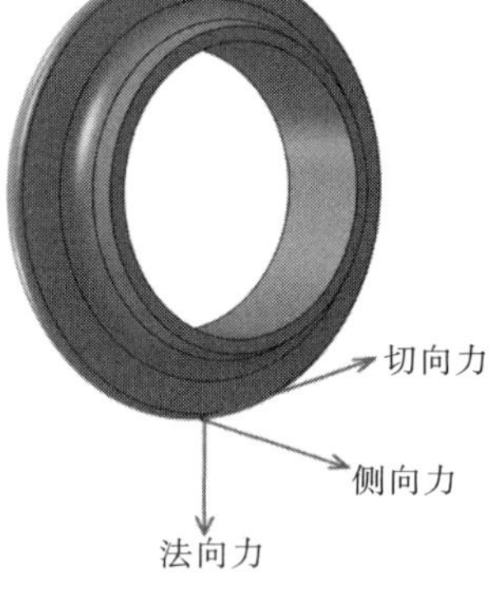

图 5-15　滚刀受力简图

由于两把滚刀破岩是一个运动耦合的过程，滚刀既发生自转，又发生平移，所以通过 ABAQUS 中多分析步模块来调整和实现多步骤顺次破岩过程。分析步 1：该分析步中，1 号滚刀下移量为 30mm，下移速度为 300mm/s，同时滚刀绕自身中轴线自转，自转速度为

3.70rad/s，分析步时间为0.1s。该分析步中2号滚刀始终固定。分析步2：该分析步中，1号滚刀沿岩体表面平移速度800mm/s，同时滚刀依然绕自身中轴线自转，分析步时间为1s。该分析步中2号滚刀始终固定。分析步3：该分析步中，2号滚刀下移量为30mm，下移速度300mm/s，同时滚刀绕自身中轴线自转，自转速度为3.70rad/s，分析步时间为0.1s。该分析步中1号滚刀始终固定。分析步4：该分析步中，2号滚刀沿岩体表面平移速度800mm/s，同时滚刀依然绕自身中轴线自转，分析步时间为1s。该分析步中1号滚刀始终固定。

2. 分析工况

分析工况主要有以下几种。不同复合地层：上述盾构区间通过的主要地层为黏土、砂卵石土和中风化泥岩，因而在盾构刀盘切削断面内会出现多种复合地层，因此分别分析在同一种滚刀间距S=88.9mm情况下，盘形滚刀在不同复合地层条件下破岩效果以及破岩过程中滚刀受力特性。地层主要力学参数如表5-2所示。

表5-2　地层岩性主要力学参数

材料名称	密度/(kg/m^3)	弹性模量/MPa	泊松比	摩擦角/(°)	内聚力/kPa	抗压强度/MPa
黏土	2020.0	8.0	0.26	16.8	57.0	—
砂卵石土	2300.0	50.0	0.22	45.0	—	—
中风化泥岩	2350.0	180.0	0.18	33.0	300.0	5.1

不同滚刀贯入度：当复合地层特性、滚刀间距和刀盘破岩参数确定时，滚刀贯入度的大小将直接影响滚刀破岩效果和破岩效率。因此确定合理的滚刀贯入度对于提高刀盘掘进效率和刀盘结构优化具有重要意义。为反映滚刀贯入度对滚刀破岩性能的影响，选取五种不同滚刀贯入度工况进行分析，地层条件均为中风化泥岩-砂卵石复合地层，滚刀间距均为S=88.9mm，贯入度分别为h=15mm，20mm，25mm，30mm，35mm，40mm。

3. 不同地层条件下滚刀破岩分析

提取两种复合地层条件下滚刀破岩后岩体等效塑性应变图，如图5-16(彩图见附录)所示。从图中可见，在滚刀滚压过程中由于滚刀挤压和剪切的共同作用，不同地层在达到其破坏极限后均发生不同程度的破碎，且均形成两条破碎沟槽。由于相邻滚刀间的岩体破碎主要是由于多裂缝贯通引起的，而实际有限元软件难以模拟多裂缝扩展弥散情况和反映岩脊破碎情况。本节根据不同地层工况下岩体等效塑性应变情况和沟槽破碎情况，以反映滚刀破岩效果。图中可见，对于黏土-砂卵石复合地层，等效塑性应变云图大致呈现双U形分布；对于中风化泥岩-砂卵石复合地层，等效塑性应变云图大致呈现W形分布。从分布形态看，岩体破碎的主要原因是滚刀法向挤压和侧向挤压作用。由于前把滚刀破岩后，周边岩体将受到一定的扰动并发生塑性变形，因此从图中可见，第二把滚刀所在岩体等效应变云图相对于第一把滚刀分布范围略有所扩大。

在同一切深和滚刀间距下，地层岩性不同，岩体破碎程度和应变情况也不尽相同。对比图 5-16(a)、(b)可见，岩体破碎程度和等效塑性应变区域范围随着岩体弹性模量和抗压强度的增加而扩大，其中，中风化泥岩岩体破碎程度和塑性区范围最大，砂卵石地层次之，黏土最小，这表明滚刀更适用于破碎岩性相对坚硬的地层，对于黏土等软质地层则无法形成有效破除。

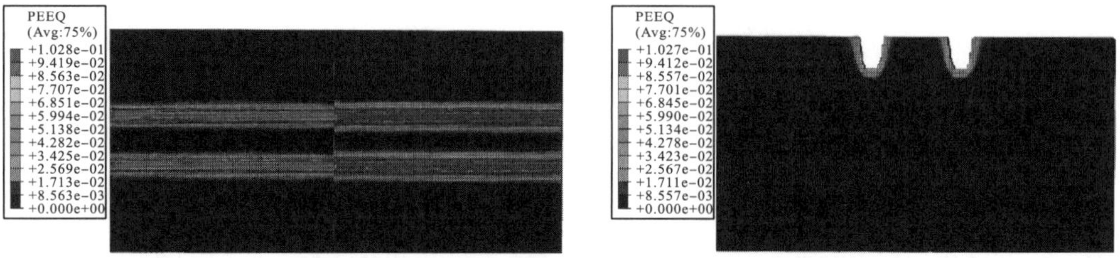

(a)黏土-砂卵石复合地层

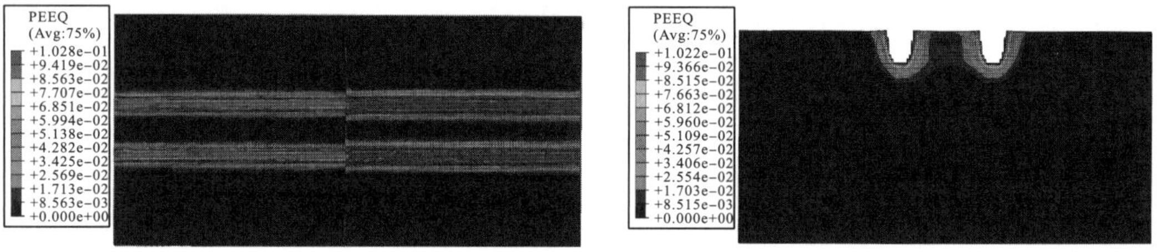

(b)中风化泥岩-砂卵石复合地层

图 5-16　不同地层情况下岩体整体破碎情况

为更好地反映岩性情况对破岩过程中滚刀力学特性的影响，提取两种地层条件下滚刀法向力、侧向力和切向力(两把滚刀破岩过程中同一时刻受力平均值)时程变化曲线，如图 5-17～图 5-19 所示。

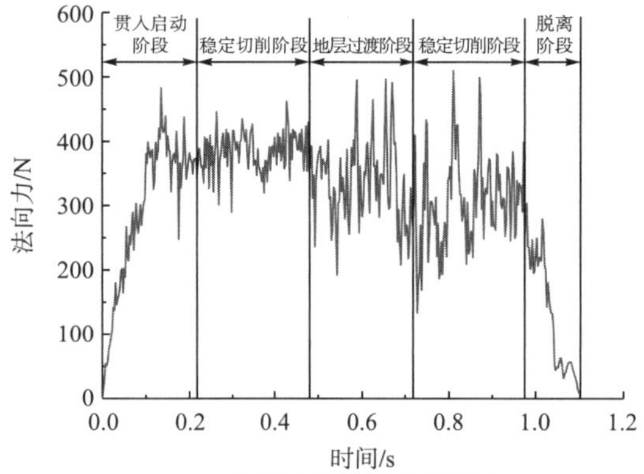

(a)黏土-砂卵石复合地层

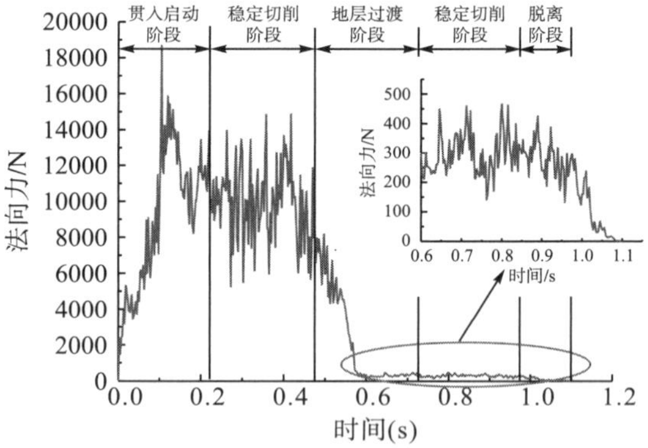

(b)中风化泥岩-砂卵石复合地层

图 5-17　不同复合地层情况下滚刀法向力时程图

图 5-17 为不同复合地层情况下滚刀法向力时程变化情况，从图中可知，不同复合地

层下，滚刀法向力时程变化趋势并不相同，同时，在滚刀破岩过程中，由于岩体单元刚度退化和单元删除的卸载效应，不同地层工况下滚刀法向力均在一定范围内发生剧烈波动，而实际施工中，由于岩体的破碎以及滚刀的前进，其所受到的法向力也并非固定值而是呈现波动特性，从而对滚刀刀刃的磨损以及滚刀轴承座的受力产生较大影响。

根据计算法向力波动规律以及计算分步，可将时程曲线划分为几个阶段，即：贯入启动阶段（0～0.225s）、稳定切削阶段（0.225～0.475s 与 0.725～0.975s）、地层过渡阶段（0.475～0.725s）以及脱离阶段（0.975～1.1s）。在贯入启动阶段，滚刀逐渐贯入地层并开始向前滚动破岩，此时滚刀尚未与岩体发生完全接触；在稳定切削阶段，滚刀处于各个地层中部，破岩力振动曲线较为规律；在地层过渡阶段，滚刀跨越复合地层交界面，不同部位所接触的地层岩性不同；在脱离阶段，滚刀滚到地层模型端部，逐渐脱离接触，因而在破岩开始和结束时刻，滚刀和岩体均不发生接触，这两个时刻滚刀法向力均为 0。

在黏土-砂卵石地层工况下，破岩过程刚开始时，由于滚刀不断挤压侵入地层，滚刀法向力不断增大直至 475N，而后稳定切削黏土地层，法向力大致在 300～450N 范围内上下波动，而后经过过渡阶段开始稳定切削砂卵石，法向力大致在 200～500N 之间波动，砂卵石地层所造成的滚刀法向力波动幅度大于黏土，当破岩完成时，滚刀脱离岩体，法向力不断下降直至 0；在中风化泥岩-砂卵石地层工况下，贯入启动阶段，滚刀法向力急剧增大至 20000N 左右，而后逐渐降低进入稳定切削泥岩阶段，大致在 6000～15000N 范围内上下波动，而后进入泥岩和砂卵石地层的过渡切削阶段，法向力降低至 200～500N 之间，而后滚刀稳定切削砂卵石地层直至脱离。从上述分析可见，由于滚刀贯入并突然向前滚动时的冲击效应，对于同一地层，法向力往往在贯入启动阶段便达到最大值，而后逐步回落。

图 5-18 为不同复合地层情况下滚刀切向力时程曲线。从图 5-18 可见，与不同复合地层情况下滚刀法向力变化趋势相似，在破岩刚开始和结束两个时刻，滚刀切向力均为 0；而在破岩过程中，滚刀切向力时程变化呈现剧烈的波动特性，同样可以分为几个阶段。其中，对于黏土-砂卵石地层来说，滚刀切向力在破岩开始阶段迅速上升至 175N 左右，而在稳定切削过程中，黏土地层大致在 100～150N 范围内上下波动，砂卵石地层大致在 50～

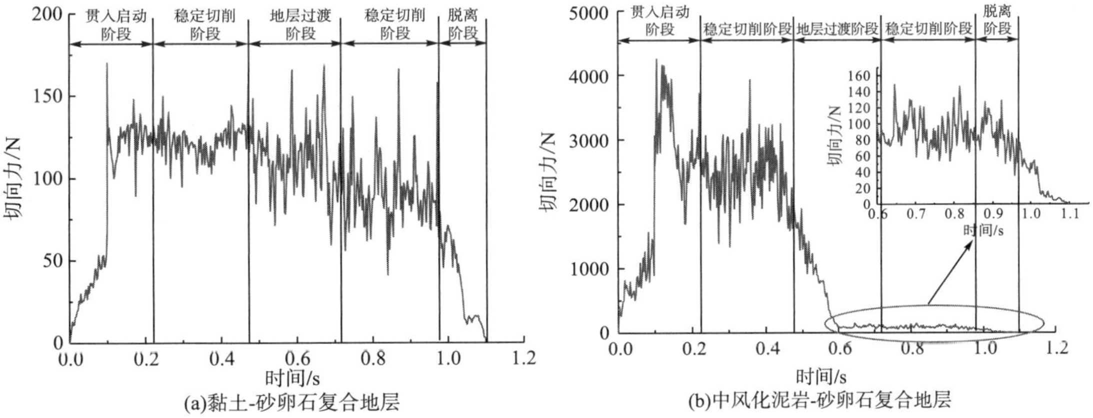

图 5-18　不同复合地层情况下滚刀切向力时程图

175N 范围内上下波动，砂卵石地层切应力波动范围同样大于黏土地层；对于中风化泥岩-砂卵石复合地层来说，滚刀切向力在破岩开始阶段迅速上升至 4500N 左右，之后逐渐回落，在稳定切削泥岩阶段，切向力大致在 1500～4000N 范围内波动，在泥岩与砂卵石地层交界处，切向力逐步减小，而后滚刀进入稳定切削砂卵石阶段。从上述分析可知，地层条件不同，滚刀切向力波动范围不尽相同，随着地层条件变好，滚刀切向力波动范围增大。对比滚刀法向力可见，同一地层工况下，滚刀所受法向力远大于切向力。

图 5-19 为不同复合地层工况下滚刀侧向力时程曲线。在破岩过程中，滚刀不断下压侵入岩体，两侧与岩体充分接触，而在两侧岩体受力直至破碎过程中，滚刀侧向力也不断变化。由图 5-19 可见，与滚刀法向力和切向力不同，不同复合地层工况下滚刀侧向力呈现以零值为分界线的正负波动变化，但仍可以分为贯入启动阶段(0～0.225s)、稳定切削阶段(0.225～0.475s 与 0.725～0.975s)、地层过渡阶段(0.475～0.725s)以及脱离阶段(0.975～1.1s)。对于黏土-砂卵石复合地层，当滚刀稳定切削黏土时，侧向力大致在-40～40N 范围内波动，稳定切削砂卵石地层时，侧向力大致在-150～150N 范围内波动，切削黏土时侧向力波动范围小于切削砂卵石时，在地层过渡阶段，波动范围则由黏土向砂卵石地层逐渐增大；对于中风化泥岩-砂卵石复合地层，当滚刀稳定切削中风化泥岩时，滚刀侧向力大致在-2.5～2.5kN 范围内变化波动，在中风化泥岩与砂卵石地层交界处，波动范围逐渐减小至砂卵石地层稳定切削时的波动范围。从以上分析可知，侧向力波动范围在贯入启动阶段较窄，而后逐渐扩大，相对于较为软弱的地层，较为坚硬的地层滚刀侧向力波动范围和幅度更广。

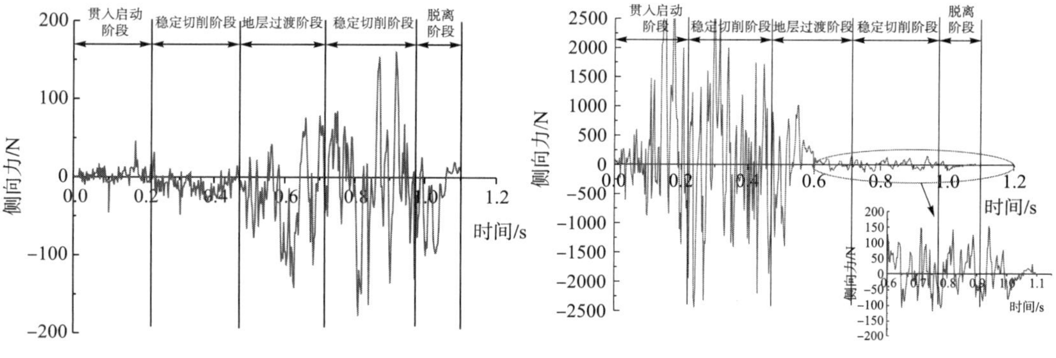

(a)黏土-砂卵石复合地层 (b)中风化泥岩-砂卵石复合地层

图 5-19 不同复合地层情况下滚刀侧向力时程图

4. 不同贯入度下滚刀受力特性

由于中风化泥岩-砂卵石地层是该工程经过的主要地层，因而此处以该复合地层为例进行研究，研究不同贯入度下滚刀的受力特性。

为对比分析不同滚刀贯入度下岩石破碎效果，提取六种滚刀贯入度工况下(h=15mm，20mm，25mm，30mm，35mm，40mm)岩体破碎情况及等效塑性应变云图，如图 5-20(彩图见附录)所示。由图 5-20 可见，不同滚刀贯入度工况下岩体破碎效果不完全相同。当贯

入度 $h \leqslant 25mm$ 时，两把滚刀所形成的塑性区并未贯通，当贯入度 $h \geqslant 30mm$ 时，等效塑性应变区域方逐渐贯通，而由于设计刀间距较宽(88.9mm)，因而滚刀侧向破碎区仍未贯通，相邻滚刀间留下较宽的岩脊，但塑性区的贯通说明岩脊中已有微裂纹发展，且随着贯入度继续增大，塑性区持续发展，塑性应变持续增大，当 $h=40mm$ 时，整条岩脊已处于塑性状态，刚度大大退化，此时配合刮刀就能轻易将其去除。

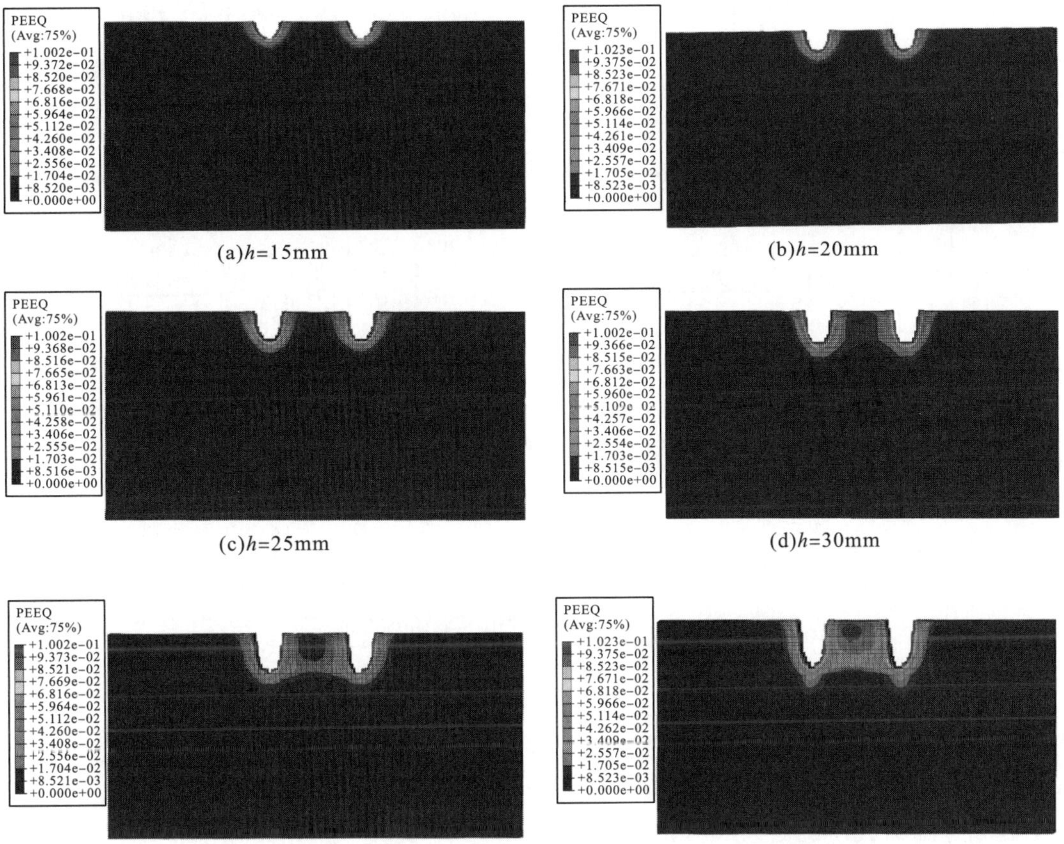

(a) $h=15mm$　(b) $h=20mm$

(c) $h=25mm$　(d) $h=30mm$

(e) $h=35mm$　(f) $h=40mm$

图 5-20　各滚刀贯入度工况下破岩效果及等效塑性应变图

为反映不同滚刀贯入度对滚刀切向力的影响，以下提取六种滚刀贯入度工况下滚刀切向力(两把滚刀破岩进程中同一时刻平均切向力)时程变化图，如图 5-21(彩图见附录)所示。为了清晰展现不同地层滚刀受力变化，以 0.6s 为界，将中风化泥岩和砂卵石地层的滚刀切向力时程变化图分为两部分。从图 5-21 可见，各滚刀贯入度工况下切向力时程曲线均呈现波动特性，且不同贯入度情况下切向力变化趋势大致相同，而随着滚刀贯入度增大，切向力波动范围逐渐扩大，如中风化泥岩贯入度从 15mm 增大至 25mm 时，稳定切削时切向力大致波动范围从 750～1750N 扩大到 1500～2750N，峰值从 2359N 增大到 3111N。图中可见，破岩结束后，滚刀与岩体相互脱离，因此各贯入度工况下切向力时程曲线在 1.1s 时均降为 0。

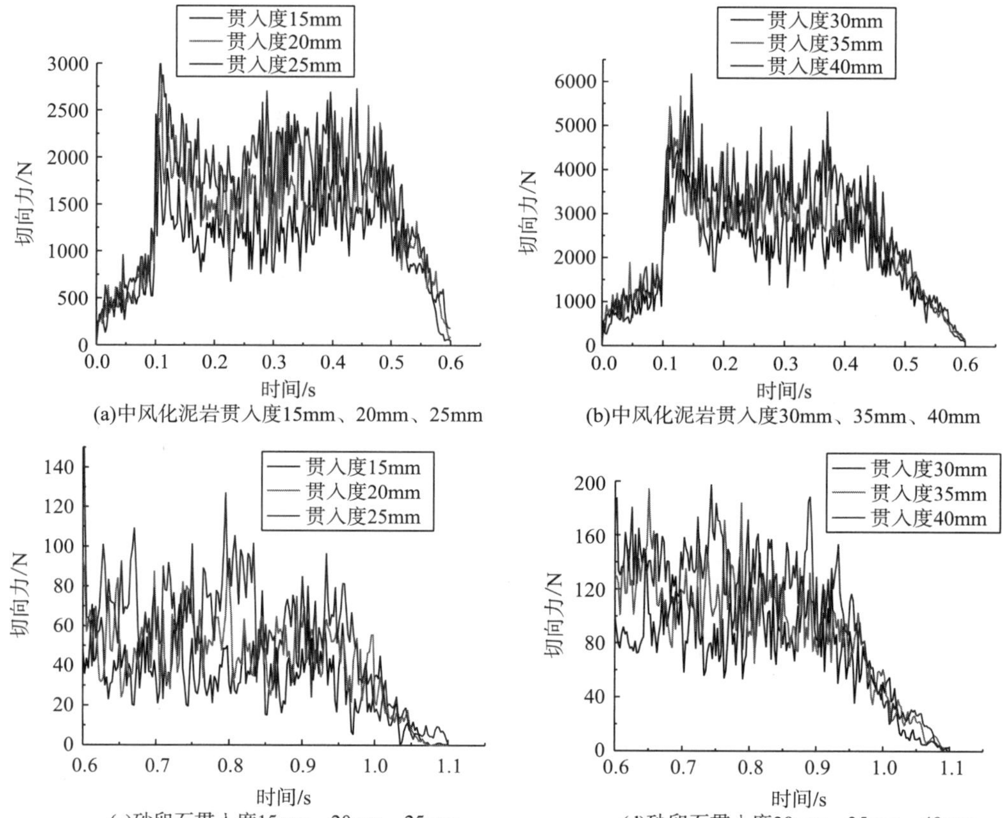

(a)中风化泥岩贯入度15mm、20mm、25mm (b)中风化泥岩贯入度30mm、35mm、40mm

(c)砂卵石贯入度15mm、20mm、25mm (d)砂卵石贯入度30mm、35mm、40mm

图 5-21 滚刀不同贯入度工况下切向力时程变化图

图 5-22(彩图见附录)为六种滚刀贯入度工况下滚刀法向力(两把滚刀破岩进程中同一时刻平均切向力)时程变化图。从图 5-22 可见，各滚刀贯入度工况下切向力时程曲线均呈现波动特性，且不同贯入度情况下的变化趋势大致相同。随着滚刀贯入度的增大，法向力波动范围逐渐扩大，贯入度从 15mm 增大到 25mm 时，稳定切削中风化泥岩时法向力大致波动范围从 4000～8000N 扩大到 6000～12000N，稳定切削砂卵石地层时法向力大致波动范围从 50～300N 扩大到 100～500N。

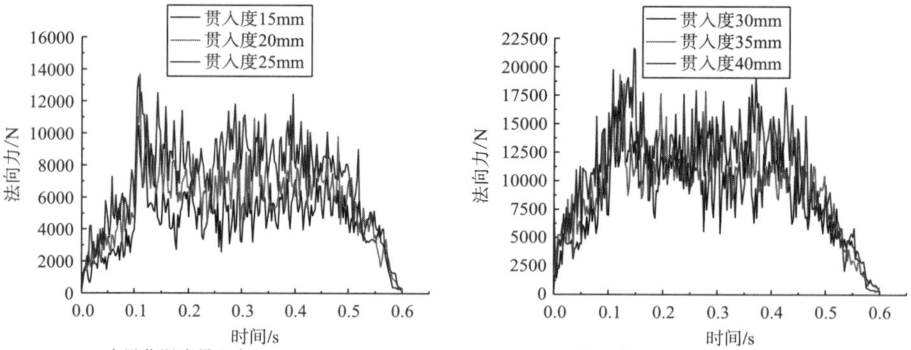

(a)中风化泥岩贯入度15mm、20mm、25mm (b)中风化泥岩贯入度30mm、35mm、40mm

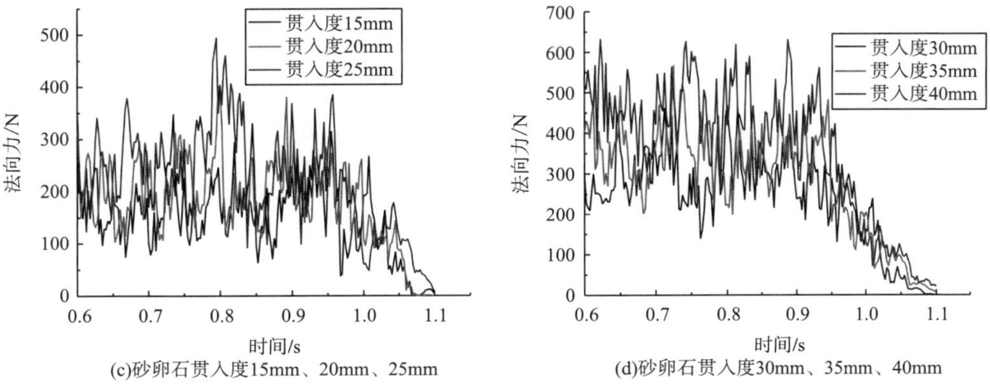

(c)砂卵石贯入度15mm、20mm、25mm　(d)砂卵石贯入度30mm、35mm、40mm

图 5-22　滚刀不同贯入度工况下法向力时程变化图

5. 不同贯入度下比能耗分析及破岩效率研究

滚刀贯入度作为评价盾构掘进效率、施工进度和刀具磨损的重要指标，在特定刀间距和岩性条件下具有最优贯入度，使得岩体在该贯入度情况下破碎效果好，同时不出现过度破碎而消耗能量。结合地层情况，为揭示滚刀贯入度在特定地层条件和刀间距下对岩体破碎效果和破岩效率的影响，并合理确定最优贯入度，引入 Teale 提出的“比能耗”作为反映滚刀破岩效率的量化指标。比能耗(specific energy, SE)是指破碎单位岩体所需消耗的能量，主要由滚刀垂直法向力产生的比能和滚动切向力产生的比能两部分组成。其计算公式如下：

$$\mathrm{SE}_{\text{total}}=\mathrm{SE}_{\text{thrust}}+\mathrm{SE}_{\text{rotation}}=\frac{W_v+W_r}{V}=\frac{F_v\times h+F_r\times l}{V}$$

式中，$\mathrm{SE}_{\text{thrust}}$,$\mathrm{SE}_{\text{rotation}}$ 分别是指法向力和切向力产生的比能大小；W_v, W_r 分别为滚刀法向力和切向力在整个破岩过程中所做的功；F_v, F_r 分别为破岩过程中滚刀平均法向力和平均切向力；h 是指滚刀贯入度大小；l 是指滚刀破岩轨迹，相对于滚刀线性破岩来说，l 为岩体总长度；V 是指破碎岩体总体积。

由于滚刀贯入度相对于破岩轨迹长度很小，因此国内外学者普遍认为滚刀垂直法向力所产生的比能远远小于切向力所产生的比能，并大致为切向力比能的 5%，即 $\mathrm{SE}_{\text{thrust}}=5\%\mathrm{SE}_{\text{rotation}}$，因此上式可简化为

$$\mathrm{SE}_{\text{total}}=\frac{F_r\times l}{V}\times 1.05$$

图 5-23 为不同地层滚刀平均切向力和破岩体积随贯入度变化趋势图，其中切向力平均值为稳定切削时两把滚刀的不同时刻受力的平均值，破岩体积则通过统计破坏失效的岩体单元总体积得到。从图中可以看出，不同地层下滚刀平均切向力和破岩体积随着滚刀贯入度的增加均有所增大，与切向力平均值大致呈线性变化不同，破岩体积波动较大。当贯入度在 15～40mm 范围时，对于中风化泥岩，单把滚刀的破岩体积在 2.3×10^{-4}～$7.6\times10^{-4}\text{m}^3$ 之间，对于砂卵石地层，单把滚刀的破岩体积在 1.8×10^{-4}～$6.0\times10^{-4}\text{m}^3$ 之间，贯入度每增大 5mm，破岩体积平均增大值分别为 $1\times10^{-4}\text{m}^3$ 和 $8\times10^{-5}\text{m}^3$。由于中风化泥岩较砂卵石地层更容易出现崩裂效应，因而贯入度增大时泥岩破岩体积增大幅度较砂卵石更大。

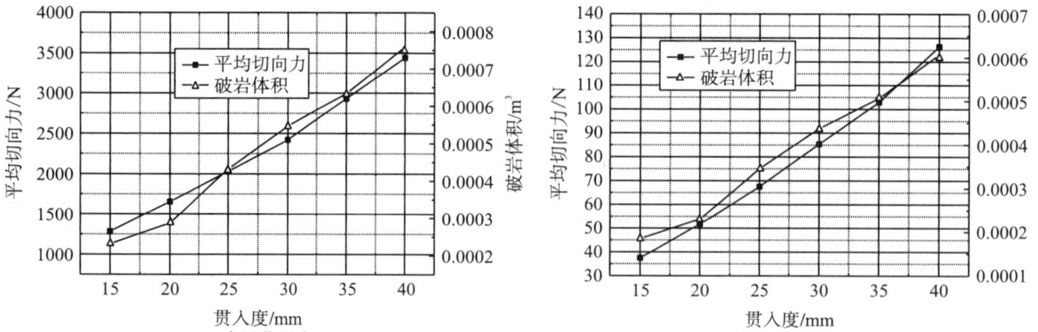

(a)中风化泥岩　(b)砂卵石地层

图 5-23　不同地层滚刀平均切向力和破岩体积随贯入度变化趋势图

为揭示不同贯入度对滚刀破岩效率的影响，确定最优贯入度，对不同地层不同贯入度及其对应的比能耗进行多点拟合，得到拟合曲线如图 5-24 所示和相应的多项式拟合公式。从图中可见，不同贯入度工况下，切削泥岩时比能耗在 3.7×10^6～4.4×10^6J/m³，切削砂卵石时比能耗在 1.9×10^5～2.32×10^5J/m³，而曲线整体大致呈“波浪形”变化。当滚刀贯入度较小时(h=15mm)，受力较小，比能耗较小，随着贯入度增大(h=20mm)，刀具受力增大，而岩体仍只在滚刀下方出现小范围局部破碎，相邻滚刀破岩影响区域未能互相交汇，破岩体积未随之显著增大，此时比能耗较大；而随着贯入度进一步增大(h=25mm、30mm)，相邻滚刀破岩作用区域互相影响，破岩体积显著增大，此时比能耗随贯入度的增大而急剧减小。当滚刀贯入度较大时(h=35mm、40mm)，破岩体积随贯入度增大而增大的幅度放缓，此时比能耗又逐渐升高。

中风化泥岩拟合公式：

$$SE_{total}=2.47h^5-390.90h^4+24242h^3-732182h^2+10679100h-55635700\ (R^2=1)$$

砂卵石拟合公式：

$$SE_{total}=0.29938h^5-44.2262h^4+2553.97h^3-71722.99h^2+973665h-4872920\ (R^2=1)$$

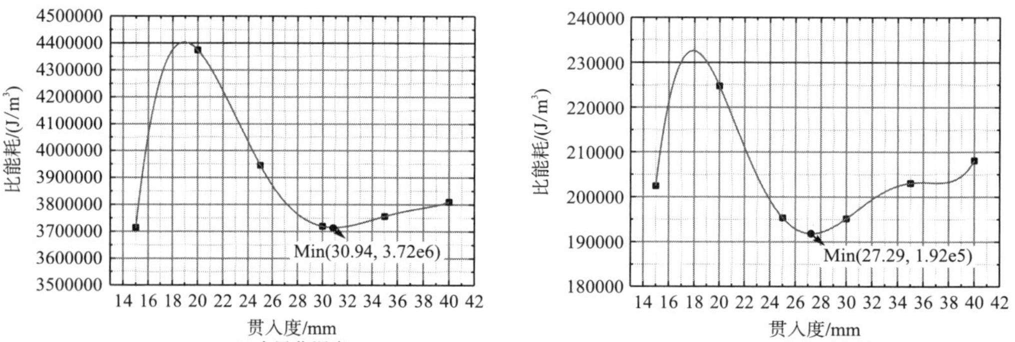

(a)中风化泥岩　(b)砂卵石地层

图 5-24　不同地层条件下比能耗值随贯入度变化拟合曲线图

根据图中比能耗变化趋势及拟合公式可以得到特定地层条件和滚刀间距所对应的最优贯入度，如图中 Min 点所示，滚刀切削泥岩贯入度为 30.94mm 时，比能耗为

$3.72\times10^6 J/m^3$；贯入度为 15mm 时，比能耗为 $3.71\times10^6 J/m^3$，虽然较 Min 点略低，但由于盾构刀盘转速存在极限，以该工程所用盾构机型号为例，刀盘极限转速为 3.9r/min，而常规掘进时刀盘转速一般在 2r/min 左右，若以 15mm 贯入度进行掘进，其掘进速度会大大降低，所以切削泥岩时选取 30.94mm 的贯入度是较为合适的；当滚刀切削砂卵石时，贯入度为 27.29mm 时，比能耗为 $1.92\times10^5 J/m^3$，为最小值。综上所述，当盾构切削中风化泥岩-砂卵石复合地层时，贯入度保持在 27.29～30.94mm 时，消耗的比能较低，并且能获得较高的掘进效率。

5.3.3 滚刀回转破岩分析

现目前，针对滚刀破岩的研究，国内外学者大多集中在对滚刀线性破岩过程的研究，包括线性破岩实验和线性破岩仿真分析。但在实际工程中，刀盘上的滚刀是按照螺旋线布置的，在盾构掘进的过程中，各滚刀绕中心点发生回转运动，并在岩体上切削出同心圆沟槽。因此，为更好地贴合实际破岩过程，本节运用非线性动力学和多体动力学，对三把滚刀回转破岩过程进行仿真分析。

在建立滚刀回转破岩模型时，考虑到滚刀回转破岩轨迹和计算效率，采用一定高度的环状岩柱模拟地层，圆环岩柱内径为 800mm，外径为 1600mm，岩柱高度为 200mm。为较为精确地反映实际破岩过程中滚刀与岩体的接触关系，并考虑仿真计算成本，将地层模型中与滚刀接触的上部单独分区，并对该区域网格进行加密。如图 5-25 所示，地层单元均采用三维减缩积分有限单元 C3D8R；为与前述线性破岩结果对比分析，滚刀回转破岩地层条件采用成都某市域地铁隧道主要地层之一的中风化泥岩-砂卵石复合地层，各地层占比分别为 50%。滚刀模型仍然采用目前各大厂商较为常用的 17 寸(直径 432mm)等截面盘形滚刀，并加密与岩体接触的滚刀刀头网格。

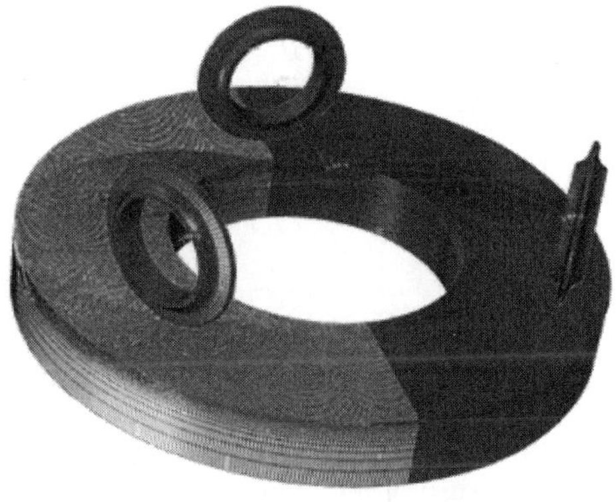

图 5-25 模型网格图

模型建立完成后，需将滚刀模型和岩体模型按照一定要求进行合理装配。装配后的模型如图 5-26 所示。具体装配要求和步骤如下：三把滚刀均按照阿基米德螺旋线沿岩体逆时针方向布置，并按照布置顺序将滚刀分别命名为 1 号滚刀、2 号滚刀、3 号滚刀。相邻滚刀间按照等间距布置，滚刀间距为 88.9mm。1 号滚刀回转半径 R_1 为 500mm，2 号滚刀回转半径 R_2 为 588.9 mm，3 号滚刀回转半径 R_3 为 677.8 mm。相邻滚刀间相位角均为120°。由于滚刀回转破岩是一个复杂的动力学问题，破岩过程中滚刀不仅会绕自身自转，还会绕回转中心发生公转。在仿真软件中，一般的运动设置无法满足滚刀运动要求，因此本节引入多体运动学来定义滚刀破岩复合运动。在装配过程中，分别将三把滚刀通过刚体约束(rigid body)约束在参考点上，并在回转中心点和各滚刀参考点之间建立只允许绕轴线转动的铰连接来模拟滚刀绕自身自转和绕回转中心公转的复合运动。

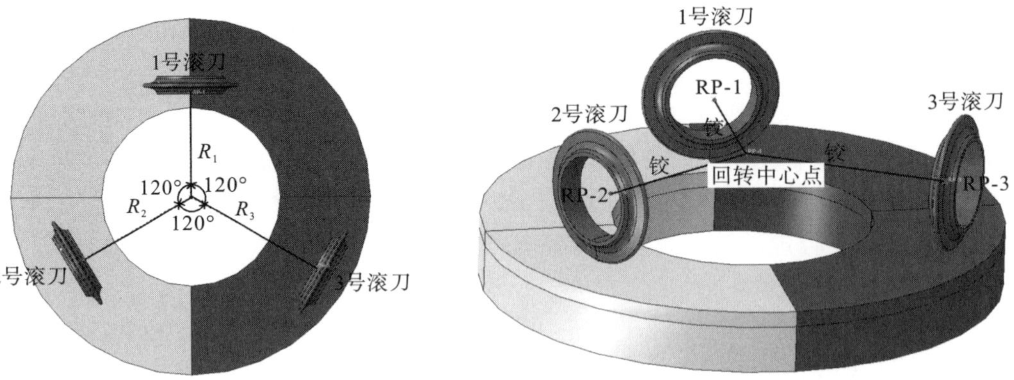

图 5-26 模型装配图(mm)

由于滚刀破岩是一个高度非线性的动态过程，因此通过设置“硬接触”(hard contact)和“罚接触”(penalty contact)分别模拟两物体间的法向接触关系和切向接触关系。三把滚刀组合破岩是一个运动耦合的过程，通过 ABAQUS 中多分析步模块来调整和实现多滚刀、多步骤破岩过程。分析步 1：该分析步中，3 把滚刀均同时下移 30mm，设置下移速度为 300mm/s，分析步时间为 0.1s。同时滚刀绕自身中轴线自转，三把滚刀自转角速度分别为 3.70rad/s、4.36rad/s、5.02rad/s。分析步 2：该分析步中，三把滚刀沿岩体中心控制点发生公转，公转角速度为 1.6rad/s，分析步时间为 3.927s，同时滚刀依然绕自身中轴线自转。

1. 岩体破碎情况及等效塑性应变分析

为清晰反映滚刀回转破岩动态过程，将滚刀回转破岩过程分为 4 个时段，第一个时段 0～0.1s，该时段滚刀下移一定距离，直到 0.1s 达到指定切深；第二个时段 0.1～1.4s，该时段三把滚刀均沿逆时针回转大概 120°；第三个时段 1.4～2.7s，该时段三把滚刀均继续逆时针回转 120°；第四个时段 2.7～4.027s，该时段滚刀回转直至破岩过程完成。三把滚刀在四个时段后均逆时针沿岩体滚刀一周。如图 5-27 所示为各典型时刻岩体破碎情况及塑性应变云图。

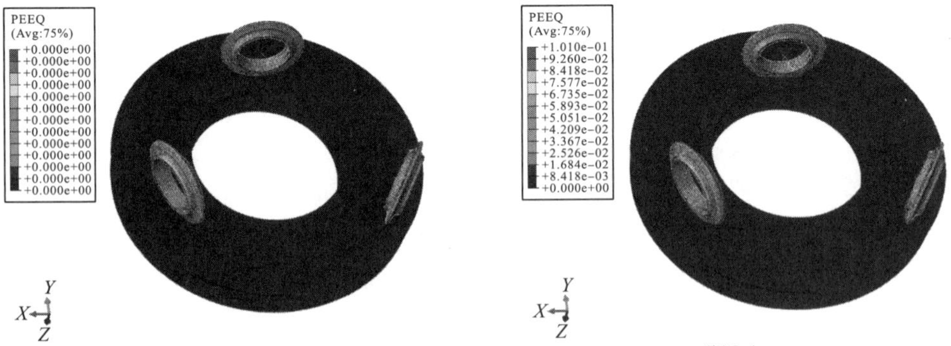

(a)0s (b)0.1s

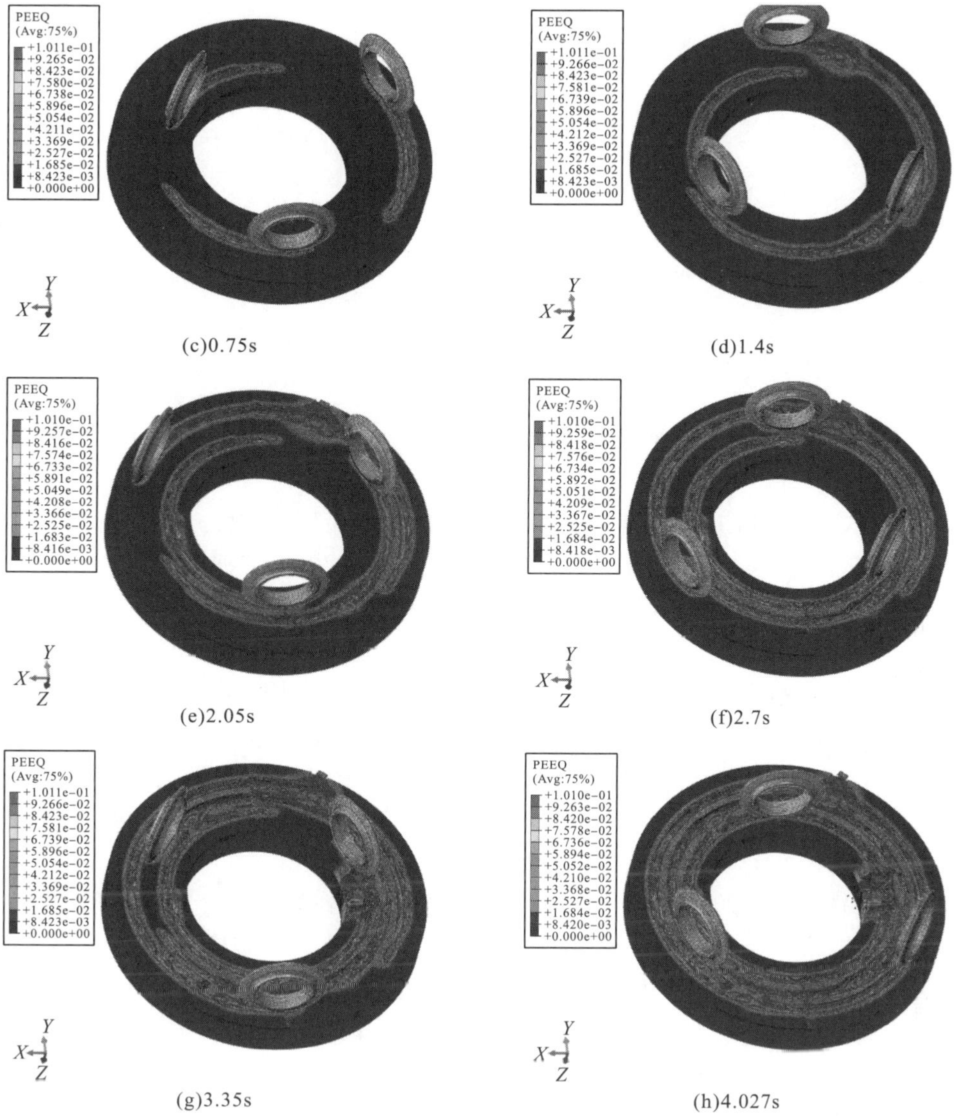

(c)0.75s (d)1.4s

(e)2.05s (f)2.7s

(g)3.35s (h)4.027s

图 5-27 滚刀切削云图

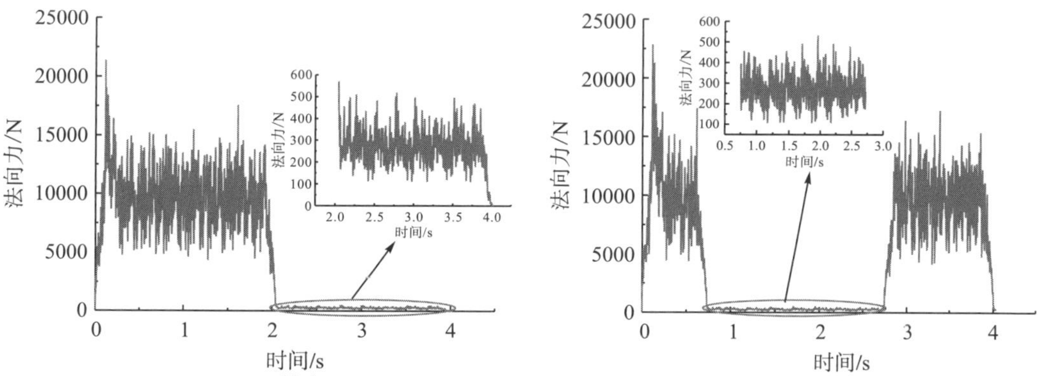

(a)1号滚刀 (b)2号滚刀

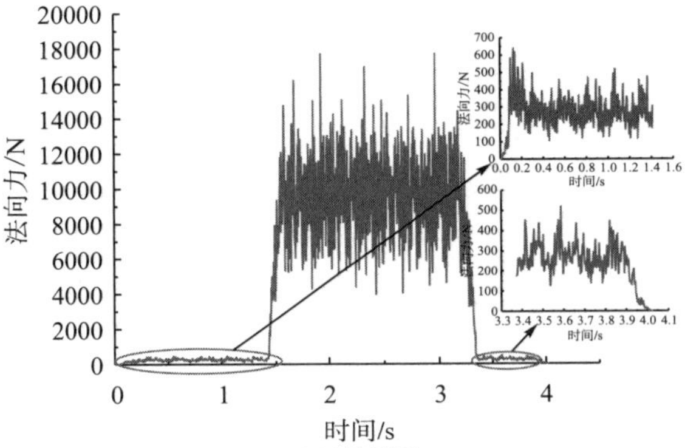

(c)3号滚刀

图 5-28 回转破岩三把滚刀法向力时程图

图中可见，在 0.1s 时，三把滚刀均下移到指定切深(贯入度)，并且由于滚刀下压作用，滚刀下部岩土发生局部破碎。在第二时段 0.1～1.4s 内，三把滚刀均沿逆时针方向绕中心轴发生公转，此时产生三条沟槽，并且各滚刀间破岩过程互相影响。由于 3 把滚刀各自回转半径不一致，相邻滚刀间均相差一个刀间距，因此其产生的三条沟槽长度也不一致，其中 1 号滚刀产生的沟槽长度最短，3 号滚刀产生的沟槽最长。在第三时段 1.4～2.7s 内，三把滚刀均继续沿逆时针方向回转 120° ，三把滚刀产生的沟槽逐渐加长。此时由于 1 号滚刀和 2 号滚刀、2 号滚刀和 3 号滚刀间只相差一个刀间距，因此滚刀间的破岩过程将互相影响。图中可见，各滚刀破岩轨迹间存有岩脊，但塑性区相互贯通，3 号滚刀由于靠近土体外边缘，因而在切削到约 90°时外侧岩体发生崩裂。

当滚刀回转进入第四时段时，滚刀继续回转直至回到起始位置。在 4.027s 时，三把滚刀回转一周完成一个破岩过程，并在岩体上切割出三个同心圆槽。该时段内，相邻滚刀破岩过程继续互相影响，因此从图 5-27(h)中可见，圆槽间部分区域岩脊被破碎掉，切槽相互连通，同时在 1 号滚刀切削时，内侧边缘岩体发生崩裂。对比同一岩性条件、滚刀间距和滚刀贯入度下线性破岩结果可见，滚刀组合回转破岩过程中相邻滚刀间所留下的岩脊更少，岩体破碎程度更高，原因是：相对于线性破岩轨迹，当滚刀沿有一定曲率的轨迹破岩时，滚刀所受切向作用和侧向作用均有一定程度的增大，而两者的共同作用对滚刀破岩的贡献也相应增大。不同破岩方式下滚刀受力的差异将在下节中展开叙述。

2. 滚刀受力分析

为进一步揭示滚刀组合回转破岩情况下滚刀受力特性，提取三把滚刀在回转破岩过程中法向力、切向力和侧向力时程变化情况并进行分析。图 5-28 为回转破岩时三把滚刀法向力时程图，从图中可见，由于滚刀破岩的实进性和岩体单元删除的卸载效应，与线性破岩相似，三把滚刀回转破岩法向力均呈现正向波动特性。由于所切削地层为复合地层，滚刀切削不同地层时的法向力变化情况不同，且 1～3 号滚刀起始位置各异，导致法向力时程变化情况各不相同，1 号滚刀切削轨迹所经过的地层为中风化泥岩-砂卵石地层，法向力在大约 2s 处突然变化；2 号滚刀切削轨迹所经过的地层为中风化泥岩-砂卵石-中风化泥岩，两次经过地层交界处，因而法向力在 0.75s 和 2.75s 处发生两次突变；3 号滚刀切削轨迹所经过的地层为砂卵石-中风化泥岩-砂卵石，法向力分别在 1.4s 和 3.4s 处产生突变。三把滚刀稳定切削中风化泥岩时，法向力在 5000～15000N 范围内波动，稳定切削砂卵石时法向力在 100～500N 范围内波动。

图 5-29 为回转破岩时三把滚刀切向力时程图，从图中可见，与法向力时程变化图类似，三把滚刀回转破岩切向力均呈现正向波动特性，1～3 号滚刀切向力时程变化情况各不相同，但切向力均在通过地层交界位置处产生变化，变化时间与法向力相同。三把滚刀稳定切削中风化泥岩时，切向力在 2000～5500N 范围内波动，稳定切削砂卵石时切向力在 25～250N 范围内波动。

图 5-30 为回转破岩时三把滚刀侧向力时程图，从图中可见，与法向力时程变化图类似，三把滚刀回转破岩侧向力呈现波动特性，与线性破岩类似，侧向力正负方向不断变换，不同的是，回转破岩过程中滚刀侧向力波动中心偏离 0 轴，偏向正值一侧，而线性破岩时波动中心十分接近 0 轴，这主要是因为滚刀回转破岩过程中，滚刀两侧受力不均。图中可见，三把滚刀稳定切削中风化泥岩时，侧向力在-2000～4000N 范围内波动，稳定切削砂卵石时侧向力在-100～200N 范围内波动。

为进一步反映滚刀线性破岩和回转破岩过程中滚刀受力差异，表 5-3、表 5-4 中列出了两种不同破岩方式切削不同地层情况下滚刀平均受力情况。其中，为控制破岩方式这一单因素变量，线性破岩滚刀平均受力情况采用与回转破岩同一地层条件（中风化泥岩-砂卵石）、滚刀间距（88.9mm）和贯入度（30mm）工况下的模型仿真值。由表 5-3、表 5-4 中可见，与线性破岩大致相似，滚刀回转破岩过程中受到的平均法向力大于平均切向力。不同破岩方式下滚刀的平均法向力差距不大，切削中风化泥岩、砂卵石时相对变化率大致为 5%。但两种破岩方式下平均切向力差距较大，两种地层条件下滚刀回转破岩平均切向力相对于线性破岩分别增大了 36.29%、40.38%。另外，线性破岩过程中，滚刀侧向合力大致为 0，而在回转破岩过程中，切削中风化泥岩时滚刀平均侧向力为 862.3N，切削砂卵石时滚刀平均侧向力为 31.6N。因此可以得出结论：破岩方式不同对滚刀平均法向力的变化趋势和数值大小影响不大，但不同破岩方式下平均切向力和平均侧向力差异较大，其中线性破岩滚刀侧向力时程变化呈现以零值为分界线的正负波动变化，平均侧向力为零；而在滚刀回转破岩情况下，滚刀侧向力时程变化偏向正向一侧。

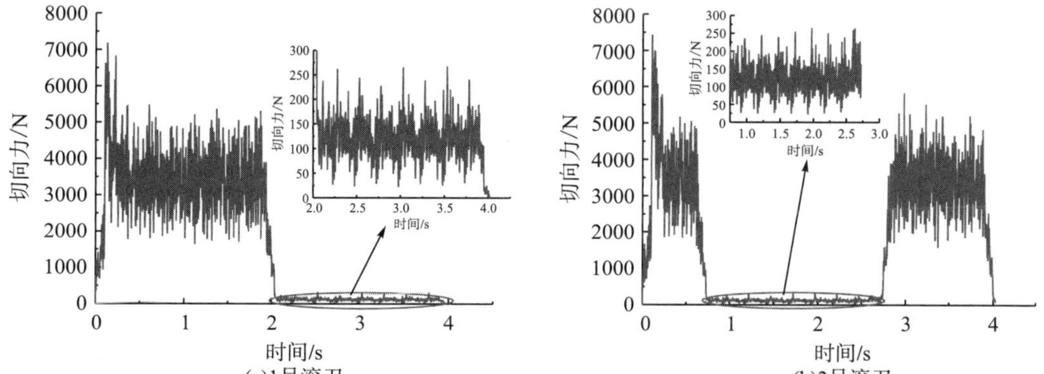

(a)1号滚刀　(b)2号滚刀

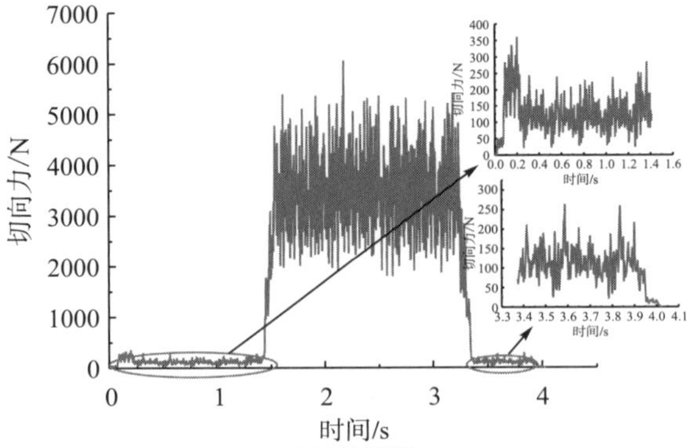

(c)3号滚刀

图 5-29　回转破岩三把滚刀切向力时程图

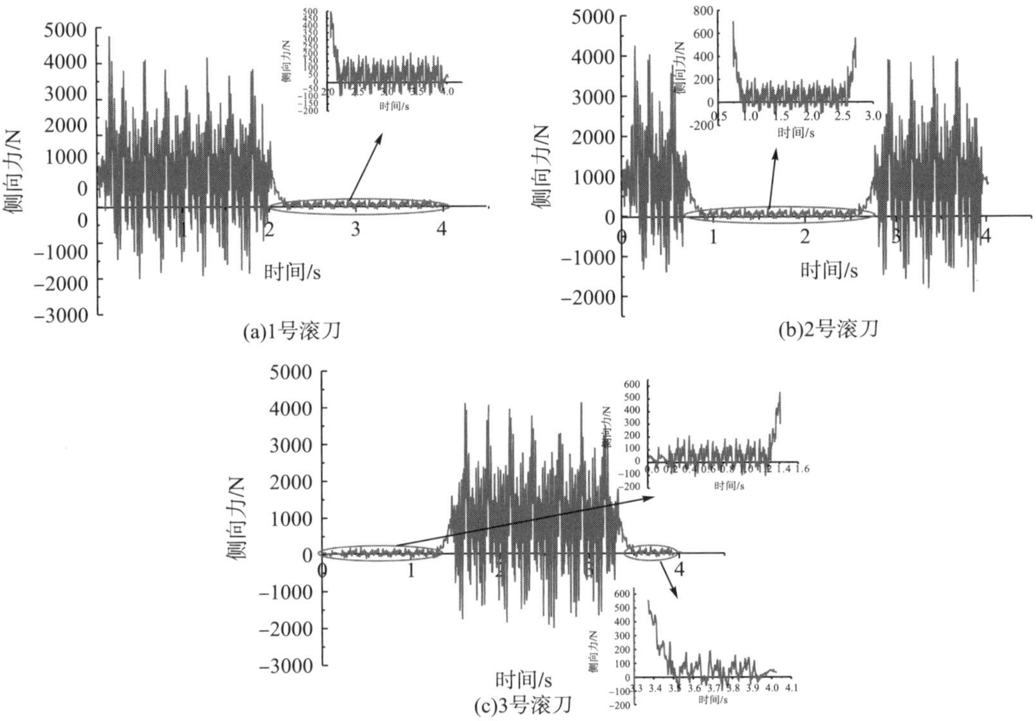

(a)1号滚刀

(b)2号滚刀

(c)3号滚刀

图 5-30　回转破岩三把滚刀侧向力时程图

表 5-3　不同破岩方式下滚刀受力对比(中风化泥岩)

破岩方式	平均法向力/N	平均切向力/N	平均侧向力/N
线性破岩	10054.12	2420.54	大致为 0
回转破岩	9568.51	3298.95	862.3
相对变化率	4.83%	-36.29%	—

注：相对变化率=($F_{线性破岩}$-$F_{回转破岩}$)/$F_{线性破岩}$。

表 5-4　不同破岩方式下滚刀受力对比(砂卵石)

破岩方式	平均法向力/N	平均切向力/N	平均侧向力/N
线性破岩	289.50	85.34	大致为 0
回转破岩	271.85	119.80	31.6
相对变化率	6.10%	−40.38%	—

注：相对变化率=$(F_{线性破岩}-F_{回转破岩})/F_{线性破岩}$。

5.4　切刀破岩仿真

一般来说，滚刀通常适用于破碎较为坚硬的岩石，岩石越坚硬，脆性越大，越容易形成破碎区，而切刀则适用于破碎软岩以及土质地层。对于复合地层而言，盾构机刀盘往往同时布置滚刀和切削类刀具，且切刀安装高度要低于滚刀，主要用于收集刮削前期经滚刀破碎后的岩体，但是对于抗压强度小于 30MPa 的软岩也可直接通过切刀来进行破碎。上述成都某市域地铁盾构隧道所通过的最为坚硬的地层为中风化泥岩，抗压强度标准值为 5.1MPa，属于软岩，但由于所要掘进的部分砂卵石地层中含有坚硬的卵石、漂石，因而仍需要滚刀和切刀的组合使用。

5.4.1　切刀破岩模型

基于上述岩体本构与断裂准则，建立切刀-复合地层接触耦合数值模型，模拟分析不同地层条件下切刀破岩效果和切刀受力特性以及不同破岩参数下切刀破岩性能特性，并将数值模拟结果与预测模型对比研究，以揭示切刀线性破岩动力特性和破岩规律。

影响盾构切刀切削性能的主要参数是刀刃角、切削深度等。为了分析这些因素对破岩效果的作用，采用图 5-31 所示的尺寸参数进行数值模拟。切刀横截面刀刃宽度 B=6mm，切刀后角 γ =10°，前角 α=10°，刀宽 80mm。

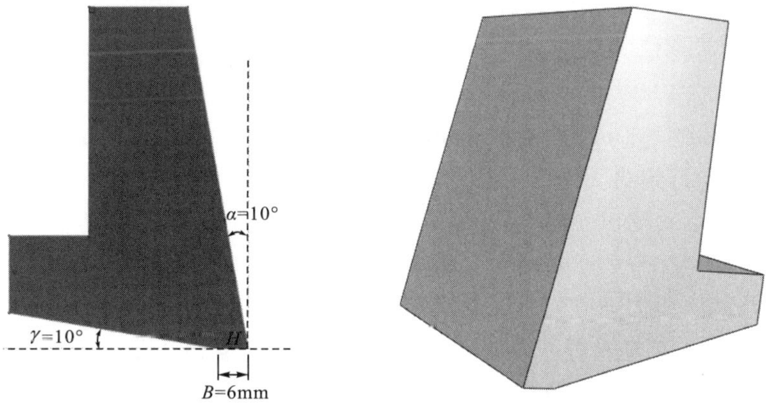

(a)切刀断面图　　(b)切刀侧视图

图 5-31　切刀模型图

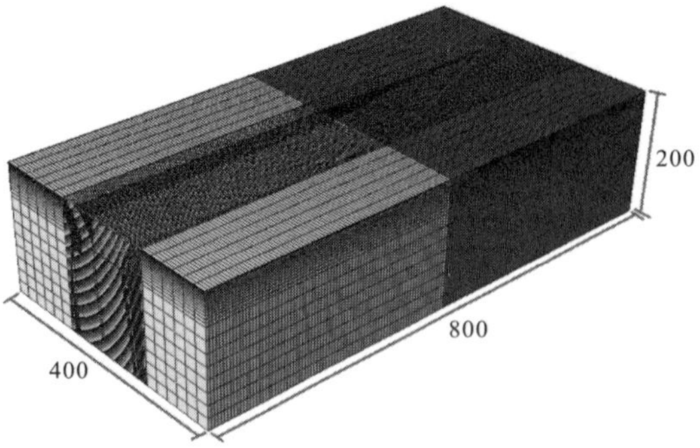

图 5-32 岩体模型网格图(mm)

考虑计算效率和计算成本，为尽量较为真实地反映实际复合地层-切刀接触关系，划分网格时将破岩过程中切刀与岩体可能发生动态接触的区域进行网格加密。岩体模型如图 5-32 所示，模型长、宽、高分别为 800mm、400mm、200mm，岩体模型均为八结点线性六面体单元 C3D8R。

将切刀模型和岩体模型进行装配，初始装配时保证切刀正好落在岩体表面且不发生接触。在装配过程中，两把切刀均设置刚体约束(rigid body)，并分别将 1 号切刀和 2 号切刀约束在参考点 RP-1 和 RP-2 上，在岩体模型底部设置固定边界条件。装配后的模型及切刀受力简图如图 5-33、图 5-34 所示。选取运动接触法(kinematic contact method)作为切刀和岩体的动态接触算法，并通过设置“硬接触”(hard contact)和“罚接触”(penalty contact)分别模拟两物体间的法向接触关系和切向接触关系。

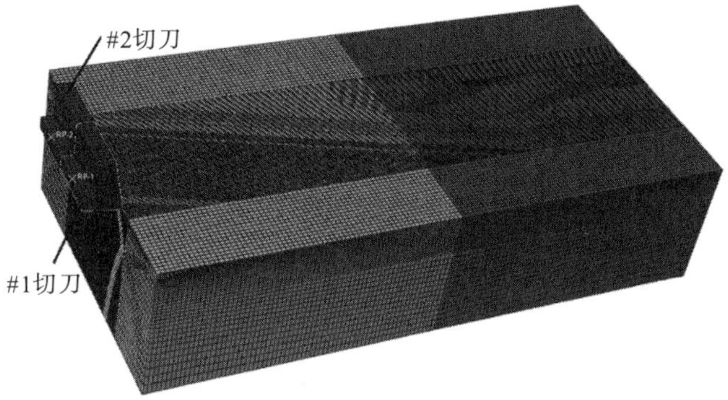

图 5-33 装配后的模型

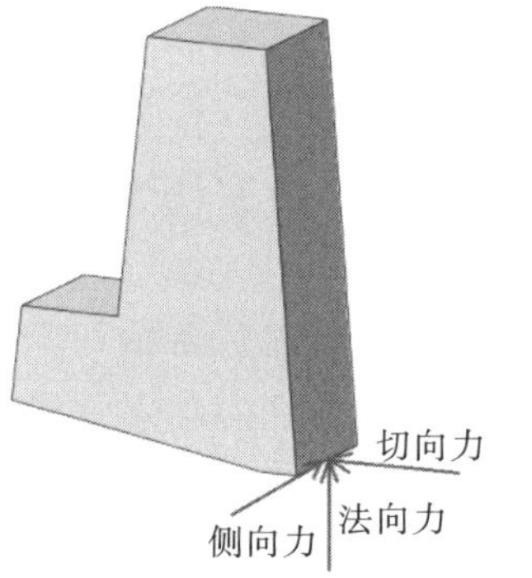

图 5-34 切刀受力简图

通过 ABAQUS 中多分析步模块来调整和实现多步骤顺次破岩过程。分析步 1：该分析步中，1 号切刀下移量为 30mm，下移速度为 300mm/s，2 号切刀固定。分析步 2：该分析步中，1 号切刀沿岩体表面平移速度 800mm/s，分析步时间为 1s，2 号切刀固定。分析步 3：该分析步中，2 号切刀下移量为 30mm，下移速度 300mm/s，分析步时间为 0.1s，该分析步中 1 号切刀始终固定。分析步 4：该分析步中，2 号切刀沿岩体表面平移速度 800mm/s，分析步时间为 1s，该分析步中 1 号切刀始终固定。

切刀破岩分析工况有如下几种。不同复合地层：分别分析在同一种切刀间距情况下，切刀在不同复合地层条件下破岩效果以及破岩过程中切刀受力特性。不同切刀贯入度：选取五种不同切刀贯入度工况进行分析，其中地层条件均为工程代表性岩体——砂卵石-中风化泥岩复合地层，刀间距均为 S=0mm，贯入度分别为 h=10mm，15mm，20mm，25mm，30mm，35mm，40mm。不同前角：影响切刀切削性能的除了以上因素外，切刀本身的形态也会对其切削过程造成影响，选取五种不同切刀前角工况进行分析，其中地层条件均为工程代表性岩体——砂卵石-中风化泥岩复合地层，刀间距均为 S=0mm，切刀前角分别为 α=−15°，−10°，0°，10°，15°。

5.4.2 不同地层下切刀破岩效果

提取不同复合地层条件下切刀破岩后岩体等效塑性应变图，如图 5-35(彩图见附录)所示。从图 5-35 可见，在切刀切削过程中，由于切刀挤压和剪切的共同作用，地层在达到其破坏极限后均发生不同程度的破碎，由于两把切刀刀间距等于 0，即两把切刀切削轨迹紧挨并排，因而两把切刀切削后在地层上形成一条宽的凹槽。用不同工况下地层等效塑性应变情况和沟槽破碎情况，反映切刀破岩效果，如图所示，两种不同复合地层情况下等效塑性应变云图大致呈现“U”形分布，由于切刀在切除凹槽内岩体时，单元沿着切刀迎土面向上撕裂，从而引起切槽边缘地层均有不同程度的翻卷隆起；切刀切削土壤时主要是依靠剪切作用，挤压并不明显，因而切槽侧面的岩体等效塑性应变略大于底面，破碎更为严重；切刀切削岩土体时，由于地层本身的变形以及切刀的动力作用，导致切槽内表面并不十分平整，且在底面呈现出层状的纹理。

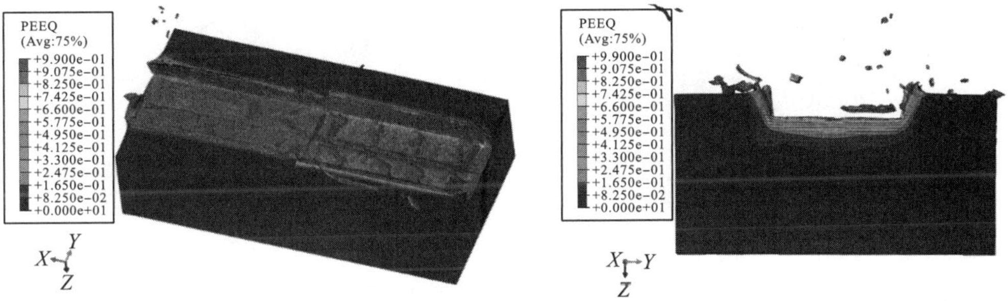

(a)黏土-砂卵石复合地层

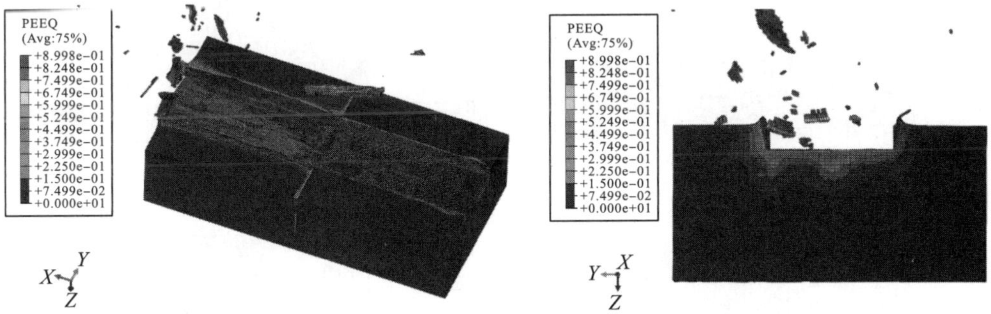

(b)中风化泥岩-砂卵石复合地层

图 5-35 不同复合地层条件下切刀破岩后岩体等效塑性应变

对于黏土-砂卵石复合地层，切刀在黏土地层留下的凹槽宽度略大于砂卵石地层，且黏土地层的塑性应变发展程度较砂卵石地层严重；对于中风化泥岩-砂卵石复合地层，切刀在砂卵石地层留下的凹槽宽度略大于中风化泥岩地层，且砂卵石地层的塑性应变发展程度较泥岩地层严重；综上所述，切刀对软弱地层的切削效果更好。

图 5-36(彩图见附录)为地层破碎情况随时间的变化情况，地层为中风化泥岩-砂卵石复合地层。在初始时刻，1、2 号切刀均停留在岩体模型边缘，在 0.1s 时，1 号切刀贯入到指定切深，而后向前运动，从 0.35s 时岩体破碎情况可以发现，切刀切削岩体时，在切刀前方形成抛物线形塑性区，且削掉的岩屑沿切刀迎土面向上运动，而后被抛出。在 0.6s 时切刀运动至复合地层交界面处，从切刀前方塑性区分布情况可以发现，由于中风化泥岩较砂卵石地层坚硬，因而被切掉的泥岩在切刀推力作用下贯入前方砂卵石地层中，造成处于交界面处的砂卵石地层出现较大塑性应变。在 1.1s 时，2 号切刀开始贯入，并在 1.2s 时到达指定切深，但由于 1 号切刀向前切削时，切削力使整个地层模型上部单元向切削方向略微偏移，导致 2 号切刀下沉时未与土体产生接触，因而未出现 0.1s 时 1 号切刀贯入时对地层的破坏情况；从 1.45s 地层破坏情况可以看出，1 号切刀切削时形成了临空面，2 号切刀切削时，岩屑不仅会从上部抛出，也会向临空面崩裂；在 1.7s 时 2 号切刀运动到地层交界面，砂卵石地层在交界面处出现较大塑性应变，之后切刀向前切削砂卵石地层，直至 2.2s 时分析结束。

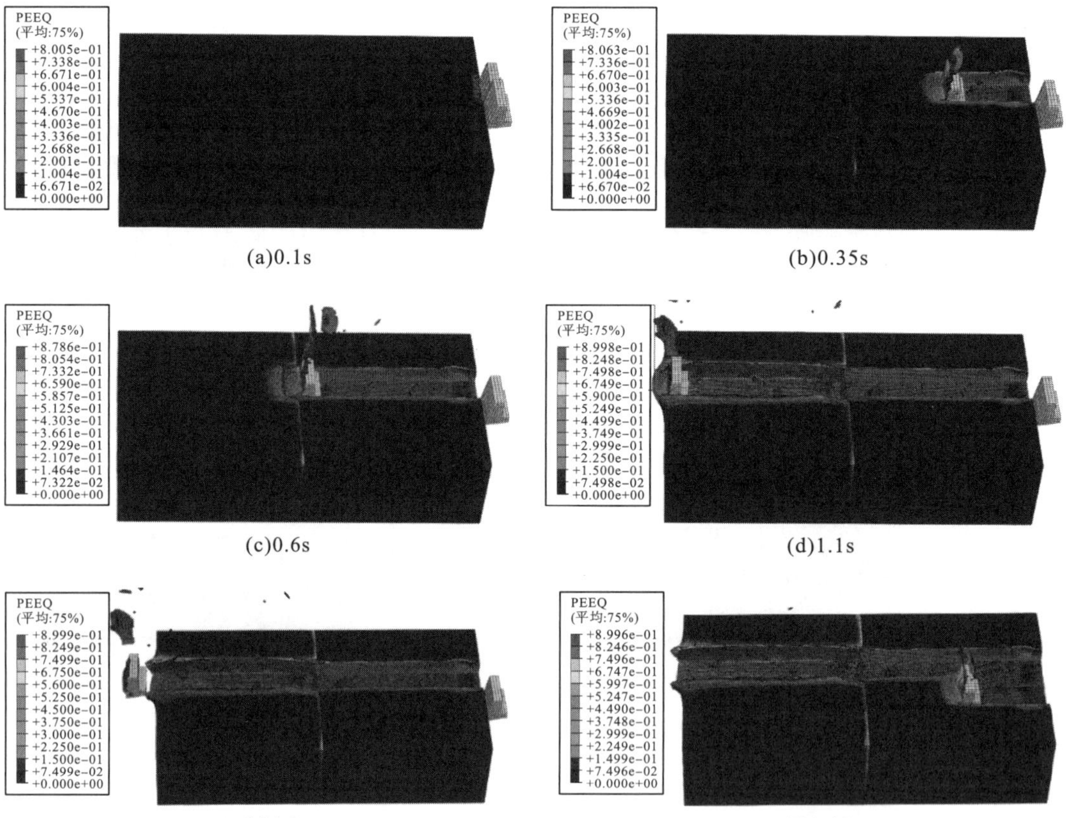

(a)0.1s (b)0.35s

(c)0.6s (d)1.1s

(e)1.2s (f)1.45s

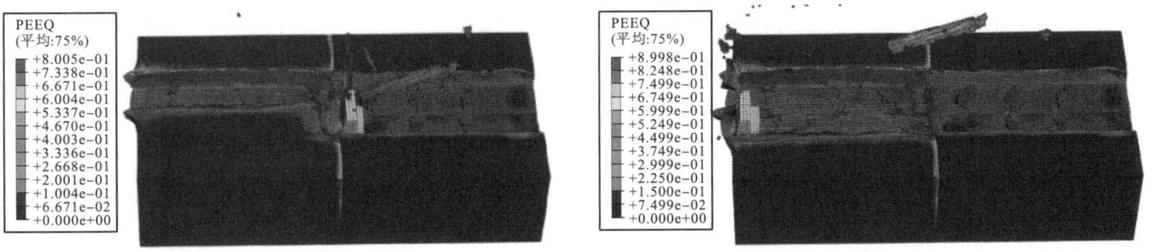

(g)1.7s (h)2.2s

图 5-36 地层破碎情况随时间的变化情况

图 5-37(彩图见附录)为不同地层切刀所受切向力随时间的变化情况，从图中可以发现，1、2 号切刀受力随时间均呈波动变化，切削不同复合地层时，切刀所受切向力不同；由于 2 号切刀切削时，1 号切刀已削出沟槽，因而两把切刀受力情况有所不同；切削中风化泥岩-砂卵石复合地层时，切刀在 0.1s 时突然向前运动，此时切向力出现峰值，而后切削力开始稳定波动，1、2 号切刀稳定切削泥岩时切向力波动范围分别为 25～60kN、16～60kN，之后切向力在地层交界处逐渐减小，切刀开始稳定切削砂卵石；切削黏土-砂卵石复合地层时，切刀所受切向力在 0.1s 时出现峰值，而后稳定切削黏土，在黏土-砂卵石交界处，由于地层突然变硬，因而切向力陡增，而后稳定切削砂卵石地层，1 号切刀稳定切削黏土和砂卵石时切向力波动范围分别为 2.5～4.0kN、3.0～9.0kN，2 号切刀稳定切削黏土和砂卵石时切向力波动范围分别为 1.0～6.0kN、1.0～8.0kN。

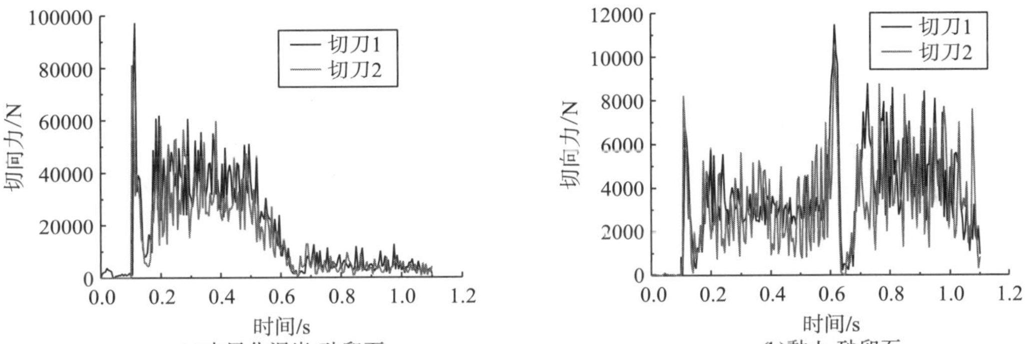

(a)中风化泥岩-砂卵石 (b)黏土-砂卵石

图 5-37 不同地层切刀切向力随时间的变化情况

图 5-38(彩图见附录)为不同地层切刀侧向力随时间的变化情况，从图中可以发现，切刀切削不同复合地层时，所受侧向力不同；由于切削顺序不同，1、2 号切刀所受侧向力差异较大，由于 1 号切刀同时受到两侧岩体作用，因而其侧向力在 0 附近波动，而 2 号切刀切削时，一侧岩体已被削去，无法提供足够反力，因而其侧向力在正值一侧波动；1 号切刀稳定切削中风化泥岩、砂卵石土、黏土时侧向力波动范围分别为-1.0～1.0kN、-0.3～0.3kN、-0.05～0.05kN，2 号切刀稳定切削中风化泥岩、砂卵石土、黏土时侧向力波动范围分别为 0.25～3.0kN、0～0.65kN、0～0.3kN。

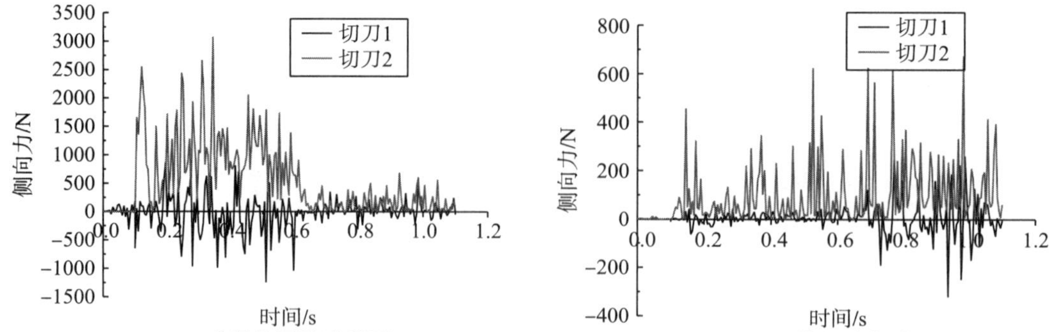

(a)中风化泥岩-砂卵石　(b)黏土-砂卵石

图 5-38　不同地层切刀侧向力随时间的变化情况

图 5-39(彩图见附录)为不同地层切刀法向力随时间的变化情况，可以发现，切刀所受法向力方向不断变化，究其原因为切刀所受法向力的来源除了岩体对刀具向上的支撑反力外，还受到迎土面上岩体对切刀向下的作用力，随着刀具切削，此两种作用力大小不断变化，从而导致法向力的合力方向不断改变；1 号切刀稳定切削中风化泥岩、砂卵石土、黏土时法向力波动范围分别为-2.0～2.0kN、-0.4～0.4kN、-0.25～0.05kN，2 号切刀稳定切削中风化泥岩、砂卵石土、黏土时波动范围分别为-0.38～0.3kN、-0.25～0.5kN、-0.5～0.11kN。

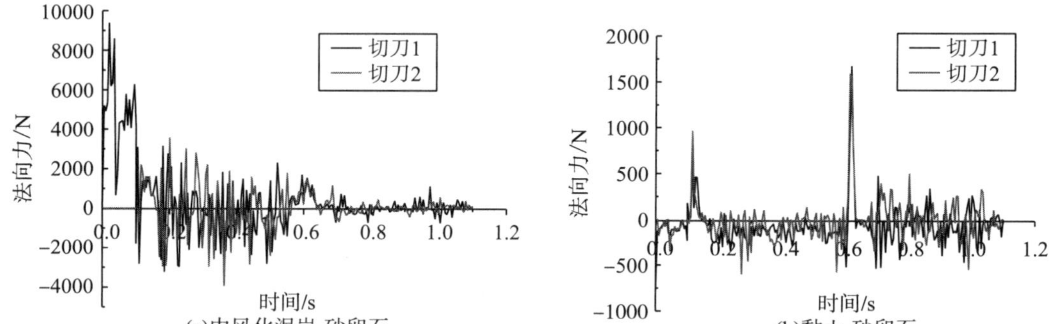

(a)中风化泥岩-砂卵石　(b)黏土-砂卵石

图 5-39　不同地层切刀法向力随时间的变化情况

表 5-5 为切刀切向力仿真值与预测值的对比表，从表中可见，切刀切向力预测值和仿真值均在同一数量级，对于不同地层，切削软岩预测模型和切削土壤预测模型有各自的适用范围。对于中风化泥岩，切削软岩预测模型预测值与仿真值之间的偏差为 12.10%，而采用切削土壤预测模型偏差则达到 37.50%；对于黏土地层，切削软岩预测模型预测值与仿真值之间的偏差为 16.77%，而采用切削土壤预测模型偏差则为 4.21%。

表 5-5 各地层工况下切刀切向力预测值及仿真值对比

地层	仿真值/N	切刀切削软岩模型		切刀切削土壤模型	
		预测值/N	相对偏差/%	预测值/N	相对偏差/%
黏土	3142.52	2615.52	−16.77	3274.82	+4.21
砂卵石	4574.14	4258.98	−6.89	5290.45	+15.66
中风化泥岩	35348.38	39625.53	+12.10	48604.02	+37.50

5.4.3 不同前角下切刀受力特性

如前所述，切刀的受力特性与前角有关，取−15°、−10°、−5°、0°、5°、10°、15°等 7 种不同前角，以中风化泥岩-砂卵石复合地层为研究对象，提取其稳定切削不同地层时的受力均值，研究切刀前角对其受力特性的影响。

图 5-40(彩图见附录)为不同前角切刀切削地层云图，提取时刻均为 0.5s 时，从图中可以看出，切刀前角不同，地层的破坏形态也不一，前角为正时，角度越大，切削掉的渣土越容易沿迎土面向上被抛出，出渣越为顺畅，反之，当前角为负时，由于渣土难以沿迎土面向上被抛出，因而堆积在刀具前侧，并进一步在切刀切削作用下被挤压，在云图上表现为少有地层单元被抛出，而堆积在迎土面前方被挤压失效，从出渣流畅考虑，前角应设计为正角，避免渣土堆积。

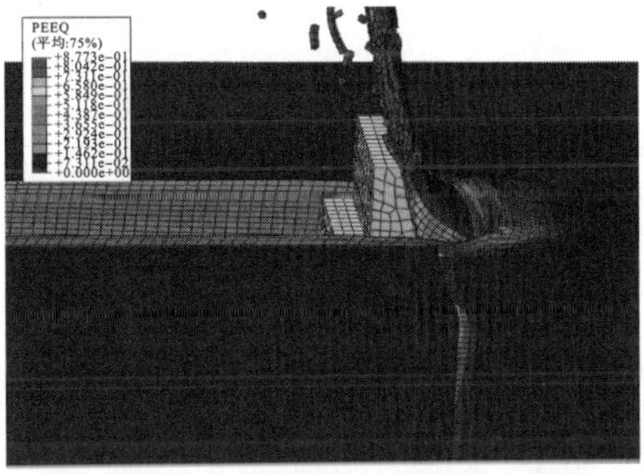

(a)15°

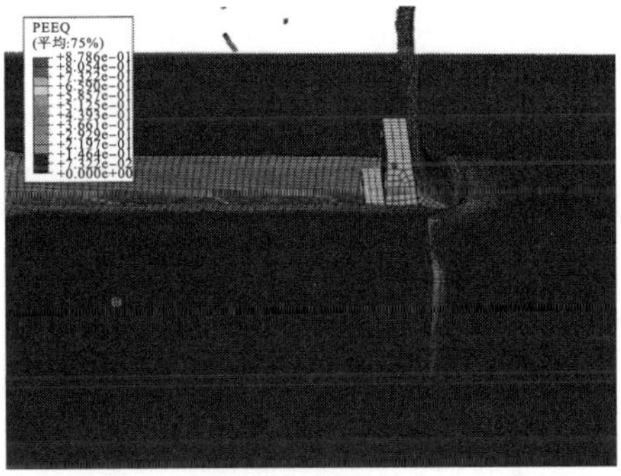

(b)10°

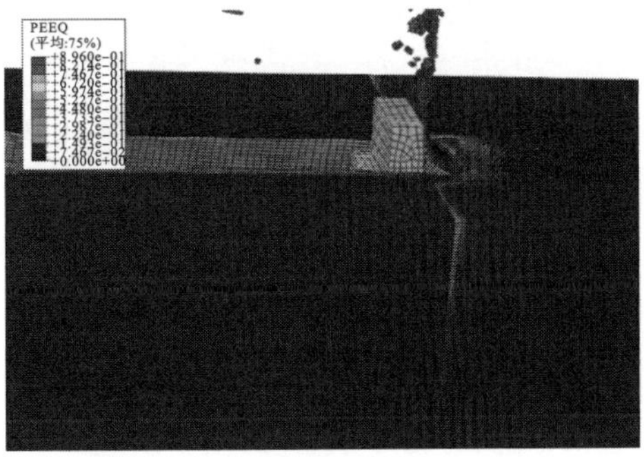

(c)5°

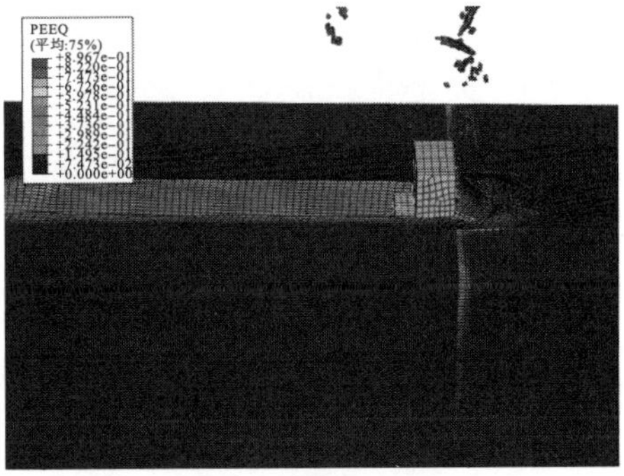

(d)0°

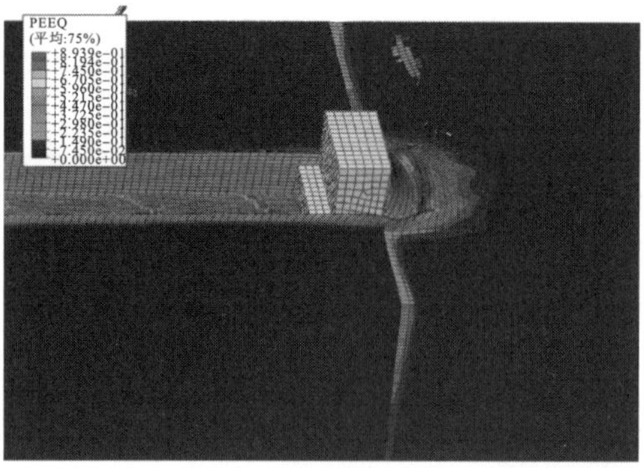

(e)−5°

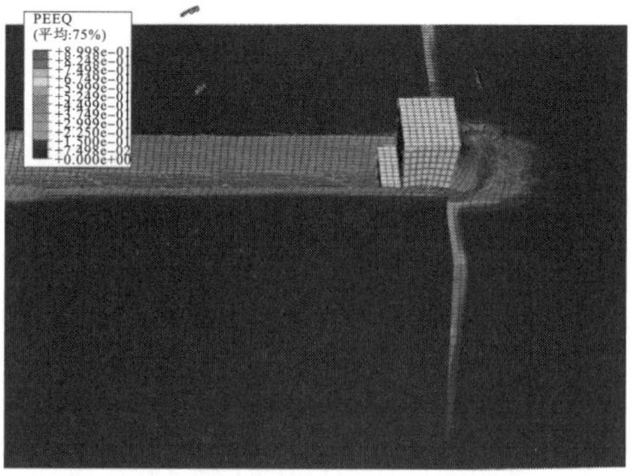

(f)−10°

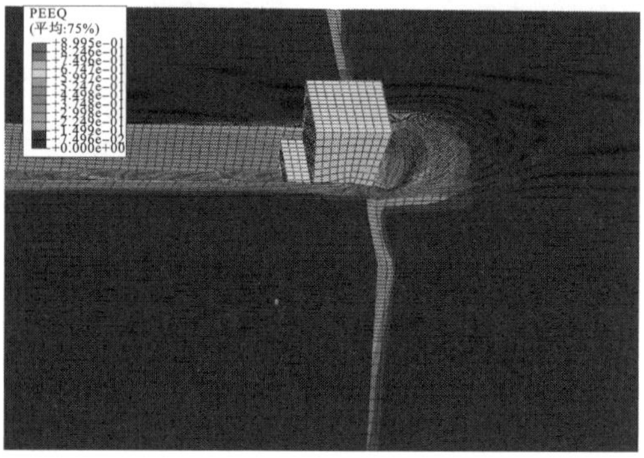

(g)−15°

图 5-40 不同前角切刀切削地层云图

图 5-41 为不同地层切刀切向力平均值随前角的变化情况，从图中可以发现，切刀切向力均值随前角而变化。由于 1 号切刀切削后给 2 号切刀留下临空面，因而 2 号切刀所受切向力小于 1 号切刀，降低幅度在 43%～16%之间。切削中风化泥岩时，当前角从 15°变为−15°时，1 号切刀切向力从 35kN 增大到 45kN，除了前角从 10°变为 5°时，切向力均值有所减小外，其余各种工况下切向力平均值均随前角减小而增大；切削砂卵石时，对于 1

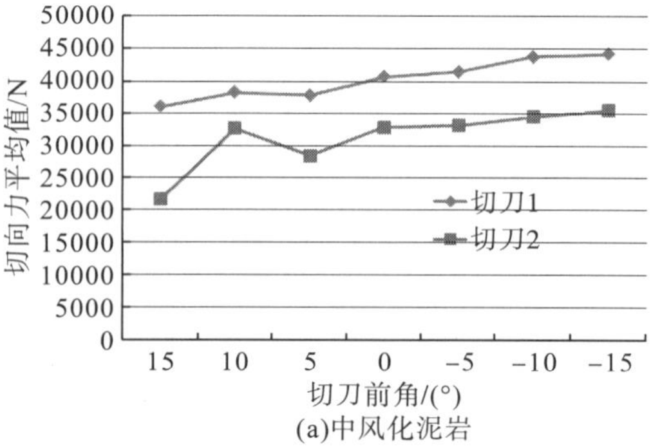

(a)中风化泥岩

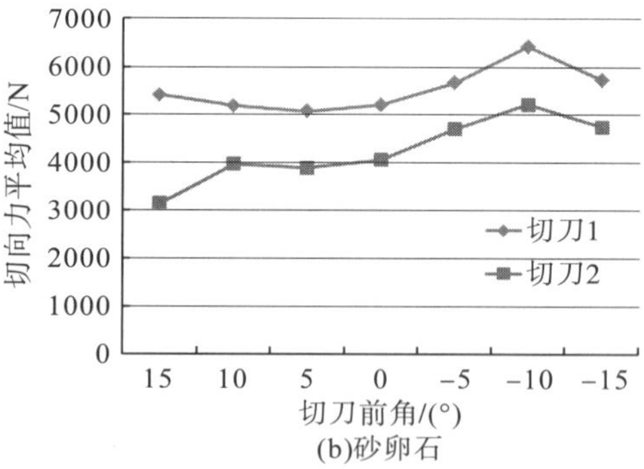

(b)砂卵石

图 5-41 不同地层切刀切向力平均值随前角的变化情况

号切刀，当前角由15°减小到5°时，切向力随着前角减小而减小，并在前角为5°时达到最小值5kN，之后切向力随着前角减小而增大，但在前角达到-15°时切向力再度减小，对于2号切刀，切向力除在5°、-15°时有所减小外，其余均随前角减小而增大。

图5-42为不同地层切刀侧向力平均值随前角的变化情况，从图中可以看出，切削中风化泥岩时，1号切刀所受侧向力均值小于2号切刀，且均在0值附近波动，方向不断变化，2号切刀侧向力在15°～10°以及5°～-5°区间随前角减小而增大，在10°～5°和-5°～-15°区间随前角减小而减小；切削砂卵石时，1号切刀侧向力均值仍在0值附近波动，2号切刀在前角从15°变化到-10°时，随着前角减小所受侧向力逐渐增大，当从-10°减小到-15°时，所受侧向力突然减小。

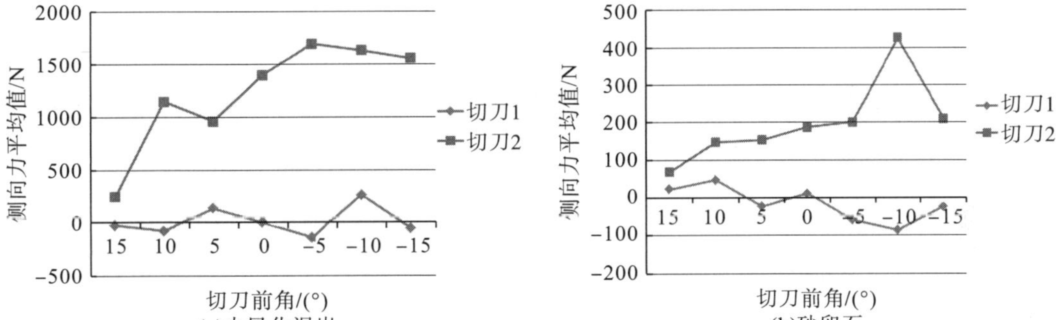

(a)中风化泥岩 (b)砂卵石

图5-42 不同地层切刀侧向力平均值随前角的变化情况

图5-43为不同地层切刀法向力平均值随前角的变化情况，从图中可以看出，2号切刀所受法向力均值小于1号切刀，且随着前角变化，法向力方向由负到正，即法向力方向由向下变为向上；当前角为10°时，平均法向力的绝对值最小，此时向上的支撑力与向下的土压力大小大致相等，合力平均值接近于0；当前角小于10°乃至为负时，切刀所受到向上的支撑力逐渐占据主导，平均法向力方向转为向上，且前角平均每减小5°，切刀切削中风化泥岩时法向力便增大2000～2400N，切削砂卵石时法向力增大240～300N；同时，相比于1号切刀，2号切刀法向力随前角减小而增大的幅度较小。

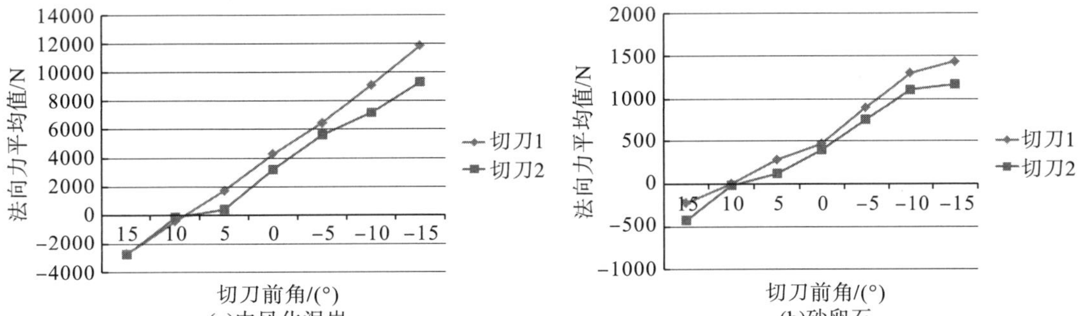

(a)中风化泥岩 (b)砂卵石

图5-43 不同切刀法向力平均值随前角的变化情况

5.4.4 不同贯入度下切刀破岩效率

为对比分析不同切刀贯入度下岩石破碎效果，选取六种切刀贯入度（h=15mm，20mm，25mm，30mm，35mm，40mm），分析不同工况下的切刀破岩效果。

选取其中四种切刀贯入度工况下（h=15mm，20mm，35mm，40mm）地层破碎情况及等效塑性应变云图，如图 5-44（彩图见附录）所示。从图 5-44 可见，不同切刀贯入度工况下岩体破碎效果不完全相同，当贯入度较小时（h=15mm，20mm），切槽较浅，塑性区面积较小，且切槽边缘处地层向上翻卷并不明显；当贯入度较大时（h=35mm，40mm），切槽随之加深，塑性区面积变大，且切槽边缘处地层向上翻卷较为突出。

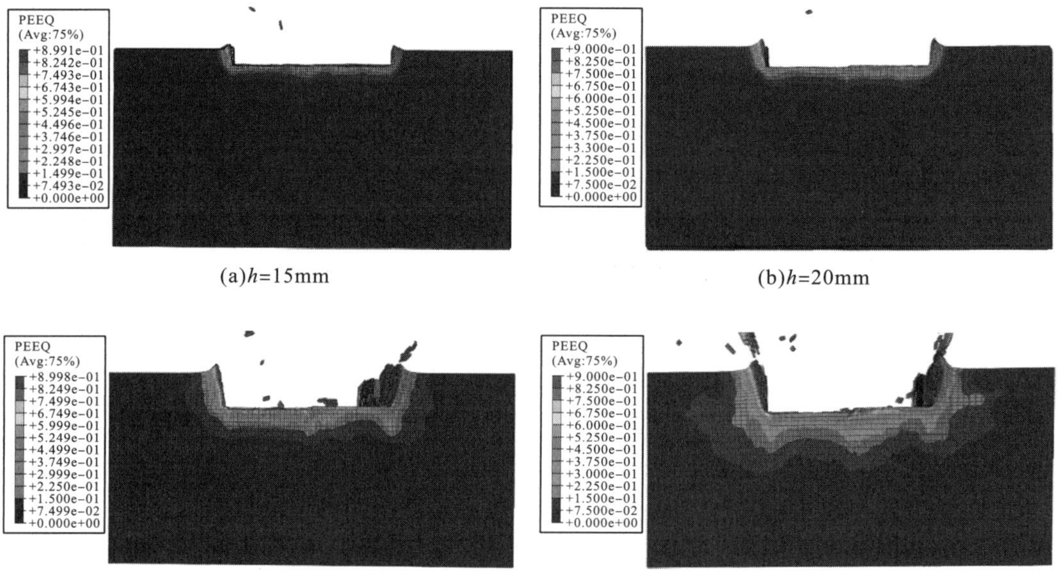

(a) h=15mm (b) h=20mm

(c) h=35mm (d) h=40mm

图 5-44 不同切刀贯入度下破岩效果及等效塑性应变图

为得到切刀平均切向力和分析不同贯入度对切刀切向力的影响，以下提取六种贯入度工况下切刀切向力时程变化图，如图 5-45（彩图见附录）所示。从图 5-45 可见，各贯入度工况下切刀切向力时程曲线变化趋势均呈现正向波动特性，1、2 号切刀切向力时程变化曲线并不相同。当贯入度为 15mm 时，稳定切削泥岩时切刀切向力在 10～30kN 范围内波动，随着切刀贯入度的增加，切刀切向力波动范围逐渐增大。当贯入度为 40mm 时，稳定切削泥岩时切刀切向力波动上限为 80kN，为最小贯入度 15mm 切向力波动上限的 2.67 倍。图中可见，切刀突然向前运动，导致切刀切向力在 0.1s 时达到峰值，之后进入稳定切削阶段。

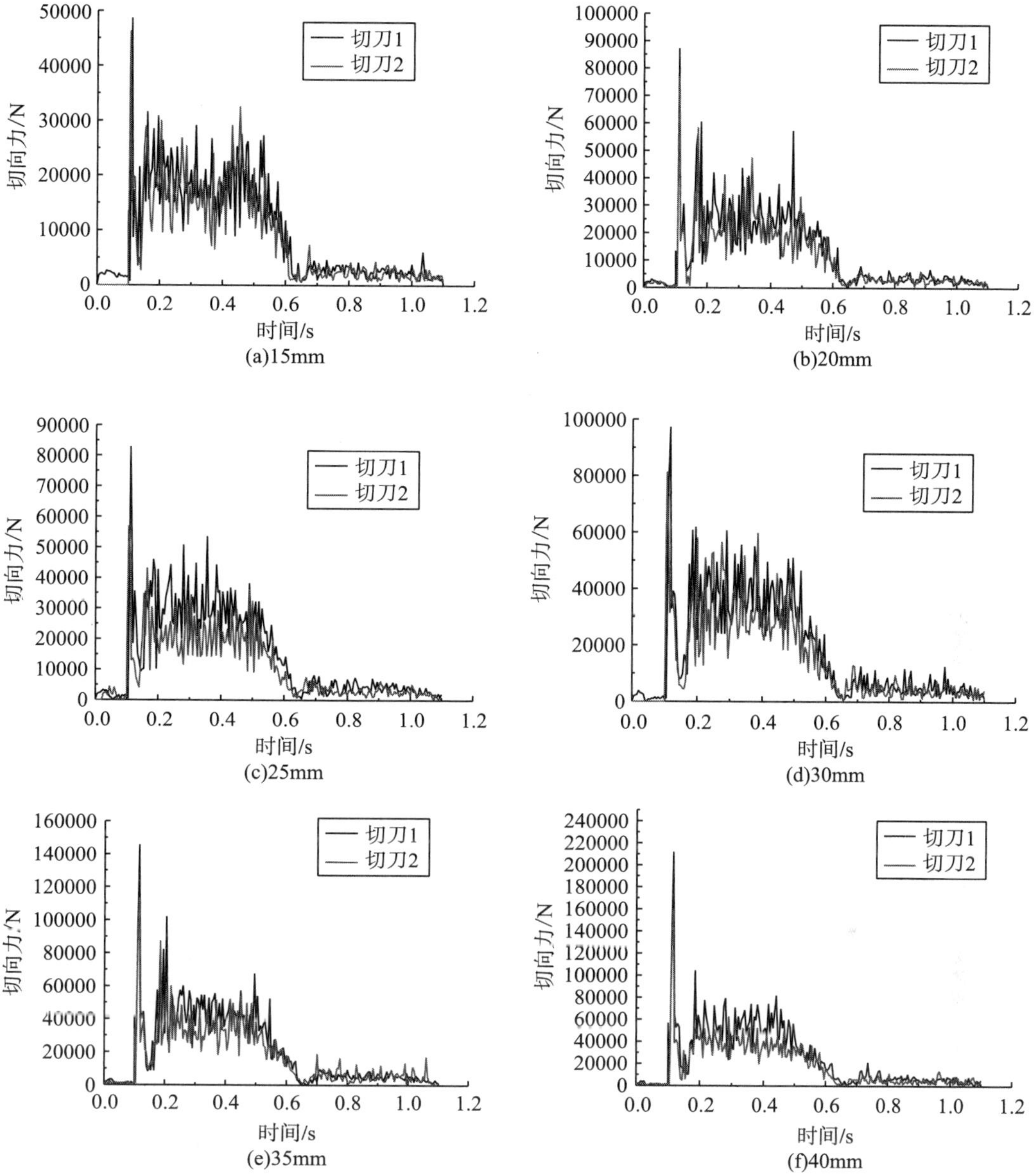

图 5-45 各切刀贯入度工况下切向力时程变化图

5.5 刀具磨损规律

5.5.1 影响磨损因素

影响盾构刀具磨耗的主要因素可分为刀具本体(材料、加工工艺、几何参数等)、地质条件、掘进参数等几类。盾构机刀具都有较高的硬度、强度、耐磨性要求，对于滚刀而言，刀具合金材质、制造质量、装配扭矩、滚刀直径、刀刃数量等均会对滚刀磨损造成影响；

对于切刀而言，影响其磨损的刀具本体因素主要包括切刀刃宽、刀刃材料、几何尺寸等。

盾构机掘进过程中会遇到各种不同地层，从淤泥、黏土、砂层、砂卵石层到软岩及硬岩等。其中淤泥质黏土、粉质黏土、黏质粉土等地层对刀具的磨损影响小，而砂土、砂卵石、砾石地层对刀具的磨损十分严重，地质不均或受到突变载荷时，甚至会使刀具当场折断损坏。如南京地铁盾构在粉细黏土中掘进 1km，刀具磨损量仍小于设计的许用磨损量；而在北京地铁 5 号线施工中，当面对卵砾石与粉质黏土的结合地层时，同样型号的刀具掘进 625m 就需更换一次；甚至在卵砾石与粉细砂相结合的地层中同种刀具只能勉强掘进 360m。

影响盘形滚刀磨损的地质因素主要有：岩石的单轴抗拉强度、硬度、石英百分比、发育裂缝及岩石节理、掘进面岩石物理化学性质等。其中岩石单轴抗拉强度、硬度、石英百分比与滚刀磨损速率正相关；岩石节理越丰富、裂隙发育越大，刀具破岩比能越小，刀具使用寿命越长；而开挖断面地质不均匀，滚刀受力不均易发生偏磨。在切刀掘进过程中，切削力的大小主要受到地层的含水率、黏聚力、内摩擦角影响。在淤泥质黏土、粉质黏土、黏质粉土等地层中，切刀受到的切削力较小，且岩土中的孤石较少，对切刀冲击能力小，切刀的磨损较轻。而在砂卵石地层中掘进时，由于砂卵石地层中孤石以及硬质颗粒较多，对切刀的冲击力较强，致使切刀母材磨损严重，并且容易发生崩刃和缺损现象。

盾构在多因素协同作用下向前推进，其掘进参数受到复杂地层条件、临时突变载荷、规划路线以及人为操作技能等多重随机变量影响，除了满足安全掘进要求外，掘进参数的控制还应满足其他一些工程标准，比如保证开挖面平衡、顺利实现盾构掘进姿态调整。由于盾构施工过程的复杂性，掘进参数对刀具磨损的影响难以用多元函数形式加以描述，这样造成要从科学理论角度定量确定掘进参数对刀具磨损的影响很难实现。

但是大量工程数据表明刀具磨损与掘进参数有一定的内在联系。掘进推力是影响刀具磨损的主要因素，推力大小直接决定了刀具所承受的载荷。推力过大，虽然短期内掘进速度很快，但刀盘刀具所承受的载荷也比较大，过大的载荷会使滚刀轴承受挤压产生变形，加速刀具的磨损，随着刀具的磨损，其切割效率降低，此时，同样的切深将需要更大的推进力，且粉末状石渣的比例提高，掘进效率降低。

影响刀具磨损的其他掘进参数包括扭矩、刀盘转速、掘进速度等。在硬岩地层中，过大的刀盘转速会造成掘进机振动颠簸，开挖界面温度升高，加剧刀具的磨损。而掘进速度越快，必然造成刀具所受的推力加大，同理影响刀具的磨损。扭矩过小时，在掘进面容易形成泥饼，造成刀盘转动负荷加大，甚至停止转动，导致舱体内温度急剧升高，刀具发生内应力破坏；扭矩过大时，刀盘容易空转，加剧刀具的不正常磨损。同时，盘形滚刀的起动扭矩选择尤其重要：当起动扭矩过大，而地层无法平衡滚刀足够大的自转反作用力时，滚刀会受力不均而产生偏磨；相反，当起动扭矩太小，用于密封刀具轴承的密封挡圈预紧力达不到设计要求时，易造成滚刀轴承的密封性能失效。

5.5.2 滚刀磨损规律

滚刀磨损主要分为正常磨损和非正常磨损两类。正常磨损指滚刀刀圈各处磨损程度基本一致，当刀圈磨损高度超过规定值时，认为滚刀失效，需进行更换，这种失效形式是滚刀磨损的主要形式，占总数的 80%～90%；非正常磨损包括刀圈偏磨、刀圈断裂、崩刃、刀圈松动、密封失效、轴承磨损等。

滚刀的磨损量除与其转动距离有关外，还与其承受的冲击力相关，靠近刀盘外侧的滚刀相对于内侧滚刀具有较高的线速度和较长的转动距离，故外周滚刀磨损量比内侧滚刀磨损量大很多；中心滚刀磨损严重，原因为刀盘中心部位旋转的线速度小，渣土流通不畅，在结泥饼的情况下，滚刀刀箱被堵住，使得滚刀不能转动；相对于中心滚刀来说正面滚刀磨损较小；同一条轨迹线上的单刃滚刀磨损量要小于双刃滚刀。在特殊地质条件下，如地层松散，抗力不足，无法给刀盘侧面滚刀提供足够的转动力矩时，刀鼓暴露概率大，容易造成滚刀刀鼓与松散地层的直接接触，刀鼓便很容易受砾石撞击而破坏。

目前国外对滚刀磨损预测的模型主要有两种，即 CSM 模型与 NTNU 模型。CSM 模型最初由科罗拉多矿业大学的研究人员创立，后经多次改进，目前已成为较完备的模型。它基于滚刀切削破岩的室内试验数据库，考虑的因素较全面，包括：刀具形式、尺寸、间距、岩体力学性质、滚刀贯入度等，已成功应用于多项工程，但此模型未充分考虑岩体中节理裂隙对掘进效率的影响。

NTNU 模型是由挪威科技大学的研究人员发展起来的一种系统性的预测模型，它以现场实际掘进数据为基础，考虑了岩层的孔隙率、可钻性指数及节理裂隙的间距、方向等，能够预测滚刀磨损、掘进速度以及使用率。同时，NTNU 模型是一种经验统计模型，它考虑了设备性能及岩石因素对盾构性能预测的影响，在盾构机和地质情况均与数据库数据类似时应用效果较好，也较易为技术人员所接受。但这种模型所采用的岩土磨蚀性实验还没得到统一的认可，况且实际地质情况千差万别，尤其在盾构技术持续进步的形势下，该模型的应用受到了较大限制。以上两种模型在盾构掘进施工性能预测方面展现出了较高的精度，并得到了较为广泛的应用，但是针对滚刀磨损以及寿命预测，其具体计算方法则并未公开。

基于滚刀磨损的力学机理，国内有以下几种滚刀磨损的预测方法。

1. 能量磨损率

滚刀在刀盘扭矩的驱动下绕刀盘中心旋转，同时受到与岩石接触产生的摩擦力而绕滚刀中心轴旋转，因此盘形滚刀刀刃上任一点的运动是牵连运动与相对运动的合成。分析滚刀破岩过程所运动过的弧长，也就是该点与岩石开始接触时到该点贯入岩石最大深度时所经过的运动路径在坐标轴上的投影为

$$\begin{cases} x = \dfrac{R^2}{r}(1-\cos\theta) = \dfrac{R}{r}h \\ y = R\cos^{-1}\dfrac{R-h}{R} - \sqrt{2Rh-h^2} \\ z = R(1-\cos\theta) = h \end{cases}$$

则盘形滚刀破岩刃上一点完成一次侵深破岩的弧线长度 S_1 为

$$S_1 = \int_s \mathrm{d}s = \int_0^h \sqrt{x_h'^2 + y_h'^2 + z_h'^2}\,\mathrm{d}h$$

将以上两式合并，整理后得

$$S_1=\int_0^h\sqrt{\frac{R^2}{r^2}+\frac{2R}{2R-h}}\mathrm{d}h=\frac{R}{r}\int_0^h\sqrt{\frac{h-\left(2R+\dfrac{2r^2}{R}\right)}{h-2R}}\mathrm{d}h$$

$$=\frac{R}{r}\left[\begin{array}{l}(h-2R)\sqrt{\dfrac{h-\left(2R+\dfrac{2r^2}{R}\right)}{h-2R}}-\dfrac{2r^2}{R}\ln\left(\sqrt{\left|h-\left(2R+\dfrac{2r^2}{R}\right)\right|}+\sqrt{|h-2R|}\right)\\+2R\sqrt{\dfrac{2R+\dfrac{2r^2}{R}}{2R}}+\dfrac{2r^2}{R}\ln\left(\sqrt{2R+\dfrac{2r^2}{R}}+\sqrt{2R}\right)\end{array}\right]$$

则

$$\omega=k_1\cdot W=k_1\cdot F\cdot\frac{1}{h}\cdot\frac{r}{R}\cdot S_1$$

$$=k_1\frac{1}{h}\cdot K\frac{TR\phi}{1+\psi}\cdot\sqrt[3]{\frac{S\sigma_c^2\sigma_t}{\phi\sqrt{RT}}}\cdot\left[\begin{array}{l}(h-2R)\sqrt{\dfrac{h-\left(2R+\dfrac{2r^2}{R}\right)}{h-2R}}-\dfrac{2r^2}{R}\ln\left(\sqrt{\left|h-\left(2R+\dfrac{2r^2}{R}\right)\right|}+\sqrt{|h-2R|}\right)\\+2R\sqrt{\dfrac{2R+\dfrac{2r^2}{R}}{2R}}+\dfrac{2r^2}{R}\ln\left(\sqrt{2R+\dfrac{2r^2}{R}}+\sqrt{2R}\right)\end{array}\right]$$

式中，x、y、z 为一次破岩的弧长在三个坐标轴上的投影；h 为每转切深；ω 为磨损系数(单位掘进距离滚刀磨损量)；r 为滚刀的轨迹半径；R 为滚刀半径；k_1 为能量磨损率，即单位摩擦功产生的磨损量；其余各项参数含义如前所述。

2. 磨粒磨损系数

根据已有的滚刀磨损机理研究结果，磨粒磨损是滚刀正常磨损的主要形式，而相对于正滚刀，中心滚刀和边滚刀受力情况更为复杂，更容易出现偏磨、弦磨等非正常磨损，其磨损缺少规律性，因而磨粒磨损系数法主要适用对象是正滚刀。根据磨粒磨损理论，有

$$Q_0=k_2\frac{F_V}{\pi\sigma_s}$$

式中，Q_0 为单位滑动距离的磨损体积；k_2 为磨粒磨损系数；F_V 为法向力；σ_s 为刀刃屈服强度。

根据 CSM 滚刀受力预测模型，有

$$F_V=F\cos\frac{\phi}{2}=K\frac{\phi RT}{1+\psi}\left(\frac{S\sigma_c^2\sigma_t}{\phi\sqrt{RT}}\right)^{\frac{1}{3}}\cos\frac{\phi}{2}$$

式中，各项参数含义如前所述，将上式整理，代入相关泰勒展开式，并取岩石抗拉强度为抗压强度的 0.1 倍，K 取 2.12，ψ 取 0.1，则

$$F_V=0.8T^{\frac{5}{6}}S^{\frac{1}{3}}D_0^{\frac{1}{2}}\sigma_c h^{\frac{1}{3}}$$

滚刀转动一圈，刀圈的径向磨损量 X_0 为

$$X_0 = \frac{Q_0 l_0}{\pi D_0 T} = k_2 \frac{F_V l_0}{\pi D_0 \sigma_s T}$$

式中，D_0 为滚刀直径；l_0 为滚刀转一圈刀刃在岩石上的滑动距离。

$$l_0 = R\phi \approx \sqrt{D_0 h}$$

$$X_0 = 0.08k_2 \frac{S^{\frac{1}{3}} \sigma_c h^{\frac{1}{3}}}{T^{\frac{1}{6}} \sigma_s}$$

则滚刀磨损系数为

$$\omega = \frac{X}{L} = \frac{X_0 r_i / R}{h} = 0.16k_2 \frac{S^{\frac{1}{3}} \sigma_c r}{T^{\frac{1}{6}} D_0 \sigma_s h^{\frac{1}{6}}}$$

式中，L 为掘进距离；X 为盾构掘进 L 距离时的累计磨损量；r 为滚刀在刀盘上的安装半径。

为了比较盾构在不同地层掘进时滚刀耐磨蚀性的强弱，提出滚刀线磨损速率的概念。滚刀线磨损速率指滚刀破岩点运动单位距离滚刀的径向磨损量：

$$v = \frac{X}{l} = 0.025k_2 \frac{S^{\frac{1}{3}} \sigma_c h^{\frac{5}{6}}}{T^{\frac{1}{6}} D_0 \sigma_s}$$

式中，l 为滚刀破岩点运动的距离。

5.5.3 切刀磨损规律

固定刀具的磨损同滚刀基本一致，包括初次磨损与二次磨损。切刀的磨损主要与其行程有关，行程越大，磨损量越大。相同掘削半径的切削刀具，磨损量基本相同。根据工程实践经验，盾构掘进时切削刀具的磨损量 δ，可由下式计算：

$$\delta = K_1 \pi DNL / v$$

$$\delta = K_1 \pi DL / a$$

式中，K_1 为磨耗系数；D 为切削轨迹直径；N 为刀盘转速；L 为掘进距离；v 为掘进速度；a 为盾构刀盘每转掘进长度，即贯入度。

可结合地层的工程特性，通过盾构施工时的刀具磨损情况进行现场测试，运用统计回归分析，总结出不同地层条件下盾构刀具磨损量与其掘削轨迹长度的关系，进而计算得出各种刀具的实际磨耗系数 K_1。当同一掘削轨迹布置的切削刀具数量多于 1 把时，切削厚度由多把刀具分担，切削力降低，故其磨耗系数 K_1 将减小，刀具磨耗系数如下：

$$K_n = K_1 / n^{0.333}$$

式中，K_n 为 1 条轨迹配置 n 把切削刀时的磨耗系数；n 为同一轨迹上的刀具数量。

5.5.4 滚刀磨损预测

以上述成都某市域地铁盾构区间中风化泥岩掘进段为工程背景进行研究，该区间地层较为均一。施工所用的德国海瑞克 S1038 盾构机刀盘如图 5-46 所示，刀盘直径 8.6m，开口率 35%。为适应施工需要，#19、#20 号滚刀被拆除，所以共配置滚刀 51 把，其中，中心滚刀 8 把，正面滚刀 28 把，边滚刀 15 把。各滚刀在刀盘的布局如图 5-47 所示，滚刀安装参数如表 5-6 所示。

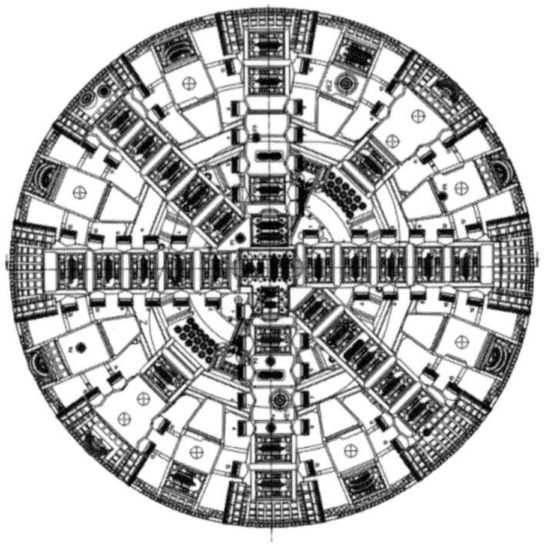

图 5-46 刀盘结构图

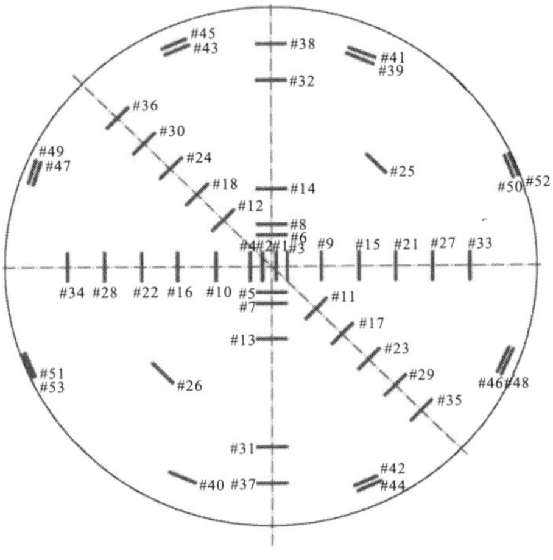

图 5-47 滚刀分布及编号简图

表 5-6 滚刀安装参数表

滚刀编号	#1	#2	#3	#4	#5	#6	#7	#8	#9	#10	#11
安装半径/mm	70	160	250	340	435	525	615	705	800	900	1000
滚刀间距/mm	90	90	90	92.5	92.5	90	90	92.5	97.5	100	100
滚刀编号	#12	#13	#14	#15	#16	#17	#18	#21	#22	#23	#24
安装半径/mm	1100	1200	1300	1400	1500	1600	1700	2000	2100	2200	2300
滚刀间距/mm	100	100	100	100	100	100	200	200	100	100	100
滚刀编号	#25	#26	#27	#28	#29	#30	#31	#32	#33	#34	#35
安装半径/mm	2400	2500	2600	2700	2800	2900	3000	3100	3200	3300	3400
滚刀间距/mm	100	100	100	100	100	100	100	100	100	100	100
滚刀编号	#36	#37	#38	#39	#40	#41	#42	#43	#44	#45	#46
安装半径/mm	3500	3600	3700	3748	3800	3848	3899	3947	3995	4040	4083
滚刀间距/mm	100	100	74	50	50	49.5	49.5	48	46.5	44	43.5
滚刀编号	#47	#48	#49	#50	#51	#52	#53				
安装半径/mm	4127	4164	4202	4235	4265	4292	4315				
滚刀间距/mm	40.5	37.5	35.5	31.5	28.5	25	23				

根据能量磨损率和磨粒磨损系数计算得到的磨损系数如图 5-48 所示，能量磨损率取 2×10^{-6}mm/(N·m)，磨粒磨损系数采用拉宾诺维奇得到的磨粒尺寸 80μm 的三体磨损模型给出的 0.004。从图中可以看出，采用能量磨损率和磨粒磨损系数得到的磨损系数随滚刀编号的变化趋势相似，且数值较为接近，说明采用能量磨损率和磨粒磨损系数来进行磨损系数计算较为准确。对于中心滚刀和正滚刀，磨损系数随滚刀安装半径的增大而增大，在边滚刀处，由于滚刀间距较小，因而虽然边滚刀安装半径较大，但其磨损系数并未显著增大。由于工程需要，该盾构机拆除了 19、20 号滚刀，因而在 18、21 号滚刀处刀间距突增，致使磨损系数随之突增。整个刀盘磨损系数最大处出现在最外缘正滚刀 37 号处，两种方法计算得到的磨损系数分别为 0.03mm/m 和 0.035mm/m，即每掘进 1m，该滚刀磨损量为 0.03～0.035mm。

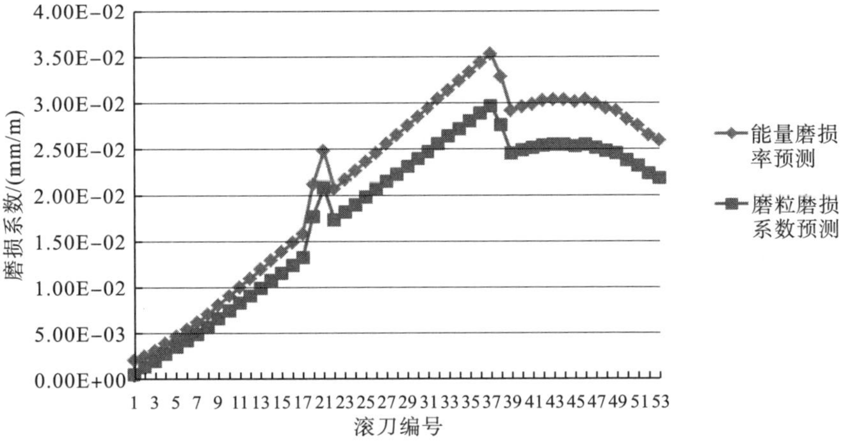

图 5-48 滚刀分布及编号简图

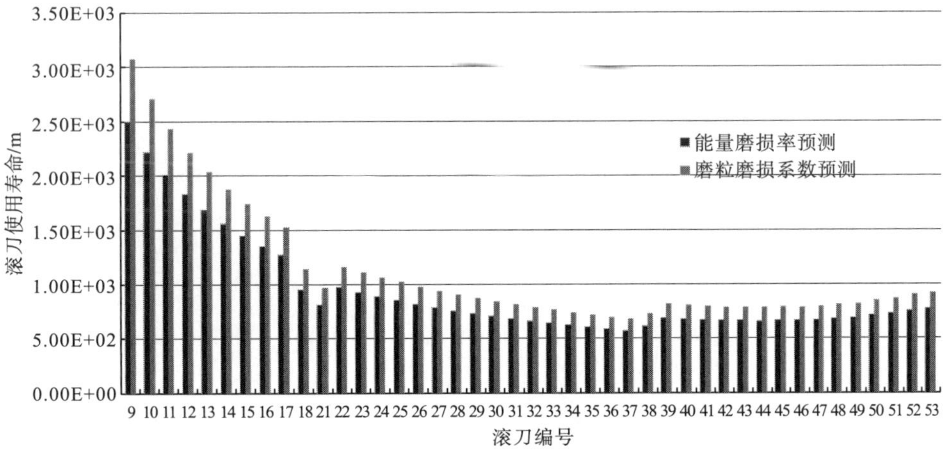

图 5-49 各滚刀寿命预测

取滚刀允许磨损量为 20mm，计算此时盾构机的掘进距离。由于盾构机中心滚刀安装半径较小，滚刀线速度较低，磨损多以偏磨等非正常磨损为主，其计算得到的滚刀使用寿命不具有代表性，因而分析以正滚刀和边滚刀为主。计算结果如图 5-49 所示。可以看出，寿命最长的为 9 号滚刀，寿命为 2494～3062m，寿命最短的为 37 号滚刀，寿命为 567～675m，因而建议每 500m 左右开仓检查，并及时更换和调换滚刀。

采用以上方法虽然较为简便，但是能量磨损率和磨粒磨损系数尚未有准确合理的确定方法，通常需要进行大量的现场实测和室内试验。而随着盾构机技术的进步，现代盾构机都配备有先进的数据采集、传输、存储系统，可以对盾构掘进过程的各种掘进参数进行自动采集、记录。最基本的掘进数据包括：掘进速度、千斤顶总推力、刀盘扭矩、刀盘转速、土仓压力等，合理分析刀盘推力、转速、贯入度等对滚刀磨损的影响，对于优化掘进参数，降低滚刀磨损具有重要意义。

假定盾构刀盘具有 n 把滚刀，则有

$$W_t = \sum_{i=1}^{n} F_{Vi} \cos \beta_i \text{，} \quad T_t = \sum_{i=1}^{n} F_{Ri} r_i$$

式中，W_t 为作用在所有滚刀上的有效推力；T_t 为作用在所有滚刀上的有效扭矩。盾构机记录的掘进参数为总推力和总扭矩，总推力包括有效推力、盾壳摩擦力、后续台车牵引力，以及土仓压力产生的反作用力；而总扭矩包括有效扭矩、刀盘面板和刀盘外周所受摩擦力矩，以及搅拌棒所受仓内渣土摩擦力矩，即

$$W_t = W_0 - W_1 \text{，} \quad T_t = T_0 - T_1$$

式中，W_0,T_0 分别为总推力和总扭矩；W_1 为盾壳摩擦力、后续台车牵引力和土仓压力产生的反作用力之和；T_1 为刀盘面板和刀盘外周所受摩擦力矩以及搅拌棒所受舱内渣土摩擦力矩之和。由 CSM 预测模型可得滚刀切削力计算公式：

$$F_V = F\cos\frac{\phi}{2} = K\frac{\phi RT}{1+\psi}\left(\frac{S\sigma_c^2\sigma_t}{\phi\sqrt{RT}}\right)^{\frac{1}{3}}\cos\frac{\phi}{2}$$

$$F_R = F\sin\frac{\phi}{2} = K\frac{\phi RT}{1+\psi}\left(\frac{S\sigma_c^2\sigma_t}{\phi\sqrt{RT}}\right)^{\frac{1}{3}}\sin\frac{\phi}{2}$$

式中，各符号意义同前所述。该盾构区间 97 环～131 环掘进参数如图 5-50 所示。

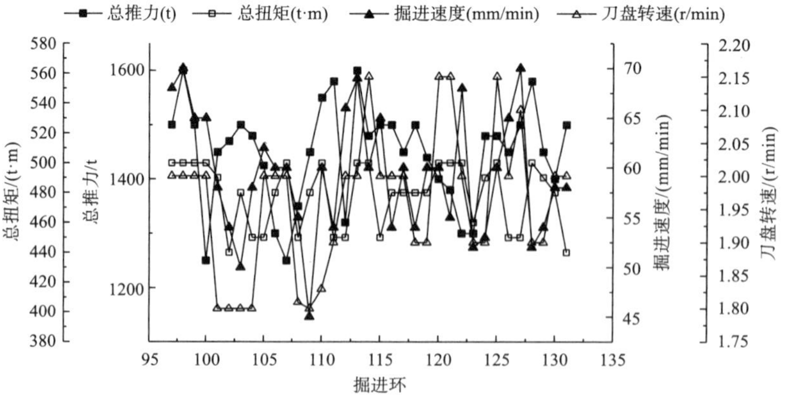

图 5-50 97 环～131 环掘进参数

代入相关刀具尺寸参数以及岩石力学参数，依据上述公式计算得到不同掘进环系数 W_1,T_1,如图 5-51 所示。从图中可以看出,W_1 值为 1202.23～1551.37t,T_1 值为 409.68～473.48t·m；W_1、T_1 平均值分别为 1400.87t、448.04t·m，标准差分别为 93.49t、22.05t·m，变异系数均在 5%左右。假设盾构机在均匀地层中稳定掘进时 W_1、T_1 相对恒定，分别取 W_1、T_1 平均值代入数学关系中。

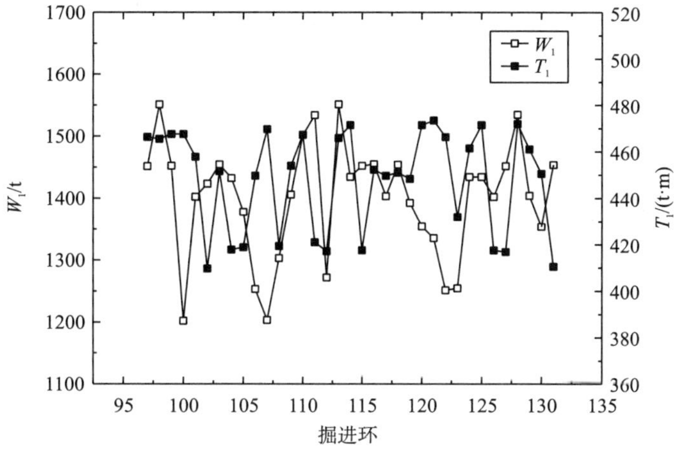

图 5-51 W_1、T_1 计算值

有效扭矩和有效推力有如下关系：

$$T_t / W_t = \left(\sum_{i=1}^{n}\sqrt[3]{S_i} r_i \Big/ \sum_{i=1}^{n}\sqrt[3]{S_i}\right)\tan(\phi/2)$$

$$\tan(\phi/2) = \frac{\sqrt{2Rh - h^2}}{2R - h}$$

联立以上二式得

$$\frac{T_0 - T_1}{W_0 - W_1} = \frac{\sqrt{2Rh - h^2}\sum_{i=1}^{n}\sqrt[3]{S_i} r_i}{(2R - h)\sum_{i=1}^{n}\sqrt[3]{S_i}\cos\beta_i}$$

另根据磨粒磨损机理，有

$$\omega = 0.16k\frac{S^{\frac{1}{3}}\sigma_c r_i}{T^{\frac{1}{6}} D_0 \sigma_s h^{\frac{1}{6}}}, \quad h = \frac{v}{n}$$

式中，v 为掘进速度；n 为刀盘转速。由以上式便可建立磨损系数与掘进参数之间的关系：

$$\omega = \frac{0.14kS^{\frac{1}{3}}\sigma_c r_i}{T^{\frac{1}{6}} D\sigma_s R^{\frac{1}{6}}} \times \left(1 + \frac{(W_0 - W_1)^{\frac{1}{3}}\left(\sum_{i=1}^{n}\sqrt[3]{S_i} r_i\right)^{\frac{1}{3}}}{(T_0 - T_1)^{\frac{1}{3}}\left(\sum_{i=1}^{n}\sqrt[3]{S_i}\cos\beta_i\right)^{\frac{1}{3}}}\right)$$

以刀盘上安装半径为 3.6m 的 37 号滚刀为研究对象，图 5-52 为该滚刀磨损系数随掘进参数的变化情况。由图 5-52(a)可以看出，磨损系数、推力、扭矩和贯入度之间相互关联，随着有效扭矩(T_0-T_1)与有效推力(W_0-W_1)比值增大，贯入度逐渐增大，磨损系数逐渐减小，且减小幅度逐渐降低。由图 5-52(b)可知，假设总扭矩保持 500t·m，总推力由 1500t 增大到 2100t，磨损系数由 0.032mm/m 增大到 0.061mm/m，磨损系数随着总推力的增大而提高，但是提高幅度逐渐减缓；假设总推力保持 1500t，总扭矩由 500t·m 增大到 600t·m，磨损系数由 0.032mm/m 减小到 0.024mm/m，磨损系数随着总扭矩的提高而逐渐降低，降低幅度逐渐减缓。

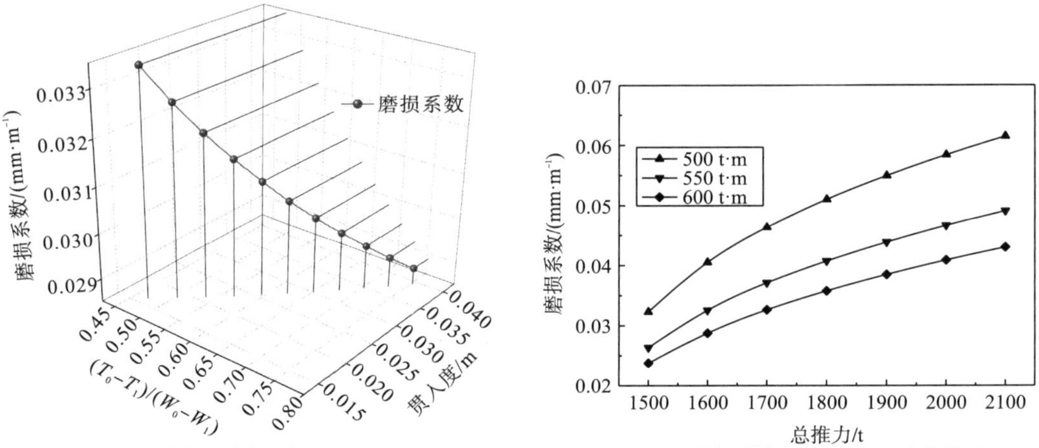

(a)掘进参数与磨损系数相互关系　　(b)磨损系数随推力和扭矩变化关系

图 5-52　磨损系数与掘进参数的相互影响

5.5.5　切刀磨损预测

以上述施工所用的德国海瑞克 S1038 盾构机为对象，研究切削刀具的磨损规律，各切削刀具在刀盘的布局如图 5-53 所示，切削刀具的安装参数如表 5-7 所示。

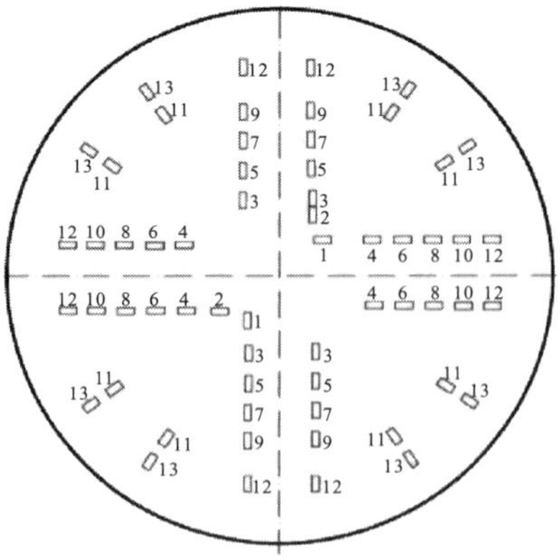

图 5-53　切刀分布及编号简图

表 5-7 切削刀具安装参数表

切刀编号	#1	#2	#3	#4	#5	#6	#7	#8	#9	#10	#11	#12	#13
安装半径/mm	852	1144	1379	1550	1825	2009	2269	2469	2727	2929	3172	3391	3620
同轨迹切刀数量	2	2	4	4	4	4	4	4	4	4	8	8	8

利用磨耗系数求取不同切削刀具的磨损系数，此处磨耗系数指刀具划过一定距离的磨耗量，其取值仅与地层条件有关。对某一地层而言，磨耗系数为一定值，根据工程经验，此处磨耗系数取 0.08mm/km，计算得到各编号切刀的磨损系数如图 5-54 所示。从图中可以看出，在同轨迹切刀数量不变时，磨损系数随切刀安装半径的增大而增大。在 3 号、11 号切刀处，由于同轨迹切刀数量翻倍，导致每把切刀的磨损系数突降，磨损系数最大值出现在 10 号切刀处，每掘进单位距离每把切刀磨损量为 0.031mm；磨损系数最小值出现在 1 号切刀处，每掘进单位距离每把切刀磨损量为 0.011mm。

取切刀允许磨损量为 20mm，计算此时盾构机的掘进距离。计算结果如图 5-55 所示。可以看出，寿命最长的为 1 号切刀，寿命为 1765m，寿命最短的为 10 号切刀，寿命为 647m，而滚刀寿命最短的为 567～675m。为了避免多次停机开仓，可采取与滚刀相同的换刀距离，即每 500m 左右开仓检查，并及时更换和调换切刀。

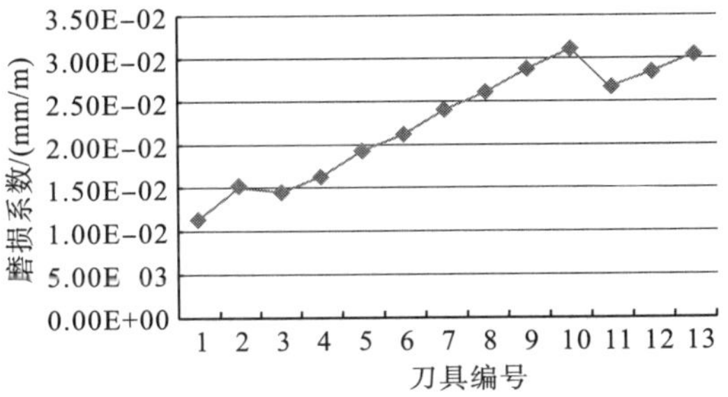

图 5-54 磨损系数随刀具编号的变化规律

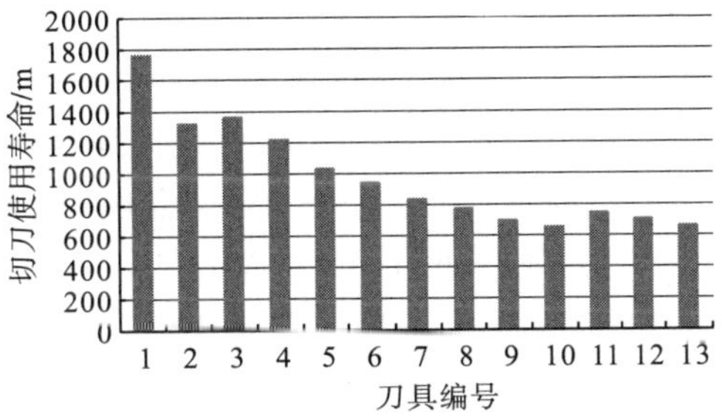

图 5-55 各切刀寿命预测

5.5.6 刀具减耐磨措施

1. 滚刀减耐磨措施

滚刀刀体硬度要高，抗冲击能力要强，且制作时需采取针对性的保护措施，避免滚刀轴承的损坏；尽量采用加厚刀体与厚刃刀圈，提高滚刀耐磨性，增强刀体抗撞击、抗变形的能力，极硬岩推进时通过采用重型刀圈、规范刀具维修等刀具配置优化措施，有效提高刀具利用效率，减少刀具更换数量；双刃滚刀可增大转动力矩并能保护刀鼓，因此可在刀盘弧形侧面装配双刃滚刀并在刀鼓上堆焊耐磨材料。

前期研究阶段应进行分析论证，有条件的可开展模型试验，确定合理的掘进模式与掘进参数(推力、刀盘转速、扭矩等)，并根据施工中前方地质情况与盾构机械性能优化掘进参数，最大限度地延长刀具的使用寿命。

刀具破岩适应性与盾构选型、岩-机作用机制及岩石特性密切相关。由于岩土体的复杂性，同样的地层条件下刀具的适应性也可能得出不同的结论。如砂砾石地层中心滚刀、重型撕裂刀、盘形滚刀、贝壳刀之间的互换，不同的地域得出不同的结论，相同地域不同工点甚至也有不同的结论。因此，刀具适应性评价不可一概而论，目前尚没有建立刀具适应性的通用评价准则，必须在深入研究破岩机制的基础上，经现场试验确定刀具互换的类别与方法。

渣土改良是优化掘进参数，减少刀具正常磨损与弦磨，提高刀具使用寿命的重要措施之一，与上述方法配合使用时效果较佳。目前常用的渣土改良方法有：硬岩加水，在硬岩掘进中通过刀盘喷口向掌子面喷水，可利于刀盘刀具温度的降低与刀槽内细小岩屑的清除，降低刀具的磨损速率，软土掘进时效果一般，使用范围较窄。添加界面活性剂(如泡沫剂)针对性较强，可达到较好的效果，但价格昂贵，使用时须作经济分析。添加矿物系材料(如钠基膨润土)施工过程烦琐，不利于快速施工的要求。

2. 切刀、刮刀等固定刀减耐磨措施

选择合理的刀具外形尺寸并优化布局设计。确定刀具合理配置方案的前提是正确计算各种工况下刀具的受力状况，利用立体切削原理进行刀具切削设计，其基本理念是利用各种类型刀具不同的切削深度，从总体上延长某种类型刀具的使用寿命。当切削深度较大的刀具磨损后，其他刀具开始接替掘削，如此可使刀具的使用距离延长，提高刀具的整体抗磨损能力。沿刀盘径向布置的刀具数量应有所差别，外周刀应多于刀盘内侧切削轨迹上的切削刀；另外，外周刀和部分切削刀沿轴向的高低布置应使刀盘上的刀具过渡平滑，符合渣土流动状态，使刀具受力更加合理，可实现次第磨损。

选用耐磨性好的刀具材质。刀具母材与刀刃应选用硬度大、抗磨蚀性好的优质钢材。切刀和周边刮刀应采用大合金块设计，必要时增设保护刀。根据经验，合金块焊接若采用铜焊，其焊接面不够牢固，遇到坚硬岩石时切削力陡然增大，容易引起合金块崩裂或脱落，因此建议采用银焊。合金块刀柄周围应堆焊硬质合金焊条，以保证合金块不因刀柄磨损过大而崩落。

应着重考虑最外周刀具的耐用性。刀盘最外侧刀具与中心刀具相比，滑动距离更长，因此刀具布设时，应充分考虑刀盘最外侧刀具的抗磨蚀性。为使其刃部达到较好的耐磨性与抗冲击韧性要求，建议采用硬质合金球齿的结构设计，硬质合金不应采用镶嵌方式，而应采用堆焊形式。

应采用合理的修刀工艺。合理的修刀工艺是刀具管理制度的重要内容。根据散发的特殊气味及时判定刀具的破坏，并立即停机换刀；换刀时必须校准紧固螺栓的扭矩，防止因螺栓松动造成刀具脱落或断裂。正确选用零部件，制定合理的零部件磨损极限，制定正确的修刀工艺，确保刀具零件的加工精度，规范组装工艺，保证组装质量。

5.6　刀盘刀具布置形式

5.6.1　刀具布置原则

盾构机掘进时常会有强烈的冲击载荷，引起整机振动、刀具损坏甚至是刀盘解体，因此要求刀盘具有良好的稳定性及平衡性。盾构机刀具布置有以下原则：为保证全断面切削，相邻滚刀在破岩途中应避免岩脊的存在，即未出现未切削的断面。刀盘受力均衡，即倾覆合力矩、径向不平衡力尽可能小，保持刀盘力学平衡。磨损量或寿命均衡原则，即每把刀具的破岩量和磨损量基本相等。分区域布置要求，刀具在布置过程中要全方位考虑各个区域刀具的分布特点。刀具不干涉要求，刀具在安装时不许妨碍其他部件，如泡沫注入口、开口槽以及超挖刀等。质量分布要求，为避免刀盘动不平衡状况的出现，刀具在布置过程中应使质量尽可能均匀分布，即刀盘整体质心与刀盘回转中心重合。顺次破岩要求，先破岩的刀具安装半径应小于后破岩的刀具，以提供破岩临空面，利于排渣。

5.6.2　同心圆布置

采用同心圆布置时刀具分布形式为圆心相同半径不同的圆。以刀盘的中心为圆心，以R_0为首项，刀间距S为公差的等差数列画圆，以辐条为布置区域布置刀具。采用同心圆对称布置刀具的方式要简单于螺旋线，刀具在辐条上的布置基本相同，同一辐条上相邻切刀间无间隙存在。相邻两辐条间设有开口，为方便排渣，一般都对称布置。此种布置方式造成切削阻力较大，盾构机密封舱内土体流动性差，现已很少使用，仅偶尔在切削阻力小的淤泥质地层中采用。

螺旋线布置形式可以满足全断面和顺次破岩的要求，并且布置方式灵活，因此得到了广泛应用。阿基米德螺旋线布置方式使刀盘布局合理、结构均衡和荷载均匀，是目前最普遍采用的刀具布置方式。

5.6.3　单螺旋线布置

阿基米德螺旋线定义：动点P沿射线OP以等速率运动的同时，射线OP绕O点等角速度旋转，动点P滑过的轨迹即为阿基米德螺旋线，极坐标的描述为

$$\rho = \rho_0 + \alpha\theta$$

式中，ρ为极轴；ρ_0为初始极轴；α为常系数；θ为极角。$\Delta\rho$为阿基米德螺旋线的螺距，根据公式可知，对于单螺旋线而言，其螺距始终为$2\pi\alpha$，即$\alpha=\Delta\rho/2\pi$。单阿基米德曲线如图5-56所示。

5.6.4 常规双螺旋线布置

常规双螺旋布置形式(图 5-57)是基于单螺线基础上的，图 5-57 中，ρ_0^1、ρ_0^2 分别为第一、二条螺线的极径初始值；ρ_1、ρ_2 分别为第一、二条螺线的极径。第二条螺线与第一条螺线的螺间距大小相等，极轴初始值关于刀盘纵轴或横轴对称，螺旋绕行方向一致。该布置形式等于将第一条螺线螺间距均匀加密，两条螺线始终无交叉现象。

对于有特殊需要的刀盘外边缘区域，可设两条以上的螺线，此时在满足绕行方向一致且无交叉的同时，起始点应关于刀盘中心点对称。设 m 为任一回转半径上所布置刀具的数目，n 为螺线绕行一周上所布置的刀具数目，s 为刀间距，$\Delta\varphi$ 为相邻两把刀具布置的相位差。则有

$$n=2\pi/\Delta\varphi,\quad s=\Delta\rho/(m\times n)$$

可得

$$\alpha=sm/\Delta\varphi$$

由此，根据岩石特性确定出最优刀间距，根据刀盘结构形式算出相邻刀布置相位差 $\Delta\varphi$(通常滚刀顺时或逆时针依次布置在刀盘辐条上)，再通过试算选定螺线数量，即可得到确定螺线形状的常系数 α 值。

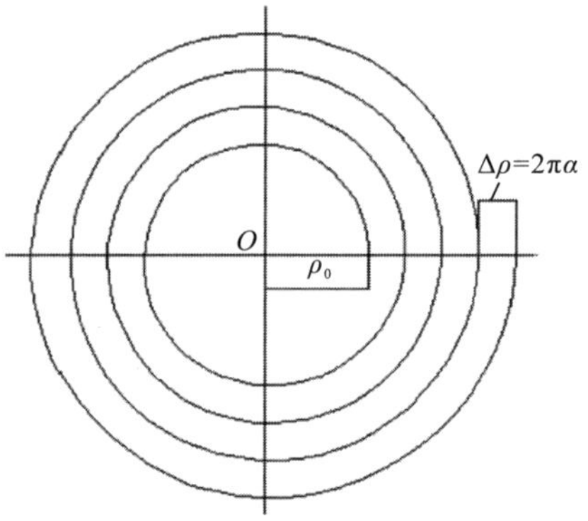

图 5-56 阿基米德螺旋线

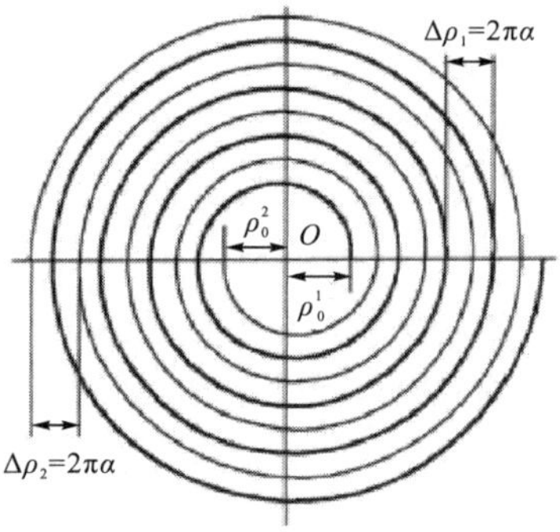

图 5-57 常规双螺旋线刀具布置示意图

5.6.5 反交错双螺旋线布置

目前所有的文献基本针对一般螺旋线布置形式，对于特殊的螺旋线布置形式并无涉及，但螺旋线的布置形式是多样的，并不是只有一种形式。国外的公司针对螺线的布置形式有着较为深入的研究，但成果通常严格保密。法国 NFM 公司生产的 Φ10.8m复合式盾构机使用了一种较为特殊的双螺旋线布置方式，它与一般的双螺旋线布置方式的不同在于：两条螺线绕行方向相反且相互交叉，因此称之为“反交错双螺线”。

反交错双螺线布置的基本特征如下：螺线 1 和螺线 2 螺间距相同，螺线 1 逆时针绕行，初始极角 $\theta_0^1=0$；螺线 2 顺时针绕行，初始极角 $\theta_0^2=\pi$，并且初始极径长度并不相同，$\rho_0^1\neq\rho_0^2$。

图 5-58 所示两条反交错螺线的表达式分别为

$$\rho_1 = \rho_0^1 + \frac{sm}{\Delta\varphi}\theta$$

$$\rho_2 = \rho_0^2 + \frac{sm}{\Delta\varphi}(\pi - \theta)$$

5.6.6 刀盘开口率

由于该工程所处地区砂卵石地层不均匀性大，不均匀系数大多处于 10.0～25.0，局部超过 100.0，卵石含量高，地层与刀盘和刀具之间的摩擦系数大于 0.4，如刀盘开口率过低，大量大粒径卵石将无法进仓并积聚在刀盘前方，高含量和高强度的卵石易加剧盾构刀具损耗，并出现刀盘被卡、扭矩突然增大现象。应当优先选择辐条＋小面板式刀盘，刀盘整体开口率应达到 35%以上，使更多粒径更大的砂卵石能够及时进仓，减小砂卵石在刀盘前方的集聚。通过在刀盘开口、外缘以及中心进行堆焊耐磨材料或多道耐磨条，保证刀盘在卵石以及中风化泥岩地层长距离掘进时的耐磨性能，刀盘开口率提高，主要以增大面板中央开口为重点，这样有助于渣土顺畅地进入土仓，避免结泥饼现象。刀盘设计时应重视中心滚刀的布置和刀盘搅拌棒的设置，刀盘支撑宜采用有利于渣土流动的中间支撑式，并在刀盘中心设置泡沫注入口(图 5-59)。

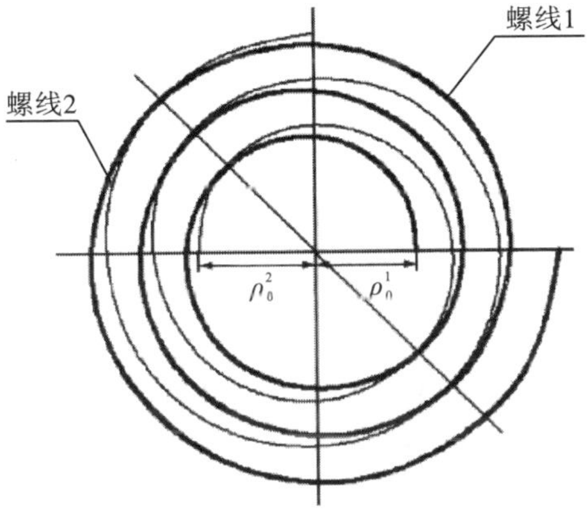

图 5-58 反交错双螺旋线刀具布置示意图

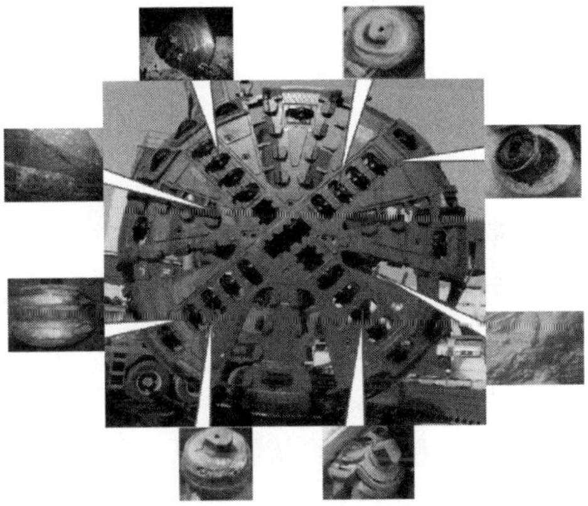

图 5-59 土压平衡盾构某标段刀具整体磨损

5.6.7 刀具布置优化

从 5.5 节对盾构刀具磨损规律的研究可以发现，不同安装位置的刀具切削轨迹不同、刀间距不同、同轨迹切刀数量不同，造成刀具的磨损量不同。磨损较重的刀具载荷由其他磨损较轻的刀具承受，造成其他刀具的磨损加重，进而形成恶性循环。因而在布置刀具时，除需要满足 5.6.1 所述基本布置原则，结合基本布置形式，并根据地层条件选择合适的刀具类型，选定切削刀具和滚刀数量外，还需要使刀具的磨损量相对均匀。

将磨损预测公式进行编程，不断调整滚刀安装半径、安装数量和刀间距，主要考虑等寿命原则，同时综合考虑刀盘质量分布均匀、刀间距适中、互不干涉等因素，对滚刀安装参数进行调整。以上述市域地铁盾构区间所使用的盾构机为例，优化前后的刀盘滚刀布置如图 5-60 所示。由于中心滚刀线速度较小，受力较大，其磨损一般表现为偏磨、弦磨等非正常磨损，因而优化主要针对磨损规律可预测性较强的正滚刀和边滚刀。优化后滚刀数量增多 6 把，所增加的滚刀编号为 19～20 号、54～57 号，刀间距和安装半径亦有所调整，具体为 9～16 号、39～53 号滚刀刀间距调大，18～21 号、24～38 号滚刀刀间距调小，安装半径随之变化，其他滚刀刀间距大致不变。

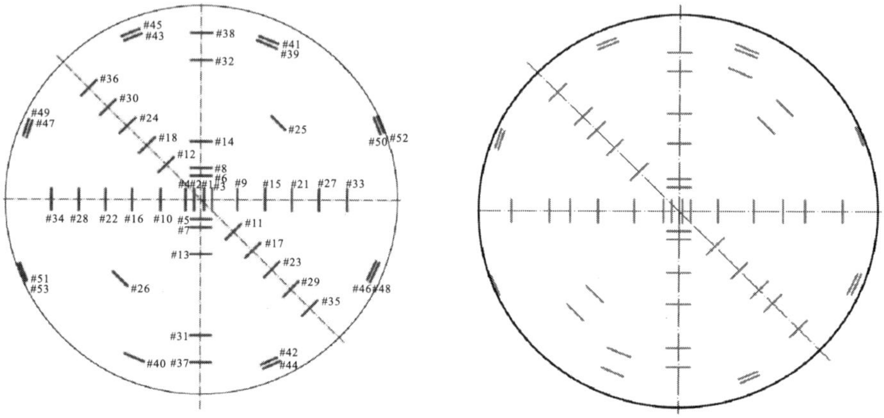

(a)优化前 (b)优化后

图 5-60 优化前后滚刀安装布置

图 5-61 为优化前后各滚刀预测寿命，滚刀允许磨损量取为 20mm，计算此时盾构机在泥岩地层中的掘进距离。可以看出，优化后，各滚刀寿命趋于均一，优化前后寿命最长的均为 9 号滚刀，优化前寿命为 2494～3062m，优化后寿命为 2015～2177m；优化前寿命最短的为 37 号滚刀，寿命为 567～675m，优化后寿命最短的为 47 号滚刀，寿命为 651～728m，可以发现磨损较严重滚刀的寿命明显延长，优化前后滚刀寿命差异减小，因而可以适当延长换刀距离，从而减少停机换刀作业次数，提高掘进效率。

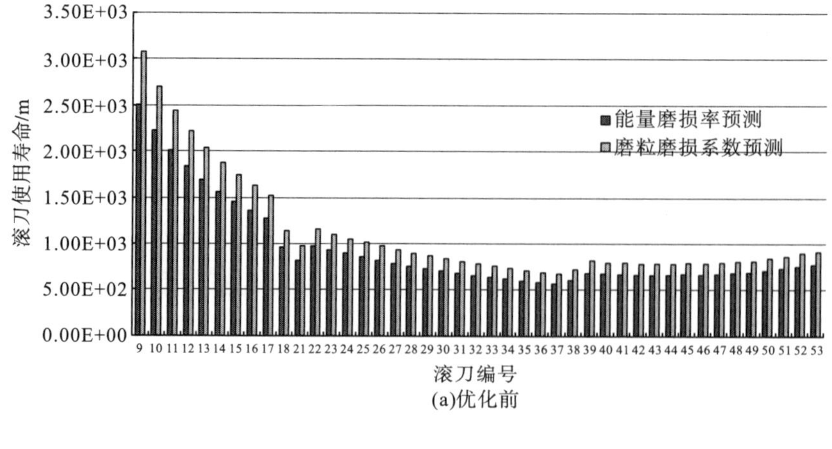

(a)优化前

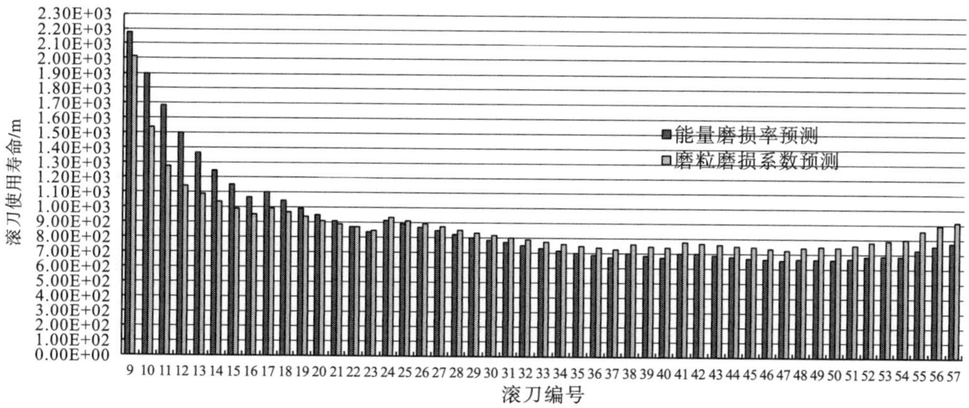

(b)优化后

图 5-61 优化前后各滚刀寿命预测

表 5-8 为根据等寿命原则优化后的切刀安装参数表，为了保证全断面切削效果，切刀安装半径一般较为确定，因而优化的主要参数是同轨迹切刀数量。从优化后的切刀安装参数表可知，优化后切刀安装数量从 60 把增加到 70 把，具体为 3～4 号切刀同轨迹切刀数量由 4 把减少到 2 把，8～9 号切刀同轨迹切刀数量由 4 把增加到 6 把，10 号切刀同轨迹切刀数量由 4 把增加到 8 把，11～13 号切刀同轨迹切刀数量由 8 把增加到 10 把，其他部位切刀数量不变。

表 5-8 切削刀具参数表

切刀编号	#1	#2	#3	#4	#5	#6	#7	#8	#9	#10	#11	#12	#13
原安装半径/mm	852	1144	1379	1550	1825	2009	2269	2469	2727	2929	3172	3391	3620
原同轨迹切刀数量	2	2	4	4	4	4	4	4	4	4	8	8	8
优化后同轨迹切刀数量	2	2	2	2	4	4	4	6	6	8	10	10	10

图 5-62 为优化前后各切刀预测寿命，切刀允许磨损量取为 20mm。可以看出，优化后，各切刀寿命分布趋于均一，优化前后寿命最长的均为 1 号切刀，优化前后预测寿命未发生变化；优化前寿命最短的为 10 号切刀，寿命为 647m，优化后寿命最短的为 13 号切

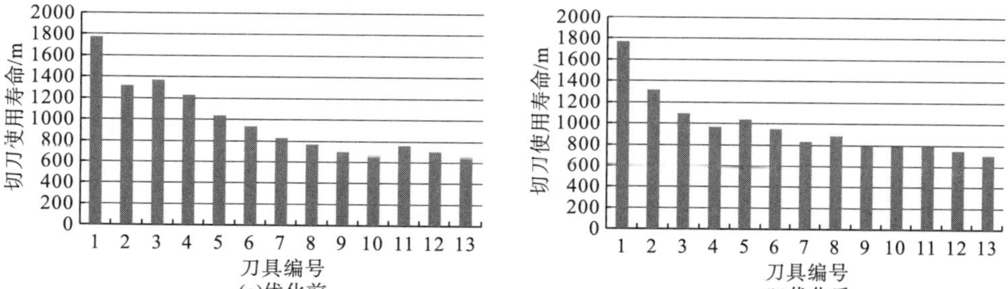

(a)优化前 (b)优化后

图 5-62 优化前后各切刀寿命预测

刀，寿命为 710m，可以发现磨损较严重切刀的寿命明显延长，优化前后 3～13 号切刀的寿命差异减小，因而可以延长到与滚刀相同的换刀距离，此时一次开仓便可同时更换滚刀与切刀，减少开仓次数。

5.7 本章小结

本章在总结刀具破岩阶段性过程和代表性破岩机理的基础上，基于可反映岩体材料硬化阶段和断裂失效的扩展 Druker-Prager 本构模型和中心差分法的显式动力学，建立了刀具-岩体接触耦合数值模型，模拟分析了不同复合地层条件下刀具破岩效果、刀具受力特性以及不同贯入度破岩性能特性，并将数值模拟结果与预测模型进行了对比，运用非线性动力学和多体动力学，揭示了滚刀线性破岩、回转破岩动力特性和破岩规律；研究了切刀尺寸对其受力特性的影响；总结归纳了预测刀具磨损的方法，在此基础上对滚刀和切刀的磨损规律进行了分析，建立了滚刀刀具磨损与掘进参数之间的数学模型，并进一步提出了刀具的减耐磨措施，主要得到以下结论：

(1) 不同复合地层条件的岩体在滚刀作用下均发生了破碎，形成两条破碎程度不同的沟槽，越坚硬的地层越容易被滚刀破碎；在不同地层条件下，滚刀法向力和切向力均呈现正向波动特性，而滚刀侧向力则呈现出以零值为界线的正负波动变化，不同方向受力时程曲线均可分为贯入启动、稳定切削、地层过渡、脱离等四个阶段；地层条件的改变对滚刀法向力、切向力和侧向力时程变化曲线影响较大，在复合地层交界处，滚刀法向力、切向力和侧向力均有较大变化。

(2) 随着滚刀贯入度增大，滚刀破岩对周围岩体的扰动增强，岩体等效塑性应变区域不断叠合贯通，虽然相邻滚刀间留下较宽的岩脊，但塑性区的贯通说明岩脊中已有微裂纹发展，且随着贯入度继续增大，整条岩脊逐渐处于塑性状态。不同贯入度下滚刀受力时程曲线变化趋势相差不大，随着贯入度的增加，滚刀受力波动范围逐渐增大，切向力和法向力均值随之增大。

(3) 相较于同一岩性条件、滚刀间距和滚刀贯入度下线性破岩，滚刀组合回转破岩过程中相邻滚刀间留下的岩脊更少，岩体破碎程度更高；与线性破岩滚刀侧向力呈现以零值为分界线的正负波动变化不同的是，回转破岩过程中滚刀平均侧向力偏向正值一侧；破岩方式的不同对滚刀平均法向力的变化趋势和数值大小影响不大，但不同破岩方式下平均切向力和平均侧向力的差异较大。

(4) 在切刀挤压和剪切的共同作用下，地层发生不同程度的破碎。当两把切刀切削轨迹紧挨并排时，两把切刀切削后在地层上形成一条宽的凹槽，等效塑性应变云图大致呈现“U”形分布，切槽内表面并不十分平整，且在底面呈现出层状的纹理，切槽边缘地层均有不同程度的翻卷隆起，切刀对软弱地层有较好的切削效果。

(5) 先行切刀切削岩体时，在切刀前方形成抛物线形塑性区，且削掉的岩屑沿切刀迎土面向上运动，而后被抛出。运动至复合地层交界面处时，被切掉的泥岩在切刀推力作用下贯入前方砂卵石层中，造成处于交界面处的砂卵石地层出现较大塑性应变；后行切刀切削时，岩屑不仅会从上部抛出，也会向临空面崩裂。

(6) 先后行两把切刀稳定切削泥岩时切向力波动较大，之后切向力在地层交界处逐渐减小，切刀开始稳定切削砂卵石；切削黏土-砂卵石复合地层时，在黏土和砂卵石交界处，切向力陡增；先行切刀同时受到两侧岩体作用，其侧向力在 0 附近波动，后行切刀切削时，一侧岩体已被削去，无法提供足够反力，因而其侧向力在正值一侧波动。切刀所受法向力的来源除了岩体对刀具向上的支撑反力外，还受到迎土面上岩体对切刀向下的作用力，随着刀具切削，此两种作用力大小不断变化，从而导致法向力的合力方向不断改变。

(7) 对于不同地层，切削软岩预测模型和切削土壤预测模型有各自的适用范围，切削软岩预测模型适用于中风化泥岩，切削土壤预测模型适用于黏土。切刀前角不同，地层的破坏形态也不一，前角为正时，角度越大，切削掉的渣土越容易沿迎土面被向上抛出，出渣越为顺畅；反之，当前角为负时，渣土难以沿迎土面被向上抛出，因而堆积在刀具前侧，并进一步在切刀切削作用下被挤压；从出渣流畅考虑，前角应设计为正角，避免渣土堆积。

(8) 切刀切向力均值随前角而变化，后行切刀所受切向力小于先行切刀，切削不同地层时，切向力随切刀前角的变化情况不同；切削不同地层时，先行切刀所受侧向力均值小于后行切刀，且在 0 值附近波动，后行切刀所受侧向力均值随着前角改变而呈正向波动；后行切刀所受法向力均值小于前行切刀，且随着前角由正变为负，法向力方向由向下变为向上。随着切刀贯入度增大，切槽随之加深，塑性区面积变大，且切槽边缘处地层向上翻卷较为突出；各贯入度工况下切刀切向力时程曲线变化趋势均呈现正向波动特性。

(9) 滚刀磨损主要分为正常磨损和非正常磨损两类。根据能量磨损率和磨粒磨损系数计算得到的磨损系数随滚刀编号的变化趋势相似，且数值接近。建立了滚刀磨损系数随掘进参数而变化的数学模型，从数学模型可以得出，随着有效扭矩与有效推力比值增大，贯入度逐渐增大，磨损系数逐渐减小；适当增大贯入度，增大有效扭矩与有效推力的比值，有利于减小单位掘进距离磨损量；对于不同的总推力、总扭矩组合，磨损系数不同，其变化趋势为随着总推力的增大而增大，随总扭矩的增大而减小。

(10) 在同轨迹切刀数量不变时，磨损系数随切刀安装半径的增大而增大，同轨迹切刀数量越多，磨损系数越小；给出了盾构刀具的减耐磨措施，归纳了刀具布置原则，优化了刀具布置方式，优化前后滚刀寿命差异明显减小，因而可以适当延长换刀距离，从而减少停机换刀作业次数，提高掘进效率。

6　盾构连续掘进皮带机出渣技术

相较于普通地铁隧道，市域地铁盾构隧道出渣量大，且运距较长，若采用有轨拖车的出渣方式，渣车的交替运输将造成盾构停机时间较长，使盾构法的工效降低，且污染较严重，同时增大隧道内通风负荷。相比之下，连续皮带机具有运量大、污染小、运距长的优点，十分适合大运量、长距离的盾构出渣。然而，连续皮带机作为能够随隧道掘进而不断延伸的一种带式输送机，其结构组成要比一般的带式输送机复杂，同时，隧道掘进前后期渣土的运距相差较大，连续皮带机的整体力学特性也存在较大差异。因此，研究选取合理驱动布置形式以及皮带型号，对于保证连续皮带机的安全性，减小皮带带强的富余量，提高整体经济效益具有重要作用。

6.1　连续皮带机出渣可行性

在地铁盾构隧道施工中使用连续皮带机出渣系统，需要满足皮带机架的空间布置条件、隧道轴线曲率条件，同时还要考察连续皮带机出渣系统的工效和经济成本。本章首先对连续皮带机组成部件进行介绍，然后以成都某市域地铁盾构区间为工程背景，对以上问题分别进行分析。

6.1.1　连续皮带机基本构造

成都某市域地铁盾构区间采用连续皮带机与转载皮带机结合的立体出渣方式，盾构开挖出来的渣料经盾构自带的皮带机卸载到连续皮带机上，经连续皮带机沿隧道输送到站后卸载到转载皮带机上，由转载皮带机运至地面。连续皮带机主要由可移动的皮带输送机尾段、储带张紧装置、驱动装置、皮带托辊及支架、皮带硫化机等组成，如图 6-1 所示。连续皮带机的皮带和托辊布置在机架上，而机架通过螺栓布置在隧道拱肩的管片上，如图 6-2 所示。

机头的传动装置由驱动装置、传动滚筒和传动滚筒架等组成，驱动装置提供皮带机运行的动力，由电动机、减速器、制动器等组成。对于长距离大断面隧道而言，如仅采用端部驱动，在距离过长时易引起驱动力不足，或者皮带张紧力过大导致断带、裂带等问题，此时须引入中间驱动装置来提供部分动力以保证连续皮带机的正常工作。

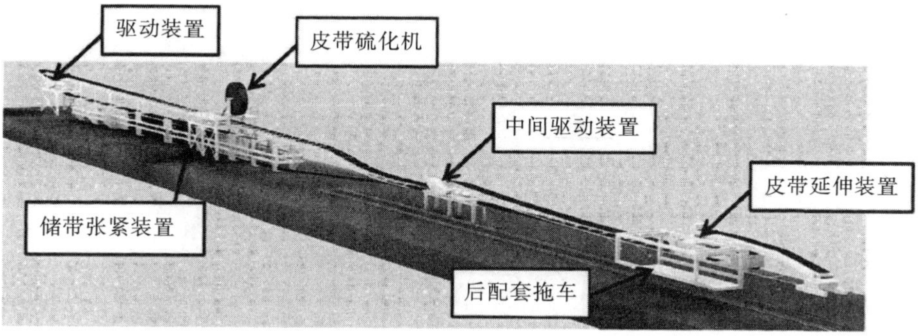

图 6-1 连续皮带机主要结构

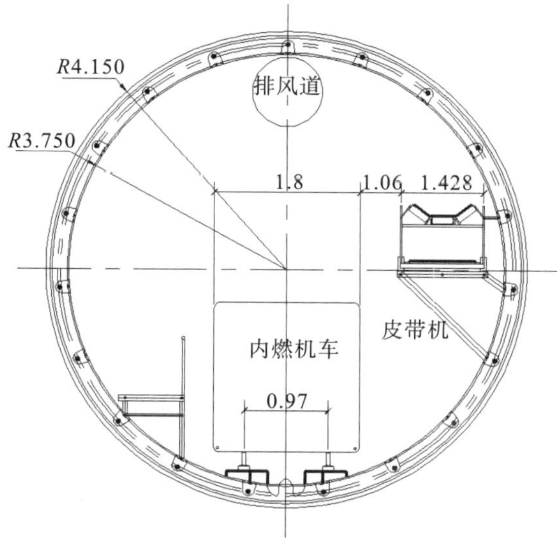

图 6-2 连续皮带机机架布置位置(单位：m)

储带仓在整个运转过程中有着双重作用，一方面在皮带机尾部随盾构延伸时可以供给胶带，另一方面在皮带机启动及出现最大载荷时提供合适的张紧力。储带张紧装置由储带转向架、储带仓架、托辊小车、游动小车、张紧装置、张紧绞车等组成。为了维持合适的皮带张力，游动滚筒小车架可以沿着储带仓 V 形轨道来回移动。同时，为了提高皮带的张紧力，张紧装置通过滑轮组来拖动游动滚筒小车架。储带仓采用框架式结构，10 层储带结构形式，储带长度为 600m，如图 6-3 所示。

随着盾构机不断掘进，皮带及皮带支架也要相应延伸，因此皮带机尾部配置有一套尾部支架装置，尾部支架安装在台车上，随台车一起移动。皮带机尾部作为受料装置，安装在盾构台车上，承受来自盾构施工输出的渣土。在移动尾部处，连续皮带机随盾构推进延伸所需的中间架、托辊架、托辊、支撑等能够随着盾构掘进移动，并在特定的空间内安全、方便、快捷、可靠地安装与固定。

图 6-3 储带仓

皮带储存区的储存能力有限，平时用的是可存 600m 的储存区。当皮带储存区的皮带快要用尽时，需要对皮带进行续接，即皮带的硫化。硫化皮带时，先将连续皮带的张紧装置放松，在硫化区的某一处将原皮带割断，将新续的皮带与其对接，然后加热硫化使接头牢固地结合在一起，最后将新续的皮带存储到储存区内，完成皮带续接。

连续皮带机出渣工艺如图 6-4、图 6-5 所示。渣料通过螺旋出土器转移到盾构机转渣皮带机上，然后再转移到连续皮带机上，运输到洞外后，渣土通过改性设备进行反改良以降低其流动性，之后由转渣皮带机提升至地铁车站外的弃土堆放点。

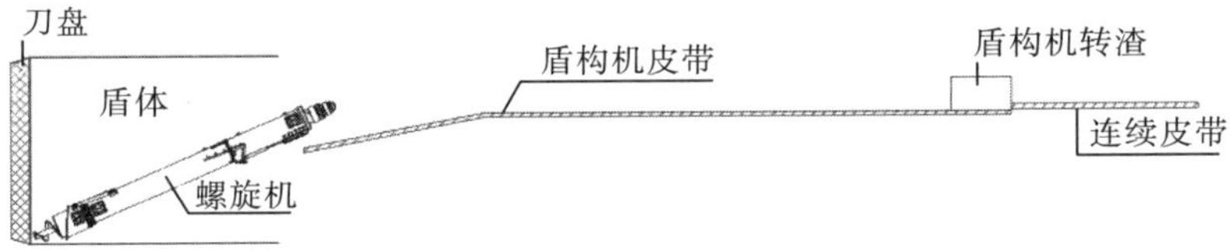

图 6-4 盾构机皮带转连续皮带

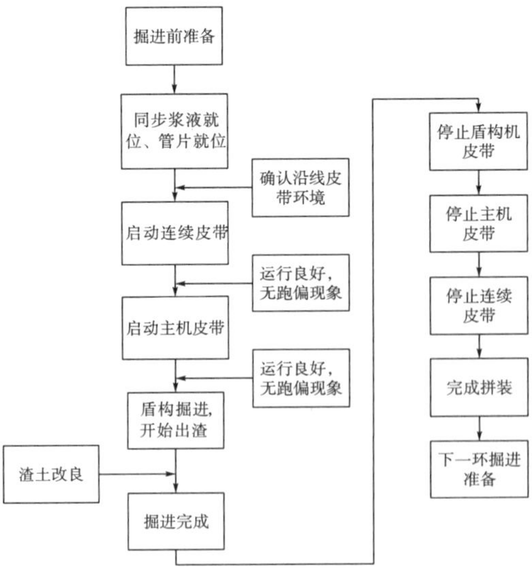

图 6-5 连续皮带机出渣施工工艺流程

6.1.2 连续皮带机空间布置

连续皮带机布置在地铁隧道的拱肩位置，通过机架固定在管片的螺栓上。隧道内除布设连续皮带机机架外，还需布置轨道、人行通道、排风道等，此外还要预留拖车的通行空间。该市域地铁盾构隧道内径为 7.5m，隧道内的布置情况如图 6-2 所示，选用尺寸为 1.8m×2.4m 的拖车运输管片、注浆浆液等材料，拖车与皮带机的水平距离为 1.06m，为保护皮带机与拖车之间不发生接触碰撞，拖车与皮带机支架之间的最小距离为 0.2m。因此在隧道施工中，连续皮带机机架在隧道断面上的布置设计满足隧道净空要求。

连续皮带机的机架布置受隧道断面的影响，因此当隧道断面过小时，不能使用连续皮带机的出渣方式，地铁隧道中临时铺设的轨道的轨距为 0.98m，考虑到运输矿车设计时要比轨道略宽，拖车最小宽度为 1.8m。拖车与皮带机支架之间的最小距离为 0.2m，可使用连续皮带机出渣方式的隧道最小内径为 5.4m。

6.1.3 不同出渣方式工效对比

目前地铁施工一般采用有轨拖车进行水平渣土运输，为对比分析不同出渣方式的工效，分别研究有轨拖车以及连续皮带机对工期的影响。根据现场施工数据，盾构机掘进速度取为 50mm/min，1.8m 管片单环掘进总耗时取为 36min，单环管片拼装耗时取为 60min。采用有轨拖车出渣时，拖车进洞时需要运载管片和注浆浆液，出洞时需要运载渣土，有轨拖车的平均行车速度取为 10km/h。采用有轨拖车出渣时需要配合龙门吊进行渣土垂直运输，采用 45t 龙门吊垂直提升，每斗出渣耗时取为 10min，5 斗共耗时 50min，加上管片装车、浆液装车等耗时，每列拖车洞外调度时间取为 60min。

为提高有轨拖车的运输效率，可以在隧道中部扩挖一个道岔通道，并设置道岔，因此有轨拖车的工期损失分为两种情况考虑，即有道岔情况与无道岔情况。

1. 有轨拖车工期损失

1) 无道岔情况（两列矿车）

该市域地铁盾构区间盾构机的掘进速率取为 50mm/min，每个掘进循环的出土量为

$$Q_n = \frac{\pi D^2}{4} \cdot \omega \cdot b = 147\text{m}^3$$

式中，D 为隧道开挖直径；b 为管片幅宽；ω 为隧道开挖土的体积松散系数。

每列拖车共有 5 节渣车（16m^3），渣车的运输量已留有一定的富余量（因掘进速度波动导致渣土运量增加），其渣土运输量为 80m^3，因此每个掘进循环共需 2 组拖车。当两列拖车进行交替时，盾构机需要进行停机等待，这就是有轨拖车造成的工期损失。即第一列拖车装满渣土向外运输，到达洞外后，第二列拖车开始进洞，这种情况下掘进到第 i 环的盾构机与渣车的运行状态如图 6-6 所示。

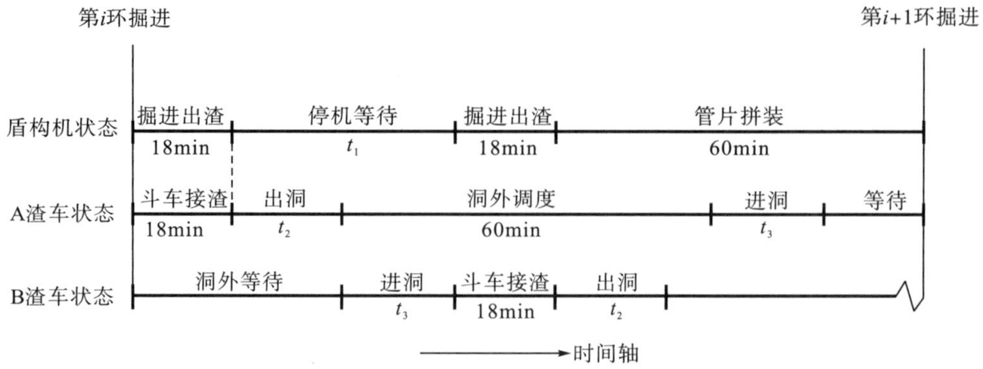

图 6-6 无道岔情况下第 i 环掘进出渣示意图(3000m 前)

其中出洞速度与进洞速度相同，因此：

$$t_2 = t_3 = \frac{i \times b}{v} = \frac{1.8i}{10000} \quad (\text{h})$$

第 i 环掘进盾构机的工期损失为 t_1，这个工期损失随掘进长度的增加而增加，假设掘进环数为 i，该掘进循环的工期损失 t_i 为

$$t_i = \frac{i \times 1.8 \times 2}{10 \times 1000} = \frac{3.6i}{10000} \quad (\text{h})$$

掘进到第 n 环时的总工期损失 T 为

$$T(n) = \sum_1^n t_i = \frac{3.6(n^2 + n)}{20000} \quad (\text{h})$$

当掘进长度达到一定长度时，两列渣车的运输效率将低于平均出土速度(不计开仓检查、换刀的时间)，渣车运输时间与总掘进速度刚好相等，隧道掘进超过该长度后掘进出渣的运行状态如图 6-7 所示。

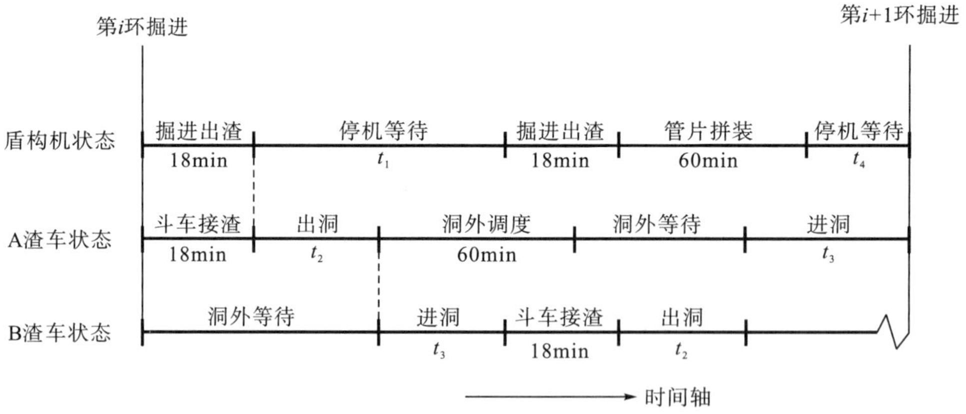

图 6-7 无道岔情况下第 i 环掘进出渣示意图(3000m 后)

前后两种状态的临界状态为 $t_4=0$，即 A 渣车出洞，洞外调度后再进洞，到达时刚好开始下一次掘进循环，此时：

$$t_2 + t_3 = 60\,\text{min}$$

对应的掘进循环 i 为 2778，对应的掘进长度为 5000m，此时总工期损失 $T(2778)=1390\text{h}$。

当掘进长度(渣土运输距离)超过 5km 时，两列渣车的运输效率将低于平均出土效率，会造成额外的工期损失。此时对应于掘进循环的工期损失 t_i' 为

$$t_i' = t_i + \left(t_2 + t_3 - 60\,\text{min}\right) = \frac{7.2i}{10000} - 1 \quad (\text{h})$$

超过 5km 后的总工期损失 T'为

$$T' = T\left(2778\right) + \sum_{2779}^{n} t_i' = \frac{7.2\times\left(n+2779\right)\times\left(n-2778\right)}{20000} - n + 4168 \quad (\text{h})$$

该市域地铁盾构区间隧道全长 6500m，所使用的管片幅宽为 1.8m，对应有 3611 个掘进循环(管片环数)，按总工期损失公式计算 T'为 2473h。即在盾构施工中因有轨拖车延误造成的总工期损失为 2473h。这个工期损失是在拖车不发生故障、掘进速率不变等理想情况下计算出来的。

将掘进循环 n 更换为对应的掘进长度 $L/1.8$，可以给出总工期损失与掘进长度的关系，如图 6-8 所示。从图中可以看出，当掘进长度小于 3000m 时，总工期损失随掘进长度的变化较小，当掘进长度超过 3000m 后，由电瓶车出渣造成的工期损失急剧增大。

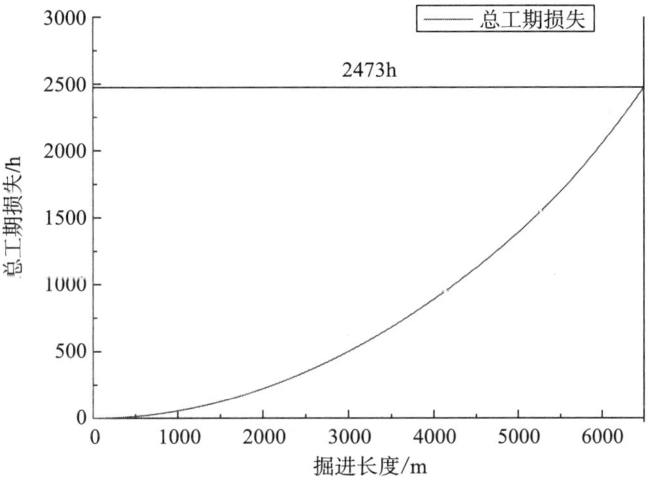

图 6-8 有轨拖车出渣掘进长度与工期损失关系

2) 一组道岔(两列矿车)

采用有轨拖车进行渣土运输，当掘进长度较大时，通常要设置道岔以提高工效，道岔的设置地点通常为隧道全长的中点。对于该市域地铁盾构区间，全长 6500m，道岔设置在 3000m 处较为合理，道岔长度设置为 40m。

设置道岔后前 3000m(1667 环前)的总工期损失保持不变，其 $T(1667)=501\text{h}$，但是道岔施工会导致盾构停工，造成工期延误，假设 40m 的道岔施工工期 $\Delta t_3=15\text{d}=360\text{h}$。

经过对比分析，在隧道掘进超过 3km 后，有道岔情况下每个掘进循环的渣土列车运行方式为 A 渣土列车接完渣土后在道岔处与 B 渣土列车会车，到洞外并完成洞外调度后等待 B 渣土列车出洞，具体运输组织方式如图 6-9 所示。图中 L_1 为开挖面至隧道中部道岔的距离，L_2 为道岔至洞口龙门吊的距离，L_2=3000m，因此：

$$t_2 = \frac{L_2}{v} = \frac{3\text{km}}{10\text{km/h}} = 18\,\text{min}$$

$$t_3 = 2t_1$$

$$t_4 = (t_1 + t_2)\times 2 + 60\,\text{min} - t_3 - 18\,\text{min} - 60\,\text{min} = 18\,\text{min}$$

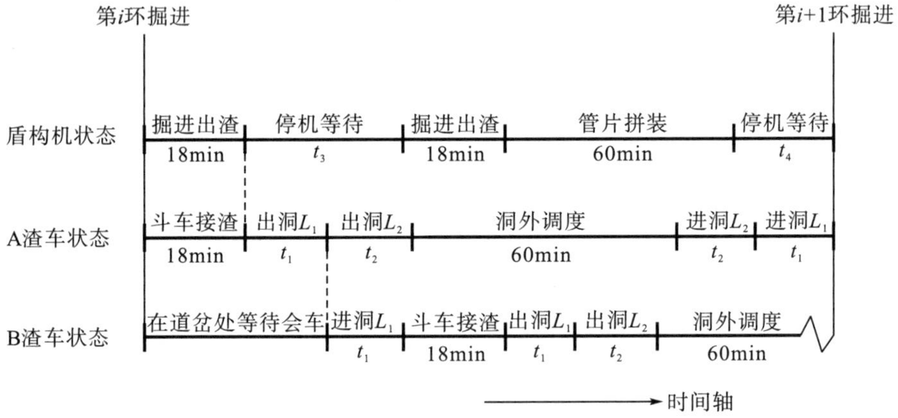

图 6-9 有道岔情况下第 i 环掘进出渣示意图(3000m 后)

这种运输组织方式可以最大限度地降低工期损失，对于第 1667 掘进循环后(3000～6500m)，每个掘进循环的工期损失 t_i' 为

$$t_i' = t_3 + t_4 = 2t_1 + 18\,\text{min} = \frac{3.6(i-1667)+3000}{10000} \quad (\text{h})$$

对应地，超过 3km 后的总工期损失 T 为

$$T(n) = T(1667) + \sum_{1668}^{n} t_i' = 501 + \frac{1.8(n-1666)(n-1667)+3000(n-1667)}{10000} \quad (\text{h})$$

该市域地铁盾构区间隧道全长 6500m，共有 3611 个掘进循环，按总工期损失公式计算 T=1765h。加上道岔施工造成的停机时间 Δt_1=15d=360h，总工期损失为 2125h。即在隧道掘进方向 3000m 处设置道岔后，在盾构施工中因有轨拖车延误造成的总工期损失为 2125h。

将掘进循环 n 更换为对应的掘进长度 L/1.8，可以给出总工期损失与掘进长度的关系，如图 6-10 所示。从图中可以看出，有道岔的情况下，总工期增长分为三个阶段，第一阶段与无道岔的情况相同，即在前 3000m 掘进长度下总工期损失增长缓慢；第二阶段为道岔施工阶段；第三阶段为 3000～6500m，工期损失随隧道掘进快速增长。

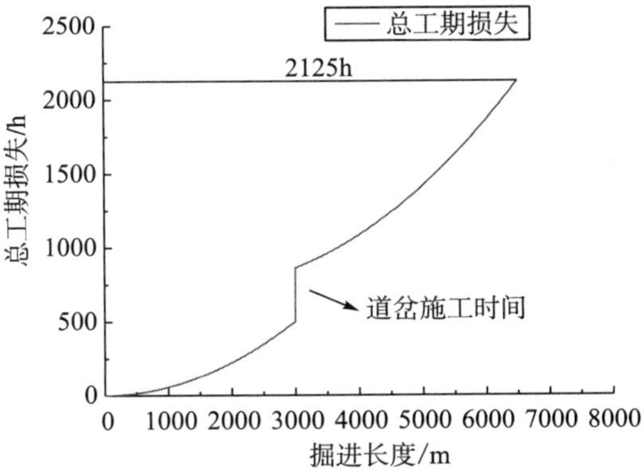

图 6-10 有轨拖车(一组道岔，两列矿车)出渣掘进长度与工期损失关系

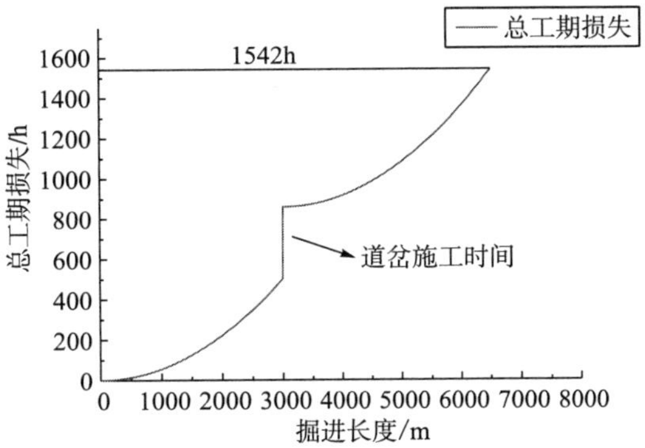

图 6-11 有轨拖车(一组道岔，三列矿车)出渣掘进长度与工期损失关系

3) 一组道岔(三列矿车)

通过对一组道岔(两列矿车)的组织方式来看，在第 i 环掘进与第 i+1 环掘进之间仍然出现了盾构停机现象，因此可以增加一组渣土列车来消除此现象，即消除图 6-9 中的 t_4。在掘进超过 3000m 后，第 i 环掘进的工期损失仅有 t_3，即

$$t_i' = t_3 = 2t_1 = \frac{3.6(i-1667)}{10000} \quad (\text{h})$$

对应地，超过 3km 后的总工期损失 T 为

$$T(n) = T(1667) + \sum_{1668}^{n} t_i' = 501 + \frac{1.8(n-1666)(n-1667)}{10000} \quad (\text{h})$$

该市域地铁盾构区间隧道全长 6500m，共有 3611 个掘进循环，按总工期损失公式计算 T=1182h。加上道岔施工造成的停机时间 Δt_1=15d=360h，总工期损失为 1542h。即在隧道掘进方向 3000m 处设置道岔后(三列矿车)，在盾构施工中因有轨拖车延误造成的总工期损失为 1542h。

将掘进循环 n 更换为对应的掘进长度 L/1.8，可以给出总工期损失与掘进长度的关系，如图 6-11 所示。从图中可以看出，有道岔的情况下，总工期增长分为三个阶段，第一阶段与无道岔的情况相同，即在前 3000m 掘进长度下总工期损失增长缓慢；第二阶段为道岔施工阶段；第三阶段为 3000～6500m，工期损失随隧道掘进快速增长。

4) 两组道岔(三列矿车)

设置两组道岔来提高渣土运输效率，道岔的设置位置分别为距洞口 2000m 与 4000m 处较为合理，同时使用三列矿车运输渣土，可以保证拼装管片后盾构机可以立即开始掘进，因此仅需要计算盾构机掘进到一半时渣土列车交替所造成的工期损失，计算过程如下。

0～2000m 每环掘进的工期损失与无道岔情况相同，即

$$t_i = \frac{i \times 1.8 \times 2}{10 \times 1000} = \frac{3.6i}{10000} \quad (\text{h})$$

$$T(n) = \sum_{1}^{n} t_i = \frac{3.6(n^2+n)}{20000} \quad (\text{h})$$

2000m 处对应的掘进循环为 1111 环，2000～4000m 的第 i 环掘进的工期损失计算式为

$$t_i' = \frac{(i-1111)\times 1.8\times 2}{10\times 1000} = \frac{3.6(i-1111)}{10000} \quad (\text{h})$$

对应的总工期损失为

$$T(n) = T(1111) + \sum_{1112}^{n} t_i' = 222.4 + \frac{3.6(n-1111)(n-1110)}{20000} \quad (\text{h})$$

4000m 处对应的掘进循环为 2222 环，4000～6500m 的第 i 环掘进的工期损失计算式为

$$t_i'' = \frac{(i-2222)\times 1.8\times 2}{10\times 1000} = \frac{3.6(i-2222)}{10000} \quad (\text{h})$$

对应的总工期损失为

$$T(n) = T(2222) + \sum_{2223}^{n} t_i' = 444.8 + \frac{3.6(n-2222)(n-2221)}{20000} \quad (\text{h})$$

该市域地铁盾构区间隧道全长 6500m，共有 3611 个掘进循环，按总工期损失公式计算 T=792h。加上道岔施工造成的停机时间 Δt_1=15d=360h，共有两处道岔施工，总工期损失为 1512h。即在隧道掘进方向 2000m 与 4000m 处设置道岔后(三列矿车)，在盾构施工中因有轨拖车延误造成的总工期损失为 1512h。

将掘进循环 n 更换为对应的掘进长度 L/1.8，可以给出总工期损失与掘进长度的关系，如图 6-12 所示。从图中可以看出，有道岔的情况下，总工期增长分为三个阶段，第一阶段与无道岔的情况相同，即在前 2000m 掘进长度下总工期损失增长缓慢；第二阶段为 2000～4000m，工期损失增长与第一阶段相同；第三阶段为 4000～6500m，工期损失增长与第一阶段相同。

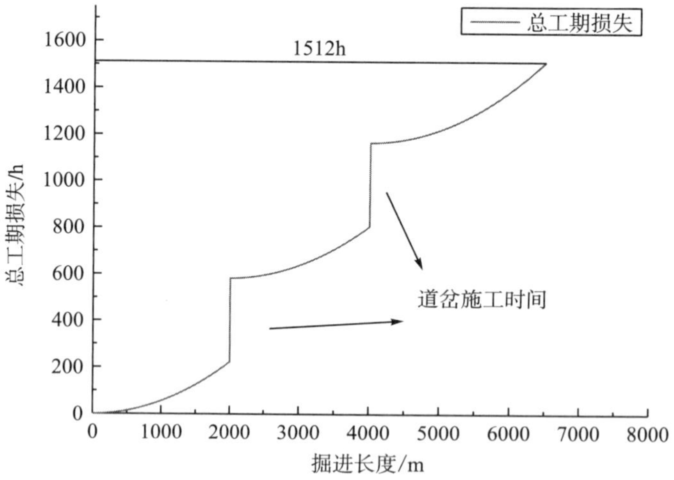

图 6-12　有轨拖车(两组道岔，三列矿车)出渣掘进长度与工期损失关系

2. 连续皮带机工期损失

连续皮带机的储带仓最大储带长度为 600m，因此盾构机每推进 300m 连续皮带机需要停机接续，接续时间为 8h。连续皮带机的运输能力能完全满足盾构机掘进的出渣要求，而且连续皮带机的机尾托架等都可以在盾构台车上进行快速安装，可以和管片安装同时进行，几乎不影响盾构机掘进效率，但每掘进 300m 要进行一次停机接续，时间为 8h。考虑启动与制动消耗的时间，将消耗时间乘系数 1.2，由此带来的工期损失为

$$T = \frac{6500}{300} \times 8 \times 1.2 = 208\text{h}$$

这里的工期损失计算没有考虑连续皮带机发生故障所需的修复时间，以及连续皮带机和转渣皮带机安装的时间。中间驱动装置的安装考虑耗时为 7d，连续皮带机的总工期损失为 376h。

3. 工效对比分析

图 6-13 给出了有轨拖车出渣与连续皮带机出渣的工期损失与掘进长度的对比图，有轨拖车出渣分为不设置道岔、一组道岔两列矿车、一组道岔三列矿车、两组道岔三列矿车，共 4 种情况。由图中可以看出，对于上述成都某市域地铁开挖直径为 8.6m 的大断面盾构隧道，当隧道掘进长度超过 600m 后，连续皮带机出渣方式的工效优势就能体现出来，并且随着掘进长度的不断增大，其优势将越来越明显。

工期损失的计算虽然假设了一定的前提，但无论是从计算结果还是工程经验来看，连续皮带机都能极大地节约工期，这也是连续皮带机在盾构隧道出渣工程中的最大优势，而且对于本工程而言，隧道内径达到了 7.5m，长度达到 6500m，5 种出渣方式的总工期损失如图 6-14 所示。对于该市域地铁盾构区间隧道，使用连续皮带机的出渣方式所造成的工期损失为 376h，远远低于有轨拖车的出渣方式，仅为有轨拖车(一组道岔，三列矿车)工期损失的 25%左右，所节约的工期约为 1166h，即 49 天。但需要注意的是，这个计算结果没有考虑拖车、皮带机故障等因素。

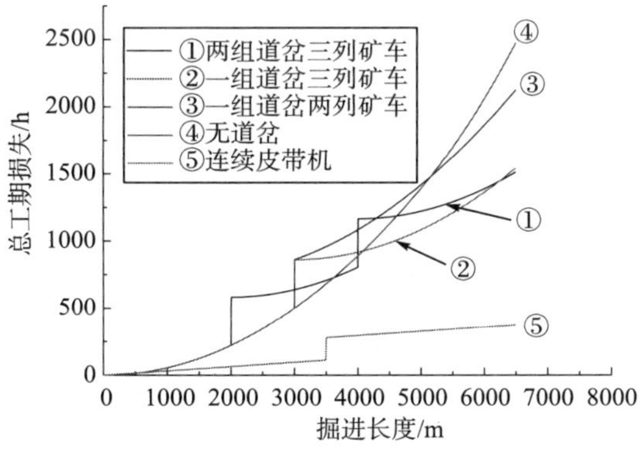

图 6-13 有轨拖车出渣与连续皮带机出渣的工期损失与掘进长度关系

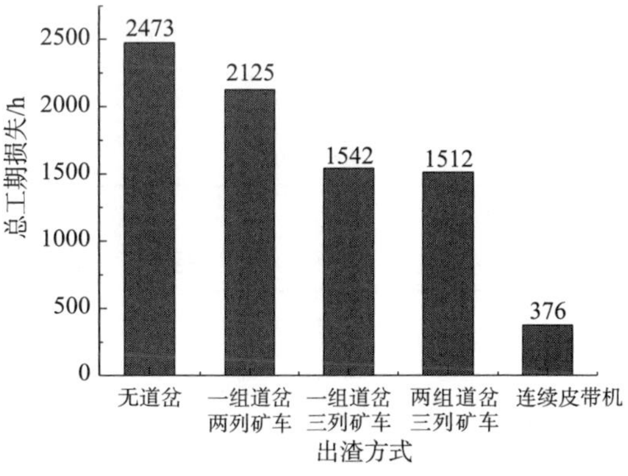

图 6-14 隧道 5 种出渣方式工期损失对比

6.1.4 不同出渣方式经济对比

1. 有轨拖车出渣系统经济成本

有轨拖车的经济成本分为购置成本以及运营成本，施工方购置的设备能循环使用，因此在进行成本计算时需要计入设备回收价值，经济成本的计算方法为

经济成本=总费用−缩短工期节约费用−设备回收价值

无道岔情况下的施工工期预计为2.5年，根据现场调研资料以及工程经验，将设备购置成本、运营成本和设备折旧费用做量化处理，并按上式将有轨拖车(无道岔两组矿车)经济成本汇总于表6-1。

表6-1 有轨拖车渣土运输系统(无道岔两列矿车)经济成本汇总

序号	项目	说明	费用/万元	合计/万元
1	总费用	购置+管理+消耗	2760	
2	设备回收价值	设备购置费用−折旧费用	1138	1622
3	缩短工期所节约费用	节约工期0天	0	

用同样的方法量化其他组织方式下出渣系统的经济成本，并将结果列于表6-2～表6-4。

表6-2 有轨拖车渣土运输系统(一组道岔两列矿车)经济成本汇总

序号	项目	说明	费用/万元	合计/万元
1	总费用	购置+管理+消耗	3060	
2	设备回收价值	设备购置费用−折旧费用	1207	1621
3	缩短工期所节约费用	节约工期14.5天	232	

表6-3 有轨拖车渣土运输系统(一组道岔三列矿车)经济成本汇总

序号	项目	说明	费用/万元	合计/万元
1	总费用	购置+管理+消耗	3555	
2	设备回收价值	设备购置费用−折旧费用	1497	1437
3	缩短工期所节约费用	节约工期38.8天	621	

表6-4 有轨拖车渣土运输系统(两组道岔三列矿车)经济成本汇总

序号	项目	说明	费用/万元	合计/万元
1	总费用	购置+管理+消耗	3855	
2	设备回收价值	设备购置费用−折旧费用	1566	1644
3	缩短工期所节约费用	节约工期40.1天	645	

通过以上统计计算，若不在隧道中部设置道岔，使用有轨拖车以及龙门吊的方式运输渣土，总计经济成本约为 1622 万元，但不在中部设置道岔，会使渣车运输效率降低，进而影响工期。综合以上统计结果，有轨拖车+龙门吊的最优出渣方案为一组道岔三列矿车，经济成本为 1437 万元。

2. 连续皮带机出渣系统经济成本

连续皮带机在购置时包括驱动电机、减速器、胶带、硫化机、变频自动张紧装置、滚筒、托辊、变频器等设备，单线隧道一套设备的购置价格如表 6-5 所示。

表 6-5 主机设备、后配套及辅助设备分项价格汇总

序号	设备名称	数量	单位	价格/万元
1	皮带主驱动装置	1	套	93.804
2	皮带中间驱动装置	1	套	105.1887
3	头部特殊支腿组	1	组	2.354
4	移动尾端	1	套	4.0963
5	皮带存储仓	1	套	74.8675
6	卸渣装置	1	套	12.4988
7	变频自动张紧装置	1	台	48.6803
8	清扫刮渣装置	1	套	3.7434
9	缓冲装置	1	套	1.9906
10	清洗箱	1	套	13.314
11	隧道皮带机机架	6500	米	64.48
12	高强度可调节圆环链	6500	米	38.22
13	皮带机托辊组	6500	米	162.63
14	改向装置	1	套	10.768
15	钢丝绳皮带	6500	米	360.75
16	硫化平台	1	套	21.9256
17	布料装置	1	套	13.603
18	视频监控系统	1	套	39.226
19	保护系统	1	套	20.8901
20	控制系统	1	套	31.152
21	电气配电系统	1	套	62.26
22	照明灯	10	台	1.21
23	控制电缆	1	套	20.4358
24	渣土称重计量装置	1	套	6.153
25	转接皮带机	1	套	8.2
26	转渣皮带机	1	套	140.3828
	总计			1362.8239

除购置以上设备外还需要安装、运输、技术服务等费用，双线隧道汇总后如表 6-6 所示。

表 6-6 连续皮带机前期成本汇总

序号	名称	型号和规格	数量	单价/万元	总价/万元
1	主机及辅助设备	DSJ100/88/2*250+2*250	2 台套	1362.82	2725.64
2	随机备品备件		2 台套	1.0125	2.025
3	专用工具	C9003a	2 台套	0	0
4	技术服务费用		2 台套	3	6
5	在制造工厂监造、培训及工厂检验费用		2 台套	1	2
6	施工现场交货运输及保险费		2 台套	35.9	71.8
7	其他(安装费用)		2 台套	63.5	127
	合计				2934.47

连续皮带机与转渣皮带机按额定掘进速率和额定电机功率计算总消耗电能，考虑到盾构掘进需要停机安装管片、停机开仓检查、换刀等额外时间，连续皮带机的运行时间按掘进时间的 1.5 倍取值，启动与制动的富余量系数取 1.2，单线总消耗电能：

$$W=\left(\frac{3500}{3.3}\times250\times2+\frac{3000}{3.3}\times250\times4+\frac{6500}{3.3}\times90\times4\right)\times1.5\times1.2=3867273\text{kW}\cdot\text{h}$$

按单价 0.6 元计算，运营阶段的正常工作单线能源消耗成本为

$$3867273\times0.6=232\text{万元}$$

渣土使用连续皮带机运输，仍然需要吊机吊装管片，有轨拖车运输管片、浆液等，而且连续皮带机也需要维护与管理，表 6-7 将各种费用汇总后总计出最终成本，可以得出使用连续皮带机出渣系统，以及有轨拖车和吊机运输管片与浆液的最终经济成本，总计为 4363.47 万元。

表 6-7 连续皮带机渣土运输系统总费用汇总

序号	项目	说明	单价/万元	总价/万元	备注
1	设备购置	连续皮带机+转渣皮带机	1467.235	2934.47	合同价
2	电能消耗	富余系数 1.2	232	464	0.6 元/(kW·h)
3	吊运设备	30t 吊机	60	120	
4	列车机车	6 台电瓶车	90	540	
5	列车编组	12 台	5	60	
6	维护成本	皮带机维护较少	25	25	
7	运输管理成本	专职人员约 3 人/班、司机 2 人、卸渣 2 人	200	200	
8	通风成本	对隧道污染低	20	20	
		合计		4363.47	

连续皮带机与转载皮带机的使用年限为 8 年，项目运营时间约为 2.5 年，连续皮带机与各设备在计算经济成本时均按折旧费用计算，单线主机及可折旧设备总价值约为 900 万元，因此需要计算各设备的回收成本，如表 6-8 所示。

表 6-8 皮带机渣土运输系统设备回收费用汇总

序号	项目	数量	使用年限	折旧年限	单价/万元	总价/万元	回收额/万元
1	主机及可折旧辅助设备	2	8	2.5	900	1800	1237
2	列车机车	6	8	2.5	90	540	371
3	管片、浆液车	12	8	2.5	5	60	41
4	吊机	2	8	2.5	60	120	82
	皮带机出渣系统回收额汇总						1731

连续皮带机的经济成本计算公式如下：

经济成本=总费用-缩短工期节约费用-设备回收费用

将各项费用汇总后计算连续皮带机出渣系统的经济成本，如表 6-9 所示。

表 6-9 连续皮带机出渣系统经济成本汇总

序号	项目	说明	费用/万元	合计/万元
1	总费用	购置+管理+消耗	4363	
2	设备回收费用	设备购置费用-折旧费用	1731	1234
3	缩短工期所节约费用	节约工期 87.4 天	1398	

3. 经济性对比分析

根据上文中计算出的 5 种出渣方式的购置成本、折旧费用和使用成本，将 5 种出渣方式的费用列于表 6-10，其中：总支出包括设备购置费用、相关人员与设备的管埋费用、能源消耗费用等；设备剩余价值指可回收使用的设备在使用完成后，设备所剩余的价值，即购置费用减去设备折旧费用；缩短工期指在该出渣方式下与无道岔有轨拖车出渣方式相比，因提高出渣效率所节约的工期，缩短工期后可减少投入，所节约的费用包括项目部工作人员薪资、施工管理费用、盾构机折旧费用、地面环境治理费用、场地费用等。

表 6-10 渣土运输系统经济性对比 (单位：万元)

出渣方式	总支出	设备剩余价值	缩短工期节约费用	经济成本
有轨拖车(无道岔两列矿车)	2760	1138	0	1622
有轨拖车(一组道岔两列矿车)	3060	1207	232	1621
有轨拖车(一组道岔三列矿车)	3555	1497	621	1437
有轨拖车(两组道岔三列矿车)	3855	1566	645	1644
连续皮带机	4363	1731	1398	1234

将 5 种出渣方式的总经济成本绘于图 6-15 并进行对比，可以看出，对于有轨拖车出渣方式，设置一组道岔与三列矿车的组合经济成本最低，设置道岔并相应提高渣土列车编组，可以减少盾构停机等待的时间，但设置道岔需要对隧道进行扩挖，会延长工期，并且过多的扩挖隧道和设置道岔将提高施工成本。从图中可以看出，在三列矿车的情况下，道岔数量由一组变为二组后经济成本反而增加，因此再增加道岔并无意义。

与最优的有轨拖车出渣方式(一组道岔三列矿车)相比，连续皮带机出渣方式的经济成本最低，为 1234 万元，比中部设置道岔的有轨拖车出渣方式(一组道岔三列矿车)低 14% 左右，所节约的费用约为 200 万元，因此对于该市域地铁盾构区间，连续皮带机出渣方式是最优出渣方式。

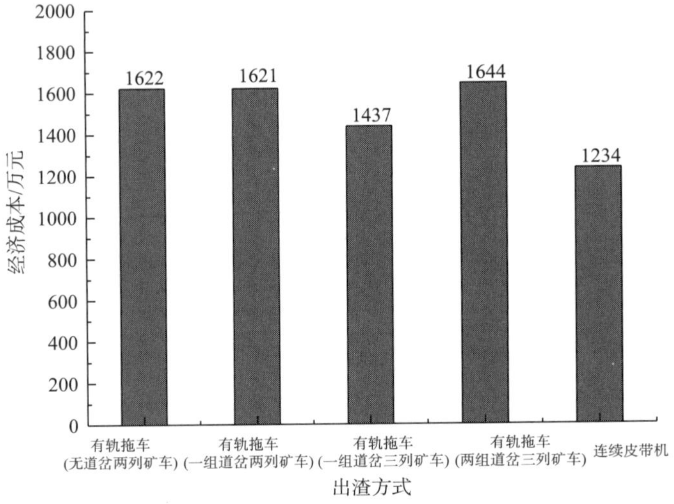

图 6-15 隧道 5 种出渣方式经济成本对比

6.2 皮带机设计参数及驱动布置

由于连续皮带机要随着盾构机的掘进而不断延伸，因此连续皮带机的力学状态是不断变化的，很难对所有情况下连续皮带机的力学参数进行校核。在长距离条件下，皮带输送机系统运行阻力较大，包括主要阻力(承载分支和回程分支托辊的旋转阻力、输送带及物料运输的摩擦阻力)、附加阻力(个别位置的摩擦阻力和惯性阻力)、特种阻力、倾斜提升阻力等。依托工程隧道长度达 6419m，皮带机最长伸缩至 6500m，托辊旋转的摩擦、皮带与托辊的摩擦、物料与皮带的摩擦都会产生巨大的阻力，且输送带越长，对驱动能力的需求越大。

6.2.1 基本参数

在此仅选取皮带机最大负载工况(铺设长度取为区间隧道长度)，按我国带式输送机设计标准中的方法进行设计计算及校核。

该市域地铁盾构隧道所采用皮带机的基本参数如下：皮带机铺设长度 L：6500m（设计长度 6500m）；提升高度 H：≥1m；输送物料块度 X：0～300mm；输送物料松散容重 ρ_r：1.8t/m³；输送物料堆积角 β：25°。

1. 所需运输能力

根据该工程中盾构机的设计掘进速度和渣土参数表，按最大掘进速率计算所需运输能力 Q(t/h)，所需参数如表 6-11 所示。

$$Q=\frac{\pi D^2}{4}\cdot V_{\max}\omega\rho_r=\frac{\pi\times 8.6^2}{4}\times 6\times 1.4\times 1.8=878\text{t/h}$$

表 6-11 盾构机设计的掘进速度和渣土的参数表

参数	取值
体积松散系数 ω	1.4
渣土密度/(g/cm³)	1.8
含水率/%	10
额定掘进速率/(m/h)	4.8
最大掘进速率/(m/h)	6
开挖直径/m	8.6

2. 带宽选择

该市域地铁盾构区间隧道沿线为黏土、黏性土、粉土、卵石土夹粉细砂，下伏基岩为泥岩。在此地质条件下，预估掘进渣土最大块度为 $X_{\max}\leqslant$300mm。

按下式计算所需带宽值：

$$B=\sqrt{\frac{Q}{VC_{st}K}}=0.9\text{m}$$

其中，C_{st} 为倾斜系数，取为 0.99；K 为装料断面系数，与物料堆积角和托辊成槽角有关；带速 V 拟定为 2.5m/s。

运送的渣土属于未经筛分的散状土，因此带宽 B 需满足下式：

$$B>2X_{\max}+0.2=2\times 0.3+0.2=0.8\text{m}$$

结合上式，选用带宽 B=1m。

3. 带速选择

带速主要与物料特性有关，物料粒度过大会导致物料与皮带之间的摩擦力不足，因此需要降低带速，反之，带速需要提高。该工程渣土种类为黏土、黏性土、粉土、卵石土夹粉细砂等，粒度较小，且渣土黏性大，因此渣土与皮带机之间的摩擦力较大，带宽为 1m。根据带式输送机设计手册，如表 6-12 所示，结合工程经验，可以选择带速 V=2.5m/s。

表 6-12　不同渣土类型常用带速表

序号	渣土特性	渣土种类	带宽 B/mm		
			500,650	800,1000	1200,1400
1	磨琢性小，品质不会因粉化而降低	原煤，砂石，泥土等	0.8～2.5	1.0～3.15	1.5～5.0
2	中等磨琢性，中小粒度(150mm 以下)	矿石，石渣，钢渣等	0.8～2.0	1.0～2.5	1.0～4.0
3	磨琢性大，粒度大(350mm 以下)	矿石，石渣，钢渣等	0.8～1.6	1.0～2.5	1.0～3.15
4	磨琢性大，易碎	烧结矿，焦炭等	0.8～1.6	0.8～2.0	0.8～2.0

4. 最大运料断面面积

1) 干燥物料

在计算最大体积输送量和质量输送量时，应尝试找出等效的、简便的几何断面面积。理论断面面积 A_{th} 是根据输送带在托辊上的形状和输送物料的角度状况来计算的。图 6-16 为槽形三托辊组支承输送带常见装料断面。

图 6-16 中 b 为有效带宽，有效带宽 b 取决于带宽 B(B<2m)：

$$b = 0.9 \times B - 0.05 = 0.85\text{m}$$

输送断面面积 A_{th} 由 A_{1th} 和 A_{2th} 组成，其计算公式为

$$A_{1th} = \left[l_m + \left(b - l_m\right)\cos\lambda\right]^2 \frac{\tan\beta}{4}$$

$$A_{2th} = \left[l_m + \frac{b - l_m}{2}\cos\lambda\right]\frac{b - l_m}{2}\sin\lambda$$

其中，托辊槽型布置为等长三托辊组，三托辊组中间托辊壳体长度 l_m=0.38m。

将参数代入以上两式计算得出：

$$A_{1th} = 0.0682\text{m}^2$$

$$A_{2th} = 0.1543\text{m}^2$$

因此输送断面面积为

$$A_{th} = A_{1th} + A_{2th} = 0.2225\text{m}^2$$

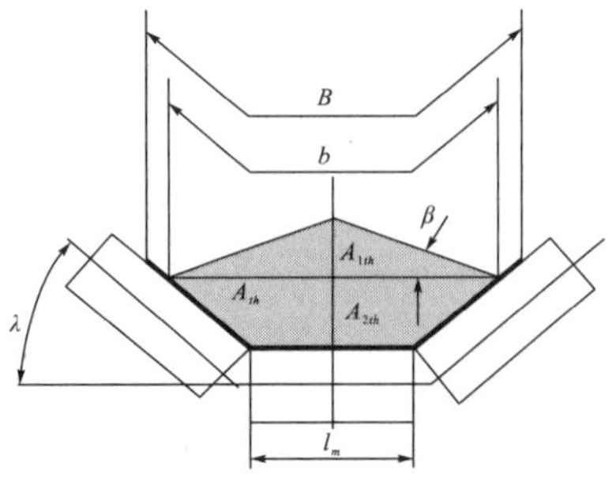

图 6-16　三托辊组水平输送时的理论装料断面

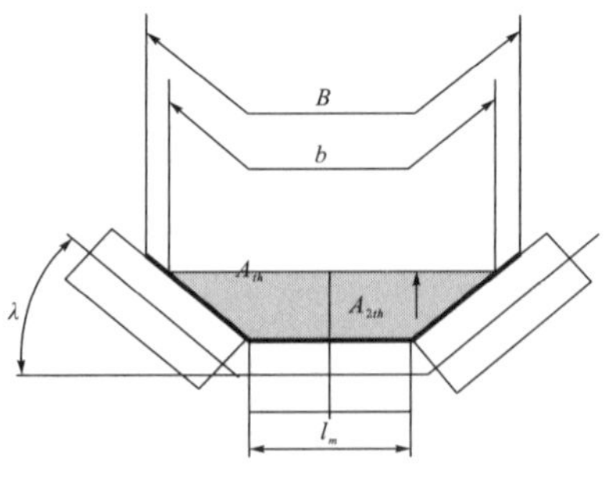

图 6-17　三托辊组水平输送时的理论装料断面

2) 流塑性物料

在该工程中，大部分地层中原状土的含水率都较高，而且在土仓中经过渣土改良后渣土的流动性较大，渣土在皮带上的几何断面面积与上述不同，表面应平整，断面应为倒梯形，如图 6-17 所示。

因此输送断面面积为

$$A_{th} = A_{2th} = 0.1543\text{m}^2$$

5. 质量输送量计算

按最大输送断面面积计算最大质量输送量 $Q_{\max}$：

$$Q_{\max} = 3600 A_{th} V C_{st} \rho_r = 3600 \times 0.1543 \times 2.5 \times 0.99 \times 1.9 = 2612\text{t/h}$$

所需的质量输送量 Q 仅为 878t/h，1m 带宽带式输送机最大理论运量远大于实际使用运量，带宽选取满足运输要求。上式校核的意义在于判断带宽、带速取值是否合理。

6.2.2 圆周驱动力

圆周驱动力包括主要阻力(承载分支和回程分支托辊的旋转阻力、输送带及物料运输的摩擦阻力)、附加阻力(个别位置的摩擦阻力和惯性阻力)、特种阻力、倾斜提升阻力等。圆周力计算公式为

$$F = F_H + F_N + F_{st} + F_s$$

主要阻力：

$$F_H = fLg\left[q_t + \left(2q_0 + q\right)\cos\beta\right]$$

式中，f 为运行阻力系数，取为 0.023；L 为输送长度，取为 6500m；q_t 为承载、回程托辊组转动部分单位长度的质量；q_0 为输送带单位长度的质量，取为 23.06kg/m；q 为输送物料单位长度的质量；β 为输送机倾角，取为 6.1°。

附加阻力：

$$F_N = F_{ba} + F_f + F_r + F_c + F_w + F_t$$

其中，F_{ba} 为受料区输送物料与输送带间的惯性阻力；F_f 为受料区加速段内输送物料与导料槽侧板间的摩擦阻力；F_r 为清扫器摩擦阻力；F_c 为过渡弧段上输送带张力产生的附加阻力，由于输送机提升高度比较小，且隧道曲线平缓，因此此项可取为 0；F_w 为输送带绕经滚筒的弯曲阻力；F_t 为改向滚筒轴承阻力。

输送物料的倾斜阻力：

$$F_{st} = gqH$$

特种阻力：

$$F_s = F_\tau + F_l + F_b$$

其中，托辊前倾阻力 $F_\tau = 0$；F_l 为受料区加速段外输送物料与导料槽侧板间的摩擦阻力；F_b 为犁式卸料器摩擦阻力，取为 0。

代入依托工程设计参数，分别计算各项阻力，得到传动滚筒运行过程中所需的圆周驱动力 F 为

$$F = F_H + F_N + F_{st} + F_s = 223845 + 6938 + 0 + 82.4 = 230865\text{N}$$

而规范中经验公式给出的圆周驱动力计算式为

$$F_1 = C_N fLg\left[q_t + \left(2q_0 + q\right)\cos\beta\right] + gqH$$

其中的附加阻力系数 C_N 取为 1.05，代入数值计算后得到：

$$F_1 = 1.05\times0.023\times6500\times9.8\times\left[9.59 + \left(2\times23.06 + 97.89\right)\times\cos6.1°\right] = 235037\text{N}$$

通过对比可以看出二者差值在 2%以内，相差并不大，且经验公式给出的值略大于计算值。

6.2.3 电机功率

根据前述计算出的连续皮带机在运行过程中的圆周驱动力，可以计算出传动滚筒的轴功率：

$$P = 10^{-3}FV = 10^{-3}\times230865\times2.5 = 577.2\text{kW}$$

电机的总功率为

$$P_d = \frac{K_d P}{\eta\xi\xi_d} = \frac{1.05\times577.2}{0.9\times0.95\times1} = 709\text{kW}$$

其中，K_d 为功率备用系数；η 为驱动装置的传动效率；ξ 为电压降系数；ξ_d 为多机功率不平衡系数。

6.2.4 皮带张力

连续皮带机的驱动布置形式是影响皮带张力分布的主要因素，合理布置驱动单元可以使皮带张力分布均匀，提高皮带的安全性与耐久性。连续皮带机的前期工作仅有头部驱动，因此除了要计算最长运输距离的工况外，还要计算单驱动的张力分布，验证是否需要布置多级驱动，以及研究多级驱动合理的布置位置。

在布置中间驱动前，仅有头部驱动时，可以假设连续皮带机铺设长度为 L，代入该工程相关参数，使用经验公式计算圆周力：

$$F = C_N fLg\left[q_t + \left(2q_0 + q\right)\cos\beta\right] + gqH = 36.2L$$

仅有头部驱动时有两个驱动滚筒，每个驱动滚筒的圆周牵引力 F_U 为

$$F_U = \frac{F}{2} = 18.1L$$

皮带在传动滚筒的松边的最小张力为

$$S_{L\min} = CF_{\max}$$

其中，传动系数 $C = \frac{1}{e^{\mu\phi} - 1}$，$\mu$ 为传动滚筒与皮带之间的摩擦系数，取为 0.3，ϕ 为传动滚筒包围角，取为 210°(即 $\frac{7\pi}{6}$)，$C = \frac{1}{e^{0.3\times7\pi/6} - 1} = 0.499$。

传动滚筒传递的最大圆周力 $F_{\max} = K_a|F_U|$，动荷载系数 K_a 取为 1.2，因此：

$$F_{\max}=1.2\times18.1L=21.7L$$

最小张力：

$$S_{L\min}=0.499\times21.7L=10.8L$$

最大张力 $S_{L\max}$(即机头进入传动滚筒处)：

$$S_{L\max}=S_{L\min}+2\times F_U=10.8L+2\times18.1L=47L$$

由于皮带运输过程中磨损、工作条件的限制，在选用皮带时必须具有一定的安全系数保证寿命要求，最大张力应符合以下公式：

$$m=\frac{\sigma_d\cdot B}{S_{L\max}}\geqslant[m]$$

其中，m 为皮带安全系数；[m]为皮带许用安全系数，选取为 5；σ_d 为皮带带强，型号为 ST1000 的钢丝绳芯皮带额定纵向拉伸强度为 1000N/mm，代入以上各参数得

$$m=\frac{1000\times1000}{47L}$$

对于该市域地铁盾构区间隧道，盾构掘进长度达到了 6500m，若采用单头驱动形式，则皮带延伸至最大长度时最大张力为 $S_{L\max}$=305500N，皮带安全系数为 3.27。

绘制安全系数 m 与皮带铺设长度 L 的关系曲线，如图 6-18 所示。由图可以看出，若选用型号为 ST1000 的钢丝绳芯皮带，当输送长度超过 4300m 时，皮带带强已经不满足要求，而且在实际工程中需要留有一定的安全余量，因此采用机头单驱动的工作模式下连续皮带机的长度不宜超过 4000m，显然连续皮带机需要布置中间驱动装置以减小皮带最大张力。

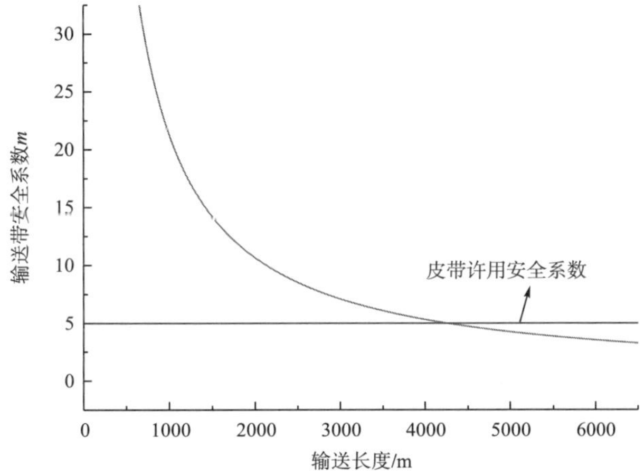

图 6-18 输送带安全系数与输送长度关系曲线

6.2.5 驱动布置

1. 驱动整体布置形式

常见驱动方案为头部集中布置驱动、头部驱动+中间驱动、多级皮带输送机搭接（图 6-19）。

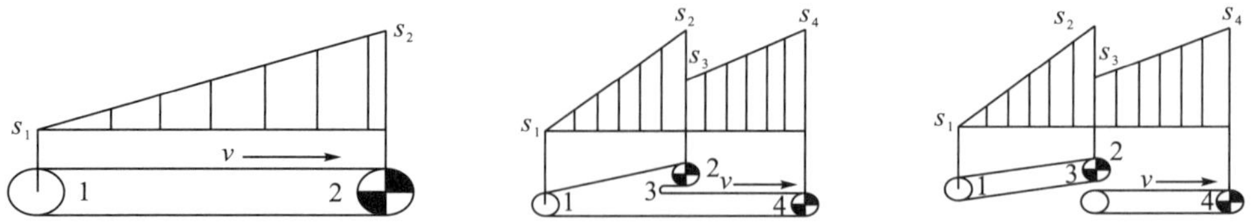

(a)头部集中布置驱动　　(b)头部驱动+中间驱动　　(c)多级皮带输送机搭接

图 6-19　输送机布置方案对比

图 6-19 中方案(a)与方案(b)都只采用单条输送带输送，不用换装，只需要一套储带张紧装置。方案(a)结构简单，仅采用一套驱动装置，便于日常维护，但依托工程皮带机运输最长距离为 6500m，6°下坡，若采用这种驱动方案，输送带所受张力大，安全系数不能受到保证，若选用安全系数较大的输送带，不仅会增大输送带自身质量，改变张紧、驱动、改向滚筒等装置型号，同时配套机架强度和重量也必须得到相应的提高。如此，不仅会增大连续皮带出渣机的投资成本，而且在起制动过程中会产生较大的输送带动应力，导致运输过程不稳定，从而造成输送机部件的损坏。

方案(c)与方案(b)相比，优点是 2 台输送机搭接可选用带强低的输送带，输送带规格降低，成槽性好，可保证大运量要求。但采用 2 台带式输送机搭接(搭接时，接料输送带位于卸料输送带正下方，带中线也在同一竖直平面)，需在隧道内布置驱动装置、放带装置、夹带装置、卷带装置、张紧装置、储存带仓等一系列配套设备。上述设备中卷带装置的宽度可达 4m，储存带仓的宽度约 2m，整套设备的整体长度约 110m，平均高度约 3m，驱动装置的宽度约 2m。但地铁隧道的风井容纳不了这些设备，并且占用有轨拖车的空间，因此方案(c)的可行性不高。

从安装可靠性、是否需要扩挖管片、成本经济性、管理维护方便性、施工可行性等方面考虑，连续皮带机最终的驱动方案布置形式为添加中间驱动形式，即方案(b)，中间驱动采用滚筒卸载式。

2　中间驱动位置

添加中间驱动装置后，连续皮带机的布置如图 6-20 所示。头部驱动与中间驱动装置均由 2 套 250kW 驱动系统组成，带式输送机中间驱动布置位置根据以下原则确定：中间驱动的布置应尽可能减小带式输送机的最大张力，优化输送带张力在各特性点处的分布；中间驱动的布置应满足带式输送机整体安装位置的要求；中间驱动的布置应使带式输送机各驱动部件的规格相互统一；中间驱动布置位置电网容量应满足装机功率要求。考虑到该市域地铁盾构区间长度为 6500m，需要研究中间驱动的最优布置位置。

假设中间驱动与连续皮带机机头距离为 x，即承载分支段 1 长 x，按照连续皮带机满负荷即铺设长度 6500m 计算皮带张力，每个驱动滚筒的圆周牵引力 F_U 为

$$F_U = \frac{F}{4} = \frac{230865}{4} = 57716\text{N}$$

最小张力(即图 6-20 中 6 点张力)为

$$F_6 = S_{L\min} = CF_{\max} = CK_a F_U = 0.499 \times 1.2 \times 57716 = 34560\text{N}$$

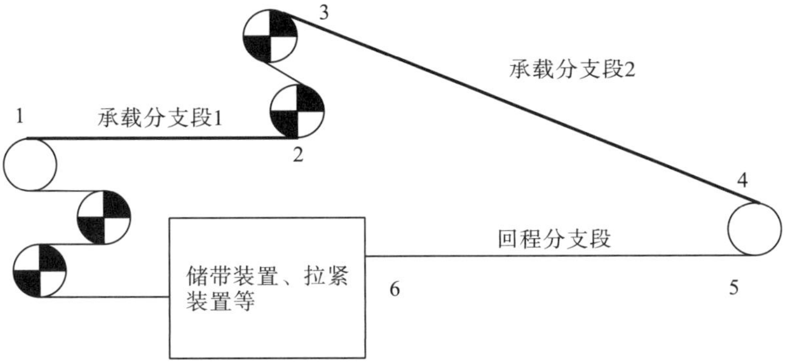

图 6-20 连续皮带机简图

尾部改向滚筒不提供驱动力，因此 4、5 点皮带张力相等，按照欧拉公式：

$$F_4 = F_5 = F_6 + C_N f L_3 g\left(q_d + q_0 \cos\delta\right)$$
$$= 34560 + 1.05 \times 0.023 \times 6500 \times 9.8 \times \left(2.61 + 23.06\cos 6.1°\right) = 73849\text{N}$$

其中，L_3 为回程分支段长度，取为 6500m；q_d 为回程分支托辊组转动部分单位长度质量，取为 2.61kg/m。

图 6-20 中 3 点皮带张力为

$$F_3 = F_4 + C_N f L_2 g\left[q_a + \left(q + q_0\right)\cos\delta\right]$$
$$= 73849 + 1.05 \times 0.023 \times \left(L - x\right) \times 9.8 \times \left[6.98 + \left(97.89 + 23.06\right)\cos 6.1°\right]$$
$$= 73849 + 30.1\left(L - x\right)$$

其中，L_2 为承载分支段 2 的皮带长度(即中间驱动装置后的皮带长度)，长度为 $L - x$；q_a 为承载分支托辊组转动部分单位长度质量，取为 6.98kg/m。

图 6-20 中 2 点皮带张力为

$$F_2 = F_3 - 2F_U = 30.1\left(L - x\right) + 73849 - 2 \times 57716 = 30.1\left(L - x\right) - 41583$$

图 6-20 中 1 点皮带张力为

$$F_1 = F_2 + C_N f L_1 g\left[q_a + \left(q + q_0\right)\cos\delta\right]$$
$$= 30.1\left(L - x\right) - 41583 + 1.05 \times 0.023 \times x \times 9.8 \times \left[6.98 + \left(97.89 + 23.06\right)\cos 6.1°\right]$$
$$= 154067\text{N}$$

其中，L_1 为承载分支段 1 的皮带长度(头部驱动与中间驱动之间)，即 x；L 为连续皮带机铺设长度，取为 6500m。

通过对比，可以看出 1 点或 3 点的皮带张力最大，当两点张力相等时，

$$F_1 = F_3 \rightarrow x = 3835\text{m}$$

即当 $0<x<3835$m 时，3 点皮带张力最大，当 $3835<x<6500$m 时，1 点张力最大。将最大张力随中间驱动布置位置变化的关系绘于图 6-21，可以看出，当中间驱动装置布置位置与机头距离大于 3835m 时，可使皮带张力最小。根据上文，中间驱动装置在皮带延伸至 4300m 前就要布置，否则皮带带强的安全系数将不满足要求。因此，中间驱动装置布置在距机头 3800m 附近比较合适。结合工程特点，距机头 3500m 处 2 号风井符合驱动装置空

间要求，因此将皮带机中间驱动装置布置在 2 号风井内。

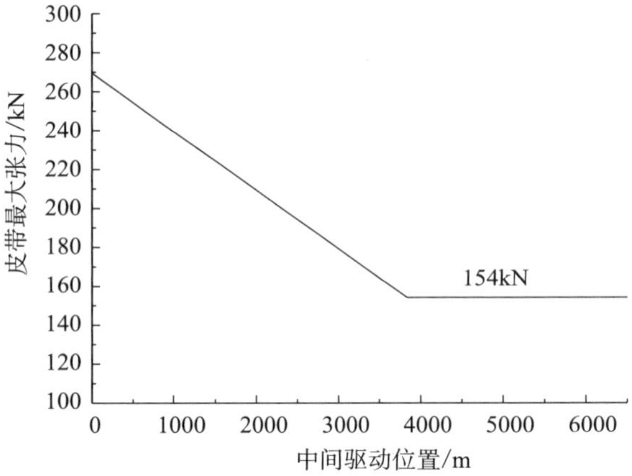

图 6-21 中间驱动位置与皮带最大张力关系图

6.3 连续皮带机出渣安全性校核

6.3.1 皮带张力

连续皮带机的布置简图如图 6-20 所示。要计算皮带机各点的张力，首先需要计算皮带机的驱动力分布情况，以及靠近拉紧装置位置的最小张力，然后按照欧拉公式，即假定在同一个分段(承载分支段 1、承载分支段 2、回程分支段)内主要阻力均匀分布，且计算逐点张力时仅考虑主要阻力，附加阻力不予考虑。

当隧道掘进超过 3500m 时，需要布置中间驱动装置，由于地铁隧道内空间狭小，因此驱动装置采用单侧布置，且中间驱动采用 1∶1 双滚筒驱动布置，具体功率为 1×250kW∶1×250kW +1×250kW∶1×250kW，共 4 个驱动单元。按照连续皮带机满负荷即铺设长度 6500m 计算皮带张力，各特征点张力如表 6-13 所示。

表 6-13 连续皮带机特征点张力

特征点	1	2	3	4	5	6
张力值/N	154067	48717	164194	73849	73849	34560

皮带机各点的皮带张力值都是以上表中的特征点张力值线性插值得到，其分布情况如图 6-22 所示。皮带机最大张力出现在中间驱动装置处，最大张力 $S_{L\max}$ 为 164194N，与机头驱动装置相比，相差不到 7%，证明中间驱动装置位置布置合理，使皮带张力分布更加均匀，同时有效地减小了皮带最大张力及机尾盾构掘进机处张力，提高了皮带安全系数。

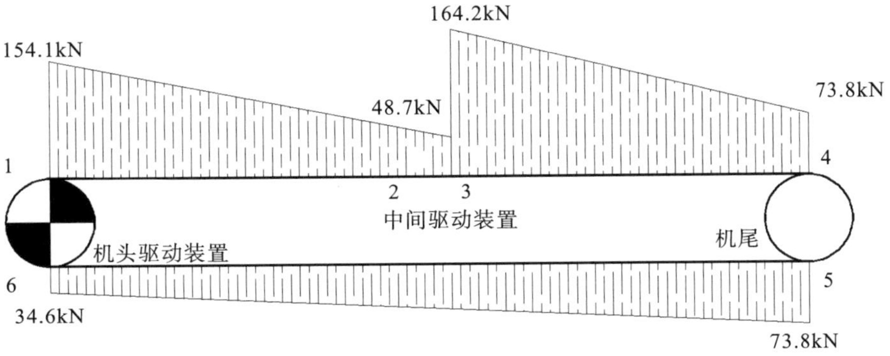

图 6-22 连续皮带机张力分布图

本工程选用钢丝绳芯输送带，输送带带强为 ST1000。额定纵向拉伸强度为 1000N/mm，最大张力对应的安全系数为

$$m=\frac{\sigma_d \cdot B}{S_{L\max}}=\frac{1000\times1000}{164194}=6.09$$

皮带带强的安全系数大于许用安全系数 5，满足安全要求。

从表 6-14 可知，与单头驱动形式相比较，采用头部驱动+中间驱动的驱动方案显著降低了皮带最大张力，降幅达到 46%，使皮带带强的安全系数达到许用安全系数以上，连续皮带机安全性得到保障。

表 6-14 两种驱动方案比较

	单头驱动形式	头部驱动+中间驱动形式	比较
最大张力	306kN	164kN	降低 46.4%
安全系数	3.27	6.09	提高至许用安全系数以上

6.3.2 皮带竖曲线

1. 凸弧段曲率半径要求

对于钢绳芯的皮带，皮带竖曲线曲率过大会导致钢绳应力分布不均、使用寿命降低等，因此皮带竖曲线的凸弧段曲率半径 R_1 应满足下式要求：

$$R_1 \geqslant 130B\times\sin\lambda=75\text{m}$$

其中，B 为输送带宽度，在本工程中为 1m；λ 为托辊成槽角，为 35°。在凸曲线处皮带侧边的曲率半径大于皮带中心线，侧边相对于中心线受到拉伸，上式校核的意义在于皮带侧面的应变值应小于限制，其中 130 是经验取值。

如图 6-23 所示，假设皮带中心线应变为 0，皮带侧边受到拉伸，皮带侧边点的应变 ε 应小于应变限制[ε]：

$$\Delta R=\frac{B}{3}\sin\lambda$$

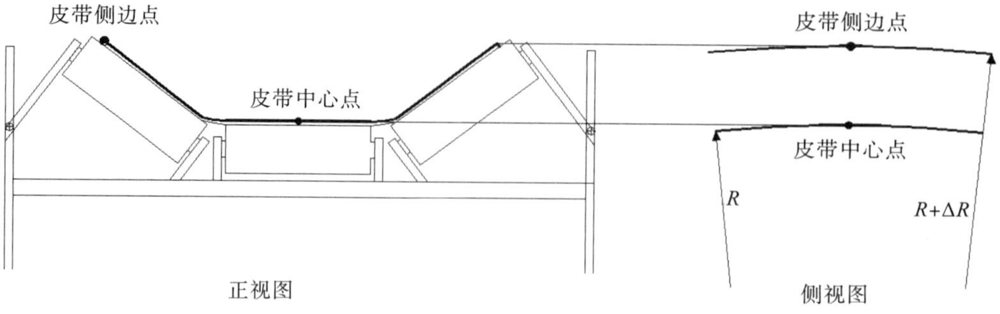

图 6-23 皮带凸曲线侧边拉伸示意图

$$\varepsilon = \frac{(R+\Delta R)\theta}{R\theta} < [\varepsilon] \quad \Rightarrow \quad R > \frac{1}{3([\varepsilon]-1)} B\sin\lambda$$

其中，θ 为圆心角；$\frac{1}{3([\varepsilon]-1)}$ 为常数，可根据工程经验取值。

2. 凹弧段曲率半径要求

皮带凹弧段的曲率应保证皮带机空载启动时，皮带不会从托辊上跳起，如图 6-24 所示，取皮带凹曲线上微弧段进行受力分析。

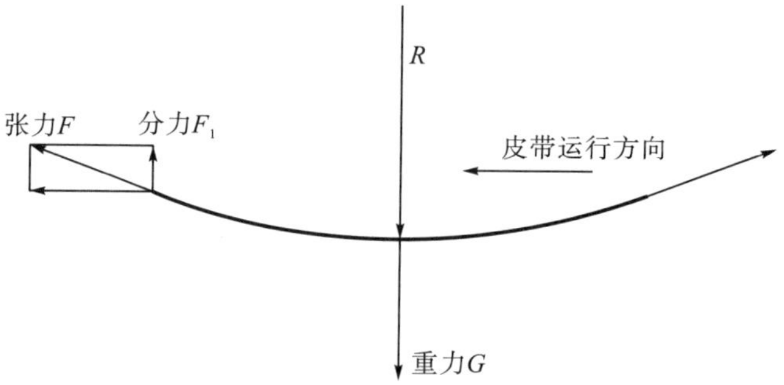

图 6-24 皮带凹弧段受力示意图

为保证皮带不会跳起，皮带空载时重力必须大于张力的分力，即

$$G > 2F_1$$

其中，$G = q_B gR\theta$；$F_1 = F\sin\theta$。

有下式：

$$G > 2F_1 \Rightarrow R > \frac{2F\sin\theta}{q_B g\theta} = \frac{2F}{q_B g}$$

因此凹弧段的曲率半径 R_2 应满足下式：

$$R_2 \geqslant 1.3 \times \frac{2F_X}{q_B \times g} = 1889\text{m}$$

式中，1.3 为安全余量取值；F_X 为凹弧段起点处的皮带张力，上式是对连续皮带机的全程进行校核，因此 F_X 可以选取为皮带最大张力，即 $F_X=S_{L\max}=164194\text{N}$；$q_B$ 为皮带质量，其值为 23.06kg/m；g 为重力加速度，其值为 9.8m/s^2。

综合以上计算，连续皮带机对隧道竖曲线的要求为凸弧段的最小曲率半径 R_1 为 75m，凹弧段的最小曲率半径 R_2 为 1889m。通过调研可知上述成都某市域地铁盾构区间的竖曲线凸弧段最小曲率半径为 5000m，凹弧段最小曲率半径为 10000m，其曲率半径都符合连续皮带机的竖曲线曲率要求。经过现场观察，皮带未出现磨损严重、跳起等现象。

6.3.3 皮带下垂度

两托辊间皮带下垂的相对高度 t/l 应小于限值[t/l]，即张力的分力 F_1 应大于重力，皮带下垂如图 6-25 所示。

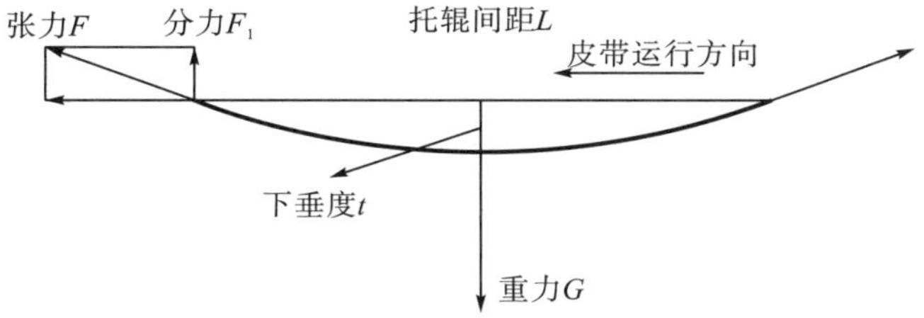

图 6-25 皮带下垂受力示意图

其中，

$$G = qgl, \quad F_1 = \frac{Ft}{l}$$

$$2F_1 = G \quad \Rightarrow \quad \frac{t}{l} = \frac{gql}{2F}$$

$$\frac{t}{l} < [\frac{t}{l}] \quad \Rightarrow \quad F > \frac{1}{2[t/l]} gql$$

其中，$\dfrac{1}{2[t/l]}$ 为常数，取为 $\dfrac{50}{8}$；l 为托辊间距；q 为物料与皮带重量。

由表 6-13 可知，对于承载分支，其最小张力为 48717N。为满足皮带下垂度要求，其最小张力应满足下式：

$$S_{z\min} \geqslant \frac{50}{8}(q + q_0) g l_{tz} \cos\delta = \frac{50}{8} \times (23.06 + 97.89) \times 9.8 \times 1.8 \times \cos 6.1° = 13259\text{N}$$

其中，l_{tz} 为承载分支托辊间距，取为 1.8m。

最小张力 $S_{z\min}$=48717N>13259N，满足上式要求。

对于回程分支，为满足皮带下垂度要求，其最小张力应满足下式：

$$S_{k\min} \geqslant \frac{50}{8} q_0 g l_{tk} \cos\delta = \frac{50}{8} \times 77.69 \times 9.8 \times 3.6 \times \cos 6.1° = 17034\text{N}$$

其中，l_{tk} 为回程分支托辊间距，取为 3.6m。

最小张力 $S_{k\min}$=34560N>17034N，满足上式要求。

根据现场观测，未发现皮带明显下垂现象。

6.3.4 皮带张紧力

本项目采用头部驱动后变频绞车张紧方式，储带能力大于600m，采用10层储带结构。张紧装置布置于头部驱动装置奔离点处(图6-20中的6点)，皮带张力为S=F_6=34560N，输送机张紧力为

$$T=\eta KS=10\times1.2\times34560=414720\text{N}$$

其中，η为变频绞车的频率比，取为10；K为张紧力动荷载系数，取为1.2。

变频绞车为8股钢丝绳缠绕结构。计算得每股钢丝绳张紧力为

$$F_i=\frac{T}{8}=\frac{414720}{8}=51840\text{N}$$

6.3.5 托辊负载

本项目选用托辊直径为Φ108mm，采用205KA大游隙托辊专用轴承。轴承转速为

$$n=\frac{60V}{2\pi R}=\frac{60\times2.5}{2\times3.14\times0.054}=442\text{r / min}$$

式中，R为托辊半径；V为带速。根据托辊使用条件标准查询，托辊转速不得大于650r/min，因此，设计选型满足带式输送机托辊转速要求。

对于承载分支，其静荷载为

$$P_0=9.8e_1l_{ta}\left(\frac{I_m}{V}+q_0\right)=9.8\times0.8\times1.8\times\left(\frac{244}{2.5}+23.06\right)=1703\text{N}$$

式中，P_0为承载分支托辊静载荷，N；e_1为承载分支托辊载荷系数，选取0.8；I_m为输送能力，kg/s；q_0为输送带单位长度的质量，kg/m。

对于回程分支，静荷载为

$$P_u=9.8e_2l_{tk}q_0=9.8\times1\times3.6\times23.06=813.6\text{N}$$

式中，e_2为回程分支托辊载荷系数，选取1。

对于承载分支，动荷载为

$$P_0'=P_0f_sf_df_a=1703\times1.1\times1.16\times1.1=2390\text{N}$$

式中，f_s为运行系数，选取1.1；f_d为冲击系数，选取1.16；f_a为工况系数，选取1.1。

对于回程分支：

$$P_u'=P_uf_sf_a=813.5\times1.1\times1.1=984.3\text{N}$$

查询托辊额定承载能力相关标准，承载分支托辊承载能力为2110N，回空分支托辊承载能力为2020N，因此，所选用托辊型号满足托辊寿命高于30000h，转角小于10′的要求。

6.3.6 皮带机参数

根据以上计算以及各部件型号选取，将该盾构区间连续皮带机的计算参数及部分部件型号汇总于表 6-15。

表 6-15 连续皮带机参数

序号	名称	数值	单位
一、原始参数			
1	运量 Q	881	t/h
2	带宽 B	1000	mm
3	输送机倾角 δ	6.1	(°)
4	提升高度 H	0	m
5	带速 V	2.5	m/s
6	输送机长度 L	6500	m
二、系数选择			
1	倾斜系数 C_{st}	0.99	
2	附加阻力系数 C_N	1.05	
3	电机备用系数 K_d	1.05	
4	驱动装置传动效率 η	0.9	
5	电压降系数 ξ	0.95	
6	多机功率不平衡系数 ξ_d	1	
7	动载荷系数 K_a	1.2	
8	滚筒与输送带摩擦系数 μ	0.3	
9	运行阻力模拟摩擦系数 f	0.023	
三、计算结果			
1	圆周牵引力 F	230865	N
2	轴功率	577	kW
3	电机功率	709	kW
4	功率配比	2×250kW+2×250kW	
5	最大张力	164194	N
6	头部驱动最大张力 $S_{1\max}$	154067	N
7	承载段中驱最大张力 $S_{2\max}$	164194	N
8	尾部合力	147698	N
9	张紧力	414720	N
10	输送带带强	ST1000	
11	输送带安全系数	6.09	
12	托辊型号	Φ108	mm
13	承载分支托辊间距	1.8	m
14	回程分支托辊间距	3.6	m
15	传动滚筒直径	Φ830	mm
16	速比	20	

6.4 连续皮带机出渣关键技术

6.4.1 同步延伸技术

隧道施工中，盾构不断朝前推进，要求皮带运输系统的机尾随盾构的推移而同步延伸。这就要求带式运输机不但要具有一定的储带量，而且还对张紧系统提出了更高要求，必须使得输送带在机尾延伸过程中保持恒定的张力。同步延伸技术要求在储带仓放出胶带的同时又要使胶带保持恒定的张力，确保传动系统不因张力不足而失效打滑，导致输送系统故障。

皮带机尾部配置一套尾部支架装置，如图 6-26 所示，移动尾部支架安装在台车上，随台车一起移动。在台车上设置皮带托架安装装置，该装置采用机械式移动伸缩结构，可以精准地定位皮带托架，实现皮带托架的安全快速安装。皮带机同步延伸原理如图 6-27 所示，移动尾部支架的轨道与改向滚筒固定于盾构台车上，随着盾构推进，变频张紧绞车提供固定的张紧力，张紧力约为 415kN，储带仓中的滚筒与变频绞车可以在轨道上滑动，既保持皮带张力恒定，又能放出皮带。

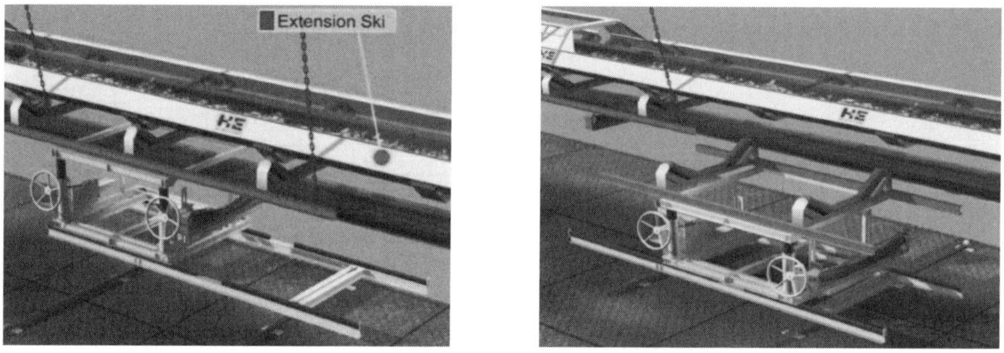

图 6-26 皮带支架安装延伸图

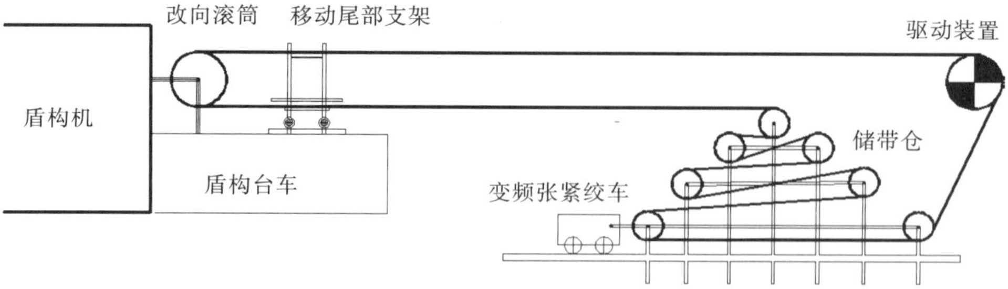

图 6-27 同步延伸原理

6.4.2 皮带跑偏原因

盾构的长距离推进和隧道轴线的小曲率延伸，会产生承载土体分布不均匀和托辊运动不同步现象，使得相对宽幅的皮带在运动过程中各部分的运动不能协调一致，致使皮带产生侧向偏移(图 6-28)。当皮带侧向偏移达到一定的位置时，会使得皮带脱离其原来的运输轨道产生翻带甚至断带现象，这些故障小则影响盾构机的正常施工，大则产生严重的施工安全事故。

皮带机跑偏主要有以下原因：托辊安装轴线与输送带运行方向不垂直，滚筒安装轴线与输送带运行方向不垂直，物料分布不均匀，隧道平曲线。在依托工程中，连续皮带机与拖车连接的移动尾端具有调整皮带机尾部滚筒上下、左右及倾斜功能，对于皮带机机尾部分，由改向滚筒安装轴线与皮带运行方向不垂直导致的皮带跑偏问题，可由该方法迅速调整。由于渣土含水量较高，同时经过了土仓内的渣土改良处理，皮带机所运输的渣土流动性较大，在皮带两侧分布比较均匀，因此物料不会对皮带产生侧向力。

该市域地铁盾构区间隧道的平曲线有多个转弯段，最小曲率半径达到了 1200m，在这些转弯段皮带受到了托辊安装误差与皮带平曲线产生的侧向力。同时，本工程中还用到了侧向限位导耳，如图 6-29 所示，但侧向限位导耳作用有限，其效果不甚理想，特别是对于曲线段曲率较大的位置起到的效果微乎其微。

图 6-28 皮带跑偏现象

图 6-29 连续皮带机侧向限位导耳

6.4.3 跑偏解决方案

1. 调偏托辊

当输送带产生跑偏现象时，解决跑偏问题可以从消除侧向力(保证各部件的正确安装位置等)和提供外力来抵消跑偏横向力使输送带恢复到中心位置(通过调偏托辊进行纠偏)两方面入手。调偏托辊用合理的液压回路带动调偏托辊架的旋转从而实现纠偏的目的(图 6-30)。整个纠偏装置由液压泵、液压阀、油缸、油箱、检偏驱动轮组成，如图 6-31 所示，液压回路如图 6-32 所示。

图 6-30　自动调偏托辊

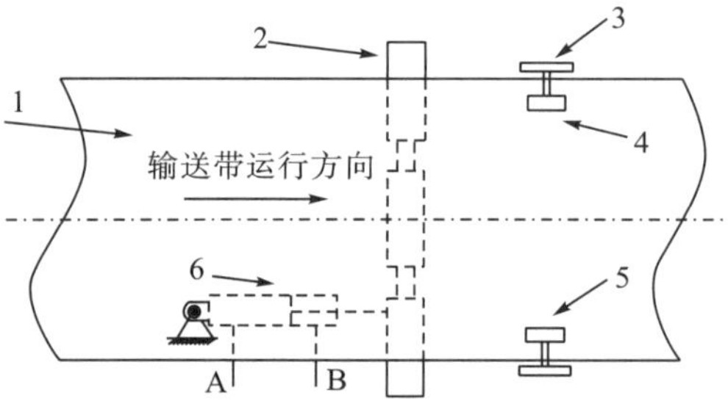

1-输送带；2-调偏托辊；3-检偏驱动轮；4-液压泵（正）；5-液压泵（反）；6-液压油缸

图 6-31　纠偏装置结构图

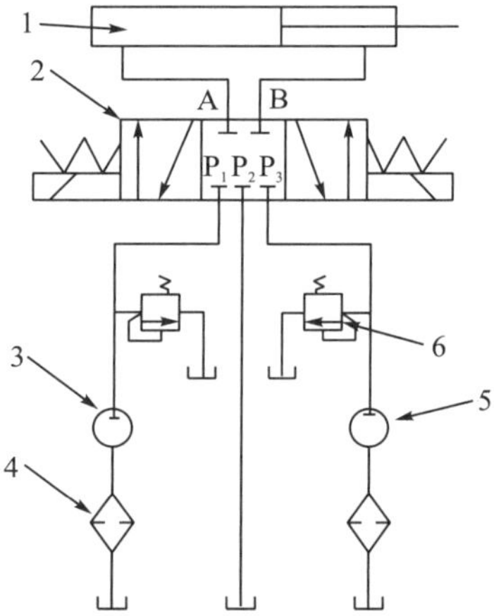

1-液压油缸；2-三位五通电磁换向阀；3-液压泵（正）；4-滤油器；5-液压泵（反）；6-溢流阀

图 6-32　纠偏装置液压回路图

当输送带未发生跑偏时，三位五通阀关闭。如果输送带沿运输方向向下侧跑偏时，输送带的边缘将与下方检偏驱动轮接触，由于摩擦作用检偏驱动轮将会旋转带动液压泵(正)工作，油液将从油箱流向液压换向阀口处，接通左位阀，A、B、P_1、P_2 四个阀口打开，油液从 P_1、A 阀进入推动活塞杆向右伸出作用于调偏托辊架，再从 B、P_2 口流回油箱，此时调偏托辊下侧向右偏转，上侧向左偏转，托辊轴线与输送带运行方向产生偏离，可以形成一个与输送带跑偏方向相反的力矩从而带动输送带回到中心位置，这时，输送带与检偏驱动轮分离，换向阀回至中位，调偏托滚架停止转动，实现纠偏。如果输送带沿运输方向向上侧跑偏时，此时右位阀接通，A、B、P_2、P_3 四个阀口打开，油液通过油管回路使活塞杆向左缩回，带动调偏托辊下侧向左偏转，上侧向右偏转，会对输送带产生顺时针的力矩，使输送带回至中心位置，直到输送带与检偏驱动轮分离。

该工程中所使用的皮带机在驱动装置与曲率半径较小的转弯段附近布置了较密集的自动调偏托辊和侧向限位导耳，在平直段的布置数量相应减少，或仅布置侧向限位导耳，经过现场观察，仅出现较少皮带跑偏现象，且侧向皮带偏离中心轴线的幅度较小。

2. 纠偏压轮

目前国内提出了另一种同步纠偏装置，自动纠偏装置由机架、纠偏轮和液压控制系统组成。在机架的上水平方向布置三组支架，每组支架上布置一根托辊，托辊用于支撑皮带，皮带在托辊区域内移动；在机架的两端竖直方向焊接一对槽钢，每根槽钢上通过插销铰接一个旋转手臂和一个伸缩油缸，伸缩油缸分别固结在竖直槽钢和旋转手臂上，通过伸缩油缸实现旋转手臂的旋转，旋转手臂下端通过轴承连接压轮。压轮的滚动方向和皮带前进方向呈 15°的夹角；在两端的托辊外端各设置一个行程开关，用于感知皮带位置信号；在皮带延伸方向布置两组纠偏装置，两组纠偏装置呈共轭分布，实现同步皮带侧向运动。在旋转手臂上固结的轴承其中心线与旋转手臂的中心线呈 15°的夹角，这个夹角的存在使得和轴承一体的压轮在和皮带同步滚动过程和皮带挤压摩擦过程中的摩擦力可以形成一个侧向挤压和拉拔皮带的分力，实现皮带运动纠偏的目的。

6.5 本章小结

本章对大断面长距离盾构连续皮带出渣系统进行了详细介绍与分析，首先对连续皮带机的主要组成结构进行了系统性的介绍，从空间布置、工效、经济成本等方面分析了连续皮带机出渣系统的可行性及其优势；其次，根据本工程的掘进参数以及工程特点对连续皮带机的主要参数进行了设计计算，并根据计算参数合理选择驱动方案，分析了驱动布置形式对皮带张力的影响；然后根据计算结果校核了皮带张力等连续皮带机关键参数，并对皮带机进行了详细的设计计算；最后介绍并分析了连续皮带机在隧道工程中应用的关键技术。

参 考 文 献

[1]刘凤华. 盾构隧道通用管片拟合排版与管片选型技术研究[D]. 上海: 同济大学, 2007.

[2]潘国荣, 荣一夫. 盾构通用管片排版与纠偏控制的简化解算[J]. 大地测量与地球动力学, 2014, 34(01): 55-58.

[3]储柯钧. 地铁盾构管片在平、竖曲线上的排版探讨[J]. 隧道建设, 2007(04): 20-22.

[4]张志华, 朱国力, 隆泗. 盾构管片排版计算方法的研究[J]. 地下空间与工程学报, 2013, 9(05):1040-1044.

[5]张文萃, 穆世旭, 李家涛, 等. 盾构隧道通用管片排版设计与纠偏研究[J]. 施工技术, 2013, 42(13): 89-92.

[6]张忠桢, 骆汉宾, 余群舟, 等. 地铁圆弧形隧道等腰楔形环的拼装与设计——齐次变换方法[J]. 隧道建设, 2017, 37(10): 1217-1226.

[7]刘欣, 刘鑫, 柳宪东. 标准环+转弯环的双面楔形盾构管片排版技术研究[J]. 隧道建设, 2018, 38(05): 805-808.

[8]熊驷东. 盾构隧道管片结构优化设计研究[D]. 武汉: 武汉理工大学, 2014.

[9]蒋洪胜, 侯学渊. 盾构法隧道管片接头转动刚度的理论研究[J]. 岩石力学与工程学报, 2004(09): 1574-1577.

[10]张厚美, 吕国梁. 圆形隧道衬砌结构计算模型综述[J]. 现代隧道技术, 2000(2): 1-6.

[11]曾东洋, 何川. 盾构隧道衬砌结构内力计算方法的对比分析研究[J]. 地下空间与工程学报, 2005, 1(5): 707-712.

[12]赵青. 盾构隧道三维数值分析方法与衬砌力学特性研究[D]. 成都: 西南交通大学, 2017.

[13]苏宗贤, 何川. 盾构隧道纵向变形附加内力的壳-弹簧-接触模型数值分析[J]. 现代隧道技术, 2015, 52(6): 70-76.

[14]土木学会. 隧道标准规范(盾构篇)及解说[M]. 北京：中国建筑工业出版社, 2011.

[15]叶飞, 何川, 王士民. 盾构隧道施工期衬砌管片受力特性及其影响分析[J]. 岩土力学, 2016, 32(06): 1801-1807.

[16]吴鸣泉. 钢纤维砼盾构管片在地铁隧道工程的应用研究[J]. 广东建材, 2004(3): 6-8.

[17]李国栋. 海相饱和软土地层盾构管片开裂分析及处治[J]. 西部交通科技, 2015(1): 43-46.

[18]竺维彬, 鞠世健. 盾构隧道管片开裂的原因及相应对策[J]. 现代隧道技术, 2003, 40(1): 21-25.

[19]Bezuijen A, Talmon A M. Grout properties and their influence on back fill grouting[J]. International Society for Soil Mechanics and Geotechnical Engineering, 2005: 187-193.

[20]Bezuijen A, Talmon A M, Kaalberg F J, et al. Field measurements of grout pressures during tunnelling of the Sophia Rail Tunnel[J]. Soils and Foundations, 2004, 44(1): 39-48.

[21]Zhang R L , Tang L M , Tang K. Analysis on segment floating in the construction of large-diameter crossing-river shield tunnel[J]. Applied Mechanics and Materials, 2015, 724: 17-21.

[22]Mo H H, Chen J S. Study on inner force and dislocation of segments caused by shield machine attitude[J]. Tunnelling & Underground Space Technology, 2008, 23(3): 281-291.

[23]Chen J S, Mo H H. Study on effect of segments erection tolerance and wedge-shaped segment on segment ring in shield tunnel[J]. Journal of Zhejiang University Science A, 2006, 7(11): 1864-1869.

[24]宋克志, 袁大军, 王梦恕. 盾构法隧道施工阶段管片的力学分析[J]. 岩土力学, 2008, 29(3): 619-623.

[25]廖少明, 门燕青, 张迪, 等. 钱江隧道管片拼装过程中的力学行为实测分析[J]. 岩土工程学报, 2015, 37(1): 156-164.

[26]焦齐柱, 万波, 门燕青, 等. 盾构施工中不利工况下隧道结构的力学行为[J]. 地下空间与工程学报, 2016, 12(5):

1308-1314.

[27]陈俊生，莫海鸿. 盾构隧道管片施工阶段力学行为的三维有限元分析[J]. 岩石力学与工程学报, 2006, 25(z2): 3482-3489.

[28]梁禹，阳军生，林辉. 大直径盾构隧道施工阶段管片上浮与受力研究[J]. 现代隧道技术, 2016, 53(3): 91-97.

[29]叶飞，朱合华，丁文其，等. 大断面盾构隧道施工抗浮计算研究[J]. 地下空间与工程学报, 2007, 3(5): 849-853.

[30]叶飞，朱合华，何川. 盾构隧道壁后注浆扩散模式及对管片的压力分析[J]. 岩土力学, 2009, 30(5): 1307-1312.

[31]魏纲，洪杰，魏新江. 盾构隧道施工阶段管片上浮的力学分析[J]. 岩石力学与工程学报, 2012, 31(6): 1257-1263.

[32]肖明清，孙文昊，韩向阳. 盾构隧道管片上浮问题研究[J]. 岩土力学, 2009, 30(4): 1041-1045.

[33]Shayanfar M A, Mahyar P, Jafari A, et al. Classification of precast concrete segments damages during production and transportation in mechanized shield tunnels of Iran[J]. Civil Engineering Journal, 2017, 3(6): 412-426.

[34]Sugimoto M. Causes of shield segment damages during construction[C]//International Symposium on Underground Excavation and Tunnelling, Bangkok, Thailand, 2006.

[35]Gruebl F. Segmental rings (critical loads and damage prevention)[C]//International Symposium on Underground Excavation and Tunnelling, Bangkok, Thailand, 2006: 9-19.

[36]Zhou J H, Wu D, Zhou S H, et al. Analysis on damage cause of shield tunnel segments during construction[J]. Advanced Materials Research, 2012, 594-597: 1308-1313.

[37]Cavalaro S H P, Blom C B M, Walraven J C, et al. Structural analysis of contact deficiencies in segmented lining[J]. Tunnelling & Underground Space Technology Incorporating Trenchless Technology Research, 2011, 26(6): 734-749.

[38]陈俊生，莫海鸿，梁仲元. 盾构隧道施工阶段管片局部开裂原因初探[J]. 岩石力学与工程学报, 2006, 25(5): 906-910.

[39]董明钢，张雷，姚海明，等. 盾构管片拼装过程中破裂现象的可靠度分析[J]. 地下空间与工程学报, 2006, 2(6): 916-920.

[40]黄仁东，金浩，蒙水儒. 基于理想点法的盾构隧道管片上浮致伤诊断[J]. 中国安全科学学报, 2013, 23(1): 48.

[41]卢岱岳，何川，王士民. 千斤顶作用下带榫管片的裂纹扩展规律[J]. 西南交通大学学报, 2017, 52(1): 75-82.

[42]Peck R B. Deep Excavations and Tunnelling in Soft Ground[C]//Proc. 7th International Conference on Soil Mechanics and Foundation Engineering, Mexico, 1969: 225-290.

[43]Loganathan N, Poulos H G. Analytical prediction for tunneling-induced ground movements in clays[J]. Journal of Geotechnical and Geoenvironmental Engineering, 1998(9):846-856.

[44]缪林昌，王非，吕伟华. 城市地铁隧道施工引起的地面沉降[J]. 东南大学学报. 2008, 38(2): 293-297.

[45]王建秀，付慧仙，朱雁飞，等. 基于地层损失的盾构沉降计算方法研究进展[J]. 地下空间与工程学报, 2010, 6(1):112-119.

[46]Anagnostou G, Kovári K. Face stability conditions with earth-pressure-balanced shields[J]. Tunnelling & Underground Space Technology, 1996, 11(2): 165-173.

[47]Kim S H, Jeong G H, Kim J S. Predicted and measured tunnel face behaviour during shield tunneling in soft ground[J]. Tunnelling & Underground Space Technology, 2006, 21(s3-4): 264.

[48]Vermeer P A, Bonnier P G, Möller S C. On a smart use of 3D-FEM in tunneling[J]. The 8th International Symposium on Numerical Models in Geomechanics, Italy, 2002.

[49]金大龙，袁大军，李兴高. 盾构土舱压力变化规律测试试验与理论分析[J]. 岩石力学与工程学报, 2016(A01): 2960-2967.

[50]胡新朋，孙谋，李建华，等. 地铁 EPB 盾构不同地层土仓压力设置问题研究[J]. 地下空间与工程学报, 2006, 8(2): 1413-1417.

[51]李向红，傅德明. 土压平衡模型盾构掘进试验研究[J]. 岩土工程学报, 2006, 28(9): 1101-1105.

[52]上官子昌，李守巨，栾茂田. 土压平衡盾构机密封舱土压力优化设置问题[J]. 建筑技术, 2009, 40(12): 1068-1073.

[53]张载松. 盾构壁后注浆对隧道及地表沉降影响的研究[D]. 济南: 山东大学, 2014.

[54]吕乾乾. 地铁盾构隧道同步注浆施工对地层沉降影响的预测分析[D]. 天津: 天津大学, 2012.

[55]张励. 盾构掘进参数对地表沉降影响分析[D]. 北京: 北京交通大学, 2012.

[56]杨成, 杨志团, 赖远明, 等. 兰州地铁下穿黄河段同步注浆参数控制研究[J]. 兰州交通大学学报, 2019, 38(02):15-19.

[57]吴圣智, 姜志毅, 王明年, 等. 考虑回填层的护盾式TBM隧道结构设计方法研究[J]. 岩土工程学报, 2018, 40(05): 857-863.

[58]Kasper T, Meschke G. A 3D finite element simulation model for TBM tunnelling in soft ground[J]. International Journal for Numerical and Analytical Methods in Geomechanics, 2004, 28(4):1441-1460.

[59]Kasper T, Meschke G. On the influence of face pressure, grouting pressure and TBM design in soft ground tunnelling[J]. Tunnelling and Underground Space Technology, 2006, 21(2):160-171.

[60]叶飞. 软土盾构隧道施工期上浮机理分析及控制研究[D]. 上海: 同济大学, 2007.

[61]叶飞, 苟长飞, 刘燕鹏, 等. 盾构隧道壁后注浆浆液时变半球面扩散模型[J]. 同济大学学报(自然科学版), 2011, 40(12): 1789-1794.

[62]叶飞, 苟长飞, 陈治, 等. 盾构隧道粘度时变性浆液壁后注浆渗透扩散模型[J]. 中国公路学报, 2013(01): 131-138.

[63]李志明, 廖少明, 戴志仁. 盾构同步注浆填充机理及压力分布研究[J]. 岩土工程学报, 2010, 32(11): 1752-1757.

[64]杨果林, 张沛然, 陈亚军, 等. 长沙典型地层土压平衡盾构掘进参数及表现预测[J]. 中南大学学报(自然科学版), 2020, 51(08): 2069-2080.

[65]赵海雷, 孙振川, 张兵, 等. 基于 CSM 改进模型的 TBM 刀盘关键参数相关性研究[J].隧道建设(中英文), 2020, 40(s1): 169-178.

[66]王洪新, 傅德明. 土压平衡盾构掘进的数学物理模型及各参数间关系研究[J]. 土木工程学报, 2006, 39(9): 86-90.

[67]朱合华, 徐前卫, 郑七振, 等. 软土地层土压平衡盾构施工参数的模型试验研究[J]. 土木工程学报, 2007, 40(9): 87-94.

[68]张莹, 蔡宗熙, 冷永刚, 等. 盾构机掘进参数的关联分析与地质特征识别[J]. 哈尔滨工程大学学报, 2011, 32(4): 476-480.

[69]Teale R. The concept of specific energy in rock drilling[J]. International Journal of Rock Mechanics & Mining Sciences & Geomechanics Abstracts, 1965, 2(1): 57-73.

[70]Paul B, Sikarskie D L. A preliminary theory of static penetration by a rigid wedge into a brittle material[J]. Trans. AIME, 1965, 232: 372-383.

[71]宋克志, 袁大军, 王梦恕. 盘形滚刀与岩石相互作用研究综述[J]. 铁道工程学报, 2005, 22(6): 66-69.

[72]Ozdemir L, Wang F D. Mechanical tunnel boring prediction and machine design[J]. Nasa Sti/Recon Technical Report N, 1979, 80.

[73]Rostami J. Development of a force estimation model for rock fragmentation with disc cutters through theoretical modeling and physical measurement of crushed zone pressure[D]. Golden: Colorado School of Mines, 1997.

[74]徐小荷, 余静. 岩石破碎学[M]. 北京: 煤炭工业出版社, 1984.

[75]孙鸿范, 陈健元, 陈刚. 掘进机盘形滚刀破岩力及计算载荷的研究[J]. 工程机械, 1980(8): 40-53.

[76]茅承觉, 刘春林. 掘进机盘形滚刀压痕试验分析[J]. 工程机械, 1988, 19(4): 7-12.

[77]张照煌. 全断面岩石掘进机及其刀具破岩理论[M]. 北京: 中国铁道出版社, 2003.

[78]中国科学技术情报研究所. 岩石掘进机译文集[C]. 北京: 科学技术文献出版社, 1978: 1-5.

[79]Rojek J. Discrete element modelling of rock cutting[J]. Computer Methods in Materials Science, 2007, 7(2): 224-230.

[80]Liu Y, Mavroidis C, Bar-Cohen Y, et al. Optimal Design of the Coring Bit Cutting Edge in Percussive/Vibratory Drilling[C]//ASME 2005 International Design Engineering Technical Conferences and Computers and Information in Engineering Conference. American Society of Mechanical Engineers, 2005: 415-423.

[81]Yilmaz N G, Yurdakul M, Goktan R M. Prediction of radial bit cutting force in high-strength rocks using multiple linear regression analysis[J]. International Journal of Rock Mechanics and Mining Sciences, 2007, 6(44): 962-970.

[82]Jia H, Liu F, Zhang H, et al. Improvement of planosol solum: part 7, mechanical properties of soils[J]. Journal of Agricultural Engineering Research, 1998, 70(2): 177-183.

[83]宋克志, 潘爱国. 盾构切削刀具的工作原理分析[J]. 建筑机械, 2007(2):74-76.

[84]管会生, 高波. 复合式土压平衡盾构刀具切削扭矩的研究[J]. 现代隧道技术, 2008(2):73-78.

[85]赵学彬. 盾构刀具堆焊层设计与性能研究[D]. 北京: 北京工业大学, 2007.

[86]张旭辉, 谭青, 夏毅敏, 等. 盾构切刀切削软岩特性研究[J]. 现代隧道技术, 2015, 52(5): 184-191.

[87]暨智勇. 盾构掘进机切刀切削软岩和土壤受力模型研究及实验验证[D]. 长沙: 中南大学, 2009.

[88]Gong Q M, Zhao J, Jiao Y Y. Numerical modeling of the effects of joint orientation on rock fragmentation by TBM cutters[J]. Tunnelling and Underground Space Technology, 2005, 20(2): 183-191.

[89]Gong Q M, Jiao Y Y, Zhao J. Numerical modelling of the effects of joint spacing on rock fragmentation by TBM cutters[J]. Tunnelling and Underground Space Technology, 2006, 21(1): 46-55.

[90]Ma H, Yin L, Ji H. Numerical study of the effect of confining stress on rock fragmentation by TBM cutters[J]. International Journal of Rock Mechanics and Mining Sciences, 2011, 48(6): 1021-1033.

[91]孙金山, 陈明, 陈保国, 等. TBM 滚刀破岩过程影响因素数值模拟研究[J]. 岩土力学, 2011, 32(6):1891-1897.

[92]Cho J W, Jeon S, Yu S H, et al. Optimum spacing of TBM disc cutters: A numerical simulation using the three-dimensional dynamic fracturing method[J]. Tunnelling and Underground Space Technology, 2010, 25(3): 230-244.

[93]Wang K, Tan Q, Xia Y, et al. The simulation analysis of the TBM disc cutter phase angle[C]//International Conference on Intelligent Robotics and Applications. Springer, Berlin, Heidelberg, 2010: 348-355.

[94]夏毅敏, 薛静, 周喜温. 软岩切削过程的三维数值模拟[J]. 长安大学学报(自然科学版), 2010(4):102-106.

[95]谭青, 徐孜军, 夏毅敏, 等. 盾构切刀作用下岩石动态响应机制的数值模拟研究[J]. 岩土工程学报, 2013, 35(2): 235-242.

[96]徐孜军, 谭青, 夏毅敏, 等. 盾构切刀顺次破岩机制的数值模拟研究[J]. 岩土力学, 2013(12): 3625-3632.

[97]申会宇, 张威威, 张家年. 不同结构参数下盾构切刀切削土体数值模拟研究[J]. 隧道建设, 2016, 36(7): 881-886.

[98]蔡宝, 石坤举, 朱文华. 基于 ABAQUS 的盾构切刀群模拟切削研究[J]. 隧道建设, 2017, 37(10): 1334-1340.

[99]Zare S, Bruland A. Applications of NTNU/SINTEF drillability indices in hard rock tunneling[J]. Rock Mechanics and Rock Engineering, 2013, 46(1): 179-187.

[100]张厚美. 复合地层中盾构刀具磨损的检测方法研究[C]// 2005 上海国际隧道工程研讨会, 2005.

[101]李笑, 苏小江. 盾构滚刀磨损的多元非线性回归预测[J]. 辽宁工程技术大学学报(自然科学版), 2009, 28(2): 281-283.

[102]李刚, 朱立达, 杨建宇, 等. 基于 CSM 模型的硬岩 TBM 滚刀磨损预测方法[J]. 中国机械工程, 2014, 25(1): 32-35.

[103]王立辉. 全断面岩石掘进机刀具磨损状态的分析与识别[D]. 天津: 天津大学, 2012.

[104]张照煌. 全断面岩石掘进机平面刀盘上盘形滚刀磨损研究[J]. 现代隧道技术, 2007, 44(6): 32-36.

[105]赵海鸣, 舒标, 夏毅敏, 等. 基于磨料磨损的 TBM 滚刀磨损预测研究[J]. 铁道科学与工程学报, 2014(4):152-158.

[106]张明富. 土压平衡盾构掘进刀具动态磨损研究[D]. 北京: 北京交通大学, 2007.

[107]张凤祥, 朱合华, 傅德明. 盾构隧道[M]. 北京: 人民交通出版社, 2004.

[108]梁国宝. 隧道连续皮带机设计及动态分析研究[D]. 成都: 西南交通大学, 2013.

[109]曾文宇. 煤矿斜井连续皮带出渣机关键技术研究[D]. 成都: 西南交通大学, 2017.

[110]王可强. 马蹄形盾构连续皮带机的动态分析与研究[D]. 成都: 西南交通大学, 2017.

[111]吴惠明, 周文波. 高效运输系统在盾构法隧道施工中的应用[J]. 岩石力学与工程学报, 2004, 23(s2): 5136-5139.

[112]徐道亮. 土压平衡盾构高含水量渣土出渣技术研究[D]. 长沙: 中南大学, 2014.

[113]张振兴, 陈军, 秦秀清. 长距离大运量矿用下运带式输送机设计[J]. 煤矿机械, 2011, 32(9): 1-3.

[114]戴仕敏. 土压平衡盾构施工中同步延伸皮带机的关键技术[J]. 中国市政工程, 2010(s1): 76-77.

[115]张雪峰, 毛君, 王洁. 解决煤炭皮带运输机跑偏的几种有效方法[J]. 辽宁工程技术大学学报, 2010, 29(s1): 99-101.

[116]周振, 符志华, 周永习. 超大直径土压平衡盾构同步延伸皮带机纠偏技术研究[C]//中国国际隧道工程研讨会, 2011.

[117]陈永辉, 李建伟. 关角隧道传统出渣方式与皮带运输机出渣方式的比较研究[J]. 科技信息, 2009(8): 280-281.

[118]杨庆辉. 地铁 TBM 施工出渣方式优化探讨[J]. 国防交通工程与技术, 2016, 14(5): 26-29.

[119]齐梦学, 邓勇, 王雁军, 等. 敞开式 TBM 施工出渣方式对比分析[J]. 工程机械, 2009, 40(9): 52-56.

[120]秦建设, 朱伟, 陈剑. 盾构姿态控制引起管片错台及开裂问题研究[J]. 施工技术, 2004, 33(10): 25-27.

[121]贺雄飞, 王光辉. 单液活性同步注浆浆液的配合比试验[J]. 隧道建设, 2010, 30(1): 15-20, 29.

[122]方勇, 何川. 考虑施工过程的土压平衡式盾构隧道掘进数值分析[J]. 铁道工程学报, 2009, 26(11): 56-60.

[123]职洪涛, 路明鉴, 杜守继. 盾构隧道通缝拼装管片上浮的数值模拟分析[J]. 地下空间与工程学报, 2007, 3(s2):1480-1483.

[124]孙钧, 刘洪洲. 交叠隧道盾构法施工土体变形的三维数值模拟[J]. 同济大学学报(自然科学版), 2002, 30(4): 379-385.

[125]Liu C, Zhang Z, Regueiro R A. Pile and pile group response to tunnelling using a large diameter slurry shield – Case study in Shanghai[J]. Computers and Geotechnics, 2014, 59: 21-43.

[126]中华人民共和国住房和城乡建设部. GB50010-2010 混凝土结构设计规范[S]. 北京：中国建筑工业出版社, 2010.

[127]晏启祥, 李彬, 张蒙, 等. 列车撞击荷载的有限元数值分析[J]. 西南交通大学学报, 2016, 51(1):1-7.

[128]陈仁朋, 刘源, 刘声向, 等. 盾构隧道管片施工期上浮特性[J]. 浙江大学学报(工学版), 2014, 48(6): 1068-1074.

[129]李宇杰, 何平, 秦东平. 盾构隧道管片纵缝错台的影响分析[J]. 工程力学, 2012, 29(11): 277-282.

[130]Yan Q, Xu Y, Zhang W, et al. Numerical analysis of the cracking and failure behaviors of segmental lining structure of an underwater shield tunnel subjected to a derailed high-speed train impact[J]. Tunnelling and Underground Space Technology, 2018, 72: 41-54.

[131]O'Reilly M P, Mair R J. Long-term settlements over tunnels: an eleven-year study at Grimsby[C]//Proceedings of Conference Tunnelling，London, 1991: 55-64.

[132]Bowers K H, Hiller D M. Ground movement over three years at the Heathrow Express trial tunnel[C]. Proceedings International Symposium on Geotechnical Aspects of Underground Construction in Soft Ground, London, 1996：647-652.

[133]Shirlaw J N. Pore pressures around tunnels in clay: Discussion[J]. Canadian Geotechnical Journal, 1993, 30(6):1044-1046.

[134]Cooper M L, Chapman D N, Rogers C D F. Movements in the Piccadilly Line tunnels due to the Heathrow Express construction[J]. Geotechnique, 2002, 52(4): 243-257.

[135]刘建航, 侯学渊. 盾构法隧道[M]. 北京: 中国铁道出版社, 1991.

[136]肖勤, 刘松樵. 盾构施工扰动地层的再固结沉降分析[J]. 地下工程与隧道, 2007(3): 40-43.

[137]刘松樵. 软土扰动地层再固结及其对地铁隧道的影响[D]. 上海: 同济大学, 2007.

[138]王洪新, 傅德明. 土压平衡盾构平衡控制理论及试验研究[J]. 土木工程学报, 2007, 40(5): 62-68.

附 录

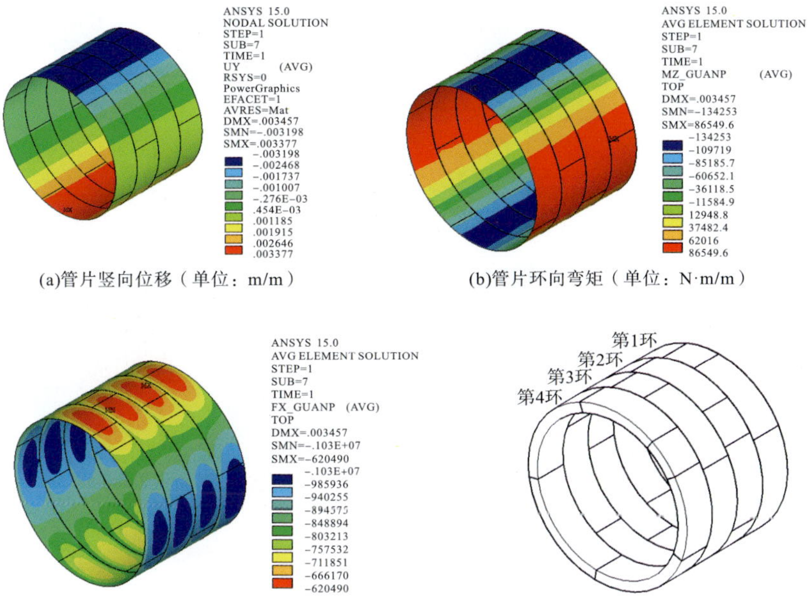

(a)管片竖向位移（单位：m/m）

(b)管片环向弯矩（单位：N·m/m）

(c)管片环向轴力（单位：N/m）

(d)管片环数示意图

图 2-35 管片内力与变形云图

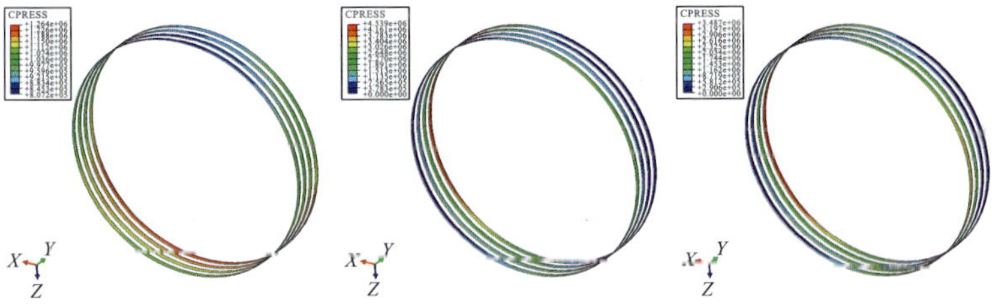

(a)分析步2

(b)分析步3

(c)分析步4

图 3-22 不同分析步结束时尾刷接触压力

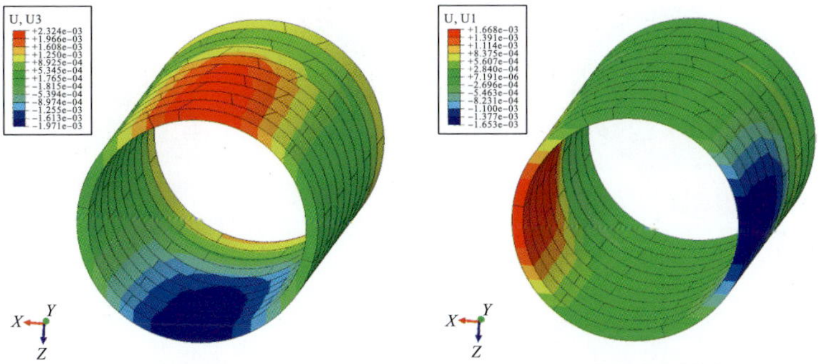

(a)分析步2管片竖向位移

(b)分析步2管片水平位移

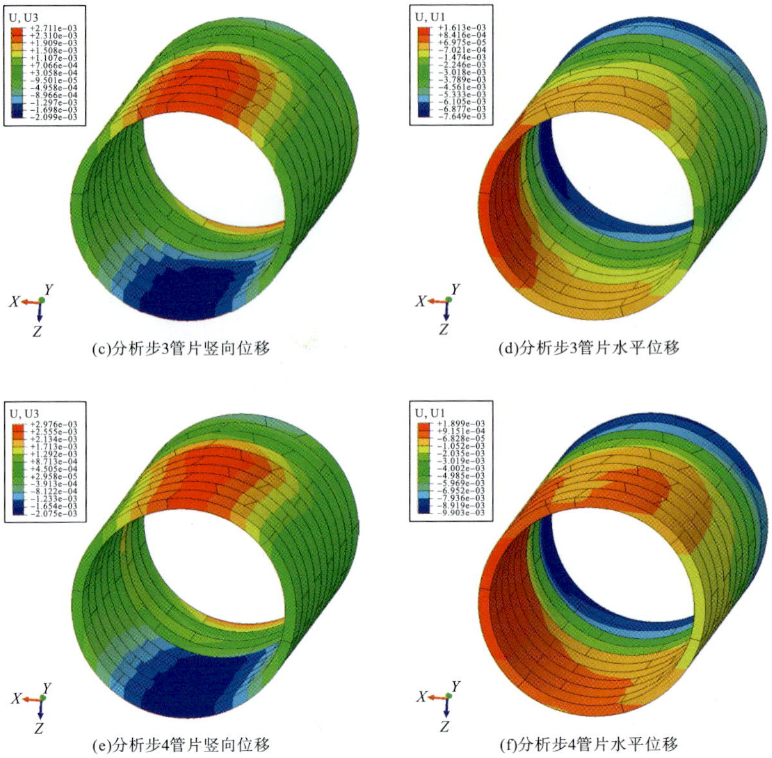

(c)分析步3管片竖向位移　　(d)分析步3管片水平位移

(e)分析步4管片竖向位移　　(f)分析步4管片水平位移

图 3-24　不同分析步结束时管片位移云图

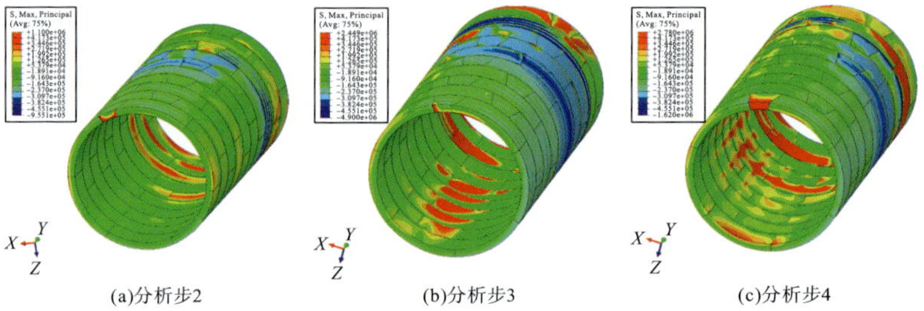

(a)分析步2　　(b)分析步3　　(c)分析步4

图 3-27　不同分析步结束时管片最大主应力

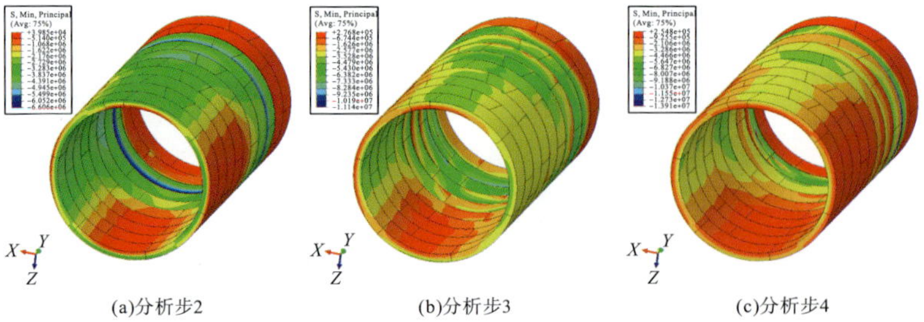

(a)分析步2　　(b)分析步3　　(c)分析步4

图 3-28　不同分析步结束时管片最小主应力

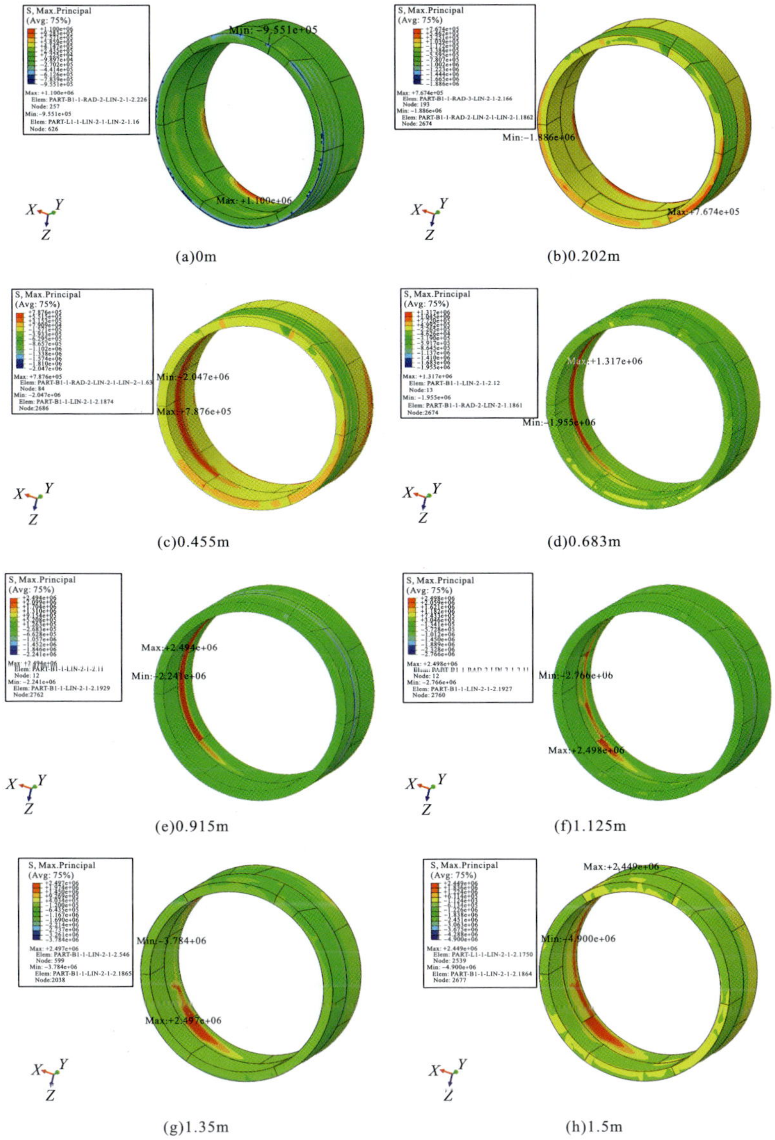

图 3-29　分析步 3 盾壳移动不同距离时管片最大主应力

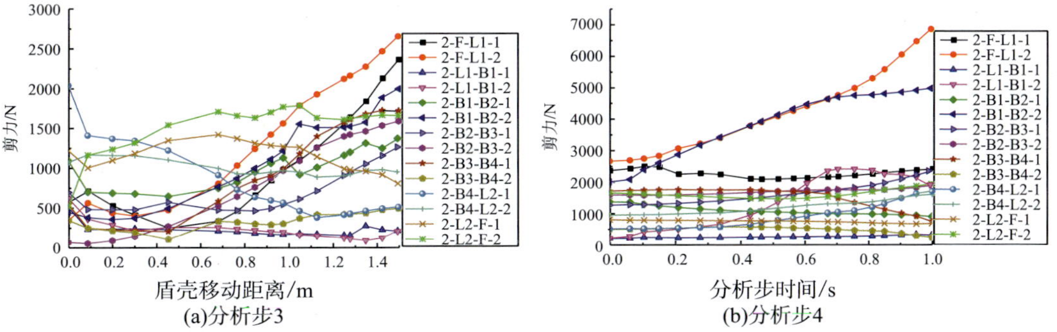

图 3-31　R2 环管片环向螺栓剪力在不同分析步中的变化过程

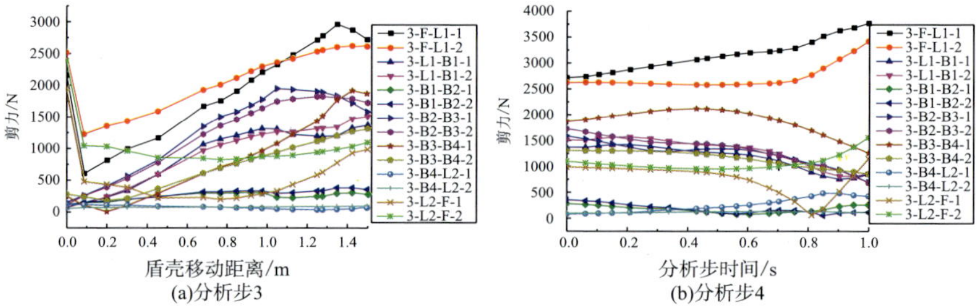

图 3-32 R3 环管片环向螺栓剪力在不同分析步中的变化过程

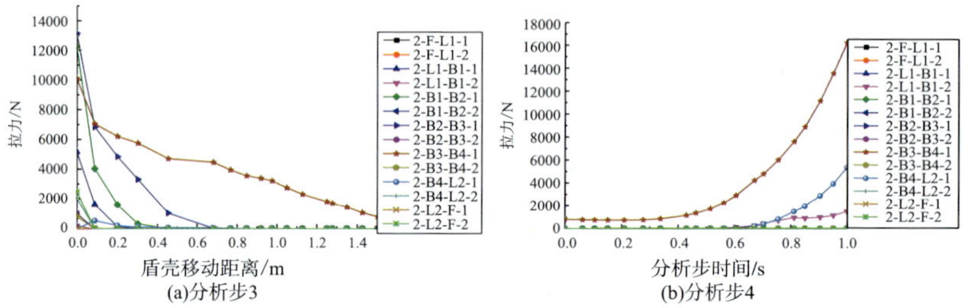

图 3-33 R2 环管片环向螺栓拉力在不同分析步中的变化过程

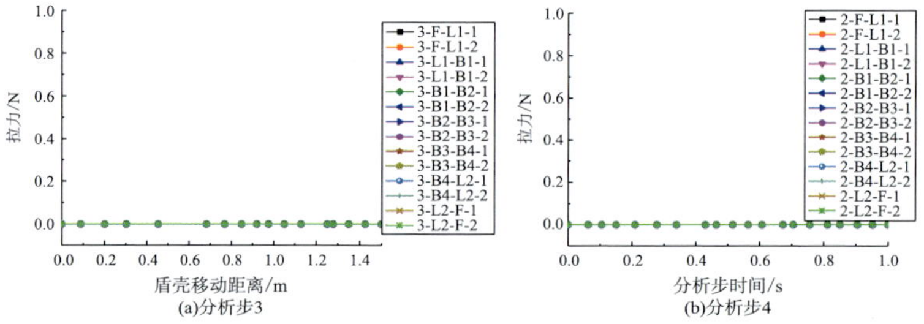

图 3-34 R3 环管片环向螺栓拉力在不同分析步中的变化过程

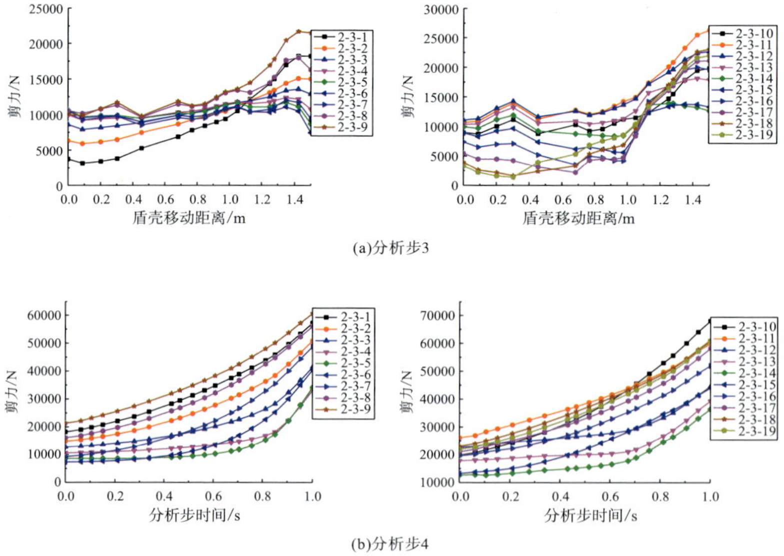

图 3-35 R2～3 环接缝纵向螺栓剪力在不同分析步中的变化过程

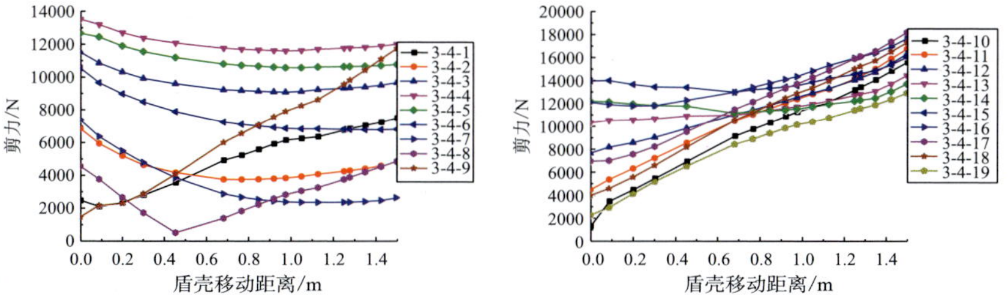

(a)分析步3

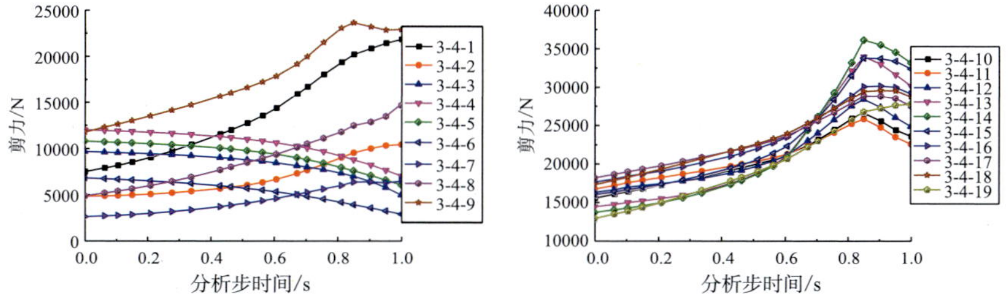

(b)分析步4

图 3-36　R3～4 环管片纵向螺栓剪力在不同分析步中的变化过程

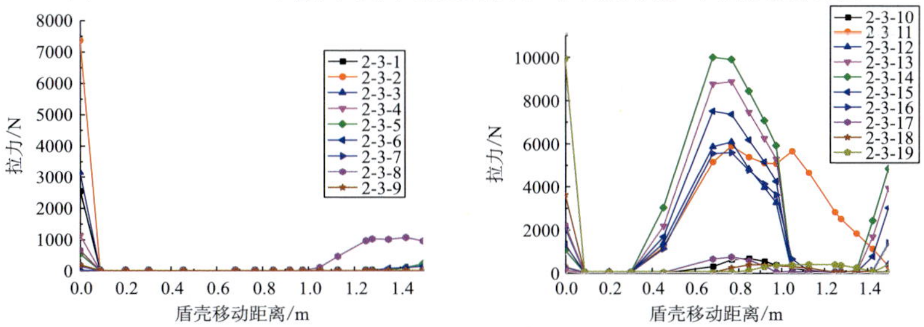

(a)分析步3

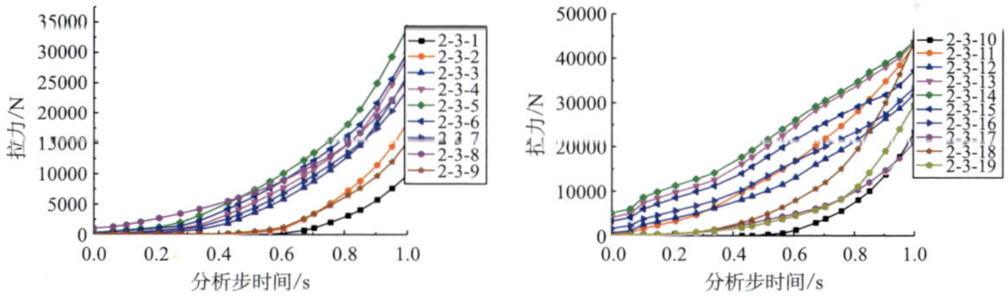

(b)分析步4

图 3-37　R2～3 环管片纵向螺栓拉力在不同分析步中的变化过程

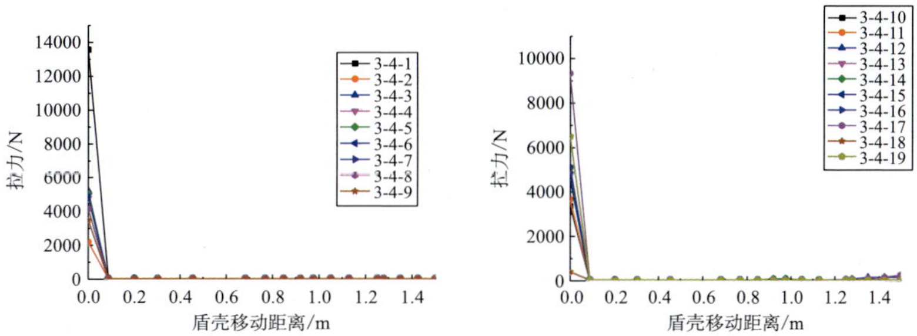

(a)分析步3

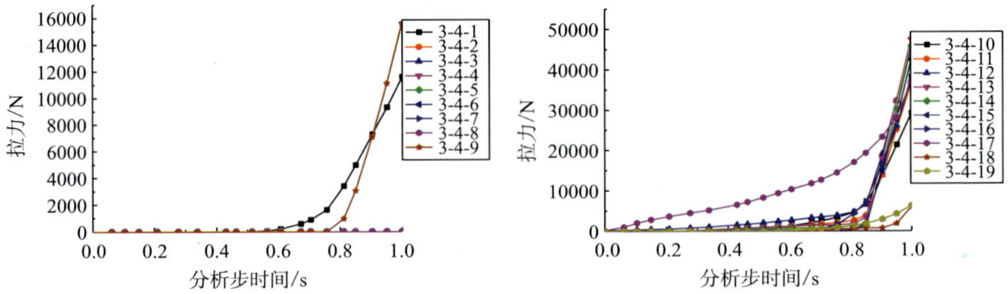

(b)分析步4

图 3-38 R3～4 环管片纵向螺栓拉力在不同分析步中的变化过程

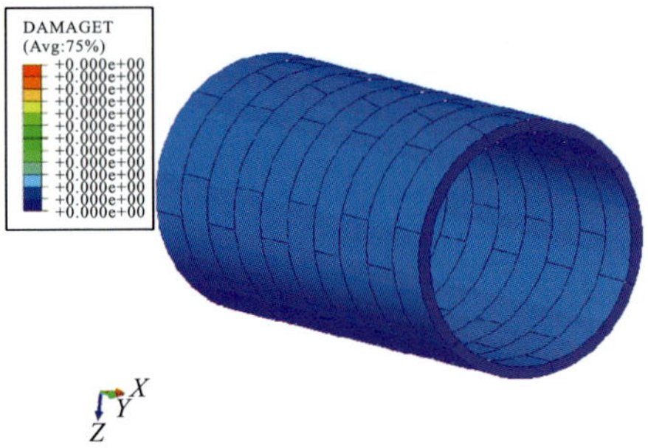

(a)分析步2拉伸损伤

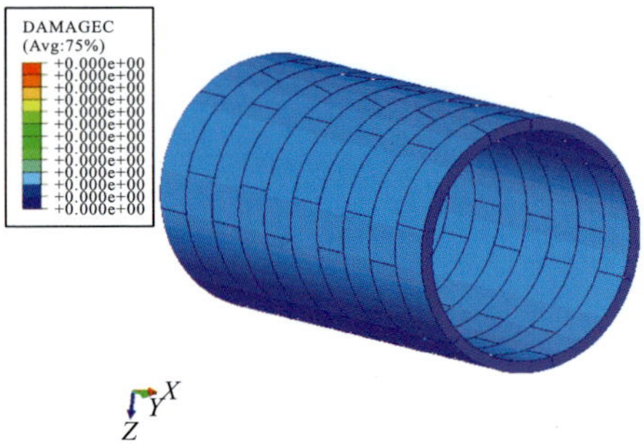

(b)分析步2压缩损伤

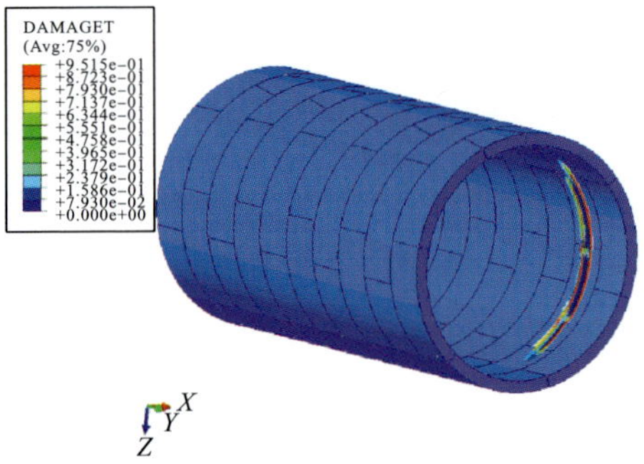

(c)分析步3拉伸损伤

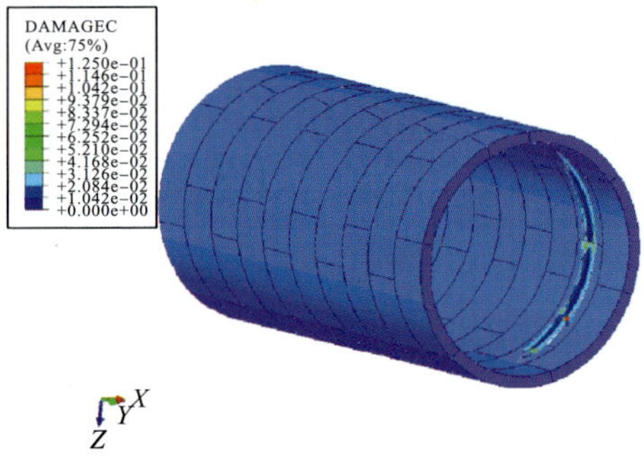

(d)分析步3压缩损伤

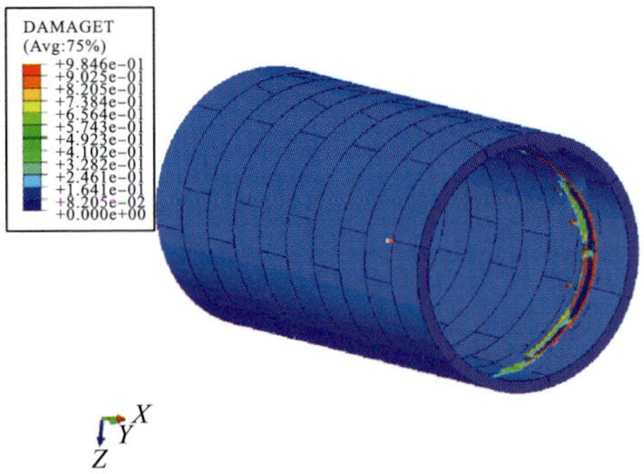

(e)分析步4拉伸损伤

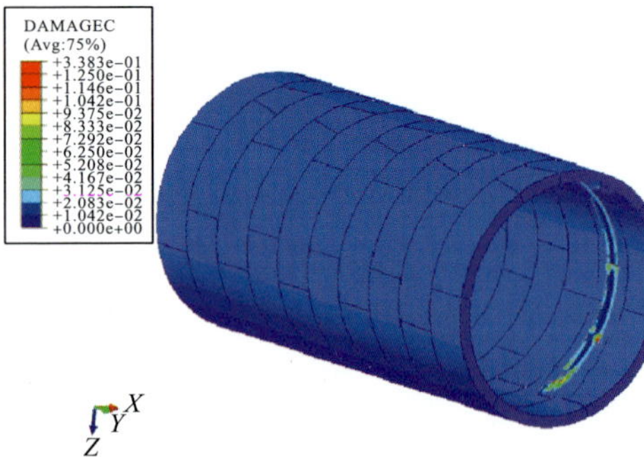

(f)分析步4压缩损伤

图 3-39 不同分析步结束时管片损伤情况

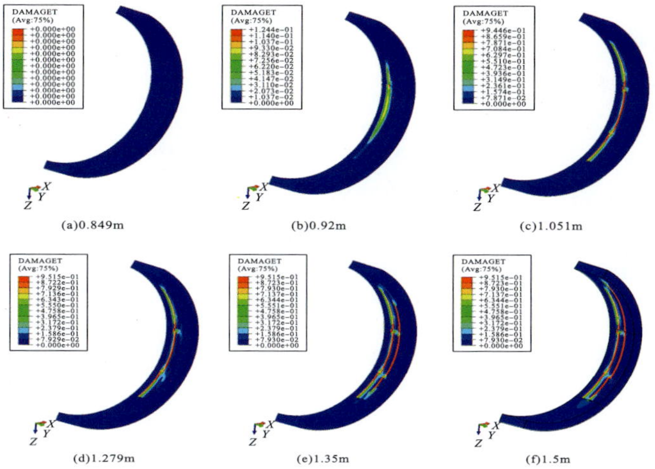

图 3-40　R2 环管片拉伸损伤随盾壳移动发展过程

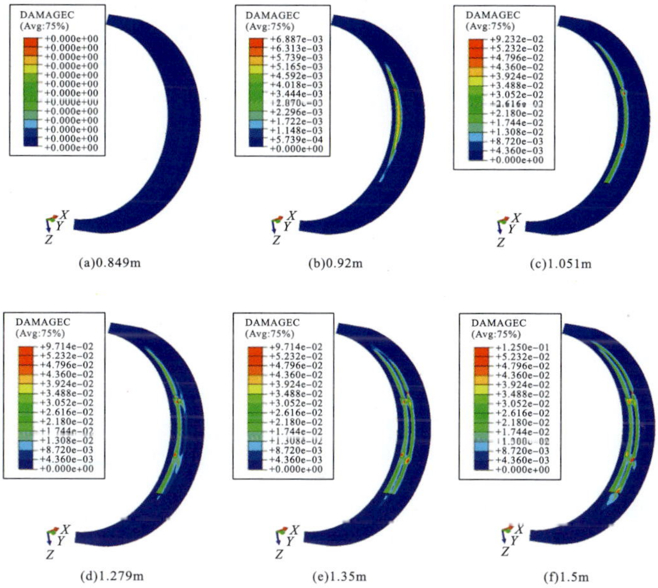

图 3-41　R2 环管片压缩损伤随盾壳移动发展过程

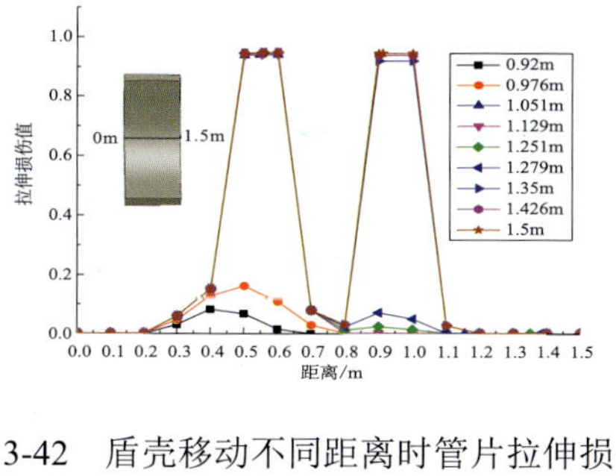

图 3-42　盾壳移动不同距离时管片拉伸损伤沿幅宽分布

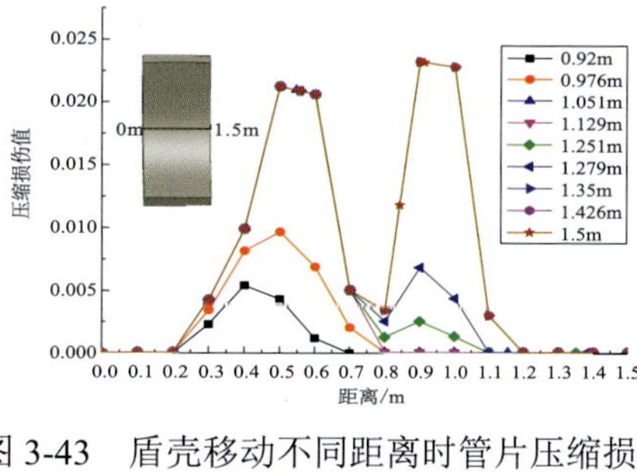

图 3-43　盾壳移动不同距离时管片压缩损伤沿幅宽分布

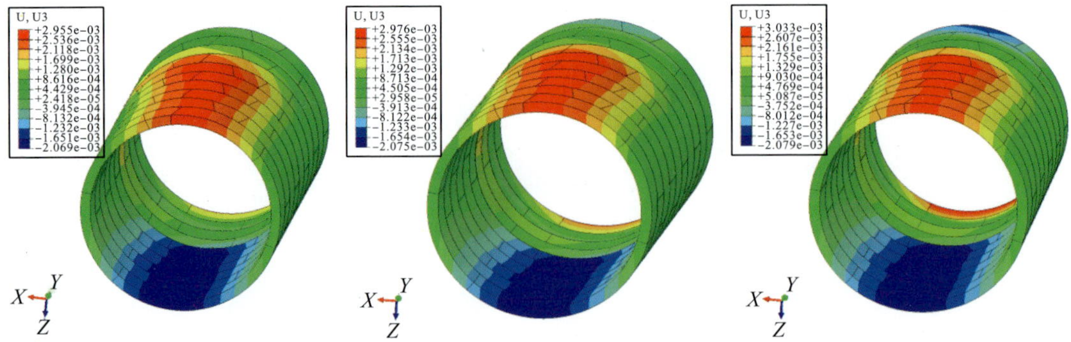

(a)偏离0.8°竖向位移　(b)偏离1.0°竖向位移　(c)偏离1.2°竖向位移

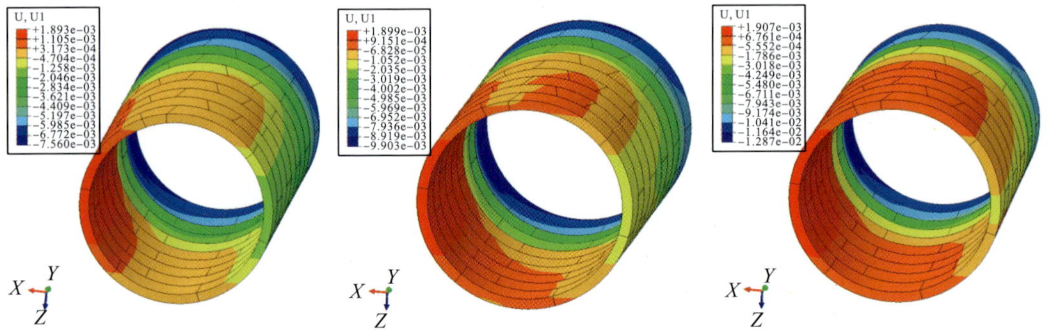

(d)偏离0.8°水平位移　(e)偏离1.0°水平位移　(f)偏离1.2°水平位移

图 3-48　不同偏离角度下顶推力撤去后管片位移云图

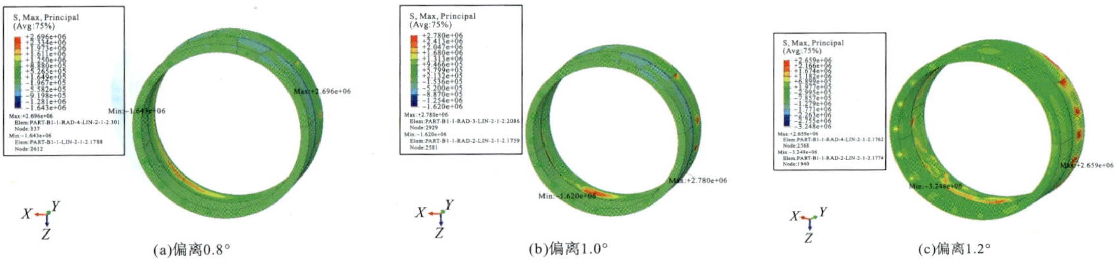

(a)偏离0.8°　(b)偏离1.0°　(c)偏离1.2°

图 3-51　不同偏离角度下顶推力撤去后管片最大主应力云图

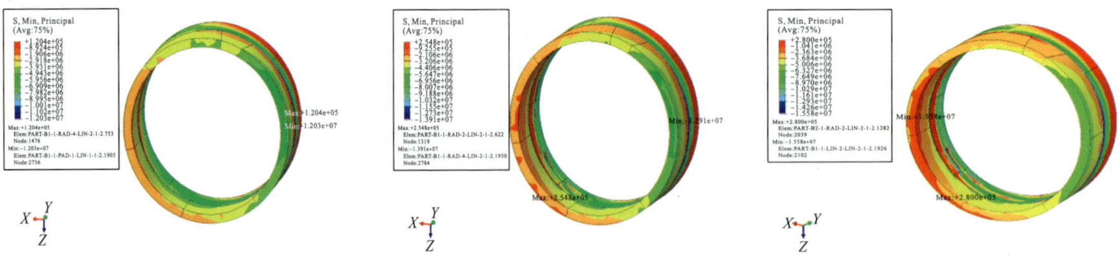

(a)偏离0.8°　(b)偏离1.0°　(c)偏离1.2°

图 3-52　不同偏离角度下顶推力撤去后管片最小主应力云图

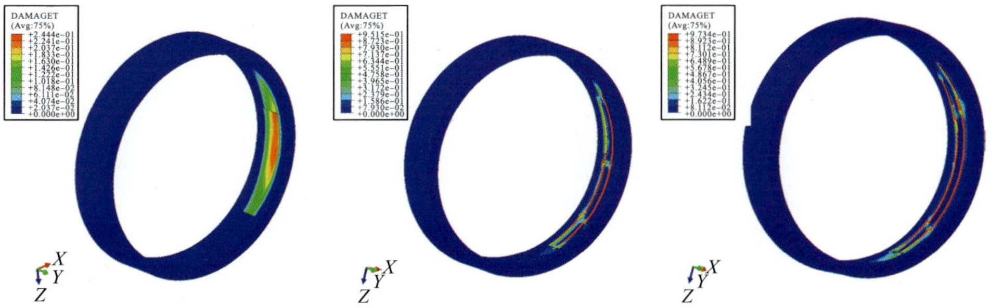

(a)偏离0.8°　　(b)偏离1.0°　　(c)偏离1.2°

图 3-57　不同偏离角度下盾壳移动一环后管片拉伸损伤

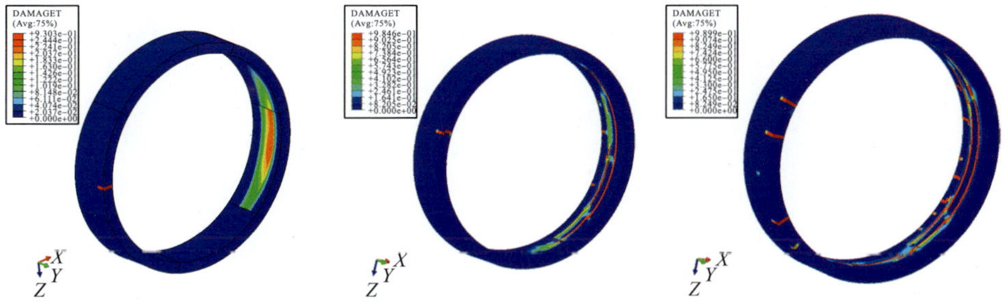

(a)偏离0.8°　　(b)偏离1.0°　　(c)偏离1.2°

图 3-58　不同偏离角度下顶推力撤去后管片拉伸损伤

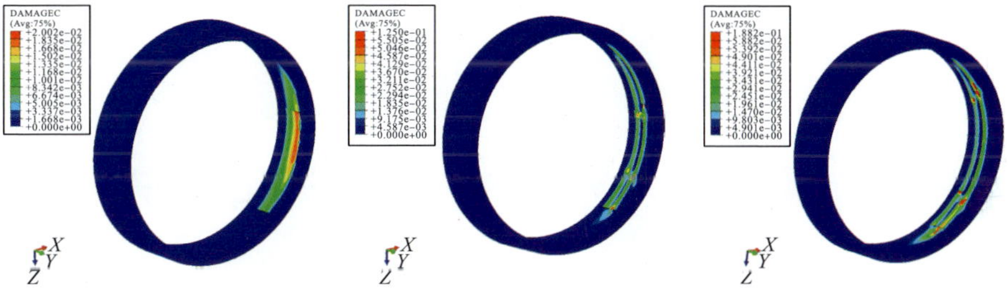

(a)偏离0.8°　　(b)偏离1.0°　　(c)偏离1.2°

图 3-59　不同偏离角度下盾壳移动一环后管片压缩损伤

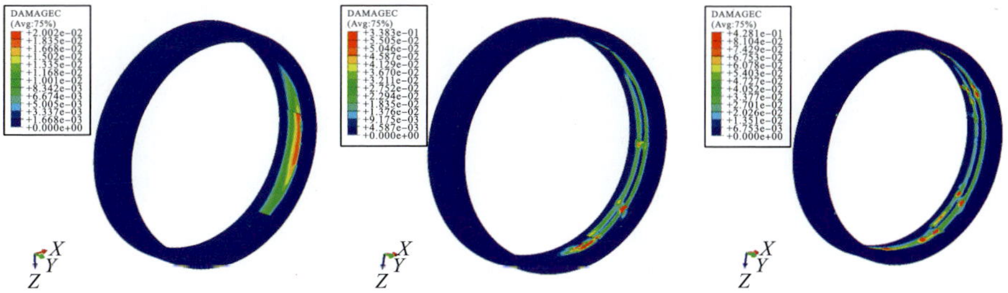

(a)偏离0.8°　　(b)偏离1.0°　　(c)偏离1.2°

图 3-60　不同偏离角度下顶推力撤去后管片压缩损伤

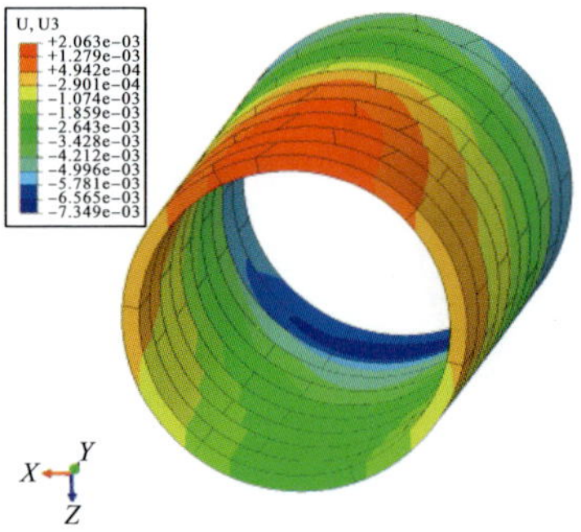

(a)向上偏离

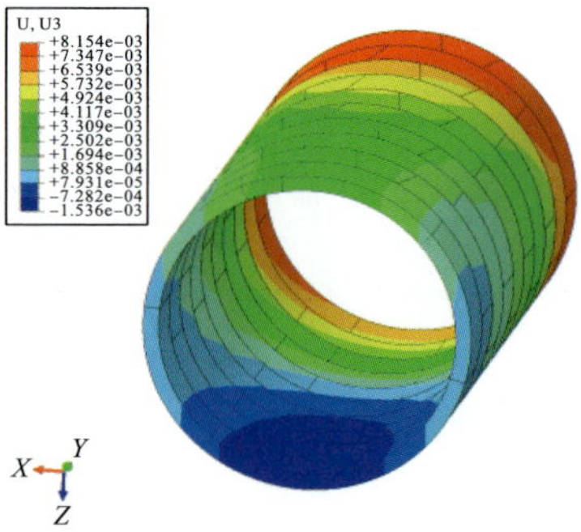

(b)向下偏离

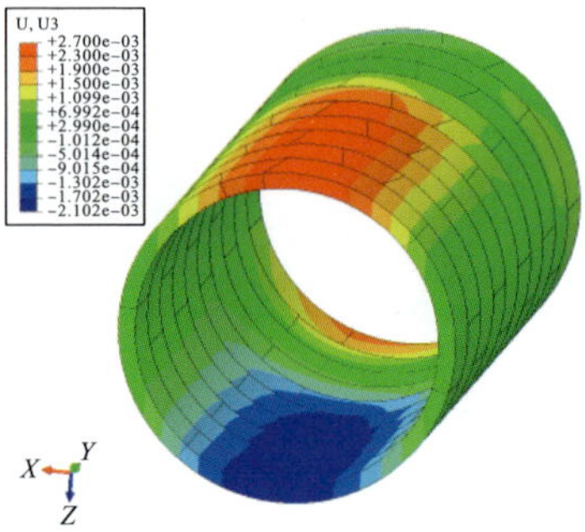

(c)向左偏离

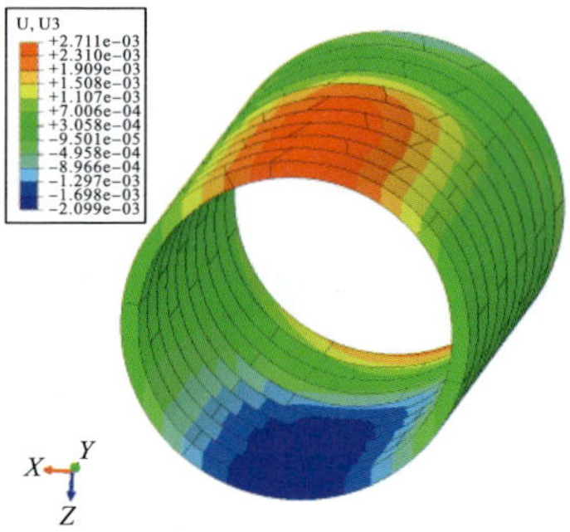

(d)向右偏离

图 3-65　不同偏离方向下盾壳移动一环后管片竖向位移云图

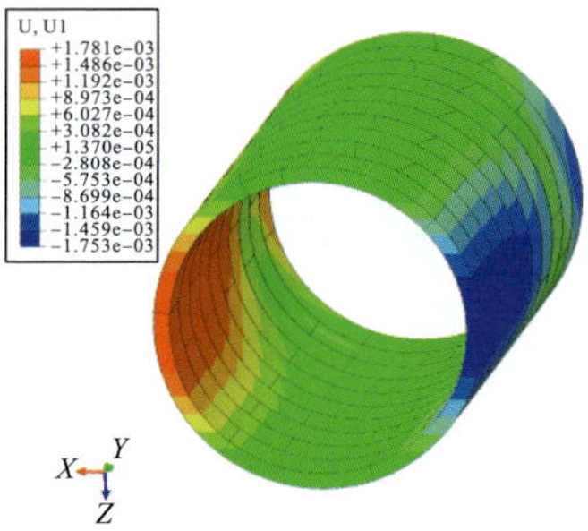

(a)向上偏离

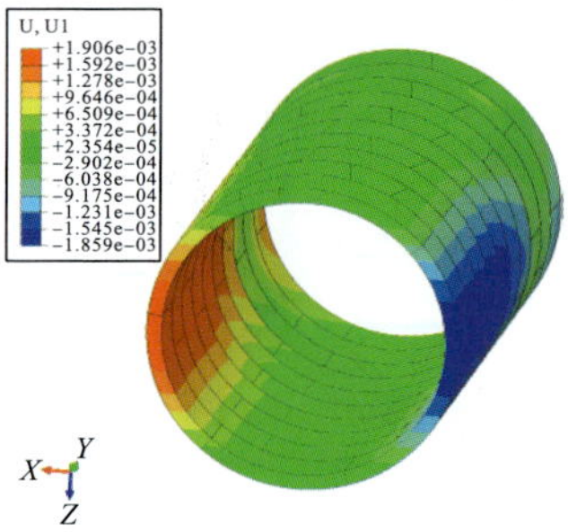

(b)向下偏离

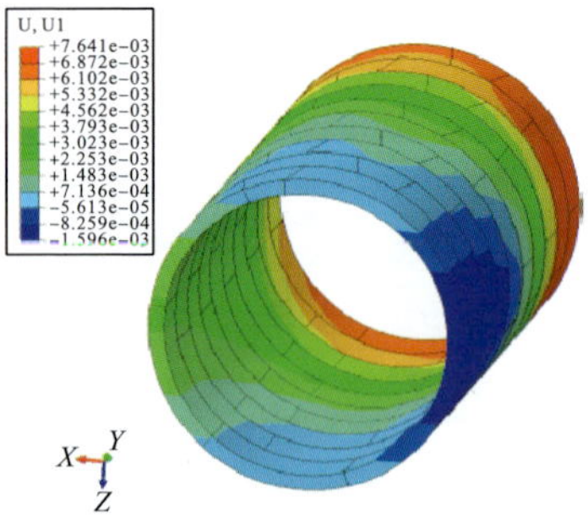

(c)向左偏离

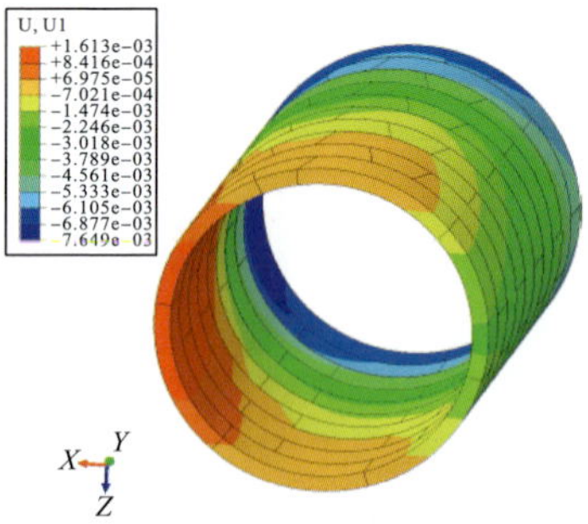

(d)向右偏离

图 3-66　不同偏离方向下盾壳移动一环后管片水平位移云图

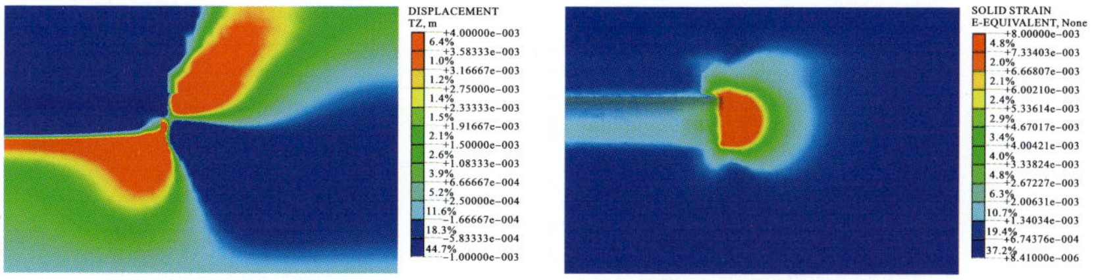

图 4-42 工况五竖向位移与塑性变形云图

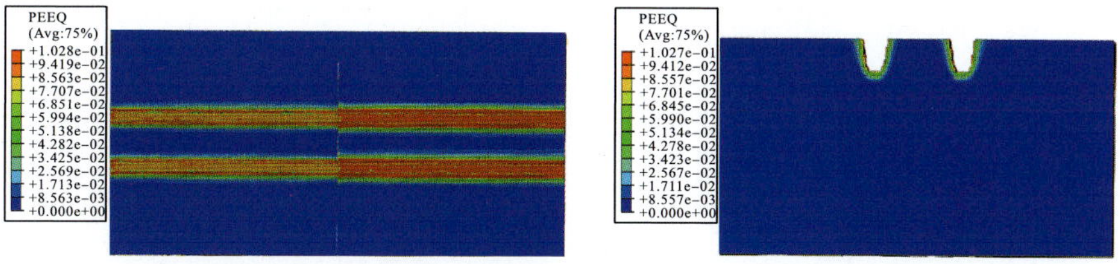

(a)黏土-砂卵石复合地层

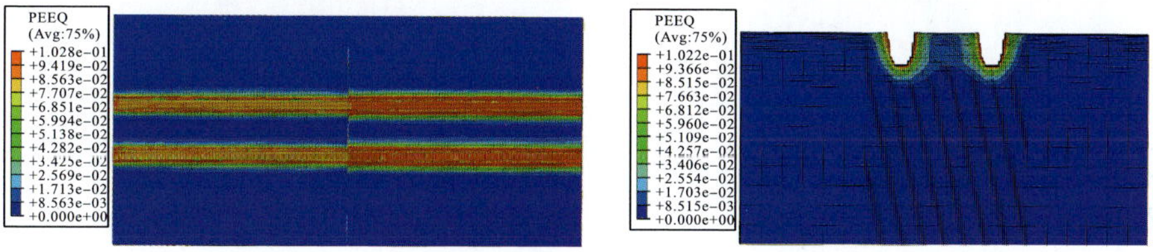

(b)中风化泥岩-砂卵石复合地层

图 5-16 不同地层情况下岩体整体破碎情况

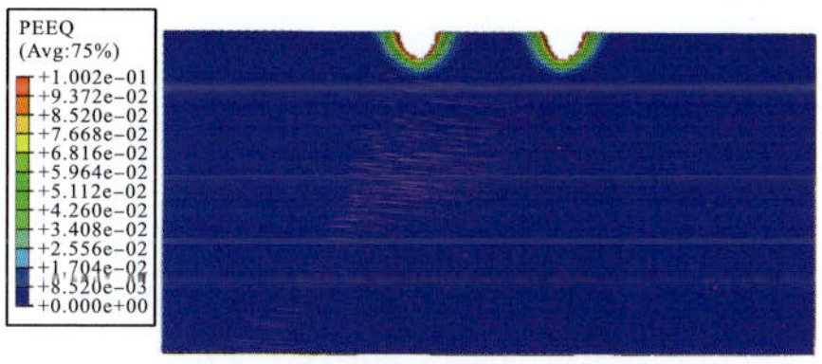

(a)h=15mm

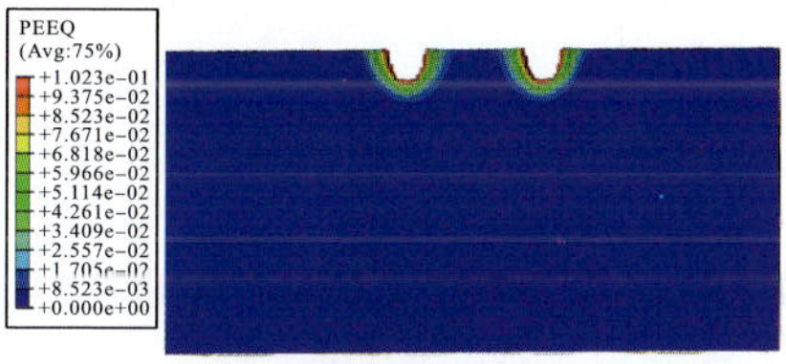

(b)h=20mm

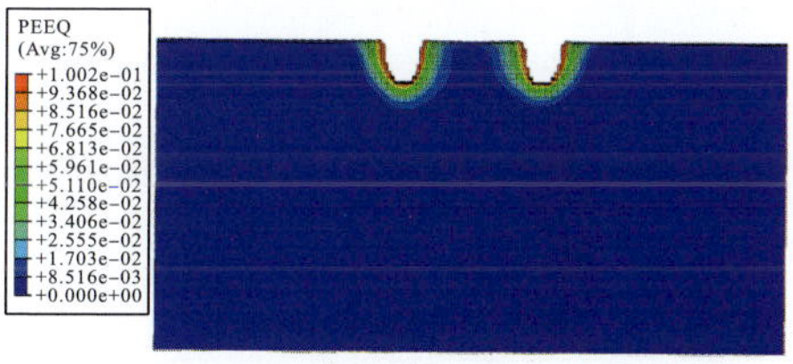

(c)h=25mm

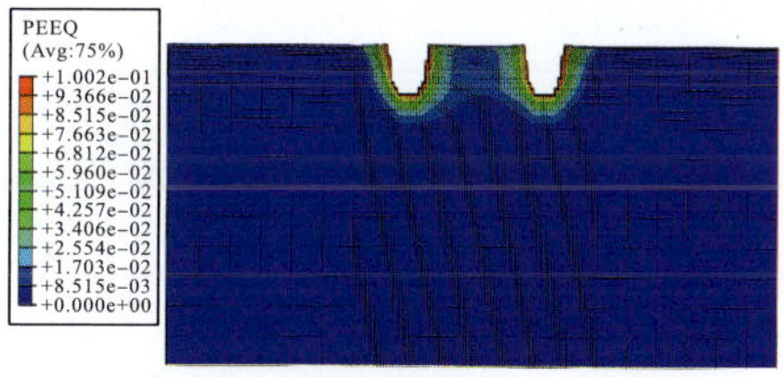

(d)h=30mm

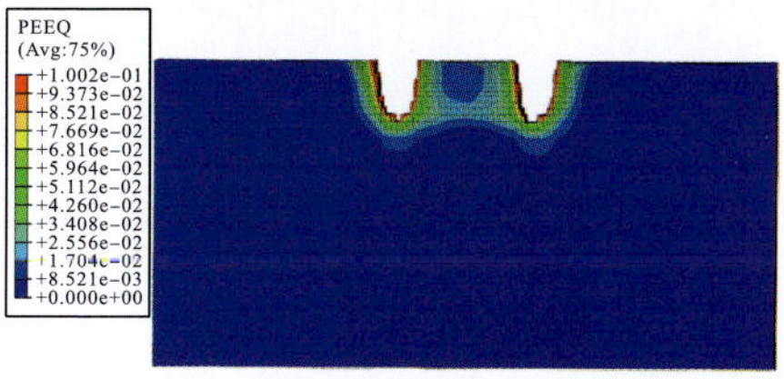

(e)h=35mm

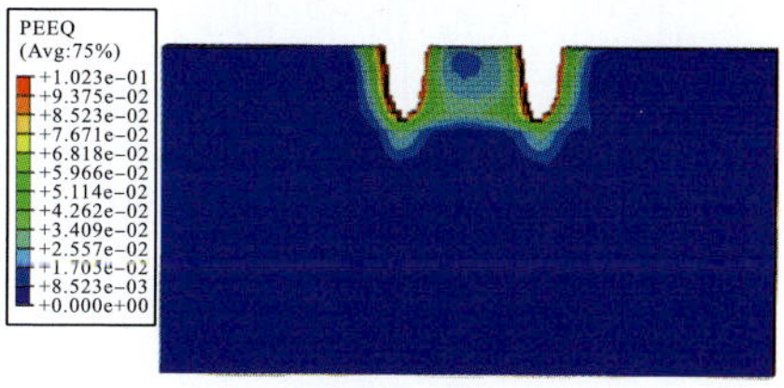

(f)h=40mm

图 5-20 各滚刀贯入度工况下破岩效果及等效塑性应变图

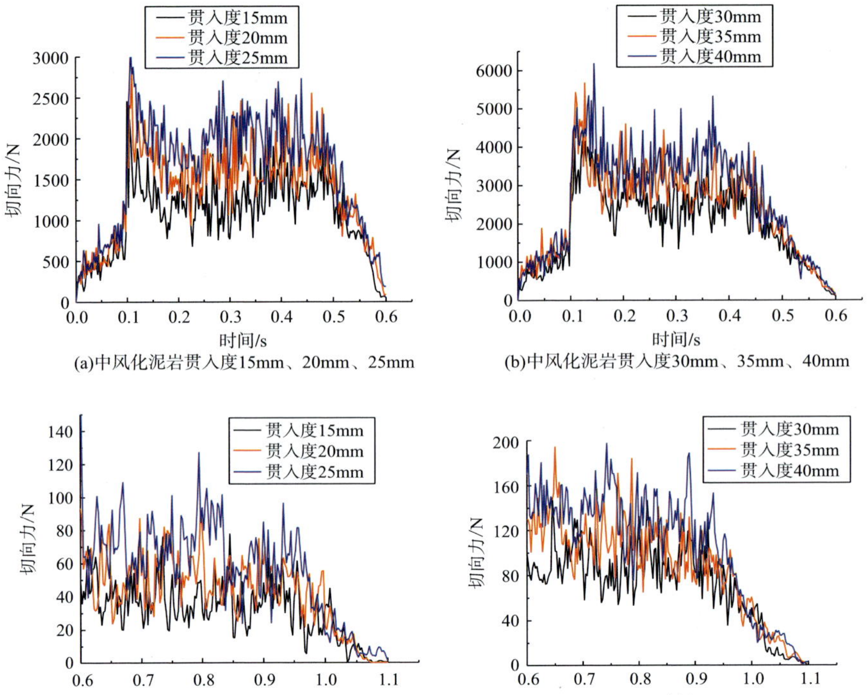

(a)中风化泥岩贯入度15mm、20mm、25mm (b)中风化泥岩贯入度30mm、35mm、40mm

(c)砂卵石贯入度15mm、20mm、25mm (d)砂卵石贯入度30mm、35mm、40mm

图 5-21 滚刀不同贯入度工况下切向力时程变化图

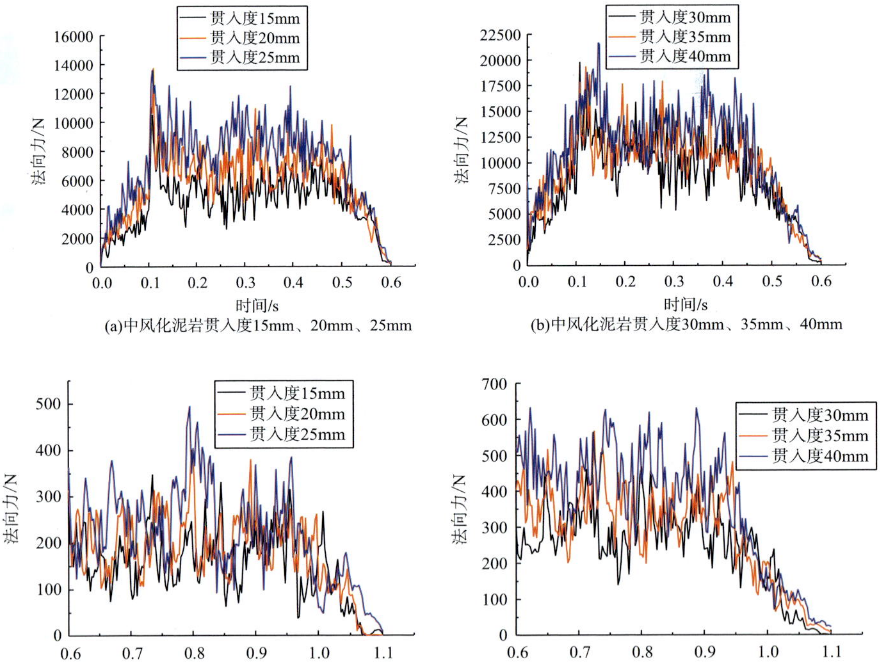

(a)中风化泥岩贯入度15mm、20mm、25mm (b)中风化泥岩贯入度30mm、35mm、40mm

(c)砂卵石贯入度15mm、20mm、25mm (d)砂卵石贯入度30mm、35mm、40mm

图 5-22 滚刀不同贯入度工况下法向力时程变化图

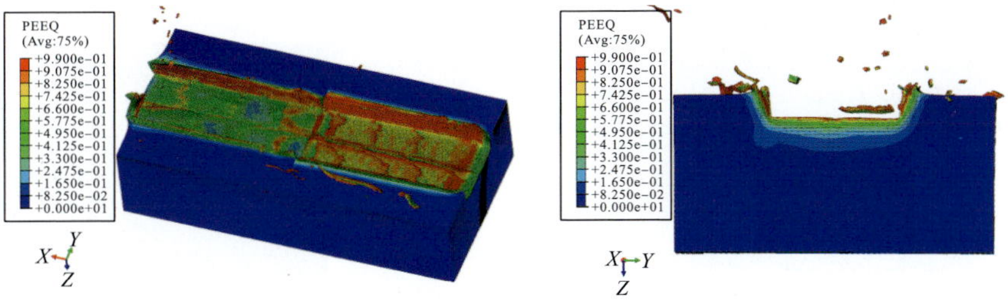

(a)黏土-砂卵石复合地层

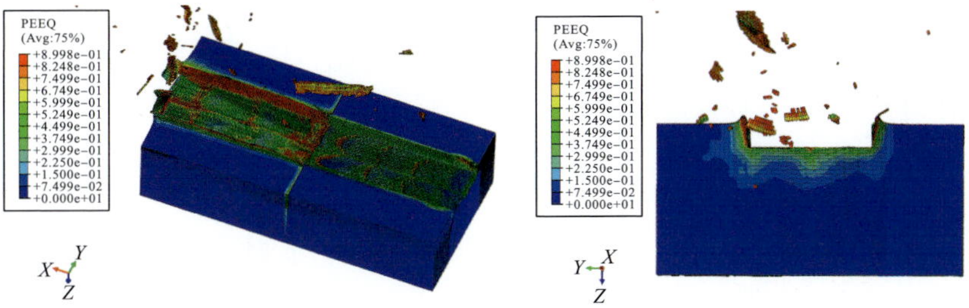

(b)中风化泥岩-砂卵石复合地层

图 5-35　不同复合地层条件下切刀破岩后岩体等效塑性应变

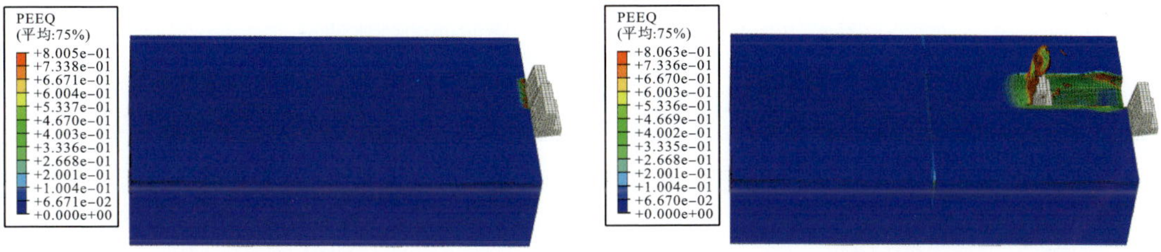

(a)0.1s　　(b)0.35s

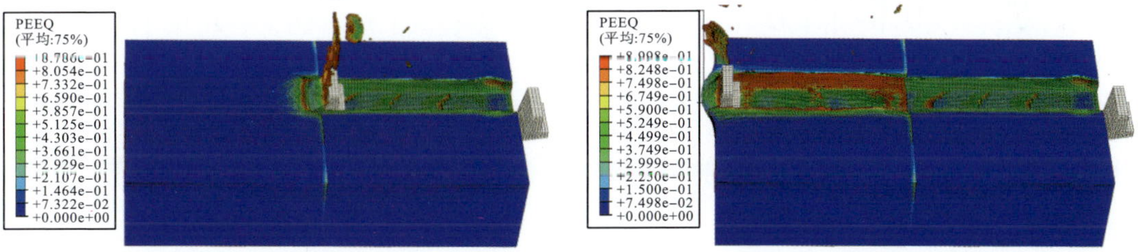

(c)0.6s　　(d)1.1s

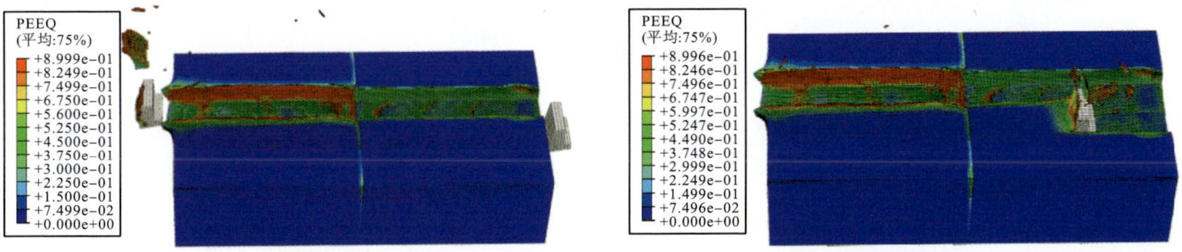

(e)1.2s　　(f)1.45s

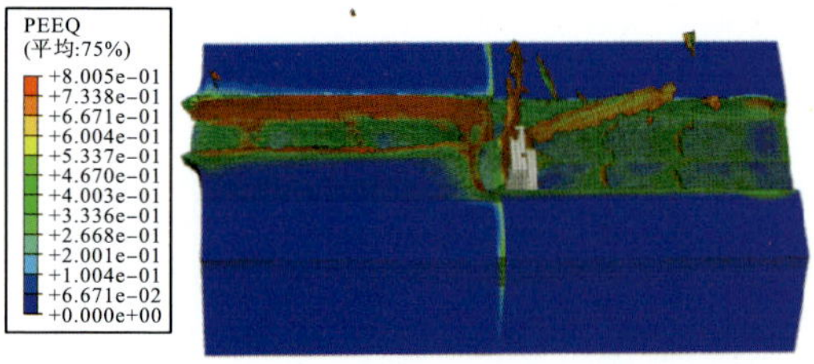

(g)1.7s

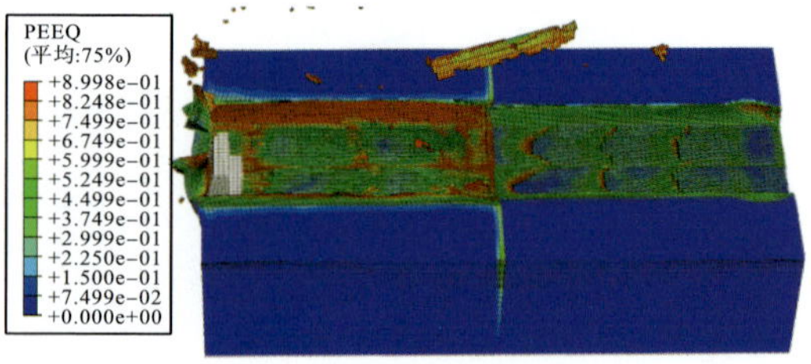

(h)2.2s

图 5-36　地层破碎情况随时间的变化情况

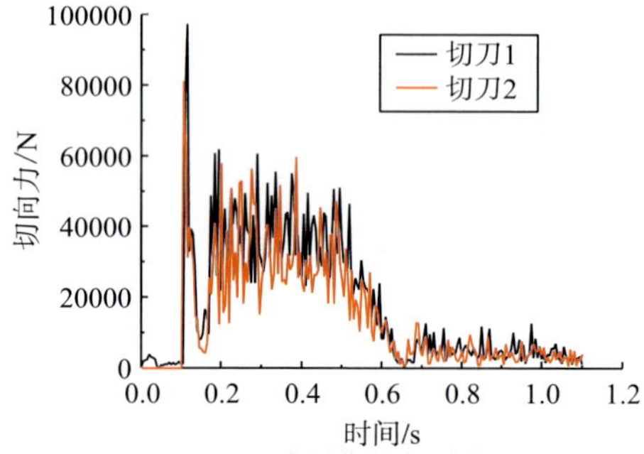

(a)中风化泥岩-砂卵石

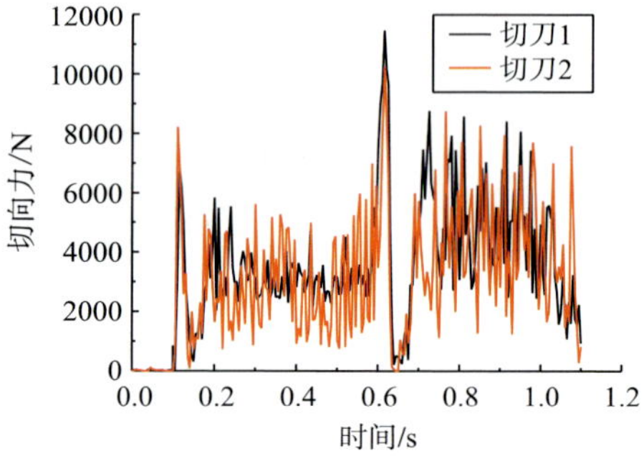

(b)黏土-砂卵石

图 5-37　不同地层切刀切向力随时间的变化情况

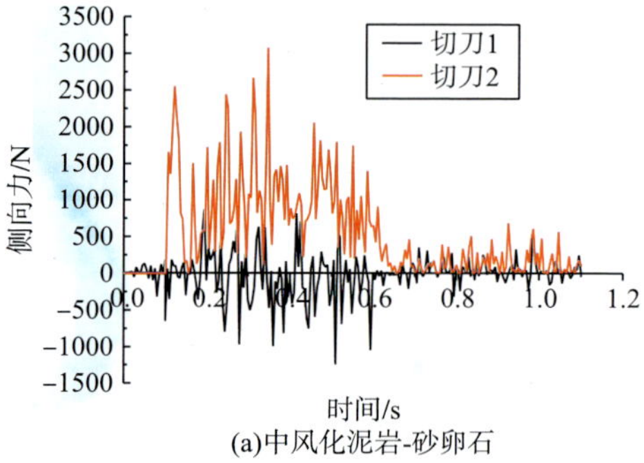

(a)中风化泥岩-砂卵石

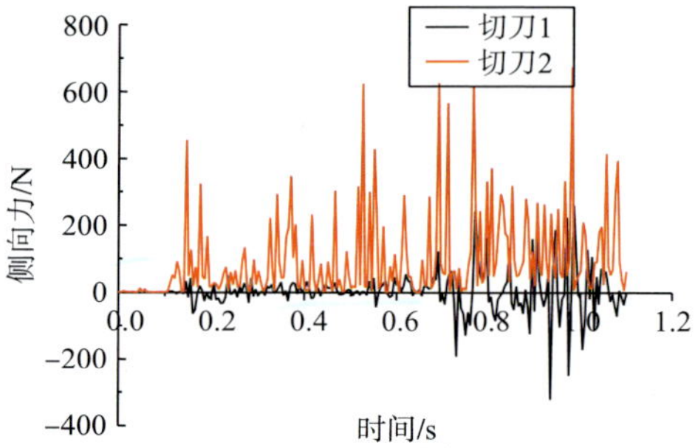

(b)黏土-砂卵石

图 5-38　不同地层切刀侧向力随时间的变化情况

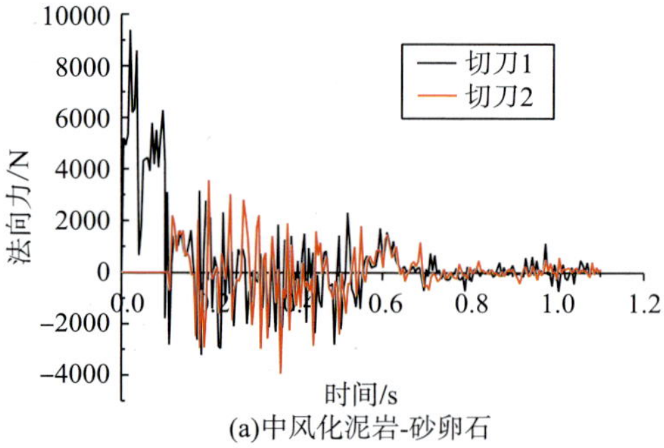

(a)中风化泥岩-砂卵石

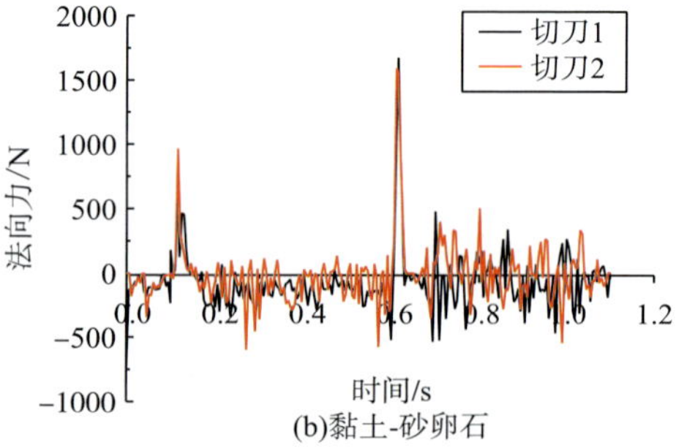

(b)黏土-砂卵石

图 5-39　不同地层切刀法向力随时间的变化情况

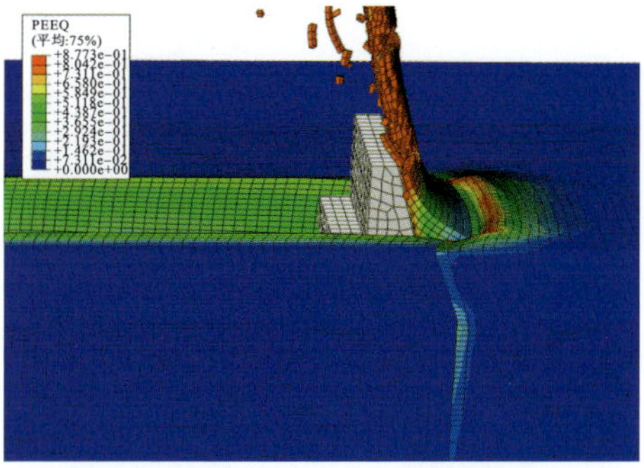

(a)15°

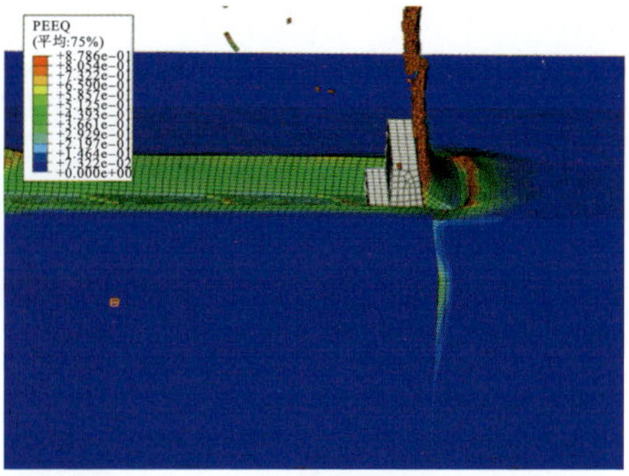

(b)10°

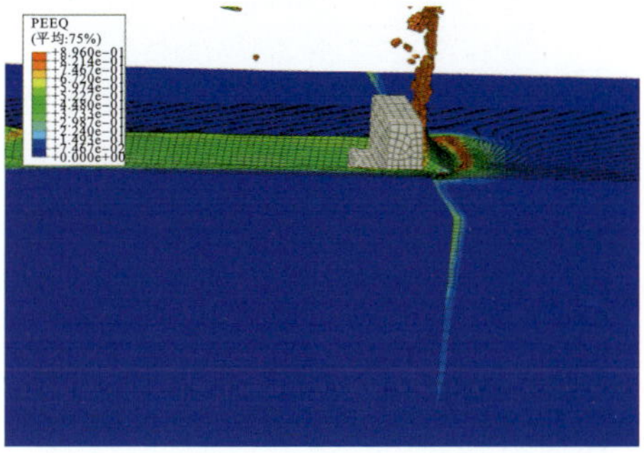

(c)5°

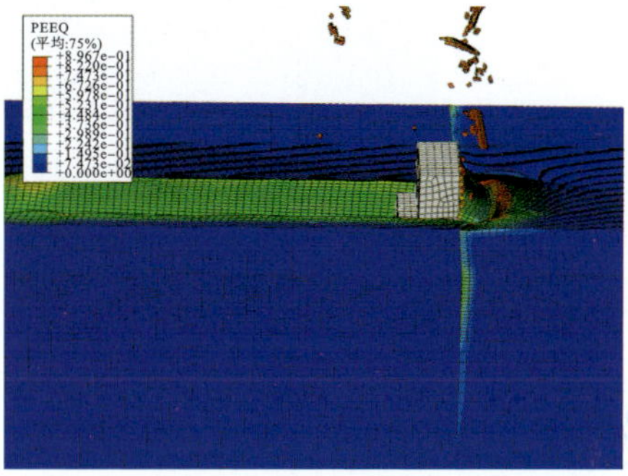

(d)0°

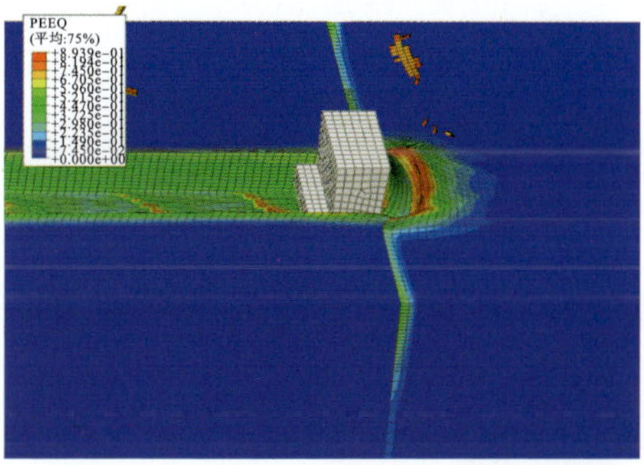

(e)−5°

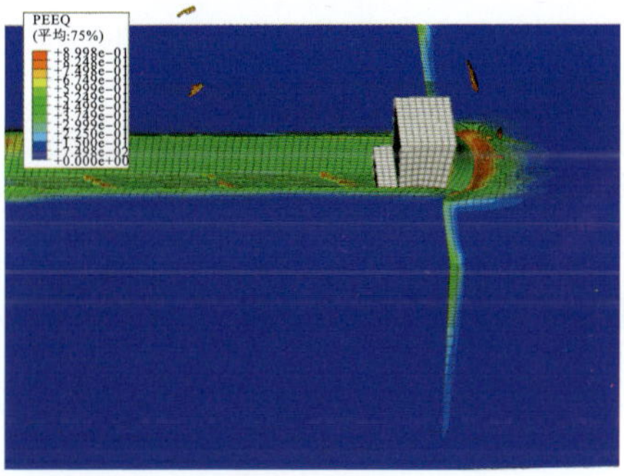

(f)−10°

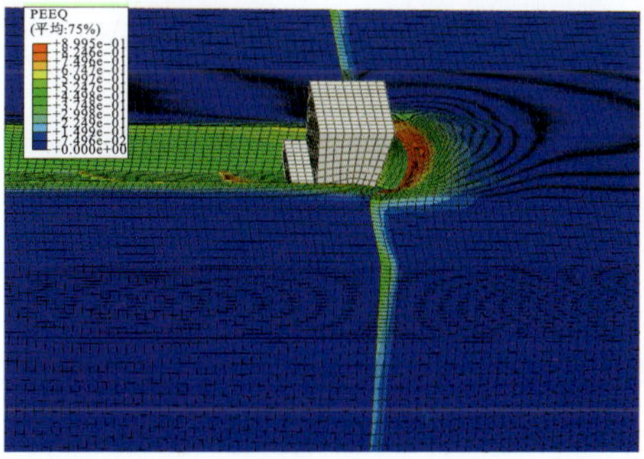

(g)−15°

图 5-40　不同前角切刀切削地层云图

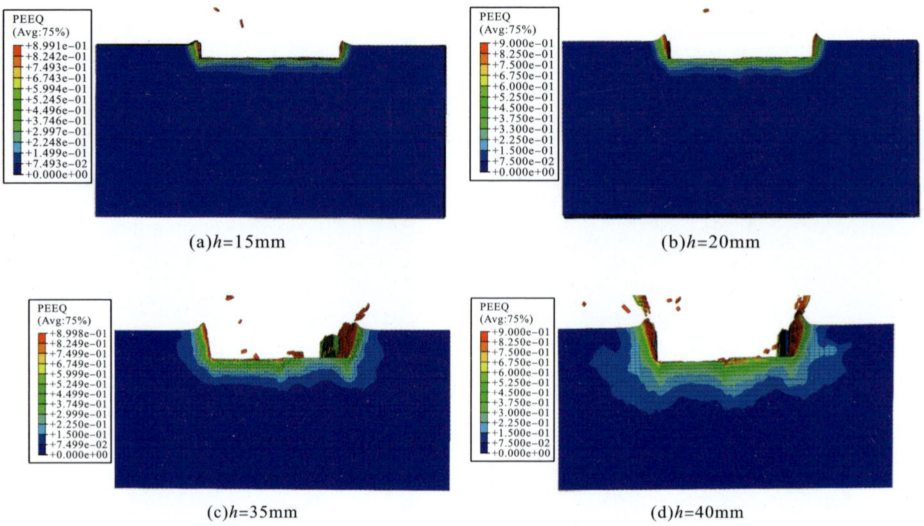

图 5-44　不同切刀贯入度下破岩效果及等效塑性应变图

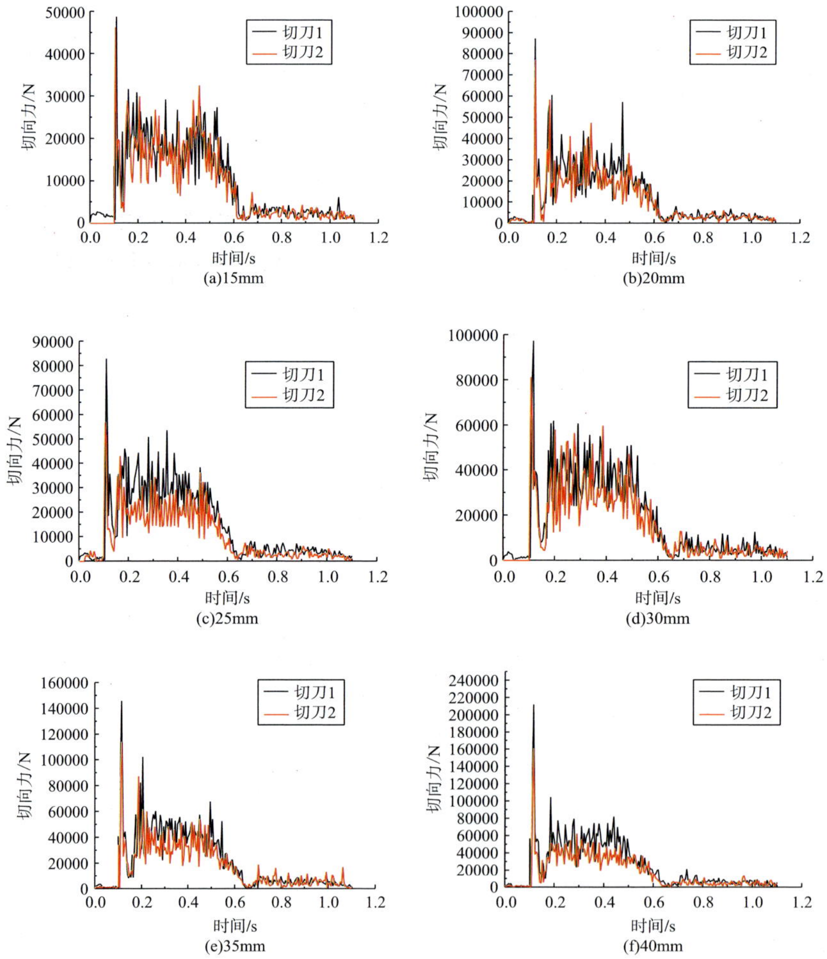

图 5-45　各切刀贯入度工况下切向力时程变化图